中国传媒市场研究：理论与实践

强月新　著

图书在版编目(CIP)数据

中国传媒市场研究:理论与实践/强月新著. —武汉:武汉大学出版社,2012.8
ISBN 978-7-307-09965-4

Ⅰ.①中… Ⅱ.①强… Ⅲ.①传播媒介—市场调查—中国
Ⅳ.①G219.2

中国版本图书馆 CIP 数据核字(2012)第 153748 号

责任编辑:朱凌云 江俊伟　　责任校对:刘 欣　　版式设计:马 佳

出版发行:**武汉大学出版社** (430072 武昌 珞珈山)
(电子邮件:cbs22@whu.edu.cn 网址:www.wdp.com.cn)
印刷:武汉中远印务有限公司
开本:720×1000 1/16　印张:27.5　字数:393 千字　插页:1
版次:2012 年 8 月第 1 版　2012 年 8 月第 1 次印刷
ISBN 978-7-307-09965-4/G·2563　定价:56.00 元

目　录

上篇　中国传媒市场理论研究

下篇　中国传媒市场实践研究（2005—2010）

上篇

中国传媒市场理论研究

第一章　序　言

三十多年来，中国传媒产业迅速发展，增长速度远远超过同期国民生产总值的增长速度。“从1998年起，传媒产业的利润总额就超过烟草业，成为国家第四支柱产业。2000年全国广告营业收入约800亿元。”① 据专家预测，我国广告业在未来的十年仍有约3倍左右的增长空间和超过12%的平均增长率。② 2010年10月，第十七届中国国际广告节在江西南昌开幕时，中国广告协会秘书长李国庆表示，2009年全国广告营业额已超过2000亿元人民币。③

与此相应，我国传媒经济研究发展也极为迅速，学术成果日渐丰厚，主要表现为与传媒经济直接相关的科研项目、专著、论文增长迅猛，国家社科基金课题也早已开始将传媒经济研究列入资助对象，这些都充分说明传媒经济研究已引起学界和业界的广泛关注，其重要性也已得到社会的认可。据上海大学戴元光教授统计，1996年以来，传媒经济学研究论文有1000多篇，著作有160多部，博士研究生、硕士研究生的毕业论文涉及传媒经济学的选题超过了1/4。据中国高校人文社科信息网公布的数字，在1998—2003年的5年间，高校承担了70多项与传媒经济学有关的国家、部级和省

① 赵曙光、史宇鹏：《传媒经济学：一个急速变革行业的原理与实践》，湖南人民出版社2003年版，序第2页。

② 喻国明：《解析传媒变局——来自中国传媒业第一现场的报告》，南方日报出版社2002年版，第189页。

③ 中国新闻网：《2009年中国广告业市场规模超2000亿元》，上网时间：2010-10-22。2011年3月24日下载于：http：//www.chinanews. com/cj/2010/10-22/2606665. shtml。

级科研项目。①

传媒市场的研究从一般意义上来说，应包含在传媒经济的研究范围之内，且与传媒经济研究的其他领域有着密不可分的联系。为此，本书自然得从传媒经济的研究“导入”。与此同时，从拓宽研究视野和规范研究对象的角度出发，这里对1980年到2010年在《新闻与传播研究》、《现代传播——北京广播学院学报》、《新闻大学》、《国际新闻界》、《中国广播电视学刊》五种期刊上发表的有关传媒经济研究的文章做统计分析，以作为本书文献回顾的依据。②

一、传媒经济研究的现状及特点：1980—2010

为统计方便，这里将20世纪80年代传媒经济研究的文章归纳在一起，90年代以后的文章则分年份统计，统计文献截至2010年。回顾20世纪80年代以来我国传媒经济研究的发展历程，以下几个方面的特点比较突出：

（一）传媒经济的研究成果（数量）基本处于上升趋势

这主要表现为相关研究的论文数量不断增加，且在新闻传播研究中所占比例不断增大。图1-1和图1-2是五（四）种期刊历年发表的有关传媒经济研究文章的数量。

从图1-1可以看出，上述五种刊物中传媒经济研究的论文数量从80年代的23篇增长到90年代（1990—1999）的168篇，增长

① 陈中原：《站在世界传媒经济学大殿前》，载《国际新闻界》2004年第4期。

② 从2004年到2010年，本书的统计范围缩小到前四本刊物，这是因为：其一，此时这些刊物上刊载的传媒经济研究论文的数量已经很大，尤其是《中国广播电视学刊》，数量更多；其二，在此时，传媒经济研究论文的质量已有较大提升，而《中国广播电视学刊》所刊载的论文，更多偏向于业务性思索和心得，理论性水准稍有欠缺。从20世纪80年代到2003年，五本刊物上共有传媒经济论文465篇，从2004年到2010年，四本刊物上共有传媒经济研究论文260篇，合计为725篇。

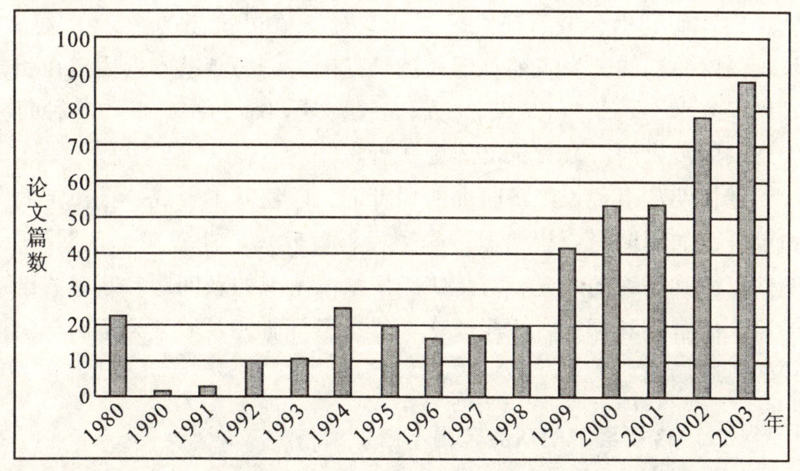

图 1-1　五种重要期刊历年发表的传媒经济论文：1980—2003 年

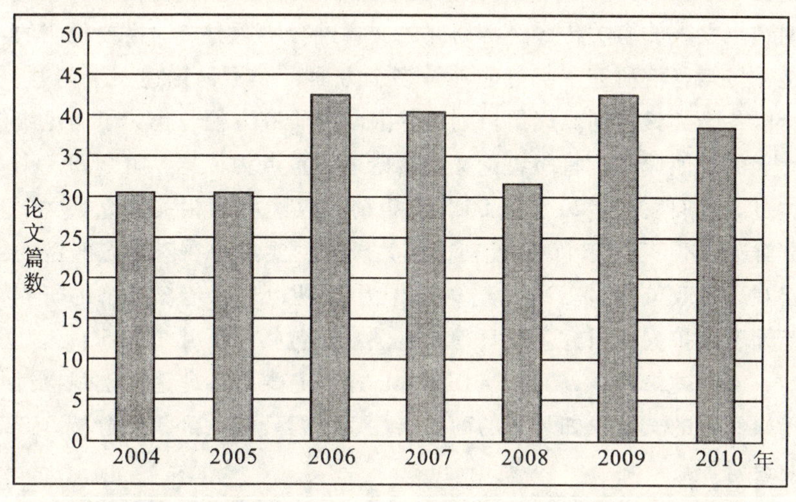

图 1-2　四种重要期刊历年发表的传媒经济研究论文：2004—2010 年

了 10 倍多；2000—2003 年共著文 275 篇，增长速度更是迅猛。这表明，从 20 世纪 80 年代到新世纪以来，传媒经济研究已从不被重视的角落日益走到学者视觉的中心。

从 2004 年到 2010 年，传媒经济研究的状况，如图 1-2 所示，在《新闻与传播研究》、《现代传播》、《新闻大学》、《国际新闻界》四种期刊上，共有研究论文 260 篇。值得关注的是，在这一阶段，四种刊物上发表的传媒经济研究论文，每年基本上固定在相对稳定的水平，约为 35 篇。也就是说，这四种刊物，平均每种每年发表的传媒经济研究论文约为 9 篇。

在长期从事传媒经济研究的学者中，已经基本形成一批稳定的作者群，如周鸿铎、唐绪军、喻国民、黄升民、胡正荣、曹鹏等。他们以极其敏锐的眼光，对传媒经济领域出现的新问题、新现象给予深入的解读和探究，逐步改变了传媒经济研究领域理论落后于实践的尴尬局面。

（二）传媒经济的研究范围不断扩大

随着传媒经济研究成果数量的增加，相应地传媒经济的研究范围也不断扩大。为了解研究者的研究方向、关注焦点，笔者对 5 种期刊上发表的有关传媒经济研究的文章进行主题分类。需要说明的是，传媒经济研究本身可能涉及多个方面，而不只论述一个问题，所以各个类目之间难以严格划清界限。为研究方便，也为了满足统计上的排他原则，将每篇论文以其论述的重点为依据，只划归一个类目。我们发现，20 世纪 80 年代以前传媒经济的相关研究论文十分鲜见；80 年代末 90 年代初，相关研究主要集中在对传媒经济的宏观理论政策探讨。20 世纪 90 年代中后期以后，传媒经济的研究范围不断扩大，研究主题日趋丰富。主要包括以下几个方面：

宏观理论探讨（Theory Discussion）：主要是从理论上宏观探讨传媒经营的文章，如传媒的商品属性、传媒产业的经济学分析、产业经营等。

广告（Advertisement）：主要是与传媒经营有关的广告行为，如广告经营、广告市场，单纯论及广告的不计入分析范畴，如广告传播、广告创意、广告效果等。

发行与营销（Publishing and Marketing）：发行经营也是传媒经营的一个重要方面，主要包括发行经营、发行代理制与传媒营销方面的内容。

传媒市场（Media Market）：传媒市场有广义和狭义之分，这里的“传媒市场”涵义较为宽泛，是指围绕传媒产品所集结的各种经济关系的总和。

集团化（Collectivism）：包括有关集团化的理论探讨以及集团化的实践现状。

资本运作（Capital Operation）：是指以产生社会效益和经济效益为目的，通过资本市场对资本流动进行管理和控制的过程，包括传媒资本的内容、运营方式和应采取的策略等。

国外传媒（Overseas Media）：包括国外传媒的概况介绍、经营运作等。

个案研究（Case Study）：主要是有关传媒经济个案的分析研究，其中，集团化、资本运作、国外传媒的个案研究都归于此类。

5 种期刊发表的论文主题分类情况见图 1-3：

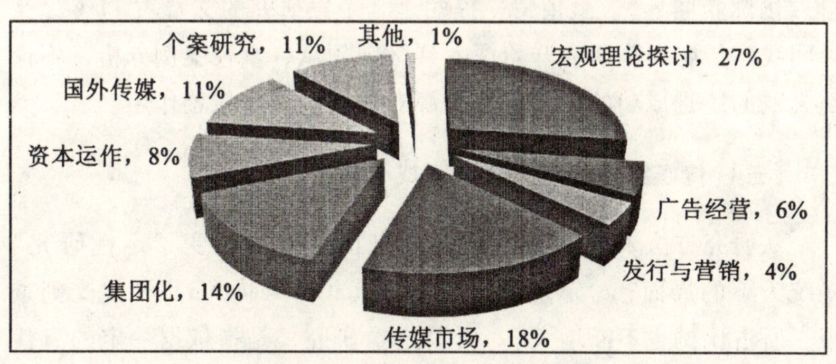

图 1-3　传媒经济研究论文主题：1980—2010 年

从图 1-3 可以看出，近年来有关传媒经济的研究日益多样具体，有理论研究，也有实践探讨；有总体研究，也有个案分析；有地域性的研究，也有国际化观照。这说明我国传媒经济研究的范围逐步扩大，且随着实践的发展，其内涵也不断延展，许多经济学中的学术概念被借用到传媒经济研究中，这使得传媒经济研究更加多样、更加活跃。

在所归纳的主题中，从论文数量来看，从宏观理论层面探讨经营的文章明显占据主流地位。在725篇传媒经济研究论文中，宏观理论探讨的文章占27%。由此可见，在目前传媒经济的研究中，宏观理论上的探讨依然占据着重要地位。

研究传媒市场的论文占17.8%，这也是本书作者的兴趣所在。随着市场化进程的不断加快，中国的传媒市场已基本形成，总体上具备了较强实力，拥有了相当规模。学者们围绕传媒如何走向市场、中国传媒市场的现状与存在问题、应对策略等方面进行分析与探讨。“集团化”研究的增长速度令人瞩目，1996年以前，仅有少量文章介绍集团化理论与国外集团化的现状；1996年以后，随着中国报业集团化进程的加快，有关集团化的文章日益增多，所占比重也日渐增大，达到14%。“资本运作”研究虽然所占比例不大，但是随着传媒资本市场的成熟，传媒经济研究在这一方面还有很大的增长潜力与空间。“国外传媒”研究也不少，这方面的论文多来自《国际新闻界》。最值得一提的是，个案研究的文章占11%，这说明我国传媒经济研究开始深入到微观领域，重视案例分析，不论是失败的还是成功的案例研究，都对传媒发展有借鉴作用。

（三）传媒经济的定量化研究成果增多

从研究方法来看，传媒经济研究正在逐步改变“定性研究”一统天下的局面，“定量研究”(Quantitative research) 开始受到重视，所占比例也不断增大。“所谓定量研究，是指依据一定的有代表性数量的新闻现象、新闻实践、新闻观点，运用科学的测量手段，如调查、实验、模型、表格、统计等，对其进行数字描述和分析，得出符合客观实际的结论的研究方法。”①

定量研究中的统计分析、数学模型、抽样调查等方法在如今的传媒经济研究中极为常见。从图1-4可以看出，五种期刊传媒经济定量研究的文章从20世纪80年代的2篇增长到90年代的13篇，

① 强月新、宋兵：《我国新闻学定量研究的回顾与前瞻》，载《现代传播》2003年第4期。

而2000—2003年四年间有16篇，超过过去20年的总和。可见传媒经济研究的定量分析文章随着社会的发展、时代的进步在不断增多。这是因为传媒经济学是传媒与经济学交叉而产生的分支学科，而定量研究是经济学领域的重要研究方法。因此，定量方法被广泛应用于传媒经济研究就不足为奇了。

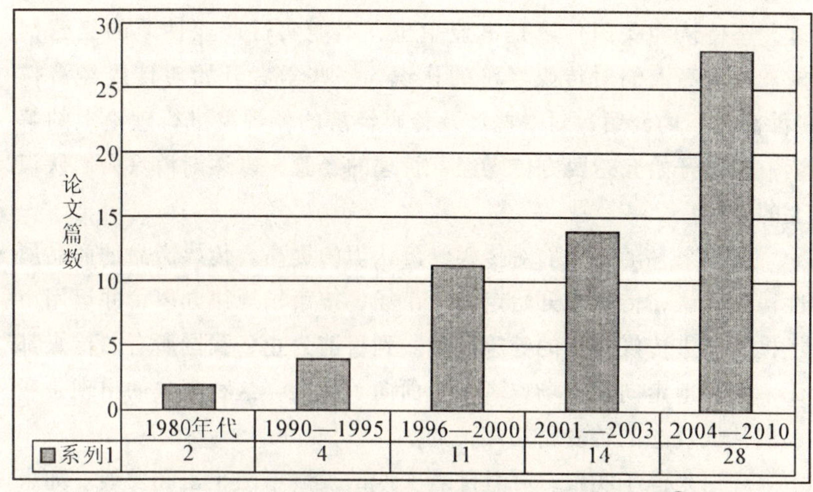

图1-4　1980—2010年发表的传媒经济量化研究论文①

二、传媒经济研究迅速发展的动因

20世纪80年代，关于传媒经济的研究凤毛麟角，且仅限于讨论传媒的商品属性、国外传媒运作介绍、鼓励多种经营等几个方面，范围狭窄且数量有限。到了20世纪90年代，特别是1994年以来，传媒经济的研究论文如雨后春笋一般迅速成长，关注焦点日益增多，传媒经济研究俨然成为新闻传播学的又一“显学”。出现这种状况，自然有着深刻的历史和现实原因。

① 从1980年到2003年，统计的范围为前文所述的五种期刊；从2004年到2010年，统计范围为四种期刊。

（一）传统的传媒理念与传媒发展的现实冲撞，是传媒经济研究增长的直接动因

长期以来，由于历史和体制的原因，人们在思想认识上受传统思想的影响较深，对传媒产品的商品属性、产业属性有一定误解，以至到20世纪80年代仍有不少人对传媒产品的商品属性持否认态度，坚持认为我国传媒是事业单位，不能实行产业性质的经营措施。为提高人们对传媒经济的认识，一些学者开始对传媒经济作“科普性”的介绍，对一些涉及传媒经济的新现象进行理论上的解读，同时开始介绍西方传媒经营管理的经验，以逐渐消除人们认识上的误区。

近年来，随着人们对传媒经济认识的提高，传媒产品的商品属性得以确认，传媒业开始走向了市场，按市场规律办事，并运用市场机制促进传媒经济的健康发展。到目前为止，我国所有的传媒都无一例外地走向了市场或者至少面向了市场，这种现象的出现是和人们认识观念的转变密切相关的。

理论来源于实践，并且随着实践的发展不断丰富和发展。如果说，人们传统的传媒理念与传媒经济发展的现实冲撞是我们传媒经济研究的直接动因的话，那么传媒经济不断发展的实践，又为传媒经济的研究提供源源不断的驱动力。当读者的选择已经成为报业生存与否的决定性因素时，理论界还在争论着报纸是不是“商品”；当广告已经成为传媒的经济基础时，理论界还在小心翼翼地论证能不能把“市场”引入传媒；当企业资金已经以各种方式渗透传媒时，理论界还在探讨着传媒的经济形式能不能多样化。①

在传媒经济实践的有力推动下，自20世纪80年代后期尤其是90年代以来，新闻传播学者们逐渐开始身体力行，著书立说，有关传媒经济的研究日渐增多且日益成熟，新的学术范式逐步形成，

---

① 唐绪军：《报业经济与报业经营》，新华出版社1999年版，前言第1页。

传媒经济的研究开始受到各方面的重视。各个层次的研讨会接连不断，各种主题的论文也呈几何速度增长，有力地推动着媒体实践的发展。“实践先行、理论滞后”的旧局面得到一定改善。

（二）传媒生存和发展的压力是传媒经济研究发展的现实需要

在计划经济体制下，传媒生存和发展所需要的物质条件由国家财政供给，媒体自身没有对利益属性的自觉追求，也没有追求利益的内在驱动力。随着计划经济体制的逐步消亡，传媒逐渐失去物质资源的保证，形成巨大的经济压力。事实上，改革开放以来，在经济利益和传媒自身发展的推动下，传媒从经营广告开始，就启动了自身的市场化过程。特别是从20世纪80年代中后期开始，国家分期分批减少对传媒的事业经费投入，国家对传媒的政策调整为“独立核算、自负盈亏、照章纳税、财政不给补贴”。“吃皇粮”的安逸时代终成历史，传媒市场竞争日趋激烈，生存的压力成为传媒机构面临的首要问题。

网络传媒技术的迅猛发展和普及，加剧了传媒之间的竞争。网络传播不仅打破了信息单向传播的传统模式，也打破了信息传播的地域性和垄断限制，网上无限量、即时的信息产品对传统传媒形成巨大挑战。

此外，我国正式成为WTO的一员，进一步扩展了传媒竞争的空间，使之趋近于跨国界、无疆域。“中国加入WTO实际上是向世界庄严地承诺我们要坚定的推进市场化。”① 尽管我们在入世的过程中没有对传媒业做过任何承诺，但这并意味着国际传媒和境外资本不可以进入非核心的传媒业务。事实上，国际传媒以及境外资本已经以灵活多样的方式步入中国传媒市场。除有线电视网、宽带网络、报刊发行、广告之外，一些科技、体育、娱乐节目也开始与中国媒体“面对面”对话，这不可避免地带来传媒运行和经

① 罗以澄：《解读经济全球化背景下的中国媒介市场》，《中国媒体发展研究报告2002年卷》，武汉出版社2003年版，第20页。

营模式的转变。传媒竞争趋向“跨国界”、“无疆域”将成为必然选择。

随着传媒竞争的加剧，我国传媒生存与发展的压力也日益增大，这就必然对传媒经济理论产生渴求，希望理论能对其进行指导和约束，也希望能借鉴其他传媒成功和失败的经验教训，趋利避害，更好地进行自身的经营管理。这也是促进学者热衷传媒经济研究的一个原因。

三、当代中国传媒经济研究的趋势展望

（一）传媒经济研究领域将进一步拓宽

从近些年发表的论文看，传媒经济研究领域在逐步拓宽。20世纪80年代，研究主要集中于传媒的商品属性、产业属性等宏观理论的探讨和国外传媒经营的经验介绍。20世纪90年代以来，随着传媒产业的快速发展，大规模的传媒兼并不断出现，各种新现象、新问题层出不穷，这些都需要研究者及时跟进，总结普适性的理论来概括实践、指导实践。与此相适应，传媒经济的研究范围也在不断拓宽。如今，传媒产品营销、传媒上市融资等已成为一种普遍现象，对其研究自然也有更多涉及。

30年来，学者对传媒经济的研究已经积累大量成果，研究涉及实践领域的方方面面，但实践在不断发展前进。在未来的传媒经济实践中，必将有新兴的、未被摄入研究视野的新现象出现，这需要研究者时刻把握时代脉搏，对新事物保持高度敏感。

此外，经济学的多元视角也势必使传媒经济的研究呈现出多元化走势，拓宽研究内容。传媒经济与经济学有着天然联系，在近年来的传媒经济研究中，学者运用经济学的视角、经济学的术语、经济学的研究方法来分析传媒实践。对各种传媒现象、传媒活动进行经济学分析已成为一种常见方法；新的概念也层出不穷，如“影响力经济”、“核心竞争力”、“传媒资本市场”、“意义经济”、“长尾经济”、“内容产业”等，极大地丰富了传媒经济的内涵，这使传媒经济研究必将更加多样与丰富。

（二）传媒经济研究深度将进一步增强

传媒经济的研究深度也将进一步增强，从表述层面逐渐进入机制层面，这是传媒经济研究的跨越式发展，也标志着这一领域的研究日趋成熟。

纵观30年来传媒经济研究，不难发现这样一个现象：20世纪80年代，传媒经济论文概念式解读、全景性介绍的文章占很大比例，很少涉及深度挖掘。进入20世纪90年代，特别是新世纪以后，传媒经济研究，早已不再局限于单纯的理论探讨和经验介绍，逐步深入到现象内部的本质，逐渐涉及传媒经济运作的机制层面。深度分析、实证调查、典型个案类的研究都备受青睐，这些研究着重探悉一些深层次的原因与未来的风险规避，对实践有很大的指导。但总体来看，机制层面的研究还比较欠缺，特别是有关传媒市场运行机制的研究，虽然也有论文涉及，但尚未见到系统的论述。

我们有理由相信，随着传媒经济发展不断成熟、完善，相关研究也必然不断拓展、不断深入，在广度和深度上都有更大程度的进步。

（三）传媒经济的研究方法将进一步多样化

研究方法的优劣对理论的发展有十分重要的影响。正如英国科学家梅森说的那样：科学方法主要是发现新现象，是制定新理论的一种手段，因此不断地在扩大人类知识的体系，只要科学方法运用得当，旧的科学理论就必然会不断地被新的理论推翻。传媒经济是一门新兴的交叉性边缘学科，选择科学的研究方法，对于巩固和发展传媒经济理论必然具有重要意义。

在对传媒经济论文进行考察时，笔者发现，定性研究论文占据绝大多数，① 既包括宏观理论探讨，也包括具体领域的微观理论探

① 石义彬等：《传媒经济学研究的回顾与展望》，《新闻与传播评论2003年卷》，武汉出版社2004年版。

讨，对传媒经济现象进行调查、实验、模型、表格、统计等的描述和分析的定量研究文章虽份额不大，但增长速度很快。这表明学者们在重视传媒经济定性研究的同时，更多地采用定性研究与定量研究相结合的研究方法。究其原因，主要来自以下几个方面：

第一，人们思维方式的转变。在新时期，传媒经济研究开始从政治本位、宣传本位向新闻本位、学术本位过渡，加上不断东渐的西学的冲击和影响，传媒经济研究与过去相比，开始注重选择新的研究方法，而定量分析对传媒经济研究，无疑是一种新的尝试。

第二，传媒经济研究的本身需要。传媒经济涉及传媒经营者如何在各种资源稀缺的情况下，做出最优选择，实现利润最大化的目标。这种经济学的研究方式使传媒经济的研究必然运用统计分析、数学模型的方式来研究传媒经济。因此，定量化的研究方法将成为传媒经济研究的一种重要范式。

第三，社会科学科学化趋势的推动和新技术的支持。随着社会科学研究的不断深化，人们深感社会科学研究越来越借助于“数据说话”，数据诠释的说服力和真理度在社会科学中的地位和作用明显增强。另外，现代科学技术的发展使传媒经济的研究在收集、整理和分析数据资料方面完全摆脱手工而全部依靠计算机来完成，也为定量研究提供了极大支持。

第四，传播学研究方法的启发。改革开放后，新闻界引进了不少传播学的理论，传播学一些新的观念、新的思维方式，在一定程度上推动了定量研究的发展。在此基础上，许多传媒经济研究方法借鉴、移植了传播学的研究方法，如内容分析方法、实验方法等。

第二章　传媒市场概述

新时期以来，随着改革开放的不断深入，我国社会主义市场经济体制逐步确立和完善，我国传媒的现实环境和功能角色都发生了深刻变革。从“事业单位”到“事业单位、企业化管理”再到“传媒产业化”，是这一时期我国传媒体制变革的缩影；而传媒产品商品属性的凸显、传媒市场的兴起、传媒竞争的加剧，则是这一变革的外在表征。我国传媒业市场机制的引入，可以说，既是我国传媒传播环境和功能角色变革的结果；也是我国传媒活力迸发的驱动器和新世纪可持续发展的路径指示。只有深入解读传媒市场，才能更好地理解和把握我国传媒业已经发生和将要发生的种种变化，才能在更高的层面观照诸如扩版潮、都市报热、传媒集团化、传媒资本运营、制播分离等新时期传媒发展关键词。

第一节　传媒市场含义及特征

一、传媒市场的含义

要弄清传媒市场的含义，我们首先得弄清楚它的两个子概念——传媒和市场的含义。

关于传媒。近似的概念还有媒介、媒体，学术界历来并没有明确的界定，三者之间存在着普遍的混用现象。根据词源，“传媒”、“媒介”、“媒体”三词对应的英文单词为“media”。按照“韦氏大词典”(Merriam-Webster Collegiate Dictionary）的释义，在大众传播学意义层面上，media包括了两种不同的涵义：1）mass media；2）members of mass media，即大众媒介和大众媒介的组成人员。本文所指的传媒（传播媒介），按照最通常的理解，“指专门用于交流、传播新闻信息的工具，仅包括报纸、新闻期刊、广播、电视、新闻电影、通讯社等六种传统新闻传播媒介和正在发展的新媒体”①。在以上6种传媒中，报刊、广播、电视等三大传统媒体受传者较多、影响力比较大，构成我国传媒市场的主体，也是我们主要研究的对象。

关于市场。“市场”（Market）是社会分工与商品生产的伴随物，是一个发展的概念。早期的市场专指商品交换的场所，一般设在交通比较发达、人口容易汇集的场所。随着商品经济的发展，市场的概念也不断演进。从广义的角度理解，市场是指所有商品交换关系的总和。正如马克思指出的“生产劳动的分工，使它们各自的产品互相变成商品，互相成为等价物，使它们互相成为市场”。②尽管目前我国经济理论界对市场这一概念的表述不尽相同，但归纳起来看，主要有以下三种：市场是商品交换关系的总和；市场是一定区域内潜在的消费者及其购买力与购买欲望；市场是商品间交换的场所。根据唐绪军的理解，以上三种表述并不矛盾，第一种表述强调的是市场的本质属性，也即市场的抽象内容，具有理论意义；第二种表述强调市场的主导因素，也即市场的决定因素，具有现实意义；第三种表述强调的是市场的组成形式，也即市场的外在形态，具有操作意义。③

传媒市场的概念是在传媒与市场两个子概念的基础上形成的，理解了传媒与市场两个子概念，传媒市场也就比较容易理解。国内学者现在关注传媒市场的不少，但给予明确界定的尚不多见。比较有代表性的主要有如下几种：

“报业市场实质上就是报业生产者（编辑记者、印刷工

① 童兵：《理论新闻传播学导论》，中国人民大学出版社2001年版，第93页。

② 《马克思恩格斯全集》第25卷，人民出版社1974年版，第718页。

③ 唐绪军：《报业经济与报业经营》，新华出版社1999年版，第81页。

人）与读者和广告商之间的经济关系的总和。”①

“传媒市场是指以传媒为中心的各类传媒产品市场组成的整体市场，它包括硬件传媒市场和软件传媒市场。”②

“传媒市场通常是指创办、收购、兼并、参股传媒和传媒机构输出输入的市场，概括地说，是指传媒生产和传媒产权交易的市场。”③

“传媒市场化是指中国传媒在70年代末以来发生的种种变革，本质是媒介个体日益作为一种特殊企业进入市场，成为整个市场体系的一个特殊组成部分。”④

“传媒的市场化是指非商业化传媒在基本保持其原有的所有制、政治立场、编辑方针的前提下，以市场经营的方式取得经济自立的过程。”⑤

以上五种关于传媒市场的表述中，最后二种显然着眼于对传媒市场的动态描述，并不是对传媒市场的内涵界定；而第三种定义侧重于传媒资产交易和产权交易，这当然是传媒市场包含的内容，也是我国传媒市场目前正在探索的难题，但作者主要从传媒市场开放的角度立论，似乎还不是对传媒市场定义的一般表述；第二种定义则把传媒市场划分为硬件传媒市场和软件传媒市场，虽然比较全面，但其“硬件传媒市场”（如印刷机器市场）似乎也属一般物质产品市场，并不能显现传媒市场的特性。笔者认为，第一种定义虽然受到研究内容的限制，只是对报业市场的界定，但是对报业市场

---

① 唐绪军：《略论我国目前的报业市场与报业经营》，载《新闻与传播研究》1997年第4期。

② 周鸿铎：《传媒经济》，北京广播学院出版社1997年版，第32页。

③ 刘建明：《传媒市场从单边开放到双赢开放》，载《声屏世界》2003年第12期。

④ 黄升民、丁俊杰：《媒介经营与产业化研究》，北京广播学院出版社1997年版，第4页。

⑤ 陈怀林：《论中国报业市场化的非均衡发展》，载《新闻与传播研究》1996年第2期。

的内涵与外延的界定比较准确，也比较简洁，可作为传媒市场界定的主要依据。

根据这一定义，参照经济学关于市场的一般表述，笔者认为，传媒市场是传媒、传媒受众和传媒的广告商之间所有经济关系的总和，也就是从传媒产品供给者到达需求者之间的各种经济关系的总和。构成传媒市场的主体包括：作为传媒产品与服务提供者的传媒机构（个人）；作为传媒产品消费者的公众；传媒的广告商。传媒产品（服务）作为传媒市场的交易与传播对象，则是传媒市场的客体。传媒市场的主体与客体共同构成传媒市场的基本要素。

二、传媒市场特征分析

统一的市场体系是各种商品经济关系的具体体现和综合反映，是多种市场相互关系、相互制约的共生关系所形成的有机整体。我国传媒市场是社会主义市场体系的重要组成部分。我国传媒市场既有相同于一般物质产品市场的共性，更有自己的特殊性。如果从传媒经济的角度考察，我国传媒市场具有三个基本特征：

（一）传媒市场本质上是信息市场

从本质上来说，传媒向大众传播的内容基本上都可以纳入“信息”(information) 这个范畴。1987 年，国家科委首次编制我国信息产业投入产出表。在“中国信息商品化产业”一项中包含有“新闻事业”及“广播电视事业”。这表明国家已开始将新闻事业视为投入必须有产出的信息产业的一个组成部分。因此，传媒市场从本质上来说，仍然是信息市场；所以传媒市场具有信息市场的一些基本特征。

第一，传媒市场具有扩张性。进入信息时代，无论是政府、企业还是普通民众，对信息的需求越来越多，而信息需求的满足将主要依赖于传媒市场。因此，随着传媒产业的发展与传媒商品化程度的提高，传媒商品的供给将呈扩张之势。以上海为例，上市公司青鸟华光与江苏一家传媒公司携手，共同向原上海《青年报》注资

3600万元人民币，对该报进行全面改版。与此同时，北京某报业集团斥资进军上海，组建一份早报。而在此之前，上海报业市场已接连诞生两份综合性日报：《外滩画报》和《东方早报》。其中《东方早报》由上海文汇新民报业集团控股，联合浙江、江苏两地报业集团外来资本，投资近1亿元人民币。对于蓬勃发展的中国传媒市场，境外的大型跨国传媒公司也在积极谋求合作。世界传媒业巨子默多克自1993年斥资10亿美元从李泽楷手中买下星空传媒（Star TV）开始，就对中国传媒市场抱有浓厚的企图。2002年12月31日，经国家广电总局批准，包括美国彭博资讯下属的彭博财经电视亚太频道、凤凰卫视资讯台在中国有限度落地（三星级以上宾馆和涉外社区可以收看）。

此外，传媒市场的扩张性，还体现在传媒产品消费的连带性上。由于信息只有通过积累才会更加系统，效果才会更大，因此对某类传媒产品的需求一经产生，这种需求将演变为连续性需求，而且还会引起对相关信息的需求。

第二，传媒市场的市场形态具有多元性。传媒市场形态的多元性是由多重出售方式决定的。一般认为，传媒市场呈现双元结构，即发行（收视）市场和广告市场。比如报纸，一方面报纸的新闻版面可供出售，购买的对象是读者；另一方面报纸的广告版面也可以供出售，购买的对象是广告主。① 笔者认为，传媒市场除以上二种形态外，还应包含节目市场，传媒在这里变成了购买者，节目生产者成为供应商。内容市场、广告市场、接收市场共同构成传媒市场的多元形态。② 此外，传媒产品的内容十分丰富，不同的传媒产品，在交换的过程中又表现出不同的个性，这影响到市场形态上，使传媒产品的市场形态更加复杂多样。

第三，传媒市场的交易具有广域性。传媒产品的实质是信息，

---

① 屠忠俊：《当代报业经营管理》，华中理工大学出版社1999年版，第17页。

② 本章第三节还会探讨这个问题。

它在流通过程中不会像物质商品那样受商品技术因素的影响。物质商品由于受技术因素的影响，流通的时间和空间范围都是有限的。如新鲜蔬菜，为不使其变质，只能在最短的时间内就近销售。而传媒产品则不同，只要其信息的使用价值存在，它就有流通的可能，且其使用价值并不随流通次数的增加而减少，也不随载体的改变而改变，这就为传媒产品的广域传播创造了条件。同时，现代通信技术的广泛运用又使传媒商品的广域传播变成现实。因此，传媒市场交易的广域性是其他商品流通无法比拟的。如世界著名的新闻频道CNN、FOX新闻网等，它们在多个国家或地区直接落地或者被其他媒体广泛转载引用，其新闻传播可以说是遍布五大洲、七大洋。在前不久的伊拉克战争中，CNN和半岛电视台的报道就被世界各大媒体纷纷采用。自从20世纪80年代飞速发展的Internet被广泛运用之后，信息的实时传送已经远远超越了过去报刊、电视台、电台由于物质条件的限制而不能达到的界限。“地球村”的概念深入人心，全球化的信息传播已经成为现实。由此，不少学者认为，传媒市场真正的全球化时代已经到来。

第四，传媒市场的交易具有非唯一性。一般来说物质商品的交换就意味着所有权的转让，也就是所谓消费者独享性，传媒产品的交换则不尽然。由于传媒产品的共享性，使得传媒产品的卖方在出售传媒产品之后往往仍然拥有对传媒产品的所有权甚至使用权。因此，同一传媒产品在交换过程中，对于其第一所有者而言，可以多次出售，直至传媒产品的使用价值完全丧失为止。当然，传媒产品的交易次数并不是无限的，交易次数的多少主要取决于传媒产品的新鲜性、适用性、区域性等。

（二）传媒市场是典型的公共品市场，这由传媒市场产品特征及传媒的特征决定

说到公共品市场，在这里，必须先引入一个经济学上的“公共品”概念。所谓公共品（Public goods），也称“公共物品”、“公共产品”，是指那种不论个人是否愿意购买，都能使整个社会

每一成员获益的物品。① 如国防、社会基础设施等。在公共性市场中，单个市场主体利益的最大化并不是其主要的追求目标，公共性市场所追求达到的是全社会共同利益的最大化。毫无疑问，我国的新闻传媒也可算在“公共品”范畴之内，传媒市场也属于公共品市场的一部分。

传媒市场作为社会主义市场体系中的一部分，实现市场效益最大化是它的必然规律。市场经济体制鼓励追求经济效益，在市场经济条件下，可以使用一切正当手段追求市场效益。传媒产品的生产和销售以市场为导向，旨在产品能为消费者所消费，最终实现市场效益，这不仅是允许的，而且是应倡导的。

但是，传媒市场又不同于一般的市场。在追求市场效益的最大化的同时，还有一个遵守法律法规、恪守职业道德和社会公德的问题，有一个尽可能和社会效益相统一的问题。② 因此，传媒市场既要顾及市场导向而又不能唯市场导向马首是瞻，传媒市场所要追求的应该是社会总体收益的最大化。

传媒产品和一般的物质产品相比，无疑有着某种本质上的相通之处：它们都有商品的属性，都要经由市场而为消费者所消费。所不同的是，物质产品供消费者进行物质消费，精神产品供消费者进行精神消费。物质产品的生产和销售，应当以市场需求为导向；而传媒产品既不能不顾市场需求的导向作用，又不能完全为市场需求的导向作用所左右。之所以说不能不顾市场需求的导向作用，是因为没有市场需求的传媒产品，既不可能有经济效益，也不可能有社会效益；之所以说不能完全为市场需求的导向作用所左右，是因为作为精神产品，传媒产品毕竟包含着对某种价值观的倡导、对不良社会倾向的否定、对理想境界的追求等思想内涵。这些内容是物质产品所不具备的。更何况，新闻传媒和传媒工作者负有引导社会舆论的使命。他们是“把关人”，负有信息过滤和选择的使命，掌握

① ［美］保罗·萨缪尔森、威廉·诺德豪斯著，萧琛等译：《经济学（第十六版）》，华夏出版社，麦格劳·希尔出版公司 1999 年版，第 268 页。

② 丁柏铨：《论传媒市场》，载《新闻记者》2002 年第 4 期。

着解释信息的权力和信息传递的关口。信息每经过一道“把关人”把守的关口，都会发生量和质的变化。① 新闻传媒若一切为市场导向所左右，那么就会片面追求“卖点”，就会一味搜异猎奇，迷失正确的方向。现在有一种错误观点，认为讲社会效益就不讲经济效益，讲经济效益就不择手段地去赚钱，完全不顾社会效益。比如目前传媒市场上出现的一些现象：借口受众需要，大搞低级趣味的传媒产品；有的经营者，借口发展传媒市场生产假新闻、低质量的产品。这些行为都是违背传媒市场运行规律的。

（三）传媒市场是注意力资源生产和消费的主要市场

“注意力资源”是一个经济学概念，如何有效地吸纳受众的注意力，并将这种注意力稳固地维持下去，是现代传媒在市场竞争中的焦点所在。加拿大著名传播学家麦克卢汉最早进行了注意力研究。他以电视为例指出，电视台实际上是在租用我们的眼睛和耳朵做生产。电视台购买大众注意力的投入，是要制造人们爱看的电视节目，而观众是用注意力来为看节目交费。观众交给电视台的注意力就成了电视台的巨大资源，然后他们将这一资源高价卖给需求这种资源的人（需要做广告的商家）。对于广告商来说，做广告就是在高价收购注意力。此后美国传播学者麦克尔·高尔德哈伯发表了《购买注意力的人们》(Attention Shoppers)，提出了注意力资源的商业价值。

众所周知，注意力是由信息所引导的，信息时代最明显的标志就是信息的无限量递增即信息爆炸，注意力稀缺是信息出现相对过剩的必然产物。随着当代社会逐步进入后信息时代，注意力成了稀缺资源。诺贝尔经济学奖获得者赫伯特·西蒙曾对后信息社会特征研究后说：“随着信息的发展，有价值的不是信息，而是你的注意

---

① 甘惜分主编：《新闻学大辞典》，河南人民出版社 1993 年版，第 62 页。

力。在信息社会里，硬通货不再是美元，专注就是硬通货。”①

海量信息的生产与传播使得注意力资源成为当今最稀缺的资源之一。现在，人们把收视率、收听率和阅读率称为“注意力资源”。大众传媒想方设法推陈出新为的就是吸引受众的眼球，吸纳注意力资源。而广告商向媒体购买的并不是报纸的某块版面空间或广播电视的某个节目时段，而是这块版面空间、这一节目时段所实际吸纳的受众的阅读或收视行为而形成的注意力。正如中国人民大学舆论研究所所长喻国明所说：“真正能够为媒体赚取大量资金的最终产品是由其报道和节目所吸纳到的受众的注意力。”②

第二节　我国传媒市场化历程、现状及动因追寻

自19世纪初中国近代报纸产生至今，我国传媒发展已走过将近200年的历史。在这一过程中，如何争取消费者，建立自由的媒介市场而展开的新闻实践和新闻观念的表述，追求在广阔的市场中进行新闻传播，实现其最大的新闻传播效果，始终是中国新闻业历史进程中的一个经济逻辑。③ 从《京报》靠发行来收回盈余（报房出版的京报，以盈利为目的，报费是他们的主要进项，每月报费，在白本报房期间，约为一两二钱④），到《上海新报》和《申报》二份英商报纸在19世纪70年代展开的厮杀；从史量才时期《申报》控股《新闻报》，到新记大公报成功实行股份制，无不体

---

① 王德禄：《注意力是一种稀缺的资源》，载《中外管理》2000年第3期。

② 喻国明：《试论受众注意力资源的获得与维系——关于传播营销的策略分析》，我的论文网，上网时间：2001-11-11。2004年1月10日下载于：http：//www. gzu521. com/paper/article/sociology/200711/24841_3. html。

③ 单波：《20世纪中国新闻学与传播学——应用新闻卷》，复旦大学出版社2001年版，第10页。

④ 长白山人：《北京报纸小史》，刊于管翼贤《新闻学集成》第6册，中华新闻学院1943年版，第280页。

现市场选择的经济逻辑。

一、我国传媒市场化历程

1949 年新中国成立后，我国传媒经过了二次市场化的历史进程。

（一）传媒市场化的第一次尝试——1949 年至 1956 年

新中国成立初期，报纸数量增加，政府财政不堪重负。在这种情况下，1949 年 12 月，全国第一次报纸经理会议在北京召开，会议提出报纸实行企业化经营方针，要求“条件好的公营报纸争取自给”，“多登有益广告”。1950 年，中宣部发出《关于报纸实行企业化经营情况通报》，指出“报纸企业化经营方针是完全正确的可以实现的”。为节约公费订阅开支，国务院专门下发通知，要求在国家机关、团体、部队、企业、学校中，个人阅读报刊由读者自费订阅。这些举措的实质是促使报纸注重从市场上的读者和广告主那里获得经济效益，以减少国家财政补贴。

为响应党的号召，各家报纸积极行动起来，在实现“企业化”经营过程中主要采取了以下措施：1）适度提高报纸定价，以便部分回收报纸的生产成本；2）继续保持广告经营，以便减少政府财政补贴的数额；3）采用国产纸张，降低成本；4）紧缩编制，健全财会制度。到 1953 年，人民日报等中央报纸和部分省级报纸相继扭转了亏损状态。①

但这次市场化的进程并没有能够维持很久。统得过死的计划经济体制的种种弊端，各行业脱离市场的调节，市场因素的缺失，使广告市场严重萎缩，广告收入成为无源之水，“企业化”成为无本之木。

第一次报纸市场化探索在 1957 年的“反右”运动中告终。这

① 唐绪军：《报业经济与报业经营》，新华出版社 2003 年版，第 109 页。

次市场化进程，是中国共产党在新环境下对办报方式的一次探索，但在探索时间、发展规模和影响范围等方面十分有限，其局限性主要在：1）规模上重“节流”轻“开源”。把“企业化”经营重点放在了节约开支、控制人员编制、完善财会制度上，对市场的开拓仅仅着眼于报纸发行，强调适度提高报纸售价，而未把广告作为经营重点。2）在观念理论上未能为报业市场化正名。3）未能促成报社内部管理体制向适应市场化需求的方向转变。4）这次市场进程未能影响报纸内容的改进。①

20 世纪 50 年代初，政府开始有计划对私营报纸进行公私合营。1957 年，取消了经营方针，将报纸逐渐纳入社会主义公有制经济体系；到 20 世纪 60 年代中期，中国经济中“市场”因素完全为“计划”因素所代替，原来非公营的媒介中经营的因素也完全消失，媒介整体完全成为意识形态的媒介，这种历史一直持续到 20 世纪 70 年代末。

（二）第二次市场化进程——20 世纪 70 年代末至今

十一届三中全会后，整个社会经济领域的变革已经逐步开始，这种变革使“市场”逐渐为企业重新认识，而且它们已经感受到市场供求关系的压力，开始意识到广告的作用。同样的经济压力也在传媒内部发生，以往由国家提供的财政保障正在削减，而实际上传媒发展所需要的物质资源的数量却在逐步上升，传媒不得不依靠自身力量获得足够的物质资源。

1978 年，《人民日报》等多家首都新闻单位要求试行“事业单位，企业化管理”的方针，希望通过适度自主经营而获得一些经济收入，传媒市场化再次提出。财政部批准了他们的报告。根据当时的政策，报社属于事业单位的性质不变，但可以从事一定的经营活动，经营所得一部分可以用于增加职工收入和提高职工的福利待

① 唐绪军：《报业经济与报业经营》，新华出版社 2003 年版，第 109、110 页。

遇，也可以用于改善报社的办公条件和技术装备。

恢复报纸广告经营活动，是这次市场化进程的一个重要标志。1979年1月28日，上海的《解放日报》率先刊登了“文革”后中国大陆第一则广告。广告重回报纸版面，报业获得了推进市场化进程的利器。1980年，全国广告营业额已发展到了1.1亿元，其后几年则以每年40%的速度递增。①

20世纪80年代后，市场化进入了一个新的阶段。20世纪80年代初期，出现了报业的第一次办报高潮和广播电视业的建台热。1985年，首次提出报刊的自办发行。如果将发行视为报纸这种特殊商品的流通过程，自办发行可以视为报社对报纸这种商品的营销渠道和营销方式进行的变革。这是媒介向产业经营迈出的关键性的一步。自此以后越来越多的报纸对自办发行的积极尝试则是市场化进程中的重要景观。1988年，中华全国报纸行业经营管理协会成立。1987年，国家科委编制的我国信息产业投入产出表将“新闻事业”“广播电视事业”纳入“中国信息商业化产业”中，从而使传媒产业特性得以初步建立。1988年3月，《关于报纸、期刊、出版社开展有偿服务和经营活动的暂行办法》出台，有力推动了报业改革的进程。20世纪80年代后期出现了广播业的系列台热，1991年的报业扩版热持续到1993年。

进入20世纪90年代，伴随着国民经济的高速发展，中国传媒市场化步伐明显加快。1990年，中央《关于加快发展第三产业的决定》正式将报刊经营管理列入第三产业，这是报刊产业化改革的一个转折性标志。1992年，中共“十四大”确定了社会主义市场经济体制，传媒走向市场的愿望和面向市场的经营行为得到充分体现，新闻改革开始呈现整体市场化的面貌。1992年办报热中，一个突出特点为“社外资本”的进入——广告公司或其他机构“包版面”、“包节目”的经营方式被默认并发展起来，成为许多市

① 方汉奇：《十四大以来的中国新闻事业》，载《郑州大学学报》（哲社版）1994年第2期。

场化程度高的传媒经营获利的又一手段。① 1994 年，许多机关报不仅改变了吃“皇粮”的局面，还成为创收大户。20 世纪 90 年代中期，网络的出现打破了传统媒体的界限，为从事跨媒体经营提供了可能性。1996 年，广州日报报业集团的试验，使报业产业实现了迈向新世纪的重要飞跃，而 2003 年 11 月 18 日，由光明日报集团和南方日报集团合作的跨区域大型日报《新京报》在北京的发行，开创了跨区域办报的一个尝试。

二、我国传媒市场现状

20 多年来，我国传媒面向市场，实行事业单位、企业化管理，逐步走上一条良性发展之路，我国的传媒市场也初步形成。②

（一）从理念层面来看，传媒市场的理念已深入人心

从“找市长”到“找市场”是市场化观念确立的表征。这种变化，不仅发生在经济行业，也发生在传媒业。我国传媒市场的确立，集中体现在受众本位的凸显，因为对于传媒企业而言，受众不仅是现实的产品消费者，而且是潜在的（广告）消费者。“改革开放后，中国开始融入国际社会，国内媒介在传播观念上也发生了变革，提出和强调‘受众喜欢什么’、‘受众想知道什么’，从而在传播模式和选择传播内容的标准上向受众本位的方向发生根本性转移。”③

1991 年前后兴起的报刊“周末版”大潮和广播电视节目“平民化”的趋势、1995 年全国逐步兴起的都市报热，都可以看作是

---

① 肖辉：《报业管理的新课题》，载《经济日报》1995 年 2 月 18 日。

② 国内很多学者都认为我国传媒市场已经形成。可参见叶乐阳：《试论大众传媒产业特征》，载《新闻与传播》2003 年第 7 期。丁柏栓：《我国传媒市场已经形成》，来源：新华网，上网时间：2003-02-10。2003 年 12 月 10 日下载于：http://news.xinhuanet.com/newsmedia/2003-02/10/content_722573.htm。

③ 罗以澄：《解读经济全球化背景下的中国媒介市场》，《媒体发展研究报告 2002 年卷》，武汉出版社 2003 年版。

对传媒受众本位凸显的诠释。

（二）从制度层面来看，传媒市场主体的地位逐渐明确

一直以来，我国传媒作为意识形态的一部分，市场主体地位不被认同。改革开放以后国家的传媒政策不断调整，其集中指向是不断明确传媒的市场主体地位，规范传媒市场环境，促进传媒业健康发展。

1993年中共中央和国务院发布《关于加速发展第三产业的决定》，正式将报刊经营列入第三产业。新闻业作为信息产业的组成部分，是报业产业化改革的一个转折点。

1994年新闻出版总署发布356号文《关于加速发展第三产业的决定》，正式将报刊经营列入，是第一个明确传媒集团化发展的文件，尽管只是个框架性的意见，却也从此拉开了传媒集团化进程的序幕。

1997年新闻出版总署发布117号文《关于报业治理工作的通知》，其主旨是“取消内部报纸，压缩公开报纸”，查处“挂靠”办报、个人承包办报，主管主办单位不履行职责的坚决停办。

1999年中共中央办公厅、国务院办公厅30号文件《关于调整中央国家机关和省、自治区、直辖市厅局报刊结构的通知》要求厅局报刊精简、划转、合并、撤销，少数保留的一律自负盈亏。

2001年中共中央办公厅、国务院办公厅17号文件《关于转发〈中央宣传部、国家广电总局、新闻出版总署关于深化新闻出版广播影视业改革的若干意见〉的通知》，明确了深化新闻传媒业改革的指导思想、方针原则，改革的总体要求、基本格局，改革的主线（“以结构调整为主线推进改革，控制总量，合理布局，盘活存量资产，优化资源配置，发展集约经营，形成规模优势”）和重点（“积极推进集团化建设，把集团做大做强”），改革的组织领导等，同时肯定了国有大中型企业的合法投资者地位。

2003年3月新闻出版总署和对外经贸部联合发布《外商投资图书、报纸、期刊分销企业管理办法》，明确从当年5月1日起我

国书刊分销市场对外开放。7月，中共中央办公厅、国务院办公厅联合发出《关于进一步治理党政部门报刊散滥和利用职权发行，减轻基层和农民负担的通知》及实施细则，决定通过压缩部门报刊总量，调整结构，有效治理报刊散滥现象；采取切实有效措施，坚决制止部门报刊利用职权摊派发行，是当前力度最大的传媒市场化行动准则。

不难看出，十年来新闻规制的变化主要体现了以下目标：第一，由直接行政干预转向政府治理与市场相结合，适应社会主义市场经济发展的要求，大力培育传媒的市场主体地位，深化传媒市场机制优化资源配置，调整布局结构，提高产业集中度，推进产业的集约化、规范化发展；第二，扩大投融资渠道，放宽市场准入，适应WTO条件下的传媒业竞争，促进传媒产业升级；第三，建立健全政策制度和法律法规，政府监管合理化，政府治理传媒业从滞后管制转入事先引导，回归传媒业发展本业规律。

（三）从传媒市场运作层面看，市场化运作方式成为传媒进一步发展壮大的主要手段

以政府的新闻规制和市场化发展需要为基础，整合与扩张成为传媒发展的两大主题。20世纪90年代以后，我国传媒市场化运作的主要事件有：（1）1996年，我国第一家报业集团广州日报报业集团有限公司成立，截至2003年初，我国共经批准成立了69个传媒集团，其中包括38个报业集团、13个广电集团、1家期刊集团、9个出版集团、5个发行集团和3个电影集团。至2009年底，共计有80多家传媒集团，其中报业集团41家。集团化已经成为传媒市场运作的大趋势。（2）1999年《成都商报》通过其控股的成都博瑞投资有限公司，收购上市公司四川电器原大股东的大部分股份，实现了报业资本经营的突破。随后，融资政策逐渐明确，融资渠道逐步放宽。（3）传媒跨地区、跨行业经营已经试水。北京的《新京报》就是南北两大报业集团合作的结果，同样还有上海《东方早报》。报纸期刊、广播电视涉足互联网经营已不新鲜。2004年6月30日，羊城晚报报业集团与侨金集团联手打造海外华文报纸

《澳洲新快报》在澳大利亚悉尼正式出版发行，开创了国内报纸品牌登陆西方发达国家的先河。① 这也表明在WTO形势下，我国传媒"走出去"战略开始。（4）传媒竞争趋向激烈。一般而言，市场竞争有三个层次，一是打价格战，重量不重质；二是以规模结构、效益为主的竞争；三是以资本、人才、品牌、商誉为主的竞争。从轰轰烈烈的南京、成都、武汉、西安等城市报业价格战至今，传媒的价格战尚未平息。但同时，我国传媒的差异化竞争也在如火如荼地进行，传媒更加注重资本、品牌的竞争，免费报纸已经诞生。

总体来看，无论是政策制度，还是市场运作状况都表明我国传媒业改革进一步深入，统一的、开放的市场逐渐形成，传媒的整合扩张也收到明显效果。

第一，传媒发行结构有了重大变化。2004年6月27日，全国报纸发行协会第四届会员大会统计显示，自1985年《洛阳日报》率先打破邮政发行渠道垄断，自办报纸发行以来，我国已有180多家报刊自办发行，自发的报刊款流转额达300亿元，发行收入117亿元。2004年4月26日起，《人民日报》、《光明日报》、《经济日报》等党报开始在北京报亭零售，《南京日报》在原有1000多个零售报摊的基础上，进入200多家连锁超市并调低价格发行。2002年国内书刊市场零售总额超过1500亿元，其中图书1000亿元，报纸200亿元，期刊300亿元，正以每年12%的速度在增长。② 据英国《金融时报》报道，中国2010年的报刊发行量比上年增长14%，创收高达500亿美元。③

---

① 载《中国记者》2004年第7期。

② 王学文：《2003年：中国传媒业变局大幕开启》，来源：新华网，2004-02-13。2004年1月20日下载于：http://news.xinhuanet.com/newmedia/2004-02/13/content1313102.htm。

③ 凤凰网传媒：《中国报纸行业市场强劲增长》，2011年1月10日。2011年5月20日下载于：http://media.ifeng.com/news/tradition/paper/detail_2011_01/10/4193874_0.shtml。

第二，报刊发行量逐渐增加，我国目前已成为世界最大的传媒国家、有着世界上最大的传媒市场。根据世界报业协会 2004 年发布的数据显示，中国的日报期发行总量居世界首位，占世界发行总量的22%，同比增长4.1%，而过去五年内增长率为35.7%。我国是全世界日报读者最多的国家，也是全世界最大的报业市场。2002 年我国每千成年人拥有日报发行量为 88 份，2003 年则上升为 91 份，每百万人拥有日报数量从 2002 年 1.04 种上升到 2003 年 1.07 种；2002 年我国每千人拥有非日报发行量为 106 份，2003 年增加一份为 107 份，每百万人拥有非日报数量从 2002 年的 1.08 上升到 2003 年的 1.2 种。① 但是考虑到我国的社会结构和市场特征，我国传媒市场的开发程度还处于较低的水平。国家新闻出版总署于 2011 年 4 月 19 日正式发布的《新闻出版业“十二五”时期发展规划》，对今后 5 年新闻出版业科学发展进行了总体布局，明确表明在“十二五”时期，新闻出版产业增长速度达到 19.2%，到“十二五”期末实现全行业总产出 29400 亿元，实现人均年拥有图书 5.8 册、期刊 3.1 册，每千人拥有日报达到 100 份，国民综合阅读率达到 80%，人均书报刊用纸量达到 240 印张，千人拥有出版物发行网点数 0.13 个。②

第三，传媒广告市场快速增长。我国广告业开始恢复发展前夕的 1978 年，全国广告经营单位不过十多家，广告从业人员不过 1000 人，当年广告营业额不足 1000 万元。此后，我国广告业保持着超高速的发展势头。以报业广告的发展为例，从 1983 年到 2008 年，报业广告营业额从 0.73 亿元上升至 342.7 亿元；如以电视广告的发展来看，从 1983 年到 2008 年，广告营业额从 0.16 亿元上升至 501.5 亿元。如图 2-1 所示。

---

① 陈中原：《报业市场大半壁江山有待开发》，载《新闻记者》2004 年第 7 期。

② 《人民日报海外版》：《到 2015 年每千人拥有日报 100 份，人均年拥有图书 5.8 册》，载《人民日报海外版》2011 年 4 月 20 日第 4 版。

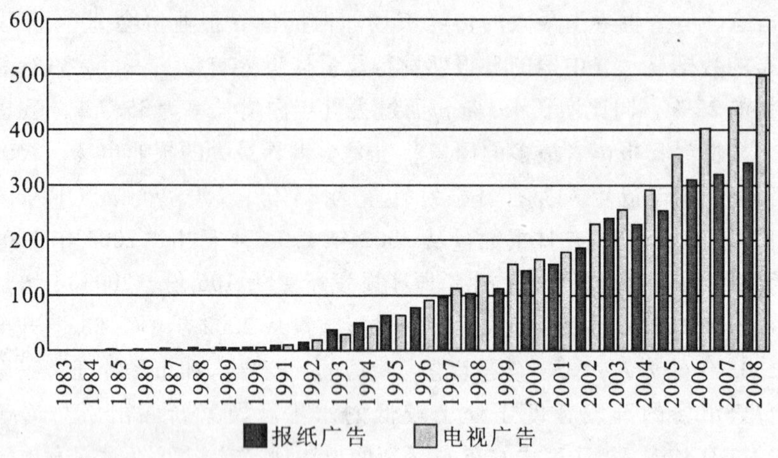

图 2-1　1983—2008 年我国报业和电视广告的发展（单位：亿元）①

三、我国传媒市场化动因追寻

现代传媒有着复杂的生态系统，其市场化的选择，与作为传媒社会生态的政治、经济、文化等因素密切相关，也与作为传媒自然生态的内在因素密不可分。具体说，笔者认为，我国传媒市场的产生与发展的根本动因主要来自四个方面：经济的市场化、社会的信息化、传媒自身的内在需求以及传媒角色和功能的变化。

第一，经济的市场化。“市场的发展必然促进媒介产生对利益属性的自觉并且产生追求利益的行为。”② 从 20 世纪 70 年代末至今，我国的经济体制通过逐步改革，完成了计划经济、有计划的商品经济到市场经济的巨大转变，从而实现了经济的市场化。在经济

① 数据来源：1983—2007 年数据来源于：范鲁彬编著：《中国广告 30 年全数据》，中国市场出版社 2009 年版，第 38、40 页；2008 年数据来源于：中国工商行政管理年鉴编辑部：《中国工商行政管理年鉴 2009》，中国工商出版社 2010 年版，第 753 页。

② 黄升民、丁俊杰：《媒介经营与产业化研究》，北京广播学院出版社 1997 年版，第 51 页。

从计划向市场转化的过程中，以下三个因素对传媒的市场化产生了至关重要的影响：首先，计划经济体制的逐步消亡使媒介逐渐失去了政府对媒介物质资源的保证，形成对媒介的巨大经济压力。1978年，政府对媒介再次提出并运用“事业单位、企业管理”的体制，成为传媒在市场中追求利益的巨大压力和动力。其次，生产的发展需要不断扩大的市场需求，而面对越来越多的可选择的商品，消费者也需要更多的关于产品的信息。对市场的鼓励和消费者关于产品信息的获得，必须依赖一个强有力的中介进行，而传媒无疑最适合承担这一功能。因此，广告市场的发展为媒介提供了商业运营的最初市场。再次，市场的出现带来传媒间的竞争，市场的发展又使媒介间的竞争逐步升级。失去了经济保障的媒介不得不依靠自身的经营谋求生存，而首先面对的就是发行和广告两个市场。这两个市场虽然非常巨大，但并不是无限的，生存于有限的市场中的传媒为了获得更多的经济利益，就需要市场竞争。而在对市场的争夺中，媒介的市场行为也不断发展，市场运营能力不断提高。因此，经济的市场化不但成为媒介市场化的最初动力，也成为传媒市场继续发展的持续推动力。

第二，社会的信息化。经济体制改革以来，市场的扩大、经济交往的增加促进了大量非政治新闻的纯信息的产生，同样也激发了大众对于政治新闻以外的信息的需求，从而使整个社会形成信息需求的规模市场。社会信息化的发展必然促使传媒产生对其信息组织属性的自觉。随着整个社会信息量的增加和信息需求的增加，传媒开始突破以往单纯传播政治性新闻的信息传播模式，其传播的信息更为丰富，信息传播行为也更加自觉。更为重要的是，传媒在信息组织属性的发展中也发现了信息传播的潜在利益，从而使信息传播行为与利益行为紧密结合起来，越来越多的传媒从单纯的意识形态传媒向商业传媒转变，发展成为独立的信息传播机构，这在很大程度上又成为整个传媒市场化的一个重要动力。

第三，传媒自身的内在需求。谋求自我生存和发展的传媒在对商业化运营方式的探索中逐渐意识到自身所面对的是一个有着巨大获利潜力的市场，而在实际的运营中，广告、发行、多种经营等经营活动也为传媒带来丰厚收入。传媒越依靠自我谋生，就越需要更多地介入市场，而越多地介入市场、参与竞争，就越来越以市场和利益为行为指向。如此，在传媒内部，商业运营的驱动力就随着商业运营行为的发展而逐渐增加。直到市场化已经发展到一定程度的今天，利益已经成为传媒以商业化方式谋求生存和发展的主要驱动力。

第四，传媒角色和功能的转变。在改革开放以前，我国的传媒基本上都被视为单纯的舆论和宣传的工具，是一种意识形态传媒，它不可能被利用为谋求商业利益的手段，根本不存在什么传媒市场。直到1978年以后，整个社会从阶级斗争转向以经济建设为中心，一方面对“阶级斗争”口号的废止使传媒的阶级斗争工具论失去理论依据，另一方面经济的发展又使传媒承担更多的经济任务，出现商业化倾向。传媒的角色多元化，功能也大为拓展，传媒的商品属性被广泛认同，为传媒市场的出现提供了理论依据。

第三节　我国传媒市场运行机制的总体描述

所谓市场经济，从直观意义上说，是以市场为配置社会经济资源主要方式的经济；从实质上说，“是以市场机制（即以价格机制为核心的、并与竞争机制和供求机制相结合）为配置社会经济资源主要方式的经济。”① 传媒市场，作为我国社会主义市场体系的组成部分，是以市场为配置传媒资源的主要方式的一种经济组成形式。和一般物质品市场相类似，传媒市场运行机制是指传媒市场上直接发生作用的成本、价格（供求）、竞争以及利率、工资等市场因素互相作用、自行协调、自行组织的有机体系。“传媒市场的运行机制同物质市场运行机制一样，主要由价格机制、供求机制及竞

① 全国干部培训教材编审指导委员会：《社会主义市场经济概论》，人民出版社2002年版，第7页。

争机制三部分构成。”① 在传媒市场中，在自身经济利益的驱使和约束下，传媒主体都能判断在市场上某种因素的作用必然引起某种结果的出现，从而形成传媒市场运行机制发挥作用的客观性。与一般物质品市场不同，由于传媒产品以及本身的特殊性，传媒市场机制发挥作用又有不同的表现。总体上看，传媒市场运行机制具有如下特征。

一、传媒市场客体的多元结构

传媒市场与其他物质品市场有一个显著不同，它在一个市场上生产，却在两个市场上出售（即受众市场和广告市场）。冯建三译的《媒介经济学》称之为“双元结构”。② 许多媒介经济的论著都承袭了这一观点。如贾国飚著《媒介营销》提出的媒介市场的二重性。“与其他有形产品的运作相比，媒介产业运作的市场空间是相当独特的，呈现出一种典型的‘二元产品市场’。媒介只创造一种产品，但却活跃于两个性质迥异的市场。”③

传媒产品的双重出售方式，与达拉斯·斯麦兹（Dallas W. Smythe）提出的“受众商品论”不无关系。按照斯麦兹的理解，受众的消费会产生新一轮的供给，在这一过程中，受众本身也变成商品。这一看似令人难以接受的观点，通过分析媒介、受众与广告商之间的复杂关系，表明媒介在生产信息的同时，生产了对于这些信息有兴趣的受众，媒介将这些受众（及其注意力）出售给广告商，以获取广告费。传媒的受众对广告商有多大的吸引力，取决于其数量、质量（是否属于广告商品的消费者，是否具有现实消费能力）以及忠诚度。④

---

① 周鸿铎等著：《传媒产业市场策划》，经济管理出版社 2003 年版，第 15 页。

② Robert G. picard 著，冯建三译：《媒介经济学》，远流出版事业股份有限公司 1994 年版，第 30 页。

③ 贾国飚：《媒介营销》，湖南人民出版社 2003 年版，第 13 页。

④ 郭镇之：《传播政治经济学理论泰斗达拉斯·斯麦兹》，载《国际新闻界》2001 年第 3 期。

需要指出的是，仅用“双重出售”的方式来描述传媒市场的客体结构还是不完善的。理由很简单，因为传媒事实上不仅在受众和广告这两个市场上买卖产品，且在节目内容市场（或称信息源市场）也存在着卖出或购入的关系。制播分离以后出现的节目市场、越来越被传媒重视的新闻信息源市场应该都属于此类。只要分析传媒市场的基本流程，就可以得出同样的结论。“媒介的日常市场竞争活动的开展是建立在节目资源、受众资源、广告资源三种资源基础之上，媒介在市场经营活动的延伸最终也是围绕着三种资源整合利用而展开。”① 在国外，因为大多数传媒供应商的功能根本不是内容的生产者，而只不过是再包装者或收集者，他们购买各种内容，然后按接受者的兴趣组装或安排。从这个观点来看，传媒供应者的功能只不过是他们活动的三个相关市场利益的中间调和者。②

因此，笔者认为传媒市场上客体结构是多元的，它由信息源市场（或称节目、内容市场）、发行收视市场和广告市场组成。在这三个市场中，有着生产注意力、吸引注意力、开发注意力逐层传递的关系（图2-2）。

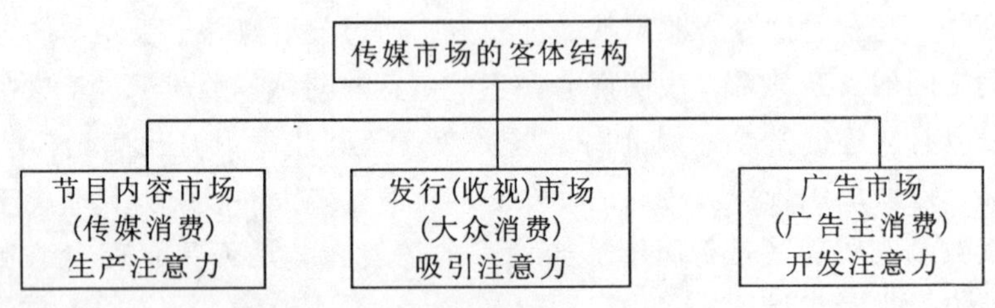

图 2-2　传媒市场的多元客体结构

在我国目前的传媒市场实际中，以上 3 种结构形态基本具

---

① 纪宁：《媒介新动向》，沈阳出版社 2001 年版，第 75 页。

② 欧洲通讯委员会编，苏晓鹰译：《经济学——数字化市场的战略问题》，辽宁人民出版社 2002 年版，第 24～25 页。

备，但尚不完善。这集中体现在，我国传媒的发行（收视）市场、广告市场发展得很快，但新闻信息源（内容节目市场）建设远远不够。该现象已被越来越多的传媒人士关注，“内容为王”已成为一种共识。“要维系一个第一流的信息源。信息源是媒体形成竞争优势的重要前提，一个实力媒体必须拥有信息专线和专家网络。”①

二、传媒市场主体的多重约束

传媒市场主体就是各类传媒及其从业者。传媒市场主体与一般物质品市场主体不同。一般物质品市场主体以追求自身利益最大化为原则，而传媒市场主体在追求自身利益最大化的同时，更追求传媒社会总收益的最大化。通俗地说，传媒既追求经济效益，更追求社会效益。传媒市场运行机制的理想结果应该是社会效益与经济效益的统一。这与传媒主体的多种约束（属性）密切相关。

黄升民教授在《媒介经营与产业化研究》中为我们构建了大众传播媒介发展的“产业平衡器模型”，有助于理解传媒主体的多重约束。见图 2-3。

利　益		控　制
媒介形态之一	媒介形态之二	媒介形态之三
信息组织	信息组织	信息组织
利益组织	利益组织	控制对象
商业媒介	控制对象	意识形态媒介

图 2-3　大众传播媒介产业平衡器模型

黄升民教授认为，在这一模式中，利益和控制各据一方，二者力量的消长和平衡，造成了大众媒介的三种形态：利益指向强而控

① 转引自吴晓辉、屠忠俊：《媒介产业化与新闻源市场建设》，载《新闻与传媒》2003 年第 5 期。

制指向弱者，是典型的商业媒介；控制指向强者，如在我国存在的机关媒介、党政媒介，在西方国家存在的公营媒介，与商业活动几乎绝缘，可称为“意识形态媒介”；而当利益和控制在某种条件下达到平衡时，则形成信息、利益、控制三种属性上都有鲜明体现的产业化的大众传播媒介，这是当前大众传播媒介在我国发展的主流方向。①

因此可以说，作为我国传媒市场主体的各类传媒，大多数都具有信息、利益、控制三种属性，或者说受到信息组织、利益组织和控制对象的三种约束。作为信息组织，传媒受到信息（新闻）传播规律的制约，这是传媒市场主体的基本属性和角色。“要使报刊完成自己的使命，首先不应该从外部施加任何压力，必须承认它具有连植物也具有的那种为我们所承认的东西，即承认它具有自己的内在规律，这种规律它不能而且也不应该由于专横暴戾而丧失掉。”② 马克思这里所讲的“内在规律”，实际上就是要求报刊（传媒）必须遵守新闻规律。作为利益组织，传媒与其他市场主体一样，也追求自身经济利益的最大化。传媒市场运作也要符合经济规律。虽然我国传媒业的发展中始终存在着这样一条经济逻辑，但在相当一段时期，它都被淡化了。在我国传媒市场初步形成之后，传媒作为利益主体的企业属性日益凸显，传媒的竞争也日趋活跃，经济效益也成为传媒生存和发展的制胜之道。作为控制对象，传媒具有明显的意识形态属性，它是社会上层建筑的组成部分。改革开放以后，随着我国传媒利益组织属性凸显，传媒的意识形态属性有所弱化，但它始终是传媒市场运作中一条或明或暗的警戒线，传媒“事业单位”的属性始终存在。

撇开传媒作为信息（新闻）传播组织的基本属性不论，我国传媒就是有典型的双重角色：舆论引导者和经济创收者。通俗地讲，就是既要搞好报道，又要搞好经营。希望双重角色能够带来双

---

① 黄升民、丁俊杰：《媒介经营与产业化研究》，北京广播学院出版社1997年版，第18页。

② 《马克思恩格斯全集》第1卷，人民出版社1956年版，第190页。

赢是我国新时期传媒改革的理论出发点。“中国政府希望传媒获得双赢的思路是，既不淡化或者削弱传媒的认识舆论导向，又可让传媒赚钱。这个良性循环的构图是这样的：用传媒雄厚的实力来进一步加强传媒的政治角色，同时寄希望于政治权威性给它带来滚滚财源。”① 这种理论设计给我国传媒市场运行带来先天隐患：多重角色的冲突和错位常常不可避免，传媒政企不分，政事不分，以及由此带来传媒市场运行机制失效。这是研究我国传媒市场运行机制时必须注意到的问题。

三、传媒市场运行的市场因素与非市场因素共存

改革开放后，随着我国传媒市场的兴起和初步形成，市场这只看不见的手，以自己的魅力配置传媒资源，成为我国传媒活力迸发的驱动器，导演了传媒产业运作的一出出活剧：都市报一夜兴起、传媒融资上市渐成热点、传媒集团化方兴未艾，价格战硝烟弥漫。但我们也会看到，由于我国长期实行的计划经济的惯性以及我国传媒市场的特殊性，我国传媒市场运行仍然是不健全的：一方面，市场运行机制在传媒资源配置上发挥着越来越大的作用，另一方面，非市场因素依然存在，成为我国传媒业进一步发展的束缚。这些非市场因素明显表现在：

（一）传媒市场的进入与退出壁垒

传媒市场的进入与退出壁垒，主要是指新办传媒进入市场和原有传媒退出市场的难度，或称进入与退出障碍。影响传媒市场进入的因素很多，既有经济技术的原因，也有非经济方面的因素，根据支庭荣的研究，传媒市场最主要的进入障碍是“高固定成本、政府管制和现有媒介市场力量”②。

我国传媒市场因经济技术因素造成的进入障碍，随着传媒业知

① 刘宏：《中国传媒的市场对策》，北京广播学院出版社 2001 年版，第 144 页。

② 支庭荣：《媒介管理》，暨南大学出版社 2000 年版，第 10 页。

识含量和技术含量的增加，呈现出扩大的趋势。以北京报业市场的状况为例，1998 年《北京晨报》创刊时，仅仅 1500 万元的资金投入就造成了北京报业市场第三的市场位置；而到 2001 年《京华时报》创刊时，对于其主要达到的第一阶段目标，进入北京报业市场前三四位而言，其所挟 5000 万元资金也略显局促。三年不到的时间，北京报业市场进入的资金“门槛”已经翻了三倍。在电子传媒市场，这种趋势甚至更为明显。不过，现阶段我国传媒市场进入障碍，政策性因素还是起着主导作用。到目前为止，我国实行严格的传媒准入管制，各类传媒，包括报刊、广播、电视、出版社等均实行严格的审批核准制，开办者必须是官方指定的体制内机构，开办必须得到主管部门的授权批准。以报业为例，新闻出版署 1990 年 12 月 25 日（90 新出报字第 1534 号）颁布的《报纸管理暂行规定》，第二章就对“报纸的审批”做出了七大条若干小条的明确规定；1992 年“十四大”以后，我国迎来了改革开放以后的第二个办报高潮（1991—1993 年 9 月全国新办报纸 352 种），从 1994 年起，国家对报业实行“从数量增长型向优质高效型转变”的战略，从严审批、控制数量。控制数量，按照曹鹏的理解，就是“基本不新增媒介，只能以旧换新”①。进一步提高了报业市场进入的政策性壁垒。近几年来，我国传媒的市场收益，大大高于其他行业，广告经营额年增长达到 35%，高于同期 GDP 的年均增长幅度，应该说与行业进入壁垒造成的垄断收益多少有些关系。

我国传媒市场退出壁垒也很高，或者说缺乏退出机制，也是一种非常普遍的现象。这既是长期计划经济体制的历史惯性使然，也与我国的传媒市场结构和传媒管理体制有关。仍以报业为例，1991 年国家有关部门把我国报业分为 9 类（机关报、行业专业报、生活服务报、企业报、军队报、社会群众团体报、文摘报、晚报、综合类报）。② 仔细分析不难发现，9 类报中虽然机关报只占 30.6%

---

① 曹鹏：《中国媒介前沿》，新华出版社 2003 年版，第 320 页。

② 中宣部新闻调研小组：《中国报业总量结构效益调查》，新华出版社 1996 年版，第 4 页。

(1993 年)，但是其他各类报中，也有不少是“准机关报”。我国传媒的这种泛机关报性质，决定了它极易受到行政权力的保护，缺乏自主退出市场或转让的内在动力。我国传媒很少像西方传媒那样宣布破产或产权转让，长期以来存在着一种“只生不死”现象，不仅造成传媒资源的较大浪费，而且降低了传媒市场运行机制发挥作用的效率，不利于传媒市场的健康发展。

（二）不按市场规律办事，传媒市场运行信号失真

如果说传媒业的进入与退出壁垒主要是传媒业非市场因素在传媒结构上的表现，那么不按市场规律办事，传媒市场运行信号失真则更多的是传媒业非市场因素在传媒行为上的表现。

传媒业条块分割导致传媒市场运行信号失真。在现阶段，我国对于传媒业实行分开管理，各传媒在经营上基本上是互不干涉的，即使有少数传媒进行“跨媒体”实践，但总体上我国传媒业内条块分割严重。另一方面，除了中央的报纸、广播、电视台具有开拓全国性市场的能力外，其他传媒的经营范围基本上局限在当地的行政地域范围内。近几年来，我国卫星电视发展迅速，所有的省级卫视都已经上星，但卫视在各地的落地问题仍需要继续解决。而其他非卫视的地方电视台；由于受到政策、财力、人才的限制，传播区域基本上以行政区划为界。报纸等印刷媒体的刊号虽然是全国的，但地方报纸由于受到各种因素的制约，发行具有明显的地域性。①结果是“在某些局部地区、局部市场上，同质等效的传播产品的大量重复造成了传媒市场‘饱和’的假象，导致传媒市场运行信号失真”。

公费订阅摊派发行，导致传媒市场信号失真。公费订阅与摊派发行是计划经济体制留下来的固弊，是权力寻租在传媒发行上的体现，违背了传媒市场公平竞争的原则。这几年，虽然我国自费订阅市场发展很快，但公费订阅仍然存在，传媒及其主管部门公开或变

① 吴飞：《大众传媒经营学》，浙江大学出版社 2002 年版，第 119 页。

相摊派发行的现象也并不鲜见。由于公费订阅和摊派发行并没有面向真正的消费者，因此，发行量难以反映消费者的真实评价，极易造成虚假发行或无效发行，在这样的情况下，广告并不向虚拟发行量的传媒集中，从而导致传媒市场运行信号失真。

传媒利益约束力不强，导致传媒市场运行信号失真。在健全的传媒市场里，传媒作为市场主体，始终受到自身利益的约束，对市场赢利非常敏感，并据此调整自己的市场行为。在我国传媒业，相当多的传媒特别是机关报类型的媒体，由于体制原因，习惯于受到行政保护，对市场敏感度不强，缺乏追求利益的动力。有的传媒长期亏损，靠贷款度日，不仅没有退出传媒市场，而且安于现状不思进取；有的传媒，市场开发意识不够，在赚取大量的广告费之后，没有将它们用在“刀刃”上，即投入到市场中去，发展产业，而是热衷于修建办公楼，出现所谓媒介“办公大楼”现象;① 还有的传媒，竞争意识淡薄，习惯于“找市长”要政策，不断丧失了市场开拓自我发展的机遇。

---

① 周伟主编：《媒体前沿报告》，光明日报出版社 2003 年版，第 11 页。

第三章　传媒市场成本转嫁机制研究

传媒在生产、经营、管理、消费等过程中所消耗的全部费用，称为传媒成本。传媒成本按经济内容分为：生产经营、管理、消费过程中的信息资料费、信息资料时效损失费、基础设施运行费、工资及工资附加费、物质材料的消耗费、固定资产折旧费、相关管理费等。一般情况下，商品的销售价格会高于其成本，但在传媒商品交易过程中，常常会出现以低于成本的价格出售商品的情况，或者免费赠送商品的情况，如报纸的低价发行和广播电视免费收视等。“对商人来说，报纸出版者的举动十分奇怪。他们卖那些‘煮熟的松树’的价格比买进它的时候低1/3。这似乎是一次魔术表演。出版者卖出他的原料比买进时更为便宜，而他们都获利数以十亿计的美元。”① 消费者在获取和利用传媒商品时不需要支付所获得的传媒商品的全部或部分成本，消费者未付的成本由其他机构或个人来承担，这就是传媒商品成本的转嫁。它分为全部转嫁和部分转嫁两种形式。我们通常所说的传媒成本转嫁，实质上指新闻传媒的生产成本转嫁，就是传媒生产成本如何向社会成本转嫁以及私人成本转嫁的问题。

传媒成本与传媒成本转嫁关系密切。“产品成本作为社会主义经济中一个相对独立的价值范畴，是核算生产耗费补偿的重要尺度，这是产品成本的基本作用。”② 传媒成本的转嫁既是传媒维持

① ［美］本·巴格迪坎著：《传播媒介的垄断》，新华出版社1986年版，第146页。

② 孙毅、张如名：《补偿经济学》，中国财政经济出版社1991年版，第222页。

简单再生产的起码条件，又是进行扩大再生产的前提。作为公共品，传媒在扩大再生产过程中耗费的资金和其他消费，只有不断通过成本转嫁的形式得到合理的价值和实物形态的补偿，才有可能不断地购入新的生产过程中所需要的材料，才有可能不断支付职工劳动报酬和其他生产费用，从而保证传媒再生产顺利进行，所以，传媒成本转嫁既是传媒成本补偿的基础，又是传媒再生产的基础。

第一节　传媒成本转嫁的原因

一、传媒具有公共物品的属性

根据曼昆的《经济学原理》，公共物品有三个特性：（1）效用的不可分割性，（2）消费的非竞争性，（3）受益的非排他性。只有同时满足上述三个特征的产品，才被称为纯粹的公共物品。“纯粹的公共商品，指的是那种向全体社会成员共同提供的且在消费上不具竞争性、受益上不具排他性的产品。”① 根据这些标准，传媒中的无线广播和电视同时具备上述三个特性，应该属于纯公共物品。因为广播和电视节目信号被发射台发出之后，只要有广播和电视设备的全体公民都可接收。广播听众和电视观众不会相互排斥，在消费上不存在竞争，不会因更多的人收听或收看电视节目而挤掉另外一些听众或观众，或影响其质量。此外，电台和电视台也不会因增加一个听众或观众而增加其节目成本，新增加一个听众或观众的边际成本为零。同时收听或收看节目是共同受益，即任何人都能从中享用信息，其效用不能分割也不能在技术上进行控制，即不能采用谁付款谁受益的原则将其效用分割给某个人或某个厂商。现实生活中纯粹的公共物品并不多见，更为常见的是既非纯公共物品，

---

① 高培勇主编：《公共部门经济学》，经济科学出版社 2003 年版，第 41 页。

又非纯私人物品特性的“准公共物品”。例如报纸、杂志、有线电视、卫星电视、网络等。报纸具有竞争性和分割性，报纸之所以有竞争性，是因为一个人拥有一份报纸，而另一个人则不能拥有同一份报纸；报纸之所以在效用上具有可分割性是因为购买了这份报纸，报纸的产权所有权就属于你，你可独自享用这份报纸。虽然报纸有排他性，即拒绝付款的个人或厂商是不能享用报纸的，也就是说有办法将拒绝付款的个人或厂商排除在报纸的受益范围之外，实际上拒绝付款的个人或厂商虽然不能享用这份报纸，但是这份报纸的大部分信息他可以从别的传媒上免费获得。因此报纸也就不具有完全的纯私人物品的属性，而是具有准公共物品属性。同时有线电视、卫星电视、网络媒体等都属于价格排他的公共物品，也就是说，可用采用谁花钱谁受益的原则。

传媒具有公共物品的属性，所以传媒的部分成本只能以非市场方式予以提供。因为“在充满竞争的市场经济体制下，如果报纸是独立经营的经济实体而没有其他的经济来源的话，赚不到钱也就意味着无法为公众服务”。① 另外，传媒不能单纯追逐营利，理由是传媒是社会的舆论机关，最重要的职能在于客观公正地传播各种信息，从而沟通社会成员之间的相互了解，发挥舆论引导者和社会守望者的功能，是一项崇高的公共事业。如果纯以营利为目的，经济利益就有可能左右传媒人的理性与良知，妨碍传媒社会文化功能的实现。

另外，从传媒产品的内容考虑，传媒的内容主要有新闻和广告。根据公共物品的三大属性可判断，新闻属于公共物品，广告则属私人产品。“为了实现公民的知情权，传媒产品应该具备廉价、易得的特性，而不能单纯考虑经济成本。”②所以，国家和政府要对其耗费的成本进行补偿，我国耗费巨资实施的广播电视“村村通工程”便是一例。而广告虽然具有消费的竞争性，受益

① 唐绪军：《报业经济与报业经营》，新华出版社 1999 年版，第 60 页。

② 禹建强：《对媒介产品的经济学分析》，载《国际新闻界》2003 年第 4 期。

的排他性，但它作为传媒中内容的有机组成部分，必须以新闻作为伴侣，也就是说广告的私人物品属性必须与新闻的公共物品属性有机结合在一起，才能发挥它的效用。因此，广告作为私人物品所带来的经济效益，必须补贴新闻作为公共物品因充分发挥社会效益而亏损的经济效益部分。以上原因是由于传媒商品特殊身份影响所致。

二、传媒的产品化程度不高，自然寿命短，信息内容的垄断性不强

传媒的产品化对成本转嫁的影响很大。物质商品成本转嫁之所以少于传媒产品，是因为物质产品一般是以商品形式出现，其成本可以通过商品交换回收。而传媒产品化程度较低，人们的思想观念尚未完全转变，有些传媒产品成本很高，如果全部由用户承担，用户心理上和经济上都难以承担；有些传媒产品未商品化，人们却可通过非市场途径得到同样的信息或类似的信息，迫使一部分本应由用户承担的信息成本转嫁于其他机构或个人。如果传媒产品的寿命长，也可以使传媒产品的生产者有充盈时间来选择买者，可在较长时间里获得更多经济效益。事实上，由于新闻信息易过时的特性，决定了其自然寿命很短，买者花一定代价买回来的产品，不久便失去作用，直接经济效益很少，甚至产生负效益，因此新闻产品的成本回收大部分只能通过广告等转嫁方式来实现。同时，虽然传媒本身具有某种垄断性，但其信息内容有时候缺乏垄断性，比如热点焦点新闻、会议式新闻等，相关传媒都能转载，没有哪家媒体能垄断所有新闻。因此传媒间的替代作用较强，争夺市场、争夺受众异常激烈。这就决定了传媒的定价不可能很高。也就是说，不可能靠垄断新闻来获得更大经济利益，其生产成本必定要寻找转嫁出路。这条原因可归结为市场因素。

三、传媒市场结构是多元的互补的

从社会经济因素考虑，传媒的结构是多元互补的，从而导致传媒成本的互相转嫁，这种多元性互补性主要表现在以下几方面：

（一）多角经营

中国有句俗话，“不要把鸡蛋放在同一个篮子里”，用国外传媒产业的流行术语，就是多角经营，即多地经营、多业经营。传媒巨头默多克在世界上50个国家和地区同时经营报纸、电视、杂志、印刷、出版业。虽然其1998年度的电视收入（只包括其中的新闻公司，不含控股的电视企业）高达30.65亿美元，但只占其总收入的25.67%。① 1994年美国甘乃特报业集团的总收入中，21.5%是来自于各种经营的。② 在中国，随着传媒市场经济的发展，传媒业的多角经营，多种媒体的白热化竞争，将形成动态发展的重要态势。报纸、广播、电视、网络等媒体纷纷占领市场，传媒集团化日趋成熟，资本运作与资源整合的效应日渐显现。以报纸出版发行为主体目标，向多元化经营渗透，报纸、杂志在产业层面的重新组合，更显示规模效应。各传媒纷纷加强信息的梯度开发和综合利用。电视产业更是在努力寻求多元化的财源支柱，建构电视付费模式，降低广告在电视产业支柱中的比重，争取盈利来源的多样化。多角经营不但分散和降低传媒企业的经营风险，使企业的收入渠道多样化，且有利于传媒外部和内部的成本互相转嫁与补贴。多角经营是社会多元化发展时期传媒市场整体开发的产物。未来传媒市场在产业化层面上的多元化运作，将成为一种主流趋势。例如，传媒业与IT行业、服务业等行业的结合，使资源能更有效地利用，增强整体核心竞争力，形成多元化经营，多功能队伍，多种品牌互补的整体优势。这些“多角经营”、多元化发展的需要是实现媒体成本转嫁的重要原因。

（二）社会经济活动及发展需要

由于传媒主要是传递信息的机构，而信息对社会经济发展和各

① 吴飞：《大众传媒经济学》，浙江大学出版社2002年版，第123页。

② Robet G. Picard and Jeffrey H. Brody. The Newspaper Publishing Industry, All and Bacon, 1997, p. 56.

项社会经济活动的开展有着重要的作用。如果传媒产品的所有成本均由用户来承担，势必影响传媒产品特别是信息产品的流通面和利用率，从而影响社会系统的运行。例如，如果无线广播和电视的成本费用都由受众承担，那么很多听众或观众将因付不起费用而不听广播、不看电视，如此将影响广播电视信息沟通、社会教化等功能的发挥，影响广播电视事业的发展。

第二节　传媒成本转嫁的方式

一、财政补贴式转嫁

当信息商品转嫁于公民时，公民在政府的政策、法律规定下，以纳税人身份向政府交纳享用信息产品及信息服务的费用，政府又以财政补贴的形式向信息商品生产者支付信息商品的成本。这种转嫁形式称为用于信息方面的财政补贴式转嫁。它是无偿地对传媒行业和从事传媒的人员所实施的专项财政补贴支出，也是一种转移支出，可用于生产、流通、消费等多个环节，目的主要在于补偿外部经济，维持传媒市场的正常运行。

在我国，用于传媒领域的财政补贴可从不同角度进行分类。按补贴对象可分为对传媒企业的补贴和对个人的补贴；按补贴环节可分为生产环节补贴、流通环节补贴、消费环节补贴；按财政补贴的透明度可分为明补和暗补；按政策目的可分为价格补贴、职工生活补贴、企业亏损补贴、财政贴息、税收补贴等。因为传媒是公共品，并非是一种纯粹的经济工具，在民主和法制国家中，传媒是人民言论自由的一个通道，也是统治者言论的通道。因此，为了保障这两个通道的畅通，避免一些传媒因为商业利益而限制一部分人的言论自由，国家实施财政补贴是出于一定的政治经济目的，所以，按政策目的分类是传媒财政补贴最主要的分类方法。

(1) 传媒价格补贴。它指国家对于传媒企业因按国家计划规定的低于传媒商品价值的价格出售，所造成的政策性亏损所给予的资金补贴。

（2）传媒企业亏损补贴。它是国家对国有传媒企业的亏损给予的补贴。

（3）传媒从业人员生活补贴。它指国家财政支付给传媒从业人员以补贴生活的资金。

（4）财政贴息。亦称“利息补贴”，“它指财政对使用符合改革规定用途的银行贷款的用户单位就其支付的资金利息提供的补贴①”。每年财政用于支付传媒贷款的资金利息数目，相当可观，用于传媒方面财政的贴息是用有限的财政资金，带动更多的社会投资和银行贷款，以此来稳固和发展传媒事业的一项重要措施。

（5）税收补贴。这是一种特殊的财政补贴，下文将专门讲解。

从总体上说，事业单位提供的是混合商品，但不同事业性单位提供的商品的属性有所不同，例如传媒提供的产品，就更近似于公共商品，专业教育（高等教育和职业教育）提供的服务，就更近似于私人商品。另外，同一事业单位提供的商品属性也有所不同，例如，传媒中的大众宣传提供的是公共商品，广告提供的是私人商品。

因此，根据传媒提供的商品属性的不同，对传媒应采取不同的补贴方式。

第一，财政拨款补贴。例如，外部性受益的大众宣传教育。

第二，财政拨款与市场相结合。一是像无线广播电视等这种纯公共产品的传媒，可以运用市场原则有偿交易如与广告商交易，财政对社会效益较为显著的部分给予必要的拨款。二是对于像有线电视、有线广播、报纸等这种具有价格排他性的公共产品传媒，可以采用谁付费谁受益的原则对这类传媒产品进行分配，差额部分由财政拨款补贴。

二、税收补贴式转嫁

“税收补贴，亦称‘税式支出’。它是一种特殊的财政补贴，

---

① 高培勇主编：《公共部门经济学》，经济科学出版社 2003 年版，第 79 页。

是对减税、免税、退税、税收抵免等税收优惠措施的统称。"① 简言之，税式支出就是不属于某税的基本结构的税收放弃。通常它们是为了税收以外的一些原因而引入，诸如为给予某一特定等级的纳税人或某一特定种类的收入或支出以特别优惠。这样的税收放弃将导致税基缩减，并包含一笔税收收入的损失，等于国家在这些享受特别优惠的课税对象上的直接支出，由此产生"税式支出"。

税收的这种财政支出功能是通过各种形式表现出来的，如永久地排除于"所得"之外，税负的免除、递延、税收扣抵，适用降低了特别税率等；然而，不论表现形式如何，最终都体现为企业的成本通过税收制度进行成本转嫁，其转嫁部分最终由国家补贴。

我国对传媒在税式支出方面的补贴主要表现在以下几方面：

第一，增值税的优惠。②

A. 增值税的免税。在2000年底以前，对下列出版物继续实行增值税先征后退的办法；

（1）中国共产党和各民主党派的各级组织的机关报和机关刊物；

（2）各级人民政府的机关报和机关刊物；

（3）各级人大、政协、妇联、工会、共青团的机关报和机关刊物；

（4）新华通讯社的6种机关报和机关刊物：《参考消息》、《半月谈》、《瞭望》、《内参选编》、《国际内参》和《参考资料》；

（5）军事部门的机关报和机关刊物；

（6）大中小学的学生课本和专为少年儿童出版发行的报纸和刊物；

（7）科技图书和科技期刊；

---

① 高培勇主编：《公共部门经济学》，经济科学出版社2003年版，第79页。

② 《财政部、国家税务总局关于继续对宣传文化单位实行增值税优惠政策的通知》1996年12月5日，财税字［1996］078号。

第（1）、（2）、（3）、（5）项的机关报和机关刊物增值税先征后退范围掌握在一个单位一报一刊以内。

B. 增值税的低税率。对全国正式出版的图书、报纸、杂志实行13%的低税率。

第二，进出口税收的优惠。①

国家税务总局决定对1997年10月1日以后报关离境出口的新闻纸恢复办理出口退税，退税率为9%。

第三，企业所得税的优惠。

（1）为支持宣传文化单位的发展，在2000年底以前，中央和省级财政按照所属文化单位上年上缴所得税的实际入库数，建立宣传文化发展专项资金，在预算中列支。

（2）在2000年底以前，纳税人通过文化行政管理部门或批准成立的非营利性的公益性组织对相关文化事业的捐赠，纳入公益、救济性捐赠范围，在年度应纳税所得额3%以内的部分，经主管税务机关审核后，可在计算应纳税所得额时予以扣除。②

（3）新华社系统所属企业和经营单位纳税的所得税，在1995年底以前，由中央财政按季返还新华总社。③

第四，城镇土地使用税的优惠。

国家财政部门拨付事业经费的单位自用的土地，免缴土地使用税。传媒单位大部分属于此规定之中。④

第五，房产税的优惠。

国家财政部门拨付事业经费的单位自用的房产免纳房产税。包

① 《国家税务总局关于恢复新闻纸出口退税的通知》1997年10月23日国税收［1997］164号。

② 《财政部国家税务总局关于宣传文化单位所得税政策的通知》1997年2月13日财税字［1997］007号。

③ 刘心一：《税式支出分析》，中国财政经济出版社1996年版，第414页。

④ 《中华人民共和国城镇土地使用税暂行条例》1988年9月27日国务院令第17号发布。

括由国家财政部门拨付事业经费，实行差额预算管理的事业单位。①

第六，车船使用税的优惠。

国家财政部拨付事业经费的单位使用的车船免纳车船使用税。②

第七，印花税的优惠。

根据《中华人民共和国印花税暂行条例》及有关规定，图书报纸、期刊以及音像制品的出版发行业务订立的征订发行合同及其订购单据（实际发行数）属于应纳印花税的经济凭证。各类发行单位之间，以及发行单位与订阅单位或个人之间的书面的征订凭证，暂免征印花税。③

需要说明的是，随着我国传媒市场的不断完善，传媒的产业属性进一步突显，国家对传媒的财政补贴和税收补贴的范围和力度都有弱化趋势。但是，由于传媒具有公共物品的属性，为了维护传媒社会总收益的最大化，国家进行适度财政补贴和税收优惠仍然是必要的。

三、低价销售式转嫁

有些传媒商品以低于其成本的价格出售，而将一部分成本转嫁于传媒产品生产者、传媒服务者或公民。朱春阳在《国外传媒收入的三种类型与结构分析》中把传媒的收入按结构类型分为三种模式：内生型收入主导模式、外生型收入主导模式、内生—外生型收入均衡模式。内生型收入主导模式，“传媒收入以发行、视听收入为主”。外生型收入主导模式，“传媒收入以广告收入为主”。内生—外生型收入均衡模式，“该类型的传媒收入结构呈现动态分

① 《财政部税务总局关于房产税若干具体问题的解释和暂行规定》1986年9月25日（86）财税地字第008号。

② 《中华人民共和国车船使用税暂行条例》1986年9月15日，国发［1986］90号。

③ 《中华人民共和国车船使用税暂行条例》1986年9月15日，国发［1986］90号。

布，内生型收入和外生型收入所占的比例较为接近”。① 这三种收入模式的传媒产品的销售定价各不相同。

以内生型收入主导模式为主的传媒，主要以成本为基础进行定价；以外生型收入主导模式为主的传媒，主要以交叉补贴为基础进行定价。在现实生活中，我国大多数传媒，以外生型收入主导模式为主，主要采取以交叉补贴为基础的定价方法。“内生—外生型收入均衡模式则是综合了上述两种模式的优点，强调传媒在内生收入和外生收入两个方向上提升能力，面对不同的市场环境调节变化收入结构，以保证传媒获取最大化的收益。”② 前者如《体坛周报》，2000 年售价为 1.2 元，而成本仅 0.6 元左右。③ 一般来说，报纸定价并不遵循要弥补生产、分销和销售报纸成本的原则。

四、广告依附式转嫁

这种转嫁方式是将传媒产品的成本依附于广告并转嫁到广告主身上。在市场经济条件下，传媒产品的定价，例如报纸的定价往往低于生产成本，原因就是传媒除了其产品销售收入外，还有广告收入。

传媒的经济收入一般分为三部分：产品收入、广告收入和其他收入。在产品收入这部分中，由于传媒属于智力产品，决定了传媒产品的成本比其他产品的成本高，传媒产品的高成本是否意味着可以把传媒产品的价格定得高于成本呢？从传媒的生产者看，传媒产品的销售可获得二重收入：消费者支付货币和时间，而传媒生产者能将消费者的时间通过广告形式出售给广告客户，前者就能获得另一种经济回报即广告收入。如果传媒生产者只要求获得消费者对产

① 朱春阳：《国外传媒收入的三种类型与结构分析》，来源：《中国记者》，2003-08-13。2003 年 11 月 20 日下载于：http：//news.xinhuanet.com/newmedia/2003-08/13/content_1020438_2.htm。

② 朱春阳：《传媒产品价格规划的影响因素》，来源：中华新闻网，2004-02-14。2004 年 2 月 27 日下载于：http：//www.mediachina.net/。

③ 强月新、张瑜烨：《媒介成本转嫁的原因及方式》，《新闻与传播评论（2006—2007 年卷）》，武汉出版社 2007 年版。

品消费的货币，不刊登广告，则传媒生产者的实际经济收入仅是其产品的发行或销售收入，消费者的时间对传媒生产者来说只是一种被放弃的资源，如果传媒生产者更重视以消费者时间形式获得的收入，并有效地将以消费者时间形式存在的收入转化为货币形式的收入，则可充分地获得收入的实际经济价值。而在一般情况下，消费者对货币支出的敏感性会高于对时间支出的敏感性，也就是说，大多数消费者更倾向于多接触一些广告，即多支付一些时间而希望少支付一些货币。因此，大多数传媒实行的是低价格、高广告比重的经营策略。

因此，各传媒一般把广告收入当成传媒经济收入中的主要来源。可以这样说，传媒并不主要是靠卖产品来赚钱的。比如，一张市场化程度较高的报纸在其经济构成中占主导地位的是广告收入，如果刨去广告收入，发行收入根本无法弥补办报的成本支出，并且报纸发行越多亏损越多。例如《新民晚报》是目前国内市场化程度较高的报纸之一，连续数年名列国内报业创利大户之列。1995年该报的总收入为4.7亿元，总支出为2.9亿元，净盈利1.8亿元。而在总支出中，单报纸的发行亏损一项即达1.2亿元，占总支出的41.4%。①《广州日报》也正是基于强大的广告经济实力，才能扩版不提价。仅2002年6月份，广州日报广告收入就有11573.26万元，列于该月全国报纸广告收入第一名。②

广告是传媒发展的内在动力，是传媒生命的经济支柱。目前我国多数报纸发行价格大大低于生产成本。因此，销售收入远远解决不了报纸再生产的资金问题。再加上行政拨款的限制，报业要生存和发展，必须开掘广告经营这一“自身造血”渠道。对广播电视台而言，目前我国尚未实行收费制度，广告收入更是成为广播电视

① 方毓强：《试论发行在报业经济中的作用》，《产业化：青年报刊业的前景与挑战》(崔恩卿、何梓华主编)，中国人民大学出版社1997年版，第147页。

② 沈国芳：《中国传媒大趋势》，四川人民出版社2003年版，第144页。

等传媒最重要的经济支柱。

表 3-1　　四大媒体在不同时期广告经营额年平均增长率的比较

时　　间	1983—2001 年	2005—2007 年
项　　目	18 年间平均增长率	最近 3 年间平均增长率
报纸广告经营额年平均增长率	37.8	12.0
杂志广告经营额年平均增长率	33.7	9.60
电视广告经营额年平均增长率	51.7	15.1
广播广告经营额年平均增长率	30.5	25.0

资料来源：第二列资料来源于 2003 年《传媒经济参考》；第三列资料来源于范鲁彬编著：《中国广告 30 年全数据》，中国市场出版社 2009 年版，第 38 ~41 页。

调查发现，我国电视媒体经营收入的 75% ~95% 来源于广告经营收入，中央电视台 95% 的广告收入来源于第一套节目的广告。① 下面是各种媒体广告经营额分布表和四大媒体在不同时期广告经营额年平均增长率的比较。可以看出，从 1983—2001 年，18 年间电视广告经营额年平均增长最快，达 51.7%，居各媒体业之首。媒体的经济实力，在很大程度上体现在广告收入中。不过，最近几年来，尤其是 2005—2007 年的 3 年来，广播广告的年平均增长额最大，达到 25.0%，杂志最低，为 9.60%；这要低于 1983—2001 年的 18 年间的增值水平。

据国家工商总局发布的消息，2008 年，全国广告经营额共计 1899.56 亿元，比上年同期增加 158.60 亿元，增长 9.11%。各类媒体广告经营额均出现较快增长，其中电视、期刊、网站广告经营

① 曹鹏、王小伟主编：《透视传媒资本市场》，光明日报出版社 2001 年版，第 5 页。

额增长率均超过10%①。

表3-2　**2008年各类媒体广告经营状况**

媒体类别	广告经营额（亿元）	比上年同期增长率（%）	占全国广告经营额比重（%）
电　视	501.50	13.22	26.40
报　纸	342.67	6.36	18.04
广　播	68.34	8.79	3.60
期　刊	31.02	17.23	1.63
网　站	27.76	10.21	1.46

资料来源：国家工商行政管理总局。

五、拉赞助式和其他形式的转嫁

赞助式的转嫁是指一些组织和个人出资赞助传媒的生产和传媒的服务，用户在使用传媒商品和享受传媒相关服务时不需要支付费用或少支付费用。

赞助式转嫁分为两种情况，其一是传媒主动出击，寻找某些期刊栏目、版面、频道或时段的赞助，当然，这里不指那种用广告时段去交换的形式；其二是相关财团社团或个人的主动赞助。如1985年，传媒巨头默多克新闻集团将20世纪福克斯的50多部电影赠给了中国中央电视台，这些影片包括《音乐之声》、《巴顿将军》；1995年和1999年新闻集团下属伦敦《泰晤士报》先后两次赞助了在英国大英博物馆举行的大型中国文物展。这两种赞助的形式目的不外乎两种情况。其一，慷慨解囊，出于对公益事业的热爱，出于对传媒事业的支持如对公益广告的赞助，或对某纯文学期刊的出资赞助，例如《人民文学》、《北京文学》等纯文学性期刊

① 徐博、张晓松：《工商总局：2008年全国广告经营额增长9.11%》，载《中国新闻出版报》2009年3月19日。2010年10月20日下载于：http://news.ccidnet.com/art/1032/20090319/1714153_1.html。

经常拉某些企业单纯性出资赞助，合作方式通常是成立理事会，由一些厂商充当副理事长、理事等职务。这种合作比较松散，企业只是单纯出资赞助，一般不过问杂志的各项具体事务，包括广告、发行、印刷等业务。其二，为了某种社会效益而最终追求经济效益。如默多克在回答外界对自己赞助捐赠中国媒体的举措时所说："我们准备在中国扎根啊！"

此外，传媒通常还会采用"挖人"（以降低培训成本）、摊派订阅、有偿新闻等一些合法非法的成本转嫁的方式，以获取高额的经济回报。

第三节　传媒成本转嫁的对象

传媒成本的转嫁对象指传媒成本转嫁于谁。传媒成本可以转嫁于全体公民或部分公民、物质商品生产者、传媒产品生产者和传媒服务商，有关组织和个人。

一、全体公民和部分公民

传媒作为全国性公共品与准公共品以及地方性公共品与准公共品其转嫁的对象也有区别。以下是传媒公共物品结构示意图。

（一）全国传媒纯公共物品（FCE区域）

一些传媒公共物品，其受益范围不受地域的限制，只要是该国居民都能免费或优惠享用，被称为全国性传媒公共物品。该类传媒公共物品具有纯公共物品的性质，即增加一个消费者，并不减少原有消费者的消费量。例如，全国区域内的无线广播和电视等，只要有广播和电视设备的全国公民，都可以公平地免费收听或收看。也就是说，人们能够较容易地获得消费这种传媒公共物品的权利。因此，"全国性公共物品和服务应当由中央政府提供。理论意义上的全国性公共物品的特征表现在：无论国土面积大小，受益范围都被限定在整个国家疆域之内。它表明：对于全国性公共物品来说，外溢性问题几乎可以忽略不计。既然效率原则要求所有的经济活动都

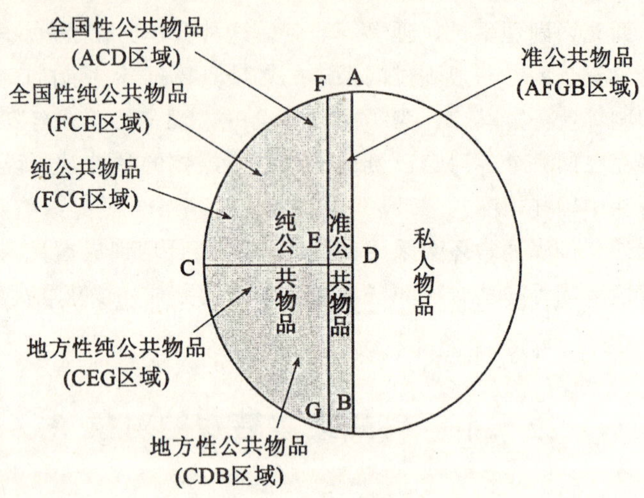

图 3-1 传媒公共物品结构示意图

应该使其边际社会受益等同于边际社会成本，那么这一原则也就应该毫无例外地适合全国性传媒公共物品，即全国性传媒公共物品的边际成本应该从总体上等于整个社会成员消费的该公共物品的边际社会受益之和"①。也就是说，传媒这种公共物品的长期生产成本应该由直接或间接从该公共物品或公共设施中获益的人为其支付相应的成本份额。在消费全国性传媒的公共物品时，每一个公民从该公共物品和公共设施中获益是相等的，那么这部分成本就转嫁给了全体公民。

（二）地方性传媒纯公共物品（CEG 区域）

大多数传媒公共物品的受益范围有明显的地域限制，例如某地域的无线广播和电视，其服务对象主要是该地区的居民，因此受益面仅限于该地区，被称为地方性公共物品（这里主要指那种近似

① 高培勇主编：《公共部门经济学》，经济科学出版社 2003 年版，第 215 页。

于纯粹的公共物品）。地方性的公共商品则由地方政府提供。因为根据分权理论，地方政府更接近当地居民，能更好地了解居民的不同偏好，且能对当地的偏好和环境作出反应，提供满足居民需要的公共物品及服务，从而提高传媒资源的配置效率。另外，这些地方纯公共物品本身还具有下列特性："①利益递减性，即指消费地方公共物品的效益有一定的区域范围，距离中心位置愈远效益愈少，而且当人口密度增加时也会因拥挤而使获益减少；②规模经济空间性，指并非每一种地方公共物品受益区域都固定不变，地方政府可通过伸缩受益区域来获取规模经济效益；③利益外溢性，指地方公共物品提供受益外溢至辖区外，使地方政府单独决定其最适数量时，无法达到帕累托最优。"① 因此，较之全国性公共物品来说，区域性公共物品的外溢性问题就难以避免。所以，本地区提供的区域性公共物品的边际社会受益之和只能约等于边际社会成本。也就是说，区域性公共物品的成本只能由本地区免费享用的居民承担，而不能转嫁给区域之外即使也享受了该公共物品服务的居民。

（三）准公共物品（AFGB 区域）

对于有些传媒商品和服务，其不完全具有非竞争性与非排他性，它介于私人物品与公共物品之间，例如有线电视、卫星电视、网络媒体等，还有未来的与模拟电视相对的数字电视等，这些准公共物品的成本一部分可以通过市场回收，一部分通过政府转嫁。当然，准公共物品按地域受益范围的不同，同样可分为全国性准公共物品和地方性的准公共物品，成本同样可分别转嫁给全国公民和部分区域内公民。如果对产生负的外部性生产者征收相当于外部不经济性价值的消费税，他的私人成本就与社会成本相等。相反，对产生正的外部经济性的生产者，政府应当给予相当于外部经济性价值的补贴，鼓励他们把产量扩大到社会的最有效率的水平。

---

①　高培勇主编：《公共部门经济学》，经济科学出版社 2003 年版，第 215 ~ 216 页。

二、物质商品生产者

在传媒产品成本中，有一部分原材料消耗费用，主要指物质材料消耗费用。由于大部分传媒产品必须以物质为载体，传媒产品生产者也必须有相应的建筑、仪器和设备等，必须使用相关的原材料，如纸张、油墨、色带、磁盘、胶卷等，以及相关的燃料动力和各项固定资产，如房屋、土地、计算机、通讯设备、印刷设备、试验设备。原材料和燃料动力在传媒产品生产中被直接消耗掉，其费用是通过折旧的方式计入生产成本中。因为传媒是公共品，物质商品生产者提供给传媒所需的这些相关的物质材料的价格并非以市场价格形式，而是以非市场价格形式出售，即以成本价或低于成本价格出售。也就是说，传媒作为这些物质材料的消费者，并不需要支付所获得的传媒产品的全部或部分成本。未支付的部分一部分由国家通过一种特殊的财政补贴即税收补贴进行补贴，另一部分则由物质生产部门自己承担。这样，传媒成本的一部分就转嫁给了这些相关的物质生产部门。

三、传媒产品生产者和传媒服务商

传媒产品生产者和服务商实际上是对信息材料的搜集和不同程度的加工。在我国，传媒产品生产者和服务商是指从事各种传媒信息产品生产和经营的各企事业单位，包括传媒集团公司及相关的子公司、个体的传媒信息、内容的供应商和服务商。这些传媒产品生产者和传媒服务商为了生产和经营自己的产品，有时候必须花钱购买另外一些传媒产品生产者和传媒服务商的信息资料。这种用于传媒之间搜集和购买信息资料的费用就是传媒商品生产中的信息材料消耗费用，这些费用包括：（1）传媒间相互购买的信息资料和信息的费用，或相互赠送交换的信息资料、文献数字库共享、内部信息资料的相互赠送的信息成本费；（2）通讯费用，主要指网络使用费、联机检索费等；（3）购买新闻信息包括图片、音像、文稿等的费用。例如，各大媒体每年都要花费一定成本从新华社购买所需的新闻信息。新华社也就成了向全国各大传媒提供新闻包括图片、音像等的专职机构。新华社有5000多家用户，其中国外100多家。在这些费用中，一些传媒信息的成本直接或间接地转嫁到另一传媒和服务商之中。直接转嫁的形式分为内部转嫁和外部转嫁。

内部转嫁，指传媒内部各组织者部门之间的成本转嫁，它通过两种模式进行转嫁。

（一）范围经济与传媒集团形式

与其他许多厂商生产多种产品一样，许多传媒生产者也生产多种传媒产品，如报社生产多种报纸。这种由一家厂商生产多种产品（或一传媒企业生产多种产品）而节约成本的现象称为"范围经济"，其含义是：一个生产主体在多个生产领域中生产不同的产品，可以转嫁成本，节约成本，提高经济效益。

在传媒领域能够产生范围经济的原因是：

（1）经营传媒的经验和人才。当经营一家传媒获得成功后，就取得了可以创办相关子传媒的经验，这样可以取得事半功倍的效率。（2）发行网络。传媒的发行依靠发行网络，比如，一家报社生产多种报纸可以依赖同一个发行网络，大大节约成本。（3）生产多种传媒产品可以共享管理，节约传媒固定成本，特别是可以更经济地发挥各种生产设备的作用。（4）如果传媒所生产的一种产品具有品牌价值，那么同一家传媒创办相关的产品可以借助原有的品牌优势，例如南方报业集团的《南方周末》有品牌价值，借助这一优势，近年又创办了《二十一世纪经济报道》。（5）传媒开放多种产品可以使相关产品获得共享的信息，如电视台在全国各地的相关派出机构等。（6）传媒生产多种产品可以共享各种公共关系资源，节约公共关系费用。

传媒集团是多家在形式上各自独立但又有密切的共同利益的传媒所组成，和单个传媒相比，传媒集团既能发挥范围经济的优势，更能充分节约成本，充分发挥成本的转嫁功能。

（二）传媒内部各种产品之间和各部门之间的交叉转嫁

如果一家传媒生产多种产品，而所生产的产品处于不同的竞争市场，面临的竞争压力不同，或者各产品所处的发展阶段不同，因而盈利或亏损条件各不相同；或者一家传媒内部各部门的资源配置不同，所处发展阶段不同，因而盈利或亏损也不同。因此，为了统一利益的最大化，传媒通常用各种产品之间和各部门之间成本转嫁的方式，进行交叉补贴以适应市场竞争。例如报纸媒体内部的编辑部，其采编成本向广告部转嫁；新闻采访部的新闻采访成本向报纸内部的数据业务库等服务部门转嫁；母报成本向子报成本转嫁，子报成本向母报成本转嫁。著名大报《华盛顿邮报》出版并免费发行《快报》，这样“快报的成本部分就转嫁给了邮报”。同一传媒处于竞争性市场的产品成本向处于垄断阶段的产品成本转嫁等，如电视媒体内部各频道之间的转嫁。中央电视台2001年一季度频道入户率显示（见表3-3）：中央一到八频道入户率不等，中央一套入户率高达99.7%，中央七套只有76.0%，相差23.6个百分点，入户率虽不是各频道经济收入的决定因素，但对各频道的经济收入有重要参考价值。事实上中央一套的经济收入一直高居各频道之首，各频道的经济收入存在很大差异，而各频道的成本投资与频道的经济收入严重不对称，甚至出现成本与收益的负值，比如刚开播的新闻频道、戏剧频道等，这样成本收益出现负值的频道如要发展，除了相关的成本转嫁形式外，频道间的成本补偿也是一种重要的转嫁形式。

表3-3　　**2001年一季度中央电视台卫星频道入户率**

序号	频道名称	2001年频道入户率	序号	频道名称	2001年频道入户率
1	中央一套	99.7	5	中央三套	82.4
2	中央二套	92.1	6	中央四套	80.5
3	中央六套	85.8	7	中央八套	80.5
4	中央五套	84.9	8	中央七套	76.0

资料来源：黄升民主编：《数字化时代的中国广电媒体》，中国轻工业出版社2003年版，第16页。

外部转嫁，是指报纸、电台、广播、网络传媒服务商等传媒企业之间的成本相互转嫁。比如，传媒资源共享就是传媒间成本相互转嫁的一种潜在形式。互联网已经成为最大的共享信息源。很多媒体的新闻信息的获取，由过去投入大量的人力、物力的实地采编模式向互联网虚拟空间直接获取的模式转换，新闻信息的成本转嫁于互联网传媒。如《中国青年报》把资料室、阅览室、图书室合并成为信息部，使其由报社的“后勤”部门变成了编辑部的业务部门。每天报社协调会之前，提供大量来自网上并进行精编的各地报刊当日刊发的、具有二次开放价值的新闻信息。信息部在成立10个月中已为编辑部提供了近1.2万条有价值的新闻线索，其中245条被二次开发为见报新闻。① 发现1.2万条有价值的新闻线索的成本大部分被巧妙地转嫁给了互联网。强势媒体的成本转嫁于弱势媒体也属此类。一些强势媒体特别是一些名牌栏目，如中央电视台一套的《新闻联播》，各地方媒体为取得各自的社会效益无偿地向其提供高质量的新闻信息或录制好的节目，如此，像中央电视台这些强势媒体不用承担新闻信息或节目制作的全部成本或部分成本，而被一些弱势媒体承担。

四、有关组织和个人

虽然我国的传媒在客观上仍属于国家管理型，即以国家投资、政府经营为特征的国家主导型体制，但在微观上实行企业化管理，传媒成本一部分通过产品销售回收，一部分则转嫁于相关组织和个人。

（一）转嫁于相关的金融银行机构

传媒因具有公共产品的属性，因此，国家应对其投入一定成本。一些相关的金融银行机构也纷纷贷款给传媒行业，且贷款的利息优惠，甚至是无息。这部分低息或无息的资本由银行自己承担。

---

① 《人民日报》总编室编：《编辑业务》2001年版。

另外，有些传媒公司由于经营管理不善等原因，最后无法偿还银行的债务，这部分用于传媒投资的成本，一部分由国家冲账，一部分由银行自己承担。这部分由传媒直接贷款于银行的债务属于显性债务。传媒还有相当一部分属于或有负债，既可能发生，也可能不发生，可能多发生，也可能少发生的债务，往往表现为某一或某些事件因素触发而形成的支付要求。或有债务的相当大的一部分属于隐性债务，即指由于产生债务的原因暂时难以明了，或出于某些考虑被有意“视而不见”，处理成非直接、非公开形式的债务。这种形式债务，大都是基于政府道义责任、公众期望和政治压力而产生，尽管它不是明确的法律意义上的债务，但最后不得不由政府或财政、银行来“兜底”。每年在国有银行和相关非银行金融机构的不良资产中，最后需要财政核销冲账和银行金融部门自己亏损的部分中，传媒这一公共部门的债务占有相当大的比例。

（二）转嫁于相关企事业单位以及个人

（1）转嫁于相关企事业单位以及个人的赞助和捐赠

一些企事业单位以及个人为了各自的目的，或为了追求某种社会效应，往往热衷于向传媒赞助或捐赠。例如，广告主负担某一栏目或某一名牌节目的全部费用。这部分赞助或捐赠有的是以实物形式，有的直接以货币形式，但它都不需要传媒偿还，也就是说，传媒公司的这部分成本直接转嫁给了相关的企事业单位以及个人。

（2）转嫁于企事业单位以及个人对传媒的投资

根据WTO市场准入规则，中国传媒的市场壁垒逐步被打破，市场保护分阶段取消，包括传媒服务在内的服务贸易通过服务的跨境提供、消费者跨境消费、外企在东道国的商业存在、自然人临时入境提供服务四种方式实现市场准入。在这种情况下，国内外的一些大财团、企事业单位及个人纷纷把雄厚的资本注入传媒市场，进行跨行业合并，特别是外资抢滩中国传媒。例如，目前在国内传媒市场上表现活跃的外资力量中，泛华集团是最抢眼和最活跃的公司之一。先是和《人民日报》成立一家合资媒体公司，此后《经济观察报》的资金进入，据称背景也是泛华集团。北大青鸟也是投资国内传媒的一支活跃资本力量，它与上海青年报社、中国青年报社的合作引起了传媒人士的关注。北大青鸟以近45%的控股比例晋升为“上海青年传媒”的第一大股东。外资在华运管模式亦精彩纷呈，如兼并收购式、投资控股式、参股式、品牌合作式、节目交换式、直接进入式等。下面是近年来业外资本介入我国相关杂志的知名案例（见表3-4）。

表3-4　　近年来业外资本介入杂志的知名案例

杂志	投资方
三联生活周刊	国康（已终止）
新闻周刊	新世纪成功集团（已终止）
互联网周刊	高在郎
科技新闻周刊	联想集团
新财经、理财周刊	强生等多家
新周刊、焦点	三九集团
华声视点、希望、舞台与人生	诚成集团
风采	杉杉集团
iLook 世界都市	中国互动媒体集团
商界	Tom. com

资料来源：吴飞，《大众传媒经济学》，浙江大学出版社2003年版，第226页。

在中国，尽管在正式的制度上对外部资金进入传媒有非常严格的限制，但随着传媒的市场化，随着传媒内部生产和经营的分离，越来越多的外部资金以变通方式进入传媒的经营业务领域。如《计算机世界报》允许外资持股。外资的介入大大降低了传媒的生产成本，或者说，传媒的生产成本巧妙地转嫁给这些投资者。例如，香港凤凰卫视将建一个可供其他电视、互联网及媒体经营商使用的资料库，此资料库将成为凤凰的一大收益来源。该计划凤凰卫视原打算投入大约2.6亿港元，后决定用合资形式引入伙伴发展，因而凤凰卫视一方的投资额将减少1亿港元，投入运管后，将降低经营制作成本的40%～45%。①

综上所述，可以得出这一结论：传媒成本转嫁现象的出现不仅是必然的，而且是现实的。在这里，传媒作为具有公共物品属性的资源，在市场竞争机制中遇到它权利和义务上的困境。从成本转嫁对传媒市场正的影响来看，有利于降低传媒产品的价格，减轻传媒大众消费者的经济负担，更好地发挥传媒公共品的属性，追求传媒社会总收益的最大化；从负的影响看，传媒成本转嫁会影响到传媒商品成本承担的不公平性，造成价格信号失真，给传媒市场的发育和运行带来不利影响。这是一个值得继续研究的问题。

① 吴飞：《大众传媒经济学》，浙江大学出版社2003年版，第309页。

第四章　传媒市场价格机制研究

“价格是商品和费用对立统一的货币表现，是买卖双方共同接受的一种市场评价。”① 由于传媒市场客体结构的多元性，传媒市场的价格具有不同的含义。作为大众消费品，传媒市场的价格主要表现为报刊发行价格和广电收视价格；作为广告主的消费品，传媒市场的价格表现为版面的空间价格和播出的时段价格，作为内容（信息）提供商或接受者，传媒市场的价格又表现为内容（信息）的卖出或买入价格。从理论上讲，研究传媒市场的价格应该是这些不同的价格摊薄之后的表现，但这在操作上是很困难的。因此，本文研究的传媒市场价格，除特别注明的外，主要研究传媒产品作为大众消费品的价格。

第一节　传媒产品价格特点

在以市场为动力的经济学中，价格是最为活跃的因素。作为大众消费品，传媒产品的价值也是人们的物化劳动和活劳动的凝结，并以价格形成表现出来。从这一意义上说，传媒产品的价格与其他产品的价格并没有本质上的不同；但是，由于传媒产品的特殊性，其价格也必然具有自身的特殊性。这些特殊性主要表现在：

一、传媒产品的价格具有很强的模糊性

传媒产品的生产过程中，既包括物资资源的消耗，也包括人力

① 陈东琪等：《社会主义市场经济学》，湖南人民出版社 2001 年版，第 158 页。

资源的消耗。在传媒产品的价值构成中，活劳动是主要部分。“面向大众的精神传播是一种精神生产劳动，它是人对自然和社会的反映、认识和互动的过程。新闻是人们从客观世界摄取来的新近发生的事实的信息，这种向客观世界摄取的过程是一种既要消费脑力又要消耗体力的劳动过程。”① 由于传媒生产过程具有明显的精神独创性，因此，很难计算出实际所消耗的劳动究竟能形成多大的价值量；同时，传媒产品的价格制定，往往不是以价值为唯一依据，有时甚至不是主要依据。因此，类似的传媒产品或服务，可能价格迥异。以下是央视历届黄金时段广告招标简况（见表 4-1）：

表 4-1　**央视历届黄金时段广告招标总额与标王（1994—2008 年）**

年　份	招标总额（亿元）	标　王	中标价（亿元）
1994	1.2	孔府宴酒	0.31
1995	10.6	秦池酒	0.67
1996	24	秦池酒	3.2
1997	28	爱多 VCD	2.1
1998	26.8	步步高电器	1.6
1999	19.2	步步高电器	1.3
2000	21.6	娃哈哈	0.22
2001	26.2	娃哈哈	0.20
2002	33.1	熊猫手机	1.1
2003	44.1	蒙牛乳业	3.1
2004	52.5	宝洁公司	3.9
2005	58.7	宝洁公司	3.9
2006	68.0	宝洁公司	3.9
2007	80.3	宝洁公司	4.2
2008	92.6	纳爱斯	3.1

资料来源：仲辉、柏群：《中国广告业 60 年发展研究》，载于《2009 中国广告年鉴》(中国广告年鉴编辑部)，新华出版社 2009 年版，第 357 页。

① 张允若：《关于新闻产品的几个经济学问题》，载《中国广播电视学刊》1995 年第 2 期。

在新闻产品市场，这种价格的不确定也普遍存在。“需要全社会知道的新闻产品，其价格可能很低，甚至可以免费使用；需要限制使用的新闻产品，其价格可能会很高，甚至有时候还会出现有价无市的情况。”① 物质消耗基本接近的两份报纸，售价可能具有很大差别。比如，在2003年的武汉报业市场，《参考消息》的版面比都市类报纸少许多，一般是16版，仅相当于都市报一半左右，零售价却高出人民币一角以上（即高出20%以上）。

二、传媒产品价格具有明显的层次性和时效性

传媒产品价格的层次性是由其消费者消费水平的层次性决定的。随着所谓“受众细分化”、“窄播”现象的出现，传媒产品的内容、形式及风格（这些构成传媒的定位）也在不断差异化，并日趋丰富多彩。从大的方面看，传媒产品的风格主要可分为通俗和高雅两种，这决定其产品价格层次性。一般来说，通俗的大众传媒产品价格往往较低，甚至低于成本，他们通过传媒成本转嫁机制从广告主身上获得利润；高雅的大众传媒产品价格往往较高，产品销售本身常常就能获得赢利。

传媒产品价格的时效性，是由传媒产品本身的时效性决定的。新闻作为传媒产品的主要内容，本身的时效性不言而喻。新闻的消费因此也具有即时消费的特征，传媒产品的新闻性越强，价格的时效性也就越强，产品生命期也就越短。“一旦错过了报道时机，或者已经被受众关注过之后，新闻产品的价值就会大大降低或消失，就不再具有满足受众需求的功能。”②

三、传媒产品价格效用具有不确定性

传媒产品价格效用（对市场的影响），历来是媒介经济的研究

---

① 金晓瑜：《新闻产业的经济学分析》，人大报刊复印资料，载《新闻与传播》2002年第2期。

② 金晓瑜：《新闻产业的经济学分析》，人大报刊复印资料，载《新闻与传播》2002年第2期。

重点。但是，不同的研究者得出了不同的结论，美国学者克拉克(1976年)以10年为期，研究价格变动对于239家报纸流通的影响，认为价格不具弹性，甚至发现在订阅费和零售价均上扬的情况下，报纸发行量仍然增加。① 我国传媒市场也有类似情况。1996年，国内很多报纸都以扩版不涨价甚至降低价格来吸引读者的情况下，《粤港信息报》的售价不降反升，提价幅度达10%，征订量为上年同期的90%，发行量基本没有下降。这些研究表明，传媒（报纸）价格对传媒流通（发行）效用不大，或者说传媒价格弹性很小；但是，另一些研究者却得出了相反的结论。1999—2000年南京的报业大战，2002年武汉的报业大战，价格对传媒流通产生的巨大影响，人们记忆犹新。2002年1月5日，原售0.5元的《武汉晨报》以0.1元的贺岁价挑起武汉报业价格战，第一天省内发行量达62.5万份，刷新了发行记录。因此可以这样认为，传媒产品作为一种特殊商品，其价格效用具有不确定性，传媒产品的定价过程，在经济学上和营销学上的意义是有所区别的。从经济学观点来看，传媒产品的价格应该是严肃的，它是商品价值的货币表现，与产品成本和利润紧密联系在一起。因此，定价是一门科学；从市场营销学角度看，传媒产品的价格是传媒市场上最活跃的营销手段，它对市场的变化做出灵活反应，产品的成本利润并非是唯一决定因素，因而又可以说定价是一门艺术。

第二节 传媒产品价格的影响因素

影响传媒产品价格的因素非常复杂。一般认为传媒产品价格规划的影响因素包括定价目标、产品成本、传媒市场需求、竞争者结构、行业管理政策。② 笔者认为，传媒产品规划的影响因素包括传

① Robert G. picard 著，冯建三译：《媒介经济学》，远流出版事业股份有限公司1994年版，第126页。

② 朱春阳：《传媒产品价格规划的影响因素》，来源：中华传媒网，上网时间：2004-02-14。2004年3月10日下载于：http：//www.mediachina.net/。

媒自身因素、传媒市场因素、传媒环境因素（社会经济因素）三种，它们之间互相联系。

一、传媒自身因素

传媒自身因素是传媒产品价格规划的主要因素，包括传媒产品定价目标、传媒产品成本、预期利润等传媒个体因素。下面分别阐述之。

（一）传媒定价目标

传媒的定价目标是以满足市场需求实现传媒企业赢利为基础的，它是实现传媒企业总目标的保证和手段，同时，它又是传媒产品定价的重要依据。传媒定价水平的高低首先取决于目标的明确程度以及对消费者和竞争行为的认识。①

传媒的定价目标是多元的、多层次的，它们构成一个互相联系、互相制约的目标体系。按照一般市场学的理论，企业的定价目标主要有扩展、利润、销售、竞争、社会等五个方面，如图4-1。

传媒企业的定价目标不同，则会采取不同的定价策略，传媒产品的价格因而也有差异。如传媒企业以保持和扩大市场占有率为目标，常会采取低价销售的方式。“有些传媒常常希望通过价格规划来取得控制市场的地位，即使市场占有最大化，降低潜在挑战者进入市场的机会。由于确信赢得最大的市场占有率之后将享有最低的影响力获取成本和最高的长期利润，所以传媒往往制定尽可能低的价格来追求目标市场占有率的领先地位。”②

很显然，传媒的市场占有率与传媒的利润成正比。传媒通过降价→提高市场占有率→获取利润的方式，以预期利润弥补低价销售（发行）带来的损失，是符合传媒战略利益的。据美国的一项调查表明，占有10%～20%市场份额的企业，其税前利润为平均销售

---

① ［美］约翰·昆奇等著，吕一林译：《市场营销管理》，北京大学出版社2000年版，第183页。

② 朱春阳：《传媒产品价格规划的影响因素》，来源：中华传媒网，上网时间：2004-02-14。2004年3月10日下载于：http：//www. mediachina. net/

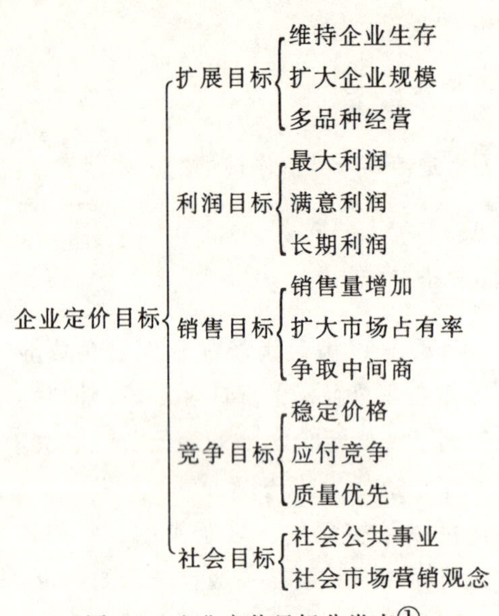

图 4-1　企业定价目标分类表①

收入的 3.42%，而占有 40% 的市场份额的企业，税前利润为平均销售收入的 13.16%。② 在传媒市场，由于扩大市场占有率（发行量和收视率），传媒可以获得的预期利润甚至可以超过一般企业扩大市场占有率后的回报，便出现所谓“发行螺旋”的现象。市场中发行量居于领先地位的报纸，经常会有不成比例的广告量。销售量占有市场总销售量 40% 的报纸，常会有 65% ~75% 的广告量。以上海为例，1988 年，《新民晚报》、《解放日报》、《文汇报》三家主要报纸的广告占上海全部报业广告的 78%。但 1994 年三大报占该市 86 家报纸全部广告收入的（共计 6.08 亿元）的 87.4%，

① 甘碧群等：《市场学通论》(修订本)，武汉大学出版社 1996 年版，第 231 页。

② 甘碧群等：《市场学通论》(修订本)，武汉大学出版社 1996 年版，第 233 页。

显示了非均衡发展的进一步扩大①。这种发行“螺旋现象”在电视、广播传媒中依然明显（即广告向收视率高的主流媒体集中）。据中国广告协会提供的数据，2002年中国媒介单位广告营业额排名前100位之中，电视55家（含广电集团），报纸42家（含报业集团），广播3家（见表4-2）。

表4-2　　**2002年中国媒介单位广告营业额**

	数量	广告经营额	行业总数量	行业经营额	比重
电视台	55	222.85	2901	230.3	96.46%
报　社	42	123.29	2235	188.48	65.41%
广　播	3	4.728	710	21.9	21.58%

资料来源：《传媒经济参报》2003年第21期。

（二）传媒产品成本

传媒产品的成本是构成传媒产品价值和价格的一个重要因素。从市场学角度看，这是因为：第一，产品的成本是决定商品价格的最低经济界限，即商品的出售价格的最低下限是由商品的成本价格决定的。如果商品低于它的成本价格出售，则不能补偿生产中已消耗的生产资料的价值和需要支付的劳动报酬，企业的简单再生产过程也难以正常进行下去。第二，根据统计资料，目前大多数工业品的成本在产品出厂价格中所占比例很大，平均约占70%。② 但是，由于传媒市场的多元性，传媒收入结构模式也有很大区别。朱春阳把传媒收入结构模式分为靠发行、视听收入为主的内生型收入主导

① 支庭荣：《媒介管理》，暨南大学出版社2000年版，第89~90页。

② 甘碧群等：《市场学通论》（修订本），武汉大学出版社1996年版，第239页。

模式和以广告收入为主的外生型主导模式。① 在不同的传媒收入结构模式中，传媒产品成本对传媒价格的影响亦有很大不同。

一般而言，内生型收入主导的传媒定价较多地受产品成本的限制，一般定价高于成本，例如《体坛周报》2000 年售价单张为 1.2 元/份，据该报负责人瞿优远透露，成本仅仅在 0.6 元左右；而对于外生型收入主导的传媒而言，由于会发生大量的成本转嫁现象，常常会以低于成本来定价，报纸的销售价格常常是低于成本的。这类传媒的生产成本，不是传媒定价的主导因素。在我国现阶段，外生型收入主导的传媒占绝大多数，这些传媒是一个同时向市场提供两种服务形式的产业。一方面，它以低于成本或相当于成本的价格向读者出售一种产品——报纸；另一方面，它又向广告主出售无形的服务——报纸的传播能力或影响力，在为广告商提供促销商品和塑造形象服务的基础上，最终实现报业运作过程中的价值补偿和价值增值。②

对于我国大多数报纸而言（外生型收入主导为主），产品成本的意义在于衡量发行量亏损的比例。如《广州日报》每年的纸张印刷补贴高达 1 亿元之巨，《扬子晚报》也达 6000 万元③。据笔者了解，在 2003 年，日发行量达 100 万份的《楚天都市报》，每份要亏损好几毛钱，每年发行补贴则是一个天文数字。

二、传媒市场因素

影响传媒产品价格的市场因素包括市场供求状况、市场结构和市场竞争者。

---

① 朱春阳：《国外传媒收入的三种类型与结构分析》，来源：《中国记者》，2003-08-13。2003 年 11 月 20 日下载于：http：//news. xinhuanet. com/newmedia/2003-08/13/content_1020438_2. htm。

② 吴飞：《大众传媒经济学》，浙江大学出版社 2003 年版，第 174 页。可参见 Robert G. Picrd：Media Economics，SAGE Publication Inc.，1989. pp. 30-33.

③ 邵培仁、陈兵：《媒介战略管理》，复旦大学出版社 2003 年版，第 120 页。

（一）市场供求对传媒产品价格的影响

“商品的价格是由什么决定的？它是由买者和卖者之间的竞争即需求和供给的关系决定的。”① 市场供求不仅是一般商品定价的重要依据，也是传媒产品定价的重要依据。在同一传媒市场里，市场价格是市场供给与市场需求多种变量共同起作用的产物。根据弹性理论，② 我们可以把供给与需求对传媒产品价格的影响分别进行考察。

具体衡量供给量变动对于价格变动反映程度为供给—价格弹性系数，即供给量变动的百分比除以价格变动的百分比，用下面的公式表示：

$$E_S=\frac{\frac{\Delta Q}{Q}}{\frac{\Delta P}{P}}=\frac{\Delta Q}{\Delta P}\cdot\frac{P}{Q}$$

式中，E_S 为供给—价格弹性系数；

P 为价格，Q 为供给量；

ΔP 为价格的变动量，ΔQ 为供给量的变动量。

理论上，我们可以将传媒产品的价格供给弹性分为5类：

1）供给完全无弹性。即 $E_S=0$，此时，价格可以无限增加或减少，而传媒产品供给量却不变化。

2）供给完全有弹性，即 $E_S\to\infty$，在这种情况下，价格稍微发生变化，传媒产品供给量可以无限增加或降低。

3）单位需求弹性，即 $E_S=1$，此时，传媒产品供给量的变动幅度等于价格变动的幅度，二者按同一比例正向变化。

---

① 《马克思恩格斯选集》第1卷，人民出版社1995年版，第338页。

② 弹性理论（Theory of Elasticity）作为数理经济学的一个分支，是把数学方法与经济理论结合起来，以多种经济变量为考察对象，研究经济变量之间相互依存关系及其变动规律性的新兴经济学科，现已发展成为弹性经济学。参见马费成著：《信息经济学》，武汉大学出版社1997年版，第239～242页。

4）供给弹性充分，即 $0<E_S<\infty$，在这种情况下，传媒产品供给量变动的幅度大于价格变动的幅度。

5）供给弹性不足，即 $0<E_S<1$，在这种情况下，传媒产品供给量变动的幅度小于价格变动的幅度。

具体衡量需求量变动对于价格变动的反映程度为需求—价格弹性系数，即需求量变动的百分比除以价格变动的百分比。用公式表示为：

$$E_d=\frac{\frac{\Delta Q}{Q}}{\frac{\Delta P}{P}} \text{ 或 } \frac{\Delta Q}{\Delta P}\cdot\frac{P}{Q}$$

式中，E_d 为需求—价格弹性系数；

P 为价格，Q 为需求量；

ΔP 为价格的变动量，Q 为需求量的变动量。

相应地，我们可以将传媒产品的价格需求弹性分为5类：

1）需求完全无弹性。即 $E_d=0$，在这种情况下，无论价格如何变动，传媒商品的需求量不变。

2）需求完全有弹性，即 $E_d\to\infty$，在这种情况下，价格稍有变化，传媒产品需求量可以无限增加或降低为零。

3）单位需求弹性，即 $E_d=1$，在这种情况下，传媒产品需求量变动的幅度等于价格变动的幅度，需求量与价格按同一比例呈反向变动。

4）需求弹性充分，即 $0<E_d<\infty$，在这种情况下，传媒产品需求量变动的幅度大于传媒产品价格变动的幅度。

5）需求弹性不足，即 $0<E_d<1$，在这种情况下，传媒产品需求量的变动幅度小于传媒商品价格变动的幅度。

以上5类价格供给与需求弹性中，前三种是传媒供给需求弹性的特例，在现实中很少见到。传媒商品价格供求弹性最常见的是后两类，即供给、需求弹性充分和供给、需求弹性不足，这与普通（物质）商品的需求弹性类似。一般而言，在传媒市场中，价格供给和需求弹性充分的是所谓“同质媒介”，价格供给需求弹性不足的则是“异质媒介”。这里的同质媒介，有两层含义，一是媒介的介质，二是媒介的定位。同质媒介的产品一般具有较强的可替代性(substitutable)，其价格需求弹性充分，在竞争中常常使用降价的手段来促销，记忆犹新的有南京报业价格大战和武汉报业价格大战，主要就发生在同一区域内的都市类报（同质媒介之间)。异质媒介，则由于其可替代性不足，价格需求弹性不足。研究表明，广播在全美流行以后，对美国境内的报纸少有影响①；而由于内容或收视率的“异质”，传媒的价格需求弹性更低，这类传媒更容易通过垄断价格获得垄断利润，在国内媒介市场，最典型的是中央电视台的广告招标。“央视在全国性的广告市场中拥有极强的垄断地位，黄金时段的广告投放处于卖方市场，但是广告的需求和支付意愿是央视无法了解的，所以采用竞标的方式让企业自己披露要求，获得比统一定价更高的垄断收益。”②

需要指出的是，传媒价格与需求之间是一种互相影响的复杂关系，且传媒产品的需求量本身是一个复杂的概念，它除了受到传媒产品价格的影响外，还受其他因素的影响。著名经济学家保罗·A. 萨缪尔森认为，影响需求曲线的除了价格外还有四种因素，即消费者平均收入、市场规模、替代物、消费者偏好。③ 传媒市场也是一样，除价格需求弹性外，相应的还有收入需求弹性、市场规模弹性、交叉需求弹性等。

（二）不同传媒产品之间的关系对传媒价格的影响

“从最广泛的角度来看，所有的媒介均在信息提供这个市场之中，彼此就信息的提供展开竞争。”④ 各种媒介都有自己的特点(见表 4-3)，如果我们仔细考虑不同的媒介产品，实际上它们之间

---

① 邵培仁、陈兵：《媒介战略管理》，复旦大学出版社 2003 年版，第 69 页。

② 赵曙光：《媒介经济学案例分析》，华夏出版社 2004 年版，第 56 页。

③ 保罗·A. 萨缪尔森等著，高鸿业译：《经济学》(第 12 版)，中国发展出版社 1991 年版，第 105 ~ 106 页。

④ 邵培仁、陈兵：《媒介战略管理》，复旦大学出版社 2003 年版，第 68 页。

主要有三种关系。不同的关系会对媒介产品价格产生不同的影响。

1）替代关系。替代关系表现为对某一传媒产品的需求转化为对另一传媒产品的需求。此种情况下，传媒常采用较低的价格以排除竞争者；

2）连带关系。连带关系表现为购买者购买传媒产品而引发的对其他传媒产品的需求。此种情况下，常常是传媒提供的系列产品，如广播电视报与广播电视节目之间就是一种连带关系。

3）互补关系。互补关系表现为传媒产品之间的相互依赖，此种情况下，常常表现为传媒个体之间的信息资源整合，或不同传媒之间跨媒体合作。

表 4-3　**广告客户眼中的不同媒介优缺点**

媒介	优　点	缺　点
报纸	密集报道 弹性大 社会威望高	产品生命周期短 匆匆阅读 复制品质中等或低劣
杂志	营销选择性较高 产品生命周期长 复制品质高 社会威望高 提供额外服务	营销地区与时间弹性较低 全面市场占有率较低 营销不够广
电视	大众化报道 影响力大 可以重复 社会威望高 具有弹性	信息存在的周期短暂 广告片播久了容易失效 选择性差 成本高
广播	听众选择程度高 时效性快 弹性高 流动性强	零散片面化 观众容易转台 听众的感官投入程度低

（三）市场竞争结构

从上面的分析可以看出，传媒产品的成本和市场需求可视为传媒定价水平的上限、下限。此外，在制定传媒产品价格时，还必须考虑到市场性质和竞争状况。由于市场性质和竞争状况不同，传媒定价的自由程度也会出现很大的变化。这一问题，我们将在下章“市场结构与竞争行为”再讨论。

三、社会经济因素

影响传媒产品价格的社会经济因素很多，主要有生产力发展水平、经济实力、经济体制，相关的政策法令以及文化教育因素、社会人口因素以及消费者偏好等。这些因素构成影响传媒定价的外部因素。它们通过影响传媒产品的供给和需求从而对传媒的价格发生影响，这里不一一论述。下面简要介绍一下我国传媒定价的相关政策。

根据宋小卫的研究①，《价格法》涉及传媒定价行为的，主要是报纸和有线电视。

关于报纸定价，中央、国务院各部委和各省、市、自治区的机关报实行政府定价或政府指导价，除此之外的其他报纸由出版单位和生产企业根据市场和生产经营成本自主定价。出版单位和生产企业接受物价部门的监督，不得制定虚假价格，并对其制定的价格承担相应的责任。

有线电视服务的收费，一律实行政府定价。在我国，有线电视传输网络作为公用事业和公益性服务事业，不宜以利润最大化为经营主体的行为目标。而且，由于历史原因以及行业的技术特点，有线电视业还形成了无法竞争或不适宜竞争的区域性独家垄断的产业组织形式。因为卖方竞争不充分，缺乏市场约束，用户选择余地极小，提供服务与享用服务的交易双方往往处于不平等的地位，容易

---

① 宋小卫：《媒介消费的法律保障》，中国广播电视出版社 2004 年版，第 70 页。

导致垄断性价格行为和收费现象，因此需要国家出面进行适度干预，实行政府定价。

第三节　传媒产品的定价策略

影响传媒产品定价的因素有很多，但最基本的是三个：传媒产品的成本（综合成本），一般情况下，它规定传媒产品价格的下限；市场需求或消费者对传媒产品独特性的评价，它规定传媒产品价格的上限；竞争者产品的价格，特别是可替代性产品的价格，它确定在最高价格和最低价格之间传媒产品的定价点。传媒生产者主要是通过考虑成本、需求、竞争三个因素中的一个或几个来选择确定定价方法。

一、传媒产品定价方法

（一）成本导向定价法

成本导向定价法，是在确定成本的基础上来制定传媒产品的价格。在这种情况下，产品单价=单位产品总成本+单位产品目标利润。“在成本容易确定且要对于媒介企业和媒介受众者公平的情况下，成本导向定价是较受欢迎的定价策略。”① 成本导向定价法的优势在于，实际操作中易于管理、较公平。媒介企业不会在需求增加时去利用媒介受众，不会造成恶性竞争。在我国传媒市场，以内生型收入模式为主的传媒，常常采用此种定价方法，由于其产品的可替代性小，竞争也就有限，传媒的目标利润能够确保，消费者也容易接受价格。但是，成本导向定价法也有不足：1）很少考虑产品的市场需求，其合理性有限；2）许多情况下传媒产品的成本难以精确计算，其真实性有限；3）在市场竞争的激烈变化中，缺乏灵活性，其适应性有限。

---

① 贾国飚：《媒介营销》，湖南人民出版社 2003 年版，第 124 页。

（二）竞争导向定价法

根据市场上竞争者产品的价格来制定产品价格的一种定价方法，主要表现为随行就市。这种情况下，传媒企业常常以本行业的平均价格水平作为产品定价的基础。它的价格选择无论是高于竞争者价格以达到增加盈利的目的，还是低于竞争者价格以达到扩大销售量、提高市场占有率的目的，或是与竞争者价格相同，总是与竞争者价格相关的。传媒企业通常在以下情况下采用竞争导向定价法。传媒企业难以准确估计产品成本；市场竞争激烈而产品价格需求弹性较小，或传媒企业无法判断其产品价格对消费者购买的影响程度；同类产品差别不大或消费者对同类产品的差异不敏感。采用竞争导向定价法比较稳妥，能在某种程度上缓和市场竞争。在我国传媒市场上，都市类报纸大多采用此类定价方法。

（三）需求导向定价法

这种定价方法首先考虑的不是产品的成本和利润，而是根据市场上消费者的需求水平来确定产品价格。在这样的情况下，媒介企业通过确定媒介产品和服务在消费者受众眼中的认知价值而制定相应的价格，需求导向定价法的关键就是要正确估计消费者的认知价值。如果估计过高，制定较高的价格，就会影响销售和市场占有率；如果估计过低，制定较低的价格，就会影响利润。在我国传媒市场，可替代性较小的差异化传媒常常采用此种定价方法。

二、传媒产品的价格调整

按照一般的市场学理论，价格不仅是传媒市场中影响供求的主要因素，也是最为活跃的市场竞争手段。传媒企业在价格确定之后，由于客观环境和市场情况的变化，往往需要进行价格调整。①

---

① 甘碧群等：《市场学通论》（修订本），武汉大学出版社 1996 年版，第 262 页。

（一）降价

即传媒企业降低传媒产品价格。一般在两种情况下采用。一是，传媒企业发现自己产品的市场占有率正在下降，或者为了增强竞争能力、维持和提高市场占有率。例如，2002 年 1 月 5 日，原售 0.5 元的《武汉晨报》以 0.1 元的贺岁价挑起武汉报业价格战。这种降价行为是一种激进式的降价，在同质媒体竞争激烈的市场环境下，暂时可能很有效（降价后的《武汉晨报》第一天省内发行量达到 62.5 万份），但是由于市场竞争者会跟进，很容易两败俱伤，因此只能偶尔为之。二是，随着科学技术的进步，劳动生产率不断提高，传媒生产成本不断下降，传媒产品的市场价格也相应下降。这种降价行为是一种渐进式的降价，利于消费者获得实惠，是传媒社会总收益增加的一种表现。一些科技含量较高的传媒产品的降价趋势一直非常明显，主要便是这个原因。比如，现在正版的音像制品，有的已跌破 10 元的底限。此外，传媒企业除了以改变价目表的方式直接降价外，也可以采用价格不变但增加服务内容，如扩版不提价、价格折扣、订报有奖等方式，一些电视节目制作公司也常采用贴片广告方式以降低购买者的支出费用。

（二）提价

提价即传媒企业提高产品和服务的价格，是传媒可采用的价格手段之一。传媒产品的提价主要是产品成本上涨因素造成。由于生产原料、人员工资、基本费用以及服务开支等综合成本不断上涨，传媒企业无法在内部自我消化这部分成本，必须要通过提价才能保证传媒企业的预期利润不下降，或者减少亏损。1995 年，世界范围内出现新闻纸价格暴涨，使得许多报纸不得不通过提高价格（报纸售价和广告售价）以应付危机。① 此外，由于传媒企业定位

① 邵培仁、陈兵：《媒介战略管理》，复旦大学出版社 2003 年版，第 119 页。

独特，或具有某种垄断性，传媒企业的产品和服务供不应求，无法满足所有顾客的需求时，也可考虑通过提价把产品卖给需求强度最大的消费者，以平衡市场供求，且可增加传媒收入。20世纪90年代中后期，中央电视台黄金时段的广告需求旺盛，特别是新闻联播后，天气预报前65秒广告时间更是火爆；中央电视台以招标形式对这一广告时段进行定价，获得了比统一定价更高的垄断收益。

（三）竞争者对价格调整的反应

对于主动调整价格的传媒，同一市场上其他传媒企业就是其竞争者。竞争者对传媒价格调整的反应，在不同情形下表现有所不同。主动调整价格的传媒，必须随时了解市场竞争的对策，更好地达到价格调整的预期目的。

一般而言，在异质产品市场上，由于产品与服务的不可替代性，主动调整价格的传媒和竞争者都可通过产品差异的垄断来控制产品价格。因此，传媒做出调价的自由度和竞争者做出的反应都比较灵活。这种差异性不仅减少了消费者对价格调整的敏感性，也减少了竞争者对传媒价格调整的敏感性。

问题在于，在传媒市场上，真正完全不可替代的传媒产品和服务只是理论上的假设。即使一股独大的央视广告，也会受到省级卫视联盟的挑战。① 因此，传媒企业提供的产品和服务或多或少具有某种可替代性。“有线电视体系是最接近完全垄断的例子，但也无法完全如此，因为若干可替代性总是存在的。”② 也就是说传媒市场基本上是同质品市场。按照一般市场学的理论，在同质产品市场，市场竞争者对价格调整的反应，一般会出现三种情况。③

---

① 赵曙光：《媒介经济学案例分析》，华夏出版社2004年版，第68～78页。

② Robert G. picard 著，冯建三译：《媒介经济学》，远流出版事业股份有限公司1994年版，第126页。

③ 甘碧群等编著：《市场学通论》，武汉大学出版社1999年版，第265页。

第一是相向式反应。市场竞争者随着主动调整价格的传媒企业一同降价或提价。这是一种比较稳妥也是常见的市场行为。在传媒产品和营销手段不变的情况下，竞争者做出相向式反应，一般不会失掉市场或缩减市场份额。1999 年 5 月 9 日，江苏供销合作总社（集团）所属《江苏商报》从行业报改版为综合性早报，4 开 16 版，售价只有 0.2 元，《江南时报》、《现代快报》等迅速作出相向式反应，引发一轮南京早报市场的价格大战。

第二是逆向式反应。在传媒企业进行价格调整时，市场竞争者做出相反的价格行为。这种逆向式反映主要有两种形式：一是某一传媒企业提价，竞争者降价或者维持价格不变。采取这样一种逆向式价格行为，主要是为保持或提高市场占有率，一般要有较大的财力支撑；二是传媒企业降价，竞争者反而提高价格或者维持价格不变。采取这样一种逆向式价格行为，一般是对自己的产品比较有信心，消费者对其产品的忠诚度较高，也是为了增加利润和减少亏损。以上海文新集团的价格规划为例，在其他地区报纸价格持续下调的情况下，文汇报价格曾由 0.6 元调到 0.8 元，《新民晚报》则由 0.5 元调到 0.7 元，仅此一项为集团全年节约开支 9000 万元。①

第三是交叉式反应。众多的市场竞争者对传媒企业调价反应不一，有相向的、有逆向的、也有不变的。这种情况下，传媒企业在进行价格调整的同时，应特别注意同时采用非价格行为，如提高产品质量和传媒知名度，保持分销渠道畅通，等等，否则很难达到调价的目的。

第四节　传媒价格串谋分析

2001 年 10 月下旬，持续两年多的南京报业大战以《现代快报》、《南京晨报》、《金陵晚报》签订价格同盟的形式告终。时隔

① 朱春阳：《传媒价格规划的影响因素》，来源：中华传媒网，上网时间：2004- 02-14。2004 年 3 月 13 日下载于：http：//www. mediachina. net/。

不过一月，11 月 23 日，北京、山西、黑龙江等 12 家省级卫星电视台在北京举办“携手共创未来——媒体推展会”，签署了《省级卫视联合服务公约》(以下简称《公约》)，省级卫视联盟浮出水面。①

2001 年传媒界发生的两件大事引起学术界极大关注。此后的 2003 年，笔者在网上输入“报业、价格战”进行检索，发现相关的论文达数十篇。随着四川、北京、云南等地区报业价格战的频频上演，报业间签订价格协议的现象不再鲜见。传媒价格串谋已成为我国传媒经营管理的研究与实践的新领域。

“串谋”(collusion) 一词源自于现代产业经济学，指各个厂商通过签订价格协议的方式谋求共同利润最大化。一个行业是否存在串谋主要取决于以下两个因素：其一，卖者数量。卖者数量越多，至少出现一个寻求侵犯性定价策略的“违约者”的可能性也就越大。同时，卖者数量越多，每个卖者越可能面临不同的成本和需求条件。于是，获取最有利的卡特尔价格方面的意见也就越分散。其二，产品异质性。产品越是同质，管理固定价格的串谋协议就越容易。事实上，对完全同质的产品来说，竞争的唯一途径就是改变价格。这时以联合利润最大化为目标的寡头间协调就变得较为容易了，因为这时的变量只有价格。②

以产业经济学的眼光审视国内传媒，可以发现，串谋行为并非个别现象。

南京报业早报市场，经过持续两年多价格战的重新洗牌之后，最初参与价格战的 6 家报纸，形成以《南京晨报》、《现代快报》与《金陵晚报》三方力量占优势的第一梯队，主宰南京早报市场。三家报纸均为综合性早报，在办报理念、办报方针与读者定位等方面并无多大差别，同质化程度较高。价格串谋便在这 3 家报纸间达成。

---

① 赵曙光：《媒介经济学案例分析》，华夏出版社 2004 年版，第 69 页。

② [美] 肯尼斯 · W. 克拉森著：《产业组织：理论、证据与公共政策》，上海三联书店 1989 年版。

一、传媒价格串谋的表现形式

经济领域里的串谋可以采取多种形式，既有公开的串谋卡特尔(Cartel)，也可以订立私下的价格协议，同时，政府对某些特定行业进行管制也可造成厂商之间的被动串谋，即特许经营与价格管制。

就目前笔者掌握的资料来看，国内传媒业进行串谋的形式主要表现为三种：

其一，公开的价格协议

大多数串谋协议一般都有一项固定价格的协议作为基础。价格协议是一种最常见、也最灵活的串谋方式，它既可以是长期的，也可以是短期的；既可能是一种正式协议，也可能只是一种默契。

国内传媒，尤其是报业，往往采取价格协议的形式结成串谋。南京早报业的串谋，便有正式的价格协议——《关于调整报纸价格的协议》(以下简称《协议》)与《关于进一步规范南京地区报纸价格的紧急通知》(以下简称《通知》)为证。而武汉四大都市报之间的串谋，在湖北省新闻出版局2002年1月10日发布的“武汉地区所有晚报类、都市报类报纸今日起实行统一零售价”的干预下①，虽未以正式协议形式出现，但也具有了协议的性质。

不管正式与否，价格协议通常都不受法律的保护，甚至经常是被禁止的。但是，报业的价格串谋背后，政府部门的身影清晰可辨。上文的《通知》是由江苏省委宣传部、省新闻出版局、省廉政办联合发出的，武汉报价的调整，则是湖北省新闻出版局干预的结果。因为政府部门的介入，报业之间达成的价格协议显然无须藏头缩尾，而可坦然行之于青天白日之下。

其二，传媒“卡特尔”(Cartel)

“或许没有什么其他的力量能像竞争一样摧毁厂商的利润。竞

① 王伟文：《南京：报业自律限制竞争?》，载《工人日报》2001年2月16日。

争越激烈，厂商的赢利能力越低。由此，竞争厂商有积极性通过组建卡特尔进行合谋以弱化竞争，提高市场力量。"①卡特尔（Cartel）的严格定义是指由那些希望限制产量、增加行业利润而联合在一起的厂商联盟。一个典型的卡特尔协议订有其成员们同意的规则和惩罚条例。但是，同一行业中的一群厂商为提高它们各自股东的净价值状况而联合在一起的形式也可以被认为是卡特尔。

省级卫视联盟的创建为我们提供了这方面的范例。

2001 年 11 月 23 日，北京、山西等 12 家省级卫视签署《公约》，以适应客户不同的市场需求为目标，试图发挥省级台的整合传播优势，但《公约》没有规定如何应付成员违反协议或者不予配合的情况。针对《公约》的缺陷，2002 年 10 月 25～29 日，32 家省级电视台又成立了"全国省级电视台广告协作委员会"（以下简称"委员会"）。② 然而，"委员会"也仅仅停留在声明的层面上，各卫视并未就各自的权利与义务签订一个长久的正式合作协议。换言之，联盟并不具备监督并惩罚违约成员的能力。建立联盟，主要的动因只是联合提高省级卫视的市场地位，保证省级台共同获得最大的广告利润。

其三，组建传媒集团

1996 年 1 月，中国第一个媒体集团——广州日报报业集团正式挂牌。紧随其后，许多报业集团和广电集团纷纷登场。业界人士在欢呼传媒集团的组建优化传媒资源的同时，殊不知传媒集团的组建，也在不经意间为传媒的价格串谋敞开了一扇大门。曾经以降价为利器同台拼杀的元老级报纸《北京晚报》与新秀《北京晨报》握手言和，齐集北京日报报业集团的旗下；而四川日报报业集团的组建也化《华西都市报》与《天府早报》之间的干戈为玉帛。其他如深圳报业集团同时将《深圳特区报》与其竞争对手《深圳商报》招至麾下，长江日报报业集团的组建，化解《武汉晚报》与

① 石磊、寇宗来：《产业经济学》，上海三联书店 2003 年版，第 199 页。

② 赵曙光：《媒介经济学案例分析》，华夏出版社 2004 年版，第 69 页。

《武汉晨报》的争斗等。在报业集团的旗帜下，曾经的冤家对头冰释前嫌，实行统一的价格政策，走向竞争与合作的新时代，于看似无形之中形成价格串谋，巧妙地将外在于报业集团的价格竞争消弭在集团内部。

二、传媒价格串谋的特点

一般而言，串谋行为发生在完全市场化的各个厂商之间。换言之，串谋各方是完全独立的市场经济主体，自主经营，自负盈亏，因而串谋行为在大多数情况下是主动行为。然而，国内传媒作为党领导下的新闻传播事业的一部分，具有事业单位的基本属性，其市场主体的地位并没有完全确立。因此，当传媒之间达成共谋时，串谋行为必然呈现出新的特点。

（一）串谋多发生在同质媒体之间

产品的同质性是促成串谋的重要因素。产品越是同质，管理固定价格的串谋协议就越容易。事实上，对完全同质的产品来说，竞争的唯一途径就是改变价格。这时以联合利润最大化为目标的各方协调就变得较为容易，因为这时的变量只有价格。因此，在考察传媒业内的串谋行为时，显然不能忽视这样一个前提：串谋各方必须具有一定的同质性。

事实证明，传媒业内的串谋多发生于同质媒体之间。

南京早报业上演价格大战前，《服务导报》、《金陵晚报》、《每日桥报》彼此差距不大，报业市场进入壁垒较低。1999 年新秀报纸《江苏商报》、《现代快报》以及《江南时报》等开始进入早报市场。各报在办报理念、方针、市场定位等方面趋同，使得早报市场激烈的价格竞争不可避免。当价格战走向白热化时，政府部门出面干预，一纸价格协议的签署便在预料之中。

省级卫视同盟则是囊括了 32 家省级卫星电视台的庞大卡特尔。面临外部广告市场的激烈竞争和内部日趋沉重的资金压力，各卫视台无不感到靠过去单一的广告推荐，不能引起广告公司和广告主的重视，联合起来发挥每个台的优势的想法逐步成为省级卫视的共识。

（二）串谋的双重性

通常情况下，厂商之间的串谋协议直接针对产品的最终销售价格。但是，传媒业的产品是一种特殊的产品。传媒学术界“二次销售理论”认为，传媒产品通常要经过两次销售，第一次销售是将产品即报纸与电视节目等销售给受众，第二次销售则是将受众的注意力资源销售给广告商。因此，传媒价格串谋是一种双重的串谋，不仅是在产品的销售终端价格上进行串谋，也包括广告价格的串谋。

南京与武汉地区报业仅仅就报纸的零售终端价格达成协议，只能说是实现了第一重串谋而已，而西北五省区省级都市报则在广告串谋上迈出了一步。2001 年 8 月 18 日至 20 日，首届西北五省区省级都市报总编辑峰会在兰州召开，《三秦都市报》、《兰州晨报》、《新消息报》、《青海都市报》、《新疆都市报》决定从即日起联手成立“西北五省级都市报互动联盟”。峰会就“联盟”驻外广告合署办公，实行广告互动的细节问题及其操作办法达成了共识，签署了五报《广告互动合作协议》①。协议虽然并未明确规定各方面进行广告合作的统一价格，但彼此合谋以求共同利益最大化的目的则显而易见。

三、传媒价格串谋的效果分析

国内传媒价格串谋的达成，既有传媒的主动出击，也有行政力量的介入干预，传媒串谋的社会效果也因此而变得复杂。

（一）价格串谋在优化传媒资源配置的同时又造成了传媒业的进入壁垒

从现代产业经济学的角度来说，国内报业的降价比拼、价格协

① 王文龙：《西北五省区省级都市报成立“互动联盟”》，载《军事记者》2001 年第 10 期。

议的达成以及省级卫视联盟的创建等现象，均属于企业行为，即企业在市场上为获得更大利润和更高的市场占有率所采取的一系列策略性的活动，具体可分为定价行为、广告行为、策略行为等。

以现代产业经济学的眼光解读传媒串谋的社会效果，可以发现传媒价格串谋一方面优化了传媒的资源配置，另一方面又造成传媒业的进入壁垒。

在频频爆发的报业价格战中，报纸的销售价格被降至不可思议的地步，南京《现代快报》仅售 0.1 元，成都《四川青年报》一度免费向市民赠阅。省级卫视联盟创建之前，各省卫视台各自为政，互相杀价，广告客户最低时可以拿到一折以下的广告折扣。这种通过降低价格，甚至使价格低于其平均成本的方法来驱使竞争对手退出竞争的行为，现代产业经济学称之为掠夺性定价，是策略行为的一种。厂商实施掠夺性定价目的是驱除或消灭现有的竞争对手，教训不合作的竞争对手，但在短期内会大大亏损。①

在报业价格战中，无论新老报纸大都实施过掠夺性定价，最终盈利的屈指可数，使得报业竞争变成了与所有的市场游戏规则都格格不入的赤膊战，对传媒资源造成了巨大的浪费。

串谋的达成，重新整合与优化了传媒资源。报业的价格串谋，将报业从单纯的竞争时代引入到竞争与合作的新阶段。在串谋协议的规定下，报纸失去了可比较的价格优势，竞争不再如先前那般惨烈，报业就会转而寻求在串谋协议规定的空间内进行合作，做大市场，保证共同获得极大利润，从而使现有报业资源得到良好的配置利用。创建省级卫视联盟，必然对分散的卫视台资源进行重新的整合与配置。当省卫视台能够按照一个整体的模式参与竞争时，省卫视台资源便会得到优化。

然而，传媒的价格串谋一旦达成，无形中又为传媒业新的进入者设置了一道进入壁垒。

---

① 戴伯、沈宏达主编：《现代产业经济学》，经济管理出版社 2004 年版，第 152 页。

现代产业经济学认为，在集中或寡头垄断市场上的守成者会制定一项限制进入价格，以阻止潜在进入者进入市场，且又可以保证自己获得利润。这种限制进入价格与进入壁垒密切相关。传媒的价格串谋，无论是传媒主动为之，还是政府的意愿，就长远而言，对串谋各方有利，能够确保各串谋方获得共同的最大利润；而对潜在的传媒业进入者来说，串谋协议却具有某种震慑作用，它为潜在进入者提供了这样一种暗示：进入该行业必须参照已有的串谋价格，无形中提高了传媒业的进入门槛。在2004年，南京早报业的最终售价定在0.3元，武汉都市报的统一售价为0.5元，对于潜在的进入者而言，正起着一种价格参照系的威慑作用。

（二）价格串谋打破传媒市场垄断局面的同时又制约着传媒的价格竞争

在利益推动下，处于任何市场中的媒介都有互相联合以提高市场地位、协调定价水平，以增加集体利润和个体利润的动机。省级卫视联盟的创建，则将这种动机变为了现实。但是，联盟自诞生之日起，便同时扮演着两种自相矛盾的尴尬角色。

由于国情的缘故以及国家政策的扶持，中央电视台几乎占据了全国电视广告市场的半壁河山。但是，联合起来的省级卫视实力大增：可接受人口总计达到75.2亿，7倍于央视覆盖率最高的一套节目10.8亿的可接受人口，收视率的状况也类似于此。省卫视台对央视的电视广告垄断地位造成了相当程度的威胁。而“全国省级电视台广告协作委员会”（以下简称“委员会”），更是直接针对央视做出决定：从2003年1月1日起，各省级卫视台将在每天全国新闻联播前后的65秒时间里进行广告联播，即抽掉中央电视台的广告，改为插播自己的广告。① 联盟对于削弱央视的全国广告市场的垄断地位的威胁可见一斑。

然而，联盟要求成员统一步伐，以一个整体的模式参与竞争，

① 赵曙光：《媒介经济学案例分析》，华夏出版社2004年版，第69页。

《公约》明白无误地提出整体营销的新广告投放方式：服务公约成员将对企业进行共同维护和支持促进企业在各地市场的销售和发展；成员信息资源共享——对联合投放的广告公司，提供良好的服务等。① 各卫视台的单打独斗、一意孤行无疑是对联盟集体利益的损害，省级卫视台彼此之间的竞争反而受到制约。

报业内的串谋也面临着类似的状况。在南京，当价格战的硝烟散尽，报业市场已被重新分割。号称“东方不败”的《扬子晚报》，在价格战中其垄断地位已经受到动摇，总发行量下降近 10 万份，而《现代快报》从其前身《现代经济报》最高 2 万多份的发行量上升到如今的 30 万份，摇身一变为新贵；《南京晨报》脱颖而出，占据了早报市场 1/3 的份额。②

从某种意义上说，串谋协议是对报业市场新格局的认可与巩固。串谋协议诞生，对协议各方实行统一的报纸销售价格，使得这些趋同化程度较高的报纸失去了彼此可比较的价格优势，对从价格战中胜出的报纸来说，无疑提供了一个巩固已占据的读者市场的大好时机。但是，价格毕竟是报业竞争中采取的一种最常用的、也是最具有杀伤力的手段，这一点已经在报业大战中得到印证。报业间的价格串谋一旦达成，报纸必须遵守统一的价格政策，这无疑相当于剥夺了报纸用来杀伤对手的杀手锏，不利于报业内部通过价格竞争实现优胜劣汰与资源整合。

① 赵曙光：《媒介经济学案例分析》，华夏出版社 2004 年版，第 75 页。

② 周伟主编：《媒体前沿报告》，光明日报出版社 2002 年版，第 177 页。

第五章　传媒市场竞争机制研究

竞争是市场普遍存在的经济现象，是市场运行的一个基本要素。市场运行机制最佳配置有限的传媒资源，促进传媒业发展和社会生产力的发展，是通过竞争来实现的。没有竞争机制的有效运行，市场经济的作用就很难发挥出来。“市场经济在本质上就是一种竞争经济。”① 在传媒市场上，竞争机制同样发挥着重要作用。传媒市场的竞争就是传媒产品的供给与需求各方在传媒产品的开发、生产、经营及销售过程中为了获取更大的经济利益而进行的较量。如果说，以价格为基础的供求关系是决定传媒资源最佳配置的杠杆，那么竞争就是实现传媒资源最佳配置的重要途径。

第一节　传媒市场竞争的理论依据

从传媒生态的角度而言，随着我国市场经济体制逐渐建立，人们对传媒的功能和属性有了更深刻、更全面的认识——传媒是信息的载体，传播信息是传媒首要的基础的功能——使得传媒这一综合性的信息机构有了产业属性的基础和进入市场的可能。20 世纪 80 年代以后，随着传媒产品商品属性的凸显，传媒产业的兴起，传媒作为市场主体的经济利益凸显，在此过程中，各类传媒首先是被推向市场，接着是自觉地进入市场，以市场竞争行为赢得社会影响力的最大化和经济效益的最大化，成为我国传媒的必然选择。从传媒

① 马洪主编：《什么是社会主义市场经济》，中国发展出版社 1993 年版，第 28 页。

经济的角度而言，我国传媒市场竞争的理论依据表现在四个方面：

一、传媒资源的稀缺

传媒市场作为整个市场体系中的特殊组成部分，具有资源稀缺的共同特征，即传媒市场可利用的物品和资源相对于人们的需要或欲望而言，具有稀缺性（Scarcity）。稀缺是在任何社会形态下都普遍存在的规律。传媒市场作为精神产品的生产、分配、交换、消费的场所，其资源可以分为两种：一种是有形资源，如机构资金、设备、技术、产品、原料等；另一种是无形资源。由于我国传媒市场化是紧承传媒的计划体制，传统计划经济是一种短缺的经济，来源于“软预算约束”(soft-budget constrain）的机制，① 这种机制存在于计划经济的微观运行之中，企业（传媒）的经营权和所有权相混淆，传媒机构超出实际可能地需求、消费，结果是稀缺的资源变得不再“稀缺”了，预算的约束被软化，经济上的短缺在恶性循环中发生。在市场经济条件下，传媒市场化要求将传媒产品（信息产品）作为商品，根据市场经济规律进行交易，按市场要求运作，其本质是“新闻信息资源的配置与流向、新闻信息供求关系的变化、新闻传播的社会经济效益、媒介内部和外部之间争取受众市场而进行的合作与竞争、新闻产品的‘适销对路’问题、新闻媒介优胜劣汰、依法倒闭与兼并”，等等。② 因此，相对于传媒的扩张需求，市场上可以投入的资金技术等生产要素并不能满足。由于此前传媒单纯的事业性质，几乎中国的每一个县（市）以上行政区域都有自己的传媒产品，进一步导致传媒市场有形资源的浪费，加大了资源的稀缺度。2003 年年底实施全国报刊市场整顿就是整合传媒资源的必然举措。

在中国现行的传媒体制下，传媒市场无形资源的稀缺是传媒市

---

① ［美］科内尔（J. Kornai）：《短缺经济学》，经济科学出版社 1986 年版，第 34 页。

② 刘卫东：《新闻媒介市场化及对策》，载《新闻知识》1993 年第 11 期。

场竞争的最重要因素。这可以从如下三个方面进一步进行说明。首先，传媒市场的准入许可。这一传媒“准生证”是以传媒的意识形态属性为基础的，完全由政府控制，并被视为当前最有效的传媒控制手段。这种行政资源的稀缺导致国内民间资本和海外资本不得不望“门”兴叹，无法破门而入。但是显然地，随着传媒市场化的发展，传媒市场的准入许可将会变得宽松。正是这种对未来的预期，使得竞争已经在市场内和市场外展开。

其次，传媒发展的政策支持。政策作为一种软财力，传媒如果能够获得政府的政策倾斜，无疑是以最小的成本获得最佳的收益。政策有利，传媒发展顺利；政策不利，传媒发展就会受到牵制。另外，政策有助于传媒产业化升级。国家广电总局提出《关于促进广播影视产业发展的意见》就是对影视业进一步面向市场，加强产业化发展的有力推动。

再次，传媒经济是注意力经济。注意力的付出与传播活动紧密相关，而传媒则是现代社会人们进行思想和信息传播交流的主要场所，媒体既是注意力的重要生产场所，也是注意力的重要分配场所，更是注意力的主要消费场所。① 受众的眼球即形成注意力，传媒经济也即是眼球经济。传媒市场竞争最直接的是受众注意力的竞争，因为受众是消费者。这包括两层意思，一是受众是传媒产品的最终消费者，传媒追求市场份额（发行量、收视率、收听率）就必须尽可能多地吸引受众的眼球。二是受众是广告商品的最终消费者，传媒追求市场份额的经济学目的就是获得广告商的大额广告订单，而广告商看中的是传媒受众潜在的消费能力。在信息可以低成本复制，信息出现“相对过剩”的传媒市场上，资本不是最重要的稀缺资源，信息更不是。稀缺的是注意力，毕竟受众在有限的时间空间内注意力是极其有限的。因此，传媒对注意力的争夺成为传媒市场竞争的最直接诱因。稀缺是经济学的逻辑起点，也是竞争的逻辑起点。传媒要在市场上立足和发展壮大，并随时准备迎接后

① 张雷:《注意力经济学》，浙江大学出版社 2002 年版，第 7 页。

WTO时代跨国传媒集团的挑战，必须尽可能地占有资源，合理利用资源，有效地储备资源。资源争夺是中国传媒市场竞争最为重要的原因。媒介大战的本质是在我国社会主义市场经济体制的建立过程中，新闻的媒介资源实现重新配置和最佳配置。①

二、传媒产品生产者、消费者的有限理性

经济学假设人皆具有完全理性，但实际上传媒的生产者和消费者都具有有限理性的特征。这表现在：

1. 传媒行为效果的度量不易确定。由于受众的分散性和匿名性，现有的技术和测量手段无法准确界定传播行为效果。传媒产品的这一特殊性，使得传媒产品供给者和消费者不可能从纯粹成本—收益的计算中来生产和消费传媒产品。

2. 传媒市场的非完全信息存在。"不论是新闻产品、供给者还是消费者，相互之间并不是充分的了解，或者说新闻行业或新闻市场不符合完全信息的假设。"② 比如传媒产品生产者，并不能确切地知道应该生产何种产品和确定何种价格，才能获得最大收益；传媒产品的消费者也不能确切地安排可以满足个人效用最大化的最优消费组合，不知道接受哪种传媒产品最为合适有效。

3. 传媒产品的消费者具有不同的认知价值、教育文化背景及心理偏好，对传媒产品的效用判断有着甚至是可能完全不同的差异，这也是传媒产品作为一种精神产品与一般物质产品消费的重要区别。大众消费者消费传媒产品都必须花费脑力劳动，是一种再生产、再创造的过程。③ 这种"再生产、再创造"加大了传媒行为效果的不可度量性。

---

① 明安香：《是新闻大战还是媒介大战》，载中国社会科学院新闻研究所编：《中国新闻年鉴》(1993年)，中国社会科学出版社1994年版，第94页。

② 金晓瑜：《新闻产业的经济学分析》，载人大报刊复印资料《新闻与传播》2002年第2期。

③ 李文成：《精神的让渡》，河南大学出版社2000年版，第59页。

三、传媒产品的可替代性

当前，中国传媒正处于繁荣期，各类传媒产品层出不穷。传媒机构在生产传媒产品时受到两种制约。一是传媒信息内容的选择、生产具有其内在规律性，同介质同性质的传媒在生产内容的过程中不可避免地有同质同构的特征，即在寻求新闻价值、宣传价值、美学价值等的最优化过程中，传媒产品具有“相似性”，表现为内容信息和版式安排（节目顺序）的高度“相同性”。二是出于“你有我有大家有”的发展思路，传媒机构不愿在栏目配置上落后，“借鉴”其他传媒成功的栏目就是传媒以最小的成本获得最大市场收益的最佳办法。这一手法尤为明显地表现在市场化程度较高的媒体中。因此，在中国传媒市场，传媒产品的内容、功能和作用相似且可以互换，也就是传媒产品具有可替代性（substitutable）。

在同质媒体中，信息内容和广告商所期待的受众群体在很大程度上存在着重叠，传媒为了取得良好的市场表现，避免被其他媒体替代，只有投身于信息资源争夺和传媒品牌的建设，防范在其他传媒价格变动（尤其是调低）后，自身出现替代效应（The substitution effect）而导致市场份额的减少。异质媒体由于“内容有所差别，作为信息来源的不同媒介，其互换的可能性是较低的。不过，如果从娱乐的角度来考虑媒介的可替代性，娱乐则要比信息低。具有创新和新鲜感的娱乐节目，可替代性较低，反之则较高”①。但是，如果考虑到不同性质媒体之间的品牌美誉度有差别，公信力有强弱，创新能力有高低，那么不同媒体相互替代也完全有可能。从经济学角度看，广告商完全可以在报纸、杂志、广播、电视等媒介之间寻找可替代的最经济、最有效的传播通道。这也可以解释为什么有的媒体进行改版（栏目创新）后受众群体增加，广告收入也增加。因此，传媒要获得良好的市场表现，就必须走个性化的道路，在差异中求生存，不断创新，从而促进了传媒市场的

① 邵培仁等：《媒介战略管理》，复旦大学出版社 2003 年版，第 69 页。

竞争。

当然，目前传媒集团化之路越走越宽。集团化可以形成传媒产业的规模经济（Economics of scale)，即传媒机构扩大规模而在经济上获得更大利益，在一定区域内减少传媒竞争带来损害性的替代效应，从内部减少损耗，提高运作效率，也就是传媒的内在经济(internal economics)。规模经济有利于集中资源，使传媒集团做强做大，以期与跨国传媒集团同台竞争。不过，当集团规模达到一般均衡后，收益的增长速率低于成本的增长速率，将会出现“规模不经济”(Diseconomies of scale)。

四、传媒管理者的社会预期

中国传媒的多重属性使得传媒市场并不是“完全竞争”(perfect competition）市场，也没有形成不受阻碍和干扰的市场结构(market structure)。因此，并不能完全通过经济学理论解释形成传媒市场竞争的原因。基于传媒的事业性质，传媒仍然是政府的直接控制对象，尤其是党报党刊（广播电视）作为传媒集团化的主体，并不能也不可能以传媒商业化市场化作为唯一追求。传媒管理者的社会预期是促使市场竞争的社会学因素。

传媒管理者的“个人理性的行动不是单纯的个人心理的反映物，而是社会环境的产物。事实上，社会因素将会很大程度上修正个人的最大化行动。……在他们行动的各个阶段，社会关系都不断对其发生影响，从经济目标的选择到各种手段的组织都是如此”①。传媒管理者对市场利益的追求中，包含对他人的赞许、个人地位和权利等社会资本的渴望。社会的控制部门——政府能够对传媒管理者的治理直接评判，并借助行政权力进行臧否；社会的组成因子——他人（机构组织）可以通过社会舆论形式对传媒的形象和公信力等做出评价，进而给传媒管理者带来荣誉或者增加压力。当然，趋利避害是传媒管理者的最佳选择，努力获取社会的好评，进

① 朱国宏等：《经济社会学》，复旦大学出版社2003年版，第82页。

而从社会结构中获得资源，且以之追求新的利益。因此，传媒管理者的行为受到社会的限定，被嵌入持续存在的人际关系网络中。实际上，传媒管理者对经济利益的追求最终被纳入到社会性的建构之中。为了获取更多的社会资本，使传媒良性运营，获得可观的社会效益和经济效益就与传媒管理者自身的利益内在的联系在一起了。社会学家霍曼斯（G. Homans）认为，一个人的某一行动越是得到报酬，他就越可能再进行此类行动。竞争就成为唯一有效获得社会资本的方式。

当然，竞争也获得了高额的回报。1988—1998 年，中国报业的投资回报率（ROI，Return on investment）大约处于 17%～50%之间，远远超出其他产业。① 同时，也获得了更大的广告收入，根据央视市场研究股份公司调查，2003 年中国内地广告费（刊例价只含电视及平面媒体）1544 亿元，比 2002 年增长 39%，并预测广告额会持续高速增长。国家工商总局统计数据显示，2010 年全国广告营业额已达到 2340.5 亿元，广告经营额增幅达 14.67%，远高于国内生产总值的增幅。因此，良好的经济利益前景和社会资本前景诱惑着传媒管理者努力提升所在机构的竞争能力，力图在未来获得更大的回报。

可见，在传媒市场运行中，支持其竞争的原因，不仅仅是经济利润，潜藏于整个社会的乐观情绪——社会政治收益——同样使人们相信传媒业未来美好，奇迹随时出现。传媒产业属性确定，面向市场争夺稀缺的资源，以更加积极的竞争姿态和行动避免被竞争所淘汰，成为传媒市场竞争的经济学成因；传媒管理者的个人社会资本收益预期，从主观上促使竞争更具主动性和创新性，成为传媒市场竞争的社会学成因。可以预测，在两者良性互动中，中国传媒市场竞争将更加有序、更加充分。

① 张海潮：《电视中国——电视媒体竞争优势》，北京广播学院出版社 2001 年版，第 47 页。

第二节　我国传媒市场竞争的现实表现

目前，我国传媒市场竞争异常激烈，1900多种报纸、近万种杂志、约3000个广播频道和约3000个电视频道，以及数以万计的互联网站共同瓜分着这个市场。如果从竞争的内容来考察，传媒竞争主要围绕信息资源、信息用户和信息效益展开的；如果从竞争的形式来看，则表现为同质媒体与异质媒体之间的竞争、特色竞争与规模竞争以及过度竞争、差异化竞争与合作竞争。① 如果从历时性的角度观照新时期以来我国传媒竞争的现实进程，则表现为四个阶段。以下以我国报业为例，对其竞争阶段和特征进行归纳和分析。

一、1979年到1992年，“粗放型”竞争

从1956年所有制改造基本完成，确定计划经济，直到1979年实行“改革开放”前的20多年里，我国所有的编辑出版报纸的机构均为国家财政拨款的事业单位。在当时这种完全计划经济时代，报纸无需自身“造血”，无需竞争，无需刊登广告，即能维持生存与运行。

1979年12月党的十一届三中全会后，各行各业吹响了全面改革的号角。伴随着“事业单位，企业化管理”这种双轨制体制的实施，中国报业从萧条走向繁荣，具体表现在以下几个方面：

（一）不断产生新报纸，由单报种走向多报种时代

经过短短几年间的发展，到1986年，全国报纸种数由1979年的186种发展到1574种，是新中国成立初期报纸种数的16.72倍。② 所有较大的城市几乎都同时存在至少两至三份报纸。最典型

---

① 禹建强：《解析传媒业竞争的形式》，载《新闻与写作》2003年第2期。

② 贾培信：《1986年我国报纸事业发展概况》，《中国新闻年鉴》1987年版，第3页。

的是当地日报加当地晚报加当地广播电视报，常常还会有法制报、科技报、青年报、家庭生活报、体育报等交错伴生，分工不同，各司其职，形成多元复合结构。

（二）办报属于朝阳产业，新闻纸供不应求，报业处于卖方市场

办报的经济利益，在一定程度上引发了全社会的办报热，一时间，只要能弄到办报刊号即可获得丰厚利润。

但是，这种全社会办报热，并非都是靠报纸质量而求生存的。事实上，一些行业报或专业报，是由权力部门向下摊派解决发行，大部分这种报纸甚至都是以任务的形式开展广告；有的非正式报纸没有广告经营许可权，就以专题报道企业形象等名义，变相收取企业的广告费，或拉赞助。这种报纸经营手法，既损害了新闻事业的严肃性，又造成报业格局的散与滥；而另一方面，随着改革开放的深入发展和人民生活水平的提高，大众对信息需求的数量与多样化增大，社会对新闻纸的消费欲远远不能得到满足。因此，在报业市场上便造成了信息量供不应求的局面，报纸仍处于卖方市场。

（三）晚报复兴

在经历20世纪80年代的复苏期以后，我国晚报也迎来了大发展的黄金时代。晚报的复兴，是由其内外两方面的因素决定的。内因是报纸面对市场经济增长“造血功能”的需要。现存的晚报，大都是由各地省报创办的子报，创办的动因就是为了增加广告收入，在主报“断奶”之后开辟新的经济增长点，壮大经济实力，支撑报纸在竞争中步人良性循环。外因则是受众的需要。晚报以城市居民为主要对象，其编辑方针是“短、广、软”。

二、1992年到1996年，同质化竞争

1992年，党的“十四大”进一步破除了“左”的思想束缚，明确提出了“建设社会主义市场经济体制”的新目标，中国的经济改革由此开始向纵深发展。短短几年间，我国的报纸行业获得了

前所未有的巨大发展。总体来说，这一时期的报业竞争呈现出如下几个特点：

（一）由“周末版”引发扩版高潮，报业格局趋同化

1992年新年伊始，经济日报增出的扩大版和在原星期刊基础上改进而成的周末版，以各具特色的形式和内容出现在读者面前，很快引起各方注意。至此，扩版在1992年的报界更显红火，这种以中国报刊史上前所未有的普及速度形成的前所未有的趋同格局，被业界人士称之为“周末版”现象。

“周末版”现象归根结底是传媒竞争的直接结果。报纸数量的激增必然导致日趋激烈的竞争，而所有这些竞争都是围绕“读者”展开的，失去读者就意味着失去一切。为了尽可能地贴近读者，各家报纸纷纷采取扩大报道面，增加知识性、趣味性、可读性，强化服务性、娱乐性、人情味等应对手段。

（二）都市报异军突起，竞争同质化

20世纪90年代后期，在竞争日益激烈的报业市场中，以《华西都市报》、《南方都市报》为代表的都市报群迅速崛起，成为中国新闻界一道亮丽的风景线。

纵观各家都市报，其办报特色主要有：（1）及时生动地采集市民新闻。打开一张都市报，我们面对的新闻都真真切切地记录了发生在市民身边他们自己的事。这些发生在街头巷尾被广大市民关注的日常事件，构成市民生活的组件。（2）具体周到的服务市民生活。都市报立足于“可读性”，在“必读性”上做足文章，在“服务性”上下工夫，使读者感到报纸不仅“有趣”，且对生活“有用”。

但是，都市报在快速发展的同时，也出现了媚俗化倾向。某些报纸单纯追求经济利益，一味迎合社会上少部分品位不高的读者的口味，刊登煽情、盲从的新闻。另一方面，在越来越多的城市里。无论是晚报、晨报、都市报，还是综合类、经济类、文艺类报纸内

容大多一致①，满足于“一地鸡毛”式的信息收集，结果导致信息重复、质量低下。

（三）自费订阅逐渐取代公费订报，报业买方市场形成

一方面，随着机关报一统天下的局面被打破，各种专业性、服务类、生活化的报纸更符合读者的需要。党政机关以及许多事业单位的行政经费在改革的过程中或受到了缩减或实行了包干，这也相对减少了可用于订阅报纸的公费支出。另一方面，自费市场的主角是以都市报为代表的生活服务类报纸。随着国家经济的飞速发展，居民的收入大幅度提高，用于获得信息、闲暇消费的支出也在不断增加。这些新创办的报纸按规定不享受发行费率的优惠，因而走上自办发行的道路，这也使得读者能够更方便、更容易地获取报纸。新闻界人士认为，中国报业的买方市场已初步形成，报纸要想获得利润，必须得抢先占领市场份额。

三、1996年到2000年，报业集团化竞争

1996年1月，经中共中央宣传部同意，国家新闻出版总署批准了广州日报社进行报业集团试点，广州日报报业集团正式挂牌面世。

在《广州日报》一马当先组建报业集团之后，南方日报、羊城晚报、光明日报、经济日报、文汇新民报业集团、深圳特区报、大众日报、北京日报、解放日报、四川日报、浙江日报、辽宁日报、哈尔滨日报、沈阳日报等报业集团相继成立，中国的报业格局呈现出一种崭新的气象。

报业集团的成立，意味着报社在改革开放的市场经济形势中，开始以集团公司的形式在社会生活中寻找更佳的位置。这也表明，报业从“跑马圈地”的粗放式发展，逐步转为深度开发、规模扩

① 余群：《对中国报业变革的思考》，载《新闻出版导刊》2000年第11期。

张、质量取胜和专业化等实力竞拼式的发展。

报业集团化竞争较之以前是一种更高规模、更高层次的竞争，具有以下两个方面的特点。

（一）走市场扩张路线

首先，表现为报纸版面的扩展。以广州日报为例，该报的崛起是伴随着扩版进行的。早在1987年广州日报便扩为八版，此后的十年里又一而再再而三地扩版，并且每次都采取扩版不提价的策略，直到1997年三十几个版仍然定价为0.5元。另外，不断增加专版专刊，相继开办“珠江三角洲新闻”、“娱乐新闻”、“读书”、“求职广场”、“一周证券”等栏目，其专刊、专版总数在1996年就达到了67个，每日刊载新闻、文章13万字，信息量可谓丰盛。

另外，组建报业集团的一项重要指标是报刊种类数据。在集团化发展的形势下，广州日报先后兼并了现代画报、广州商报、老人报等，截至2001年，旗下共有10报两刊。

其次，表现为社会影响的扩展。仍以广州日报为例，随着广州日报报业集团综合实力的大幅度提升，广州日报在广州市的社会生活中扮演着越来越重要的角色。20世纪90年代末，广州日报在广州市区发行近50万份，占总量的65%，在珠江三角洲发行25万份，占总量的30%，还有5%发往国内外其他地区。在发行量中，自费占80%以上，这在全国的日报中是独一无二的。同时，近百家连锁店、众多建筑项目与物业，这种存在无疑也是实力的表现。

最后表现为产业经营的扩展。报业集团的一些下属公司是在原有的专业的基础上扩展经营的，如广告、印务、纸张、摄影、酒楼等企业，都是在原报社部门的基础上改组为经营实体的。此外，产业的扩展还涉足金融、房地产、出租车、商业等市场领域，而这几个行业都是资金密集型的，必须有可观的先期资金注入。报业集团具有较为雄厚的资本实力，也就能够在市场上占到先机。

（二）竞争逐渐趋于跨地区无疆域

虽然国内的报业体制是条块分割，按部门与区域进行管理的，但在一般意义上的市场营销方面，却从来是采取全国统一大市场的政策。在发行方面正式报刊基本上是全国发行，广告经营同样也可以在全国开展业务。因此，在报业经济起步并且逐渐成熟之后，区域性的报业集团为了发展与增长的需要，便不约而同地都选择了跨区域扩张。

按照以往的观念，《北京青年报》和《广州日报》都是严格意义上的地方性报纸，但是，如今它们都已发展成影响力与发行、广告范围远远超出一个城市的报纸。2001 年，《北京青年报》建起天津办事处，拓展天津的发行与广告市场。天津作为一个直辖市，一个华北的工商业中心城市，显然在发行与广告两方面都有极可观的市场潜力。北京青年报在天津本来就有一定影响，建立了分支机构，就相当于建立了桥头堡，这对北京青年报今后的市场扩展，有着重要意义。广州日报在几年前就对首都市场表现出极大兴趣，建立了一支自办发行队伍，配置的面包车上有广州日报鲜明的标志，在京城街头游弋。2000 年夏天，《广州日报》悄悄在北京王府井开设了一家广州日报连锁店，非常不起眼但却意味深长。在中关村、王府井等地区的报摊上每日都可见到广州日报——这也是首都报摊上唯一一家纯地方性综合新闻报纸。

（三）报业资本运营①

近几年来，随着新闻媒体的蓬勃发展和激烈竞争，新闻界资本运营以及社会资金注入新闻媒体，已成为社会各界日益关注的热点。

1）合作经营。报纸通过转让一定时期的广告经营权、发行权，来换取社会资金的注入。如 1997 年广东省新闻出版局创办新闻性的社会文化刊物《新周刊》，“三九”集团以提供纸张和投入 2000 万元资金，获得《新周刊》的印刷、发行权。1999 年“三

---

① 孙正一、农秋蓓、柳婷婷：《我国新闻媒体资本运营情况初探》，载《新闻记者》2001 年第 4 期。

九”集团的“三九文化公司”又承担深圳商报的《焦点》月刊、《人生十六七》等杂志的全国发行业务。

2）子公司直接上市。新闻媒体将优质的经营性资产剥离出来，加以整合重组，注册成立隶属于新闻媒体管理部门或新闻媒体的、有国有资产控股的具有独立法人资格的股份制的子公司，然后申请成为上市公司，公开募集资金。如 1994 年上市的东方明珠、1997 年上市的中视股份和 1999 年上市的电广传媒。

3）子公司控股上市公司。与其他企业一样，新闻媒体子公司直接上市过程烦琐漫长，于是，一些纸介质媒体按照市场经济规律和证券市场规则，采取通过子公司收购上市公司的办法，快速进入证券市场，获得稳定的融资渠道。如 1999 年成都商报下属博瑞公司控股四川电器。这种运作方式是进入证券市场融资的“捷径”，但比子公司直接上市风险要大，它不仅要求新闻媒体有较强的经济实力，有专业的经营人才，还要选好上市公司（最好是有配股权的公司），并得到上市公司原控股股东的支持，否则容易出现股份纠纷。

4）新闻媒体网站以商业模式吸纳社会资金。在与商业网站的竞争中，不少传统新闻媒体网站突破“网络版”概念，兴起改版、独立、商业运营的热潮，借鉴商业网站经验，转变机制，从股市和社会上吸收发展资金。如羊城晚报与上市公司“广东高速公路网络有限公司”合组了“羊城晚报高速网络有限公司”。

四、21 世纪竞争新走向：综合竞争

迈入新世纪的报业市场，总量的扩张已趋饱和，结构的调整正在演进，报业竞争的新走向表现在以下几个方面：

（一）品牌竞争

所谓品牌，具体就报纸而言，是指报纸的标识、品质、风格、特色、自身文化等要素的总和，与其他报纸形成明显差异，为相当数量的读者所认同、追逐、偏好、忠诚，以独有形象获得良好的品牌。注重品牌经营，打造品牌已开始成为媒体参与市场竞争的第一

要素。

品牌的打造通常是依靠报纸精品栏目的开发而进行的。强势品牌报纸有一个显著标志，那就是不断引起其他报纸模仿，这除了它代表本地区报业最高水准之外，还在于它不断地开发“领先精品”，代表报界的时尚。

另外，随着同类报纸的增多和竞争的加剧，在内容上进行进一步开掘的潜力相对缩小，报纸的同质化程度提高，读者对报纸的选择性大大增强。在这种情况下，报纸的品牌形象越来越成为读者选择的重要原因，报业经营从单纯注重内容的生产经营时代过渡到以内容为基础的品牌经营时代。

（二）人力资源竞争

我国著名老报人赵超构先生将毕其一生的办报经验，精辟地概括成一句话：“说到底，报业的竞争就是人才的竞争。”这句话，在中国媒体实行市场规律运作的过程中已被实实在在地验证了。

以《体坛周报》为例，该报所奉行的“以人为本”策略在短短一年间便见奇效。在一个体育并非强项的内陆省份，居然办起了一张体育报纸，并且发行量很快超过100万份。2000年，《体坛周报》和《足球报》相互之间开始了在全国范围内对驻站记者的争夺。由于前者对体育记者许以房子和车子的巨大诱惑，两名本已和《足球报》谈好了价钱，只待签约的记者最终被他们挖走。① 可见，正是对人才的不惜一切代价的追逐，才是报业崛起的决定性因素。而引起轩然大波的“李响事件”更是《体坛周报》的一个大手笔。

总而言之，人才是报业发展的决定力量。一方面，报业要尽可能地去争夺人才，肯定人才的市场价值，必须具有大投入大产出的现代经营观念；另一方面，报业也要尊重人才，给人才提供更为广

① 杜旻：《从体育记者大“转会”看新闻人才竞争》，载《新闻记者》2001年第4期。

阔的发展空间，形成培养人才、鼓励涌现人才的机制。这样才能让我们的报纸长盛不衰。

（三）媒体竞合，达到“双赢”

中国的媒体走过了一个飞速发展的时期，并进入了一个新的整合期。随着市场经济的推进与完善，经济领域日趋开放与扩大，资本市场力图寻找新的利润增长点，可以说竞争促进了媒体的发展，这在广东地区表现得尤其明显。20 世纪 80 年代以来，广东的经济获得飞速发展，为媒体的发展提供了物质基础。广州在全国最早成立了三大报业集团。广东报业的竞争进入了一个新的阶段。经济发达地区的媒体分享了竞争带来的成功与喜悦，并开始尝试通过跨媒体的合作开拓媒体经济新的生长点。在广州，《羊城晚报》、《南方都市报》相继与中央电视台建立合作关系，各自开辟了新闻联动、新闻互动版面，编发央视已播出的新闻类专题节目。通过报纸，中央电视台的新闻资源获得二次利用，纸质媒体本身的优势及其在本地的影响巩固与扩大了中央台新闻传播的效果与效益。对于省级报纸而言，一方面它挖掘了新的信息资源，降低了新闻成本。另外，它借助央视的影响力来提高自身的影响力，对于两者均是一种双赢的行为。

第三节　传媒市场结构与竞争行为

一、市场结构的含义

“市场结构（market structure）是指特定的市场中企业和企业之间在数量、份额、规模上的关系，主要包括市场份额、市场集中度和进入壁垒三个要素。”① 其中，市场份额（market share）是指

① 胡正荣：《媒介市场与资本营运》，北京广播学院出版社 2003 年版，第 13 页。

一个或一组企业在该行业产出量中所占的比例，也是影响市场结构的基本要素；进入壁垒（barriers to entry）是阻碍新企业进入一个产业的多种因素。当进入壁垒很大时，这个产业的企业就很少，竞争的压力也很有限。规模经济是进入壁垒的一种很普遍的类型，除此之外，法律的限制、进入的高成本以及广告和产品差别也会形成进入壁垒。

市场集中度（concentration）是最简单易行，也是最常用的计算行业集中率的指标。它是指同一行业规模最大的前几家企业在行业总产量中所占的百分比。当某一行业排名前 4 名的企业控制 50% 的市场，或者前 8 家企业控制 70% 以上的市场，经济学上常称为“少数厂商共同影响市场状态”，集中程度再高，就是寡头市场或独家垄断。①

市场结构的核心是竞争与垄断的关系问题，在西方微观经济学中，垄断竞争理论将市场结构划分为完全竞争、完全垄断、垄断竞争、寡头垄断四种。

二、我国传媒市场结构与传媒竞争行为

按照垄断竞争的一般理论，特别是根据市场集中度，国内学者认为我国传媒市场结构是不均衡的。如图 5-1 所示②。

按照经典的“结构—行为—绩效”(structure-conduct-performance, SCP）分析范式，在不同的市场结构下，传媒会采用不同的竞争行为。

完全竞争（perfect competition）。完全竞争是指不存在丝毫垄断因素的市场结构。当为数众多的企业生产一种完全相同的产品——有如此众多的企业，但没有一个能单独影响市场价格的时候——就存在着完全竞争的市场结构。对于传媒市场而言，完全竞

---

① 支庭荣：《媒介管理》，暨南大学出版社 2000 年版，第 105 页。

② 胡正荣：《媒介市场与资本营运》，北京广播学院出版社 2003 年版，第 13 页。

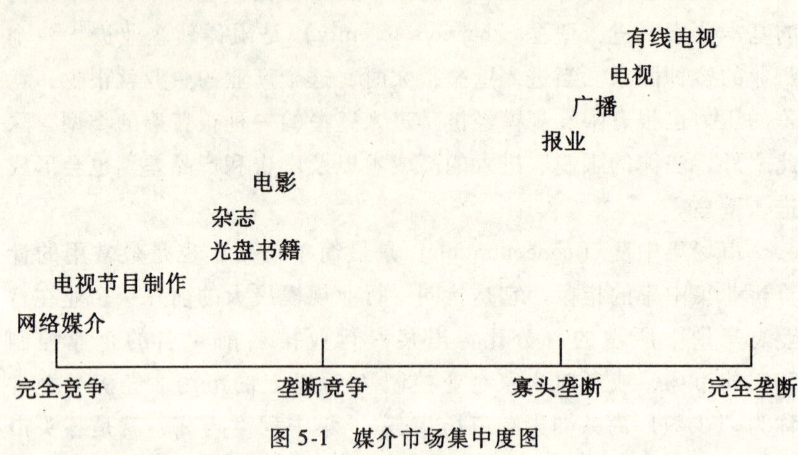

图 5-1　媒介市场集中度图

争的市场结构必须符合以下假设条件：①

1. 所有传媒生产、传播同值信息产品。

2. 完全信息。传媒市场的所有参与者都拥有包括定价水平、内容质量等全部相关的市场信息，没有交易成本。

3. 传媒、受众、广告主都是价格的接受者，任何一方都不能单独影响传媒产品的价格。

4. 传媒进入和退出市场是自由的，不存在任何进入或退出的壁垒，包括政策性壁垒和经济壁垒。

5. 传媒市场无外部化现象。所有传媒承担其生产传播信息产品的全部成本，不存在任何一个传媒施加于其他传媒、受众或广告主的无需补偿的成本。

根据以上假设，很显然，在现实的传媒市场中，无论在我国，还是在其他国家，完全竞争的传媒市场结构从未出现过。这是因为传媒所生产、传播的信息产品各不相同，总是存在或多或少的差异；传媒在交易过程中常常出现信息的不对称；屡屡再现的报纸广告战、价格战说明传媒对传媒市场价格多少有点控制力；传媒具有

① 赵曙光：《媒介经济学》，湖南人民出版社 2003 年版，第 137 ~ 138 页。

明显的规模经济属性；传媒管制在传媒市场普遍存在，进入与退出壁垒在各国都或多或少存在。

实际上，没有任何媒介产业得以在完全竞争的市场结构中运行。不过，说来这也无足为奇，因为压根就很少有任何产业得以在完全竞争的条件下营运——包括制造业也是这样。或许各种农产品的市场，算是趋近于完全竞争。①

完全垄断（monopoly）。完全垄断是指一个行业提供某种产品和服务的只有一家生产厂商，不存在丝毫的竞争因素。具体来说，完全垄断的市场结构包括三个条件，一是市场上只有一个卖者；二是该企业所售产品没有非常类似的替代品；三是新企业不能进入该市场。根据经济学理论，形成垄断的原因主要有：1）行业存在明显的规模经济，垄断企业规模大、成本低，使得一个生产者比大量生产者更有效率；2）存在市场的有限性，如某些产品需求量非常少，兴办较早的企业有可能较快地占领全部市场；3）垄断企业存在着一些特殊的优惠条件，如政府给予的特权或因专利法的保护对某项技术进行垄断。②

完全垄断的传媒市场结构与完全竞争的传媒市场结构一样，在现实生活中也是比较少见的，比较接近完全垄断的传媒是一城一报和有线电视体系。在这样的区域传媒市场里，生产者只有一家，趋近于完全垄断。但在网络媒体和电视产业高度发达的现代社会里，产品或多或少都有某种替代性，完全垄断的传媒市场也是不存在的。

垄断竞争（monopolistic competition）。既有垄断，又有竞争；既不完全垄断，也不完全竞争的市场结构。垄断竞争的传媒市场结构主要特征有三：1）传媒市场存在着众多的参与者，没有一个传媒企业能比其他传媒企业占有明显多的市场份额；2）产品的差异

① Robert G. Picard. Media Economics: Concepts and Issues, Sage Publication Inc., 1989, p. 76.

② ［美］曼昆：《经济学原理》上册，北京大学出版社 1999 年版，第 316 页。

性，即各传媒企业提供的产品存在着或多或少的差异，但相互替代性也很强；3）传媒市场可以自由进入或退出。①

在垄断竞争的传媒市场上，传媒通常采用价格和非价格行为进行竞争。由于不同传媒产品存在或多或少的差异，因此，价格在一定幅度内的变化对市场占有率的影响不会太大。例如，1995 年《扬子晚报》售价 0.2 元，发行近百万份，后来由于新闻纸价格上扬和其他经费的成本上升，1996 年该报将报价调整为 0.25 元，结果发现读者接受了这一新价格定位。不久，他们再次将价格调整到 0.3 元，1998 年报价继续上调为 0.4 元。两年左右报价翻了一番，但是发行量没有受到影响，反而上升到 120 万份。② 由于垄断竞争的传媒产品具有很强的可替代性，因此，传媒价格调整的幅度又是有限的。垄断竞争的传媒企业更多地采用非价格的竞争行为，包括内容、服务、营销的差异化行为。电视频道专业化、报纸的错位竞争、网络传媒从综合门户网站向垂直门户网站的发展，其理论基础均源于产品差异化。传媒产品差异化越大，其可替代性就越小，那么它进行价格调整的幅度越大，越有可能获得竞争性价格的利润。

寡头垄断（oligopoly）。寡头垄断是指少数厂商供给该行业大部分产品，它们的产量在该行业的总产量中占有较大的份额。在现代社会里，寡头垄断是最主要的一种市场结构。最典型的寡头垄断的传媒市场是电视产业及音像工业。根据吴飞的研究，全球的收视与音像产品的生产实际上就是在 10 家大型的传媒集团之间进行的。③ 在我国，绝大多数省会城市的报业市场形成了省级党报、子报与市级党报、子报竞争的双寡头市场；广播电视市场中，在无线与有线合并前，绝大多数地方也属于双寡头市场④。

寡头垄断的传媒市场与完全垄断、完全竞争的最大区别是寡头

① 吴德庆、马月才：《管理经济学》，中国人民大学出版社 1996 年版，第 233 页。

② 吴飞：《大众传媒经济学》，浙江大学出版社 2003 年版，第 159 页。

③ 吴飞：《大众传媒经济学》，浙江大学出版社 2003 年版，第 155 页。

④ 张曙光：《媒介经济学》，湖南人民出版社 2003 年版，第 229 页。

之间的竞争行为是相互影响、相互依存的，具有很大的不确定性。由于对竞争博弈的后果难以预测，所以寡头传媒竞争决策时必须更多地考虑到另一寡头传媒的市场反应，如果决策不当，交易引起连锁反应，很可能两败俱伤。因此，寡头传媒常把相互勾结、协调行为作为减少竞争不确定性以及限制他人进入该行业的一种有效手段，联合操纵传媒市场。比如，在2004年，南京的都市类报纸0.3元/份，武汉的都市类报0.5元/份，大家都遵守这一行规，扩大市场占有率的手段主要是非价格行为。此外，由于寡头具有明显的规模经济性，因此，传媒寡头垄断型企业一般致力于多样化发展道路，以此分担市场风险，扩大营利范围和提高营利的可能性。这种多元化的赢利模式在国外传媒市场表现得尤其明显。

表5-1　**1998年全球20家顶尖媒介集团的营利和业务范围**

排名	公司名称	营业额（亿美元）	流动资金（亿美元）	年利润（亿美元）	业务范围
1	时代—华纳	246.22	54.12	27.28	电视，有线电视，电影，互联网，期刊，音乐，出版，娱乐，零售业等
2	迪斯尼	224.73	71	43.12	电视，有线电视，电影，互联网，期刊，音乐，零售业，体育，娱乐业和主题公园等
3	索尼	156.09	20.2	15.65	电影，音乐，电子游戏等
4	维亚康姆	132	17	7.528	电视，有线电视，电影，出版，娱乐等
5	新闻集团	128	14.01	18	电视，有线和卫星电视，电影，报纸，期刊，出版，技术开发和服务等
6	TCI	75.5	29.75	6.85	有线和卫星电视，互联网，出版，音乐，技术和设备等

续表

排名	公司名称	营业额（亿美元）	流动资金（亿美元）	年利润（亿美元）	业务范围
7	Seagram/环球	64.39	7.12	N/A	电视,电影,娱乐,音乐等
8	西屋/CBS	53.63	7.72	2.49	电视,有线电视,广播电台,户外广告等
9	通用电器/NBC	51.53	4.5	10.02	电视,有线电视,互联网等
10	Cox Enterprises	49.37	N/A	N/A	电视,有线电视,广播电台,报纸,电话等
11	Comcast Corp.	49.12	14.68	5.321	有线电视,互联网,电话,娱乐等
12	甘乃特	47.29	13.16	16.17	电视,有线电视,报纸等
13	赫斯特	42	12.5	N/A	电视,有线电视,互联网,期刊,报纸等
14	McGram-Hill	35.34	5.32	4.84	电视,出版,期刊等
15	纽约时报	28.5	4.52	4.55	电视,广播电台,出版,报纸等
16	Tribune	27	8.15	6.42	电视,广播电台,体育,教育等
17	MediaOne	24.19	7.54	-3.2	有线电视
18	华盛顿邮报	19.56	3.2	3.81	电视,有线电视,互联网,报纸等
19	Cablevision System	19.49	2.72	0.81	有线电视
20	Primestar parters	13	1.35	-5.1	卫星电视

资料来源：Broadcasting & Cable，Sper，7，1998。转引自吴飞：《大众传媒经济学》，浙江大学出版社2003年版，第156页。

第六章　传媒市场政府规制研究

政府规制（Regulation）一词来源于西方的政府规制理论，原义是指有规定的管理和有法规条例的制约，有时也译为“管制”。在以往关于政府规制的论述中，中外学者大多从经济学角度对政府规制进行定义。例如，美国学者斯蒂格勒认为：“作为一种规则，规制通常是产业自己争取来的，规制的设计和实施主要是为规制产业自己服务的。”① 日本学者植草益教授在他的《微观规制经济学》中指出：政府规制是“社会公共机构依照一定的规则对企业活动进行限制的行为。”② “政府规制是指政府利用法规对市场进行的制约，如政府对价格、市场进入、环境污染等的管制。”③ “政府规制是指政府（广义上的政府，也可指国家）运用政策法规对微观经济主体的地位进行规范的活动，它既包括积极的政府规制，也包括消极的政府规制。”④ 尽管上述表述不尽相同，但在对政府规制主体（政府）、客体（企业经济活动）以及政府规制的主要手段（法律制度）等的看法是基本一致的。在传媒市场，政府规制同样存在，也同样重要。依据对政府规制的一般理解，可以认为传媒市场的政府规制，是指政府（国家）通过制定法律、规章、

① Stigler, G. J.（1971）. The Theory of Economic Regulation. *Bell Journal of Economics*, 2（*Spring*）, pp. 3-21.

② 植草益著，朱绍文、胡欣欣等译校：《微观规制经济学》，中国发展出版社 1992 年版。

③ 张帆：《规制理论与实践》，载《经济学与中国经济改革》，上海人民出版社 1995 年版，第 154～156 页。

④ 刘恒：《外资并购行为与政府规制》，法律出版社 2000 年版，第 22 页。

政策、制度等对传媒市场资源配置的直接干预和对传媒行为的间接控制。

第一节 市场失灵与传媒市场政府规制的必要性

市场竞争机制的引入，即以市场方式为配置传媒资源的主要手段，为我国传媒产业的快速发展带来新的活力，其变化有目共睹。这种变化不仅体现在传媒理念的更新、运作方式的变化上，且更直接表现在传媒市场经营收入的大幅增长上。据统计，从1979年到2007年，以1979年和2007年的GDP和广告营业额为例，此间广告营业额的增长倍数是GDP增长倍数的285倍；可见，作为中国传媒产业核心的广告经营放大了GDP增长程度，反映出中国传媒产业的30年巨变。① 但这并不是说，在市场竞争配置传媒资源的过程中，没有或不能有任何非市场手段的介入，一方面是因为，尽管市场经济是人类社会迄今为止建立的最有效的制度，但市场机制并不是万能的（经济学称之为“市场失灵”），另一方面也是由于传媒及其产品的特殊性使然。具体讲，传媒市场政府规制的必要性表现在：

一、传媒的自然垄断属性

所谓自然垄断是指“当规模经济和范围经济如此之有力、以至于只有一家厂商能够存在下去，我们会有自然垄断”②。传媒自然垄断属性的形成，既有政府原因（特许授权），也有经济原因（规模经济）和技术原因（资源稀缺）。传媒的自然垄断属性，在不同媒体上都有体现。

---

① 吴信训、高洪波：《从广告数据看中国传媒产业30年》，载《新闻与传播研究》2008年第6期。

② 保罗·A. 萨缪尔森等著，高鸿业译：《经济学》(第12版)，中国发展出版社1991年版，第866页。

传媒的自然垄断属性，首先表现在电子传媒上。电子媒体作为一项产业，从经济学的角度看，存在着资源的稀缺性（比如频道、频率）和明显的规模经济效益，形成垄断和极少数企业控制的概率非常高。① 在电子媒介中，最接近自然垄断的当属有线电线。

传媒的自然垄断属性，也体现在传统大众传媒的报纸上。报业虽然是一个竞争激烈的行业，但据有关学者研究，即使在美国等发达国家也趋向某种地域性垄断的特征。

表 6-1 美国报业市场一城一报城市增长之比例

年份	拥有两份以上报纸的城市数
1954	88
1959	81
1965	70
1975	65
1980	57
1990	43
1994	33

资料来源：吴飞：《大众传媒经济学》，浙江大学出版社 2003 年版，第 154 页。

此外，传媒的自然垄断属性还与传媒的产品特性有关。在不完全竞争条件下，取得了优势地位的传媒，拥有数量较大的受众，而且信息产品的内在粘性特征使得媒体受众具有较高的稳定性和品牌

① 陈富良：《放松管制与强化管制》，上海三联书店 2001 年版，第 57 页。

忠诚度，很容易抗拒新的市场进入者，从而形成垄断。①

在我国，传媒的自然垄断属性更多地与“特许授权”相关，典型的当属机关报（台刊），仅以报业为例，虽然有关部门把我国报纸分为9种，且最近几年的统计，机关报比例明显有所下降，但在其他8类报纸中，“准机关报”性质的报纸占大多数。机关报（台）、准机关报（台）的大量存在，使得我国的媒体自然垄断的属性更强。即使是竞争比较激烈的都市类报纸，由于处于不同的市场空间，其竞争主要是在一个“不可定义市场”进行（指在发行地区和内容等方面不具备替代性），并不能消除其自然垄断的属性。

在具有垄断性力量的传媒市场中，传媒面临着三个方面的困惑。一是垄断地位的滥用。传媒出于对垄断利润的追求，信息产品的定价水平（指产品出售和广告收入均摊后的价格）往往高于信息生产、传播的边效成本，也就是高于充分竞争下的价格，从而增加受众和广告主的付出，降低社会总福利；二是经营目标的双重性导致利益难以协调。特许授权的垄断传媒作为一个经济主体，它的经营目标具有双重性（经济效益、社会效益）。这二者之间在一定程度上只能相互妥协，从某种意义上看，这种妥协常常以一方的损失为代价；三是内在动力和外在压力不足。处于垄断地位的传媒，由于实际上和潜在市场竞争者都比较少，竞争压力不足，往往不注意加强管理、节约成本、提高服务质量。

二、传媒市场的外部不经济

所谓“外部不经济”，是指“一种经济行为对其本身和外部产生出来的负影响”②。按照一般市场经济理论，在市场机制下，由于利益、消费者主权和价格规律的调节，经济活动之内的效益和增

① 黄必烈：《世纪初中国传媒业与资本市场：政策与机会》，载《现代传播》2003年第3期。

② 陈东琪等：《社会主义市场经济学》，湖南人民出版社2001年版，第85页。

长可能会得到比较理想的结果。但是，在利益体的边缘和外部，又可能产生不经济的现象，这种情形也适合于传媒市场。陈力丹写道："市场机制只能在自然需求的范围内实现新闻资源的最优配置，而无法对新闻信息的结构、档次做出符合社会目的的改变。这只能由社会的正式代表——控制新闻业的权力组织来解决。"①

从理论上分析，传媒由于市场竞争机制产生的外部不经济，根源主要表现在以下几个方面：首先是由于拥挤产生的外部不经济。如果同一传媒市场竞争者过多，在市场资源（信息资料和受众广告资源）有限的情况下，势必会出现新闻信息同质化，传媒竞争主要是大打价格战，甚至相互拆台，造成传媒资源和受众注意力的浪费。传媒内容同质化的现象，已有很多学者关注。有资料显示，仅在武汉地区出版发行的本地日报，内容重复率超过50%，而南京、武汉的报业大战，石家庄、武汉的同业争端②等现象的发生，都与拥挤产生的外部不经济有关。其次，传媒市场的外部不经济，还表现在由于单个传媒追求自身利益最大化而产生的外部不经济。在市场机制作用下，单个传媒为了追求自身利益的最大化，往往把社会效益放在一边，而导致外部不经济。"有偿新闻"、"虚假广告"、"不良内容"是这种外部不经济的集中体现。虽然有关主管部门三令五申，但这些"外部不经济"现象在有些传媒，特别是市场化程度较高的个别传媒依然大行其道，造成很不好的社会影响。更有甚者，个别传媒完全偏离社会效益与经济效益一致的目标，进行错误的舆论引导，传播不健康的思想内容和价值取向，成为党和人民之祸，产生的危害远非一般物质产品可比。第三，传媒市场的外部不经济与大众传播媒介的功能密切相关。大众传媒的功能有着多重性，是一把锋利的双刃剑，其负功能直接导致传媒市场的外部不经济。

---

① 陈力丹：《谈谈当前的新闻消费倾斜》，载《新闻界》1993年第3期。

② 唐绪军：《对京、汉两地报业同行争端的思考》，载《中国记者》1999年第8期。

表 6-2　　　　大众传播功能分析

功　能	负功能
1. 监视功能：提供并告知新闻 预警新闻——自然界的危险情况 工具性新闻——对经济、公众和社会生活重要的新闻 宣扬规范——人物、事件	因过分强调危险可能导致社会恐慌 麻醉作用——漠不关心，被动，吸收过量 过度接触，极少思考
2. 联系功能：选择、解释、批评 强化社会规范——达成共识，将偏差行为曝光 赋予地位——意见领袖 阻止对社会稳定产生的威胁 监视并掌握公众意见 制约政府，保护人民	强化遵从，将固定模式永久化 制造假事件、假形象或假"人格"阻碍社会变革，阻止创新 尽量减少批评，实行多数意见专制 保护、扩张权力
3. 传承社会文化功能：教育 增加社会凝聚力——扩大社会共同经验的基础 减少社会无序性——疏离感 继续社会化过程——在学校教育之前和之后，提供帮助，进行整合	减少社会亚文化群的种类，促进大众社会形成 丧失个性，缺乏人际接触 标准化趋势，阻碍文化生长
4. 娱乐功能 个人休息、调整，避免压力，充实闲暇时间 创造大众文化——艺术、音乐——增加大众的文化接触 提高大众品位、偏好	鼓励逃避主义，纵情享乐 败坏精致艺术 降低大众品位，阻碍艺术发展

资料来源：［美］沃纳·赛佛林等：《传播理论：起源、方法与应用》，华夏出版社 2000 年版，第 350 页。

传媒市场的外部不经济，或称传媒市场负的外部性，是传媒政府规制需要加以严格管制的；而传媒市场正的外部性（社会效益）是政府规制应当加以鼓励的。

三、传媒市场宏观结构不平衡

按照市场机制的理论，在市场运行中，除了可能产生微观不平衡之外，还会产生宏观不平衡。微观失衡可通过市场的供求自我调节，而宏观不平衡是市场机制本身无法解决的，需要政府规制宏观调控。在我国，传媒市场宏观失衡的现象也表现比较明显，主要包括媒体区域资源的不平衡和媒体收入的不平衡。

媒体区域资源的不平衡，即不同地区的媒体拥有的媒体资源相差很大，这与我国地区之间，特别是东西部之间经济文化发展水平直接相关。由于沿海开放地区经济发达，媒介产业发展很快，广告市场与发行市场非常发达，而落后地区正好相反。比如，在2001年，《广州日报》报业集团，广告营业额超过10亿元；而贵州全省40种公开发行的报纸发行总量也只有40万份，广告营业额只有6000万元，这个数字仅仅是《广州日报》一家报纸的1/10。① 据中国广告协会提供的材料，2002年广告经营额排名前5名是中央电视台（64亿元）、上海文广新闻传媒集团（21亿元）、深圳报业集团、广州日报社及北京电视台（均超过10亿元）。广告营业额较大的媒体地区分布主要集中于北京、广东、上海、江苏等经济发达地区，“媒体业发达程度随地区经济发展的不同呈现明显的不平衡的趋势”②。显然，这种不平衡是传媒市场自身无法解决的，国家制定了“开发西部”相应的政策，就是为了消除媒体资源不平衡的前提：经济发展不平衡。

媒体收入的不平衡，是指我国传媒收入结构单一，广告收入在全部收入中所占比例太大。据统计，我国41.5%的传媒，其广告收入占经营收入的90%以上；有37.9%的传媒，其广告收入占经

① 孙燕君：《报业中国》，中国三峡出版社2002年版，第59页。
② 《传媒经济参考》2003年第21期，第15页。

营收入的50%~90%左右。在我国传媒的全部收入中，广告收入占70%，发行或节目收入占21%，多元收入占8%，其他收入占1%。① 而国外许多传媒（集团）的广告、发行或节目收入往往只占其全部经营收入的三分之一左右，约有三分之二是多元经营收入。这种过于单一的传媒收入结构，使得我国传媒发展受广告市场的波动影响很大，同时，根据“相对常数原理”（一定时期内广告的投放额一般比较稳定）②，传媒的竞争主要集中在广告市场的争夺上。收入结构的单一、多元经营的缺乏，极大地限制了我国传媒的市场竞争能力。

传媒市场结构失衡也是我国传媒市场宏观不平衡的一种表现。在我国，机关报和准机关报基本上是垄断成分更多的市场竞争结构，而非机关报则是竞争成分更大的市场竞争结构。按照“结构—行为—绩效”的观点来看，处于不同市场结构的传媒，其竞争程度非常有限，传媒竞争的效率也比较低。

四、传媒和传媒产品的独特性

传媒产品具有公共物品或准公共物品的特征，这在第二章已有论及。传媒产品的公共物品属性，决定了传媒资源配置不能完全通过市场来进行。在我国，传媒是事业单位，同时实行企业化管理，其事业单位的事业属性是市场行为无法承担的。“强调传媒业的产业属性，绝不能忽略传媒的政治属性、意识形态属性。”③ 传媒“事业单位”、“企业化管理”的独特体制和意识形态属性，决定了传媒产业既需要市场机制调节，也需要政府规制有据、规制有度、执行有力、裁决有方。

---

① 邵培仁等：《媒介战略管理》，复旦大学出版社2003年版，第223页。

② Robert G. picard著，冯建三译：《媒介经济学》，台湾远流出版事业股份有限公司1994年版，第84页。

③ 郑保卫：《当代新闻理论》，新华出版社2003年版，第247页。

表 6-3 事业单位与行政单位、企业单位的区别

	行政单位	事业单位	企业单位
生产对象	公共商品	混合商品	私人商品
生产目的	非营利	非营利兼有营利	营 利
交易方式	非市场交易	非市场交易	市场交易
资金来源	税 收	税+费（财政+市场）	价格市场

资料来源：高培勇主编：《公共部门经济学》，经济科学出版社 2003 年版，第 69 页。

第二节 政府规制理论与传媒规制实践

一、政府规制理论的基本内容及规制分类

对政府规制理论的研究源于对政府经济政策的研究和分析。在 20 世纪 50 年代以前，有关政府规制的研究一般属于公共经济政策的研究领域，也被称为“公共利益理论”。这种理论认为，在某些条件下，不受限制的竞争会使经济效益受到损害。① 由于人们越来越认识到政府规制对社会进步和经济发展所发挥的重要作用，20 世纪 70 年代以来政府规制理论的研究逐步从经济学中分离出来形成一个独立学科分支——规制经济学。代表性的成果有美国学者斯蒂格勒《经济管制论》(*The Theory of Economics Regulation*)，他在提出一系列前提假设条件下，提出他的理论假设，即管制是响应利益集团最大化其收益的需要而产生的。一个利益集团可以通过说服政府实施有利于自己的管制政策而把社会上其他成员的福利转移到自己的利益集团中来。卡恩 1970 年出版的教科书《规制经济学：原理与制度》(*The Economics Regulation: Principles and Institutions*) 和日本学者植草益《微观规制经济学》(朱绍文、胡欣欣等校译，中国发展出版社 1992 年版) 都产生了广泛影响，使政府规制的理论

① 张昕竹主编：《中国规制与竞争：政策和理论》，社会科学文献出版社 2000 年版，第 76 页。

日益丰富和完善。

在传统规制理论中，根据不同的标准可以对政府规制进行不同分类。①

从政府规制的主体上划分，政府规制可以分为私人的政府规制和公共的政府规制。由私人进行的政府规制称为私人政府规制；由社会公共机构进行的政府规制称为公共政府规制，它是由司法机关、行政机关以及立法机构进行的对私人以及经济主体的政府规制。

从政府规制的作用与效果上划分，政府规制可以分为激励性政府规制（积极的干预）与限制性政府规制（消极的干预）。

从政府规制的方式上划分，政府规制可以分为直接政府规制和间接政府规制。直接政府规制是指由政府部门直接实施的干预，它又可以分为经济性政府规制和社会性政府规制两种，经济性政府规制是对特定行业的管制，它是针对一些具有自然垄断性或存在信息偏差的行业，对其“进入”、“价格”、“投资”等进行的政府规制；社会性政府规制是指不分行业的管制，它主要针对外部性等所作的政府规制，目的在于确保经济主体正的外部性，防止负的外部性。间接政府规制是指反垄断政策，由司法部门实施，目的是为了防止不公平竞争。如图：

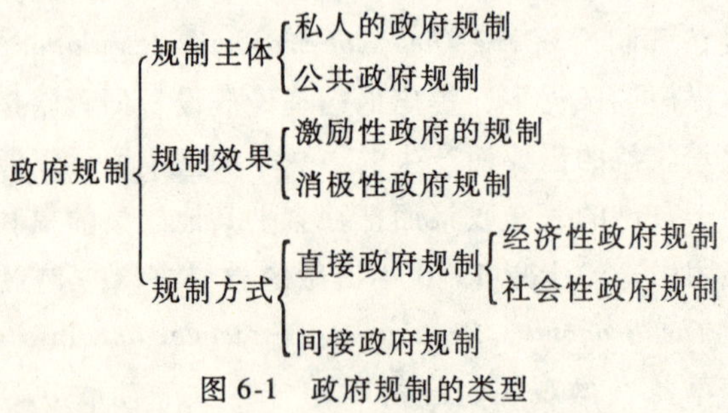

图 6-1　政府规制的类型

① 刘恒：《外资并购行为与政府规制》，法律出版社 2000 年版，第 27 ~ 28 页。

二、传媒政府规制的方法和模式

传媒作为一种极具自然垄断性的行业，加之其外部性的广泛存在，历来是政府规制的对象。美国传播学者施拉姆和波特曾指出："不管什么样的广播体系，人们一般会受到一些控制、至少在频率分配、保护听众和观众不受诽谤性或猥亵性之害的法律，保护材料所有者的版权不受侵犯的法律以及保护政府不受煽动性广播之害的法律等方面。除频率分配外，报纸不论在什么样的制度下也都受到同样的控制。这就是说，所有的制度都必然在某种程度上对它们的媒介加以控制和管制。"①

日本著名规制经济学家植草益认为，政府规制的方法主要有：1）禁止特定行为；2）对企业的进入、价格等的许可认可制度；3）对产品、服务的内容和设备的标准、认证及审查、检验制度；4）与企业签订的以控制价格、限制供给等方面的契约；5）征税；6）财政补贴；7）政府融资；8）劝告、说服等行政指导；9）提供信息。②

一般行业政府规制的方法方式，大都适用于传媒市场政府规制。其中，制定法规、优惠待遇、政府补贴、赋税手段是传媒市场政府规制的主要方式方法。③

在以上政府介入传媒市场的4种主要方式中，制定法规是政府规制的重点，其目的是为了公共福利和确保市场机制能够有效运作；其内容主要包括结构性法规、行为性法规和技术性法规三种。

结构性法规最重要的是进入管制，其主要是通过进入许可制度

---

① ［美］威尔伯·施拉姆等著，陈亮等译：《传播学概论》，新华出版社1984年版，第183页。

② ［日］植草益著，朱绍文、胡欣欣等译校：《微观规制经济学》，中国发展出版社1992年版，第23页。

③ Robert G. Picard著，冯建三译：《媒介经济学》，远流出版事业股份有限公司1994年版，第160页。

来实现的。一般可分为如下几种类型。①

一是独占许可，即在一个可定义的市场上（传媒内容和受众具有较强替代性的市场空间）只允许一家传媒存在，传媒之间基本上没有竞争。

二是严格限制的少数进入许可。即在一个可定义市场中，允许最多有 2 ~ 3 种产品存在。在这样的进入许可规制制度下，一个大市场中各细分市场界限分明，进入壁垒很高。在这样的市场中，通常会形成寡头型的市场结构，产品承受竞争市场的压力。我国目前的传媒市场政府进入规制基本上是这种方式。

三是一般性限制的多家进入许可。即一个可定义市场中允许有多种产品存在。在这样的进入许可规制制度下，市场中各细分市场界限不是很明确，细分市场交叉重叠，竞争激烈，进入壁垒不是很高。在我国广义的大众传媒产品中，音像制品、书刊出版基本上实行的是一般性限制的多家进入许可规制。

四是放松进入规制的审批进入许可。即只要符合条件就可以被批准进入，实行审批的主要目的是为了防止过度进入导致过度竞争，在这样的进入许可规制下，传媒市场进入限制不强，基本上可以自由进入，容易形成垄断竞争型市场结构，市场竞争压力很大。

五是登记进入制度。即没有许可限制，政府完全放开市场的进入管制，不需审批，只要登记就可进入，也完全没有数量限制。在这样的进入许可规制制度下，没有行政性的进入限制，传媒完全自由竞争，传媒之间的竞争压力非常大，激烈的竞争趋向产生垄断。

如果说结构规制主要是对传媒进入市场进行管制，那么行为规制则主要针对的是市场中诸多的传媒企业行为。政府对企业市场行为的管制涉及许多方面，具体到传媒市场，较为常见的规制主要有以下几种：

第一种是价格管制。政府规定传媒产品的价格，管制手段主要是实行价格审批，或者限制售价。

第二种是数量管制。以报业为例，政府规定每一种报纸（每

① 金培：《报业经济学》，经济管理出版社 2002 年版，第 282 ~ 288 页。

周）的期数和版面数。报纸的增期（减）增（减）版，都必须经过政府行政部门（我国是新闻出版署、局）审批。

第三种是许可权限管制。仍以报业为例，国家行政部门规定报纸不得随意出版地方版，包括地方广告版，地方报纸不得异地出版，禁止一报多式。

第四种是产权管制。即严格禁止或限制传媒的产权交易，禁止或者严格限制进入传媒领域的资本。

第五种是反不正当竞争。即禁止传媒机构以不正当的方式获得市场竞争利益，比如禁止传媒刊播有偿新闻、不良内容和虚假广告等。反不正当竞争规制主要是为了维持公平竞争的市场秩序，维护消费者和公众的利益。

第六种是反垄断行为。传媒产业反垄断政府规制是对同一传媒控制整个市场或者同一经济主体控制多家传媒进行限制，以避免传媒垄断可能带来的低效益、不公平和负的外部效果等社会福利的损失。

除了结构规制和行为规制之外，随着电子传媒的兴起，技术性规制也成为政府传媒规制的又一重要方面。技术性规制主要是为了维护市场的兼容性和安全性。“技术方面的规范，我们由广播与线缆之技术标准的拟定，亦即设定了生产影像及有声产品之机械标准，可见一斑。”① 比如，美国国会曾立法要求新生产的电视机必须能够同时使用“特高频”(VHF）及“超高频”(VHF)，并且提供无线电波频谱的分派及维护。

三、西方国家传媒政府规制的传统与变化

西方国家传媒业比较发达，政府规制也相对比较成熟，从制定法规的层面讲，结构性规制、行为性规制、技术性规制是西方国家政府介入传媒市场的主要方式。当然，在具体表现上不同国家又多

① Robert. G. Picard 著，冯建三译：《媒介经济学》，远流出版事业股份有限公司 1994 年版，第 161 页。

有差异。根据胡正荣等的研究①，西方国家介入媒介市场运作的主要目的，是维护公众获取正当信息的权力和保护媒介市场；维护正当市场秩序，反垄断和反不正当竞争。前者在欧洲国家比较明显，后者在美国表现得尤为突出。欧洲一些国家坚持维护传媒公共管理特色：德国的广播电视管理由各州特许成立的公司负责，这些公司既不是政府机构也不是私人企业；法国广播电视是政府严格控制的垄断事业，管制机构的负责人由总统直接任命；英国 BBC 是皇家特许建立的非营利的法人团体，其董事会由英国女王任命。美国由于采用的是典型的私人财团垄断传媒的模式，因此，政府介入传媒市场更多的职能在于维护市场秩序，反对垄断和不正当竞争，主要的权力机构是美国联邦贸易委员会、美国联邦通讯委员会以及美国国会。

自 20 世纪 70 年代以来，西方各国传媒市场政府规制发生了巨大的变化，传媒产业正在被视为一种非特殊的产业，解除垄断、促进融合、放松规制、非国有化和引入竞争机制的趋势日益明显。西方国家新传媒规制的特征表现在②：

一是规制政策放松管理，这突出表现在电子媒介领域。美国的广播和电视业放松规制开始于 20 世纪 70 年代。1977 年联邦最高法院判决放松公用有线电视的进入规制；1979 年联邦最高法院判决停止公用有线电视节目规制和无线电节目的内容规制；1981 年 FCC 认可直接卫星广播节目的制作；1984 年 FCC（联邦通讯委员会）完全撤销了对卫星广播收费和服务的收费；1992 年该委员会放宽了广播有线和广播电视、有线和电话的交叉所有权限制；《1996 年联邦电信法》在所有权方面放松规制。不仅美国的传媒规制越来越宽松，欧洲国家在 20 世纪 80 年代进行改革后，传媒的政策也更加放松。英国 90 年代以来的媒介立法逐渐体现了放松政府

① 胡正荣主编：《媒介市场与资本运营》，北京广播学院出版社 2003 年版，第 62 页。

② 胡正荣：《外国媒介集团研究》，北京广播学院出版社 2003 年版，第 58 页。

规制的趋势。英国政府 2000 年 12 月发布的题为《通信的新未来》，提出今后 10 年的规制框架，对规制机构、传媒结构规制、内容规制等都进行调整，在多个方面都体现了放松规制的思想；法国没有禁止交叉拥有媒介的法律规定，全法的报业和广播电视业基本控制在 5 家媒介集团手中；德国只不过少数州有关于禁止报纸与广播电视交叉拥有的规定。

二是规制机构集中整合。美国率先在 1934 年就组成统管广播电视和电信的 FCC（联邦通讯委员会）。英国 2000 年新建立的电信监管局（OFCOM）对整个传媒产业进行管理，将现在负责规制商业电视的独立电视委员会，负责监管通信业的电信局、负责颁发商业广播营业许可证的无线广播局，负责监管广播电视节目内容、保护视听者权益的广播节目标准委员会以及管理无线电频率的广播通信局 5 家机构合并，由电信监管局统一管理。

三是节目内容加强规制。德国在世界上第一个互联网规制法案中，严格规定了互联网的内容管理。美国 1996 年电信法对电视节目进行严格的分级制度，其目的是为了保护公众，特别是儿童的利益。

西方传媒业放松规制，特别是传媒市场政府规制放松的趋势，既是世界经济一体化背景下信息传播全球化的必然选择，也是日益壮大的传媒集团资本压力的结果，还有着更为深刻的政治、经济、技术和社会原因。首先，传媒规制所依赖的公共利益理论受到挑战。广播电视规制的理论起点是公共利益理论，但是由于广播传媒与其他产业不同，传播的文化和社会效果难以确定。因此，在广电传媒的发展过程中，作为公共政策基点的广电传媒的公共利益标准始终具有模糊性。公共利益假设作为传媒规制的前提越来越被削弱；其次，长期以来，政府对传媒规制的高成本与低效益，一直引人注目。最具说服力的例子，是欧洲公共广播电视上个世纪 80 年代以后的全面衰落，为提高政府规制效益，垄断规制逐步让位于竞争性规制，让市场发挥更大的调节作用；再次，在技术上，随着有线电视、网络技术、数字化等新技术的发展，“可替代性”产品不断进入，传媒业自然垄断性质被淡化，为不同电子媒体之间的竞争带来了可能性。最后，放松规制和重新规制也是社会竞争压力的结果。“当一国的某个产业在全球竞争当中处于优势时，它才会考虑竞争主体的多样性和效益是否兼顾的问题，而当该产业开始面临全球竞争的压力时，效益问题成为第一位的，而多样性则是其次。”①从美国政府对微软垄断个人电脑市场和美国在线与时代华纳的垂直整合后垄断传媒市场态度不同，市场造成的社会压力可见一斑。

第三节　我国传媒市场规制的问题和建议

由于传媒的特殊性，我国一直把传媒视为意识形态领域，对其管理非常严格。中国共产党“一大”通过的第一个决议明确规定“杂志、日刊、书籍和小册子经由中央委员会或临时中央执行委员会经办”，“任何中央地方的出版物均不能刊载违背（党）的方针、政策和决定的文章”。② 长期以来，我国基本上是按这一思路对传媒进行准入和内容规制的。改革开放以后，随着我国社会主义市场经济体制的确定，传媒的商品属性和产业属性不断被认同，传媒市场逐渐形成，传媒企业之间竞争加剧。正是在这样的情况下，传媒市场的规制变革引起许多学者的关注。但是，由于长期的计划经济管制惯性和传媒“事业”、“喉舌”属性，我国的传媒市场运行规制总体上并没有突破。不管是在理论还是在政策层面，都已落后于传媒市场的实际。

一、我国传媒市场政府规制存在的问题

从不同层面考察，都可以发现我国传媒政府规制存在的问题。这里我们从规制主体、规制目标、规制制度、规制行为四个方面进行简要分析。

---

① 胡正荣：《外国媒介集团研究》，北京广播学院出版社 2003 年版，第 57 页。

② 转引自于宁、李德民等：《怎样写新闻评论》，中国新闻出版社 1987 年版，第 4 页。

传媒规制主体不明确。规制主体理论上包括三个独立的主体，即进行规制的立法机构，具体实行这种规制的行政性机构以及被规制的对象。在我国传媒市场，政企不分、政资不分是一种普遍现象。这不仅表现在政府一方，也表现在传媒一方市场主体地位不明确。政府出资设立传媒，政府是出资者也是经营者，同时又是管理者。也就是说，政府身兼三职：裁判员、教练员和运动员。① 在这种情况下，政府不仅是传媒市场绝大多数规制的制定者，同时也拥有配置一切传媒资源的权力，甚至直接参与媒体的经济行为。比如说，小到报刊的征定，大到传媒集团的组建，都可以看到政府这只看得见的“手”的影子。“从某种意义上说，《广州日报》成为我国传媒集团的第一个试点单位，与其说是一种市场行为，不如说是一种政府行为。”② 政府规制主体不明确，不仅不利于传媒市场的健康发展，而且使得传媒容易丧失创新精神，缺乏竞争活力。规制主体的多重角色，对传媒市场的影响是巨大的。首先，行政部门同时又兼任行业管制者，决定了它不可能站在中立的立场上平等对待所有市场参与者，新的市场进入者或者非国有性质很可能受到歧视。其次，这种政企同盟一旦形成，便完全有可能在立法和执法过程中藐视消费者利益集团，置他们的合法权益不顾。最后，政企同盟在滥用其行政职权的同时，将使受管制行业的资源配置效率下降。

规制目标的复杂性。传媒市场规制目标的复杂性，是由传媒的公共事业性和产业经济属性共同决定的。作为公共事业，政府规制负有减少传媒市场的负外部性，增加市场正外部性的职能，以维护社会公共利益；而作为产业经济，政府的规制主要负责对传媒市场结构和行为进行监控，以防止不正当竞争和过度垄断。前者称为社会性规制，后者为经济性规制。③ 传媒规制目标的复杂性，本来是

---

① 刘洁、金秋：《论新闻报业市场化进程中政府行为的双重属性》，载《新闻与传播研究》2001 年第 2 期。

② 张昆：《媒介集团化的中西比较》，《新闻与传播评论（2002 年卷）》，武汉出版社 2003 年版，第 240 页。

③ 张志：《论中国广电业的政府规制》，载《现代传播》2004 年第 2 期。

无可非议的，问题是自我国传媒市场化以来，作为市场主体的传媒格局发生了巨大变化，传媒的方针不同，功能定位和受众定位不同，呈现出各自的特点和不同的价值取向。有机关报、台，也有可以完全市场化的传媒（这并不是说传媒可以任意胡作非为），但在现有的传媒社会性规制中，我们一律用舆论机关、党的喉舌来要求。① 在现实运作中，很容易造成传媒市场不公平竞争。另一方面，我们现有的传媒规制，以社会性规制为主，而社会性规制常常从控制角度出发，把舆论导向作为传媒最重要的功能。舆论导向的多元性和规制的相对稳定性必然发生矛盾，有时候只好由主管部门出面打招呼，破坏规制的严肃性。

规制制度不健全，调控乏力。市场经济是法制经济，为了保证传媒市场的健康运转和良性发展，法制化的规制制度体系是必不可少的。规制制度不仅可以控制、规范传媒的市场运作，而且可以维护公众和传媒利益，为传媒公正、公平的竞争提供法律保障。改革开放以后，特别是加入世界贸易组织以后，我国明显加快了传媒规制制度建设。到目前为止，我国虽然还没有专门的新闻法、记者法、广播电视法，但是作为调控传媒结构和行为的具体规范，可以从其他相关的法律法规中找到许多条文。“当前关于新闻传播活动的法规规章大致分三个层次：一是散见于宪法、刑法、民法等基本法律中的相关条文；二是政府行政主管机关制定的监管新闻传媒的专门法规和其他法规中的相关条文；三是各地新闻主管部门制定的关于新闻传媒的规定与章程。”② 在这三个层次的法律法规中，最重要的有：《报纸管理暂行规定》(1990 年)，《出版管理条例》(1997 年)，《印刷业管理条例》(1997 年)，《广播电视管理条例》(1997 年) 等。

---

① 李良荣：《论中国新闻媒体的双轨制》，载《现代传播》2003 年第 4 期。

② 童兵：《理论新闻传播学导论》，中国人民大学出版社 2001 年版，第 189 页。

虽然这些年我国在传媒规制制度建设上取得了很大成绩，但是现有的传媒规制制度体系尚不健全，主要表现在三个方面：一是传媒活动中尚不能做到完全有法可依，特别是在传媒市场运作方面，存在许多法规空白，如目前尚没有传媒兼并、破产、垄断等方面的法律规定。二是已有的法律规章仍然存在很大的不足，主要表现在对新闻传媒及传播活动禁止性的规范和义务性的规范比较多，而授权性规范相对比较弱，现有的传媒规制基本上是行政规章，不仅规格太低，而且若干地方还没有同我国行政法体系接轨。三是缺乏监督，执行乏力。比如，自《关于加强新闻队伍职业建设，禁止"有偿新闻"的通知》(1993 年) 发布以来，可以说，各级主管部门已三令五申，但"有偿新闻"这一不公平竞争的传媒市场行为，并没有得到有效遏制。"由于缺乏相应的监督机制，导致规制制度的执行常常出现'梗阻'……当前我国的新闻职业道德建设，应当在完善和加强监督机制上多下工夫，要强化对媒体和新闻工作者职业行为的监督检查，加大督查结果的处罚力度，以形成一个健全、完善、有效的监督机制。"①

规制行为不科学，以行政管理代替规制，政府主管部门对传媒市场监管中，还是习惯于计划经济时代的行政管理为主，而不是按市场经济规律办。

"中国对新闻传媒的社会调控，既有法律的，又有行政的，但更为主要的是由中共中央及宣传部通过一系列文件，各种由党中央颁布的决议和决定，中央领导人的讲话与指示对新闻传媒实行统一调控。这些文件、决议、决定、讲话、指示成为指导中国新闻传媒运作的主要法律依据和指导方针。"②

所谓符合市场规律的监管行为，广义说是以经济和法律手段为

① 萧燕雄、李慎波：《新闻道德法律化：遏制新闻腐败的一条进路》，来源：中华传媒网，上网时间：2004-3-29。2004 年 5 月 2 日下载于：http：//www. a. com. cn/cn/xsyj/2004/04/040402xwdd. htm。

② 童兵主编：《中西新闻比较论纲》，新华出版社 1999 年版，第 176 页。

主。科学的管制过程和管制行为，是要创造一种人为的市场力量，而不是约束自然垄断。

也就是说，规制和行政管理是有区别的。规制是通过规章制度来约束国家和相关产业的关系，运用法律手段来干预微观经济主体的市场行为，是一种和现代市场经济相适应的机制，是以尊重市场规律为前提的，所以规制者和被规制者之间保持一种相对独立的关系，即使被管制者属于国家所有，但是经营权和所有权也是分离的；而行政管理则恰好相反，它以国家行政权的强制性、单方性和优益性为基础，以服从国家意志为目的，多采用国家直接从事经营活动的性质，所以，所有权和控制权合二为一，其对象是基于国家政府的权威而被动地服从和接受。这种管制模式容易出现监管过程中的不科学性和随意性，容易导致不按市场规制办事的情况出现。

摊派发行是典型的行政管理。报刊的主管、主办部门凭借自己手中的行政权力强迫征订报刊，是一种不正当的竞争行为，不仅影响传媒竞争的公平性，而且极易孳生腐败，是权力寻租在报刊发行上的体现。

二、我国传媒市场政府规制的建议

（一）我国传媒政府规制的宏观思考

改革开放30多年来，传媒的市场化给我国传媒业带来巨大活力，我国传媒业获得了令世人瞩目的长足发展，从1984年至2008年，广告经营额平均增长率接近30%，远高于GDP年均8%的增长率（图6-2）。

但是，从不同时段来看，发展速度又不均衡。比如，在近三年来（2005—2007），四种传媒产业广告营业额平均增长为17%左右；不过，这一数字也高出相应三年间我国GDP的增长速度。喻国明认为，广告业的发展状况是传媒业发展可能性空间最具指导意义的指标。他在研究了我国广告市场的巨大增长空间与传媒业发展的“失速”后，认为“改革现行传媒体制是解放传媒生产力、促

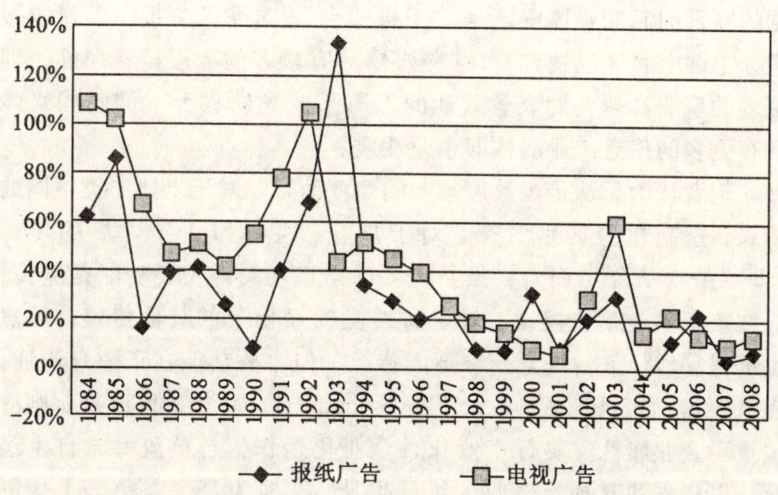

图 6-2　1984—2008 年报纸和电视广告营业额增长率①

进传媒业发展的关键”②。

传媒体制改革实际上是传媒政府规制的宏观层面。最近几年，国内很多学者从这一层面研究我国传媒政府规制的改进。归纳起来看，多数观点认为，改革要实现我国传媒的双重属性有限分离，以明确市场主体，规范市场行为。双轨制和分离制是其中最有代表性的观点。

双轨制是复旦大学李良荣教授提出来的，他在分析了我国传媒“党的喉舌”提法的历史演进和传媒的现实情形后认为，“中国的新闻媒体都具有双重属性，双重属性是就新闻媒体的整体而言，但

① 数据来源：1983—2007 年数据来源于：范鲁彬编著：《中国广告 30 年全数据》，中国市场出版社 2009 年版，第 38、40 页；2008 年数据来源于：中国工商行政管理年鉴编辑部：《中国工商行政管理年鉴 2009》，中国工商出版社 2010 年版，第 753 页。

② 喻国明：《是谁妨碍了中国传媒业的发展》，《中国媒体发展研究报告（2002 年卷）》，武汉出版社 2003 年版，第 30 页。

就个别媒体，双重属性的体现会有不同的偏重”①。他设想，属于党的喉舌的新闻媒体应该是“一报二台”(党委机关报、以新闻报道为主的电台、电视台)，这些媒体具有较多的上层建筑属性，即更多的事业性质；而大量其他的不属于“党的喉舌”的新闻媒体具有更多的信息产业属性即企业性质。

笔者认为，从传媒政府规制的角度而言，对于上述二类不同的传媒，规制也应区别对待。对于具有“党的喉舌”性质的传媒(即“一报二台”)而言，虽然也要面向市场，但主要功能是宣传，应偏重于事业单位规制。对于非“党的喉舌”的其他传媒，虽然也承担宣传任务，是党领导下的传媒，但主要功能在于信息沟通，提供娱乐、知识，发挥舆论监督作用，对这类传媒的政府规制则应偏重于企业属性，实行产业化、企业化运作，自负盈亏、自主经营，以广告和其他经营收入维持生计，谋求发展，在市场上优胜劣汰。②

分离是学者提出的我国传媒政府规制创新的另一思路。③ 该观点认为，随着社会环境的变化，传媒的事业属性正在淡化，传媒走向市场要按照产业化运作的规则而不是行政指示来行动。因此，媒介原来生产过程中属于非核心资源的部分就应该和核心资源部分分离，交给社会组织去承担，以减轻传媒的运营包袱。在业务操作中对不同的内容比如新闻和娱乐，应当区别对待，把业务中属于社会功能和属于经济功能的部分分开运作，实现各自的效益。传媒领域的这种分离可以在如下层次进行：从媒介管理部分来说，实现政府的职能分离；从媒介运作机构来说，实现政事分离，政企分离；从传媒经营层面来说，实现制播分离；从媒介传播内容来说，将实现社会效益和实现经济效益的内容分离。

---

① 李良荣：《论中国新闻媒体的双轨制》，载《现代传播》2003 年第 4 期。

② 李良荣：《论中国新闻媒体的双轨制》，载《现代传播》2003 年第 4 期。

③ 黄升民、周艳：《中国广电媒介集团化研究》，中国物价出版社 2001 年版，第 332 页。

笔者认为，从政府规制的角度看，分离的核心表现在两个方面，一是传媒职能的分离，将传媒业划分为公益性事业和经营性产业两大部分，以进一步明确传媒的市场主体地位，为传媒政府规制提供科学依据；二是传媒运作层的分离，传媒把允许面向市场经营的资产、资源和业务，从目前的事业体制中剥离出来，进行企业转制和重组。在更多的方面引入竞争机制，建构公平的传媒市场环境，增强传媒竞争活力。

（二）我国传媒政府规制的具体措施

以上说到我国传媒政府规制创新的宏观思路，从具体层面来讲，完善我国传媒政府规制，主要包括这样几个方面：

深化传媒产业体制改革，实现“政企分开”、“政事分开”、“管办分开”，解决传媒的法人地位。我国传媒产业要想突破现阶段发展的瓶颈，传媒市场要想真正规范，最需要解决的问题之一就是传媒机构所有权、支配权和经营权三权分离的问题。只有这一问题解决了，传媒的市场法人地位才能真正解决，规范的传媒市场才能逐步形成。虽然，这样的认识早已出现，但是应该说，目前我国传媒产业尚未真正推行产权改革，仍然是一个国有制占领导统治地位的单一的媒介体制形式，对传媒的日常管理也还是以行政机构的直接管理为主。在这样的情况下，不能奢谈什么现代管理机制发挥作用。马克思当年也说过，当一个社会只存在一个产权主体的时候，这个社会是不可能建立发展起市场经济的。① 当然对传媒市场的科学规制也就无从谈起。

应该看到，在市场经济在国民经济各个领域发挥主导作用的时候，在加入 WTO 已经有 10 多年的时候，我国传媒与市场经济接轨，走出封闭运行与行业垄断的怪圈，接受国际传媒业的竞争和挑战的方针已经确定，为我国传媒深化产业体制改革做好了多项准

① ［美］马里·克拉先著，王询译：《政治经济学——比较学的视点》，经济科学出版社 2001 年版，第 25 页。

备，为传媒业进一步彻底“政企分开”打下了良好的基础。我国国有企业特别是航空业、电信业等自然垄断行业的改革也为我国传媒的“政企分开”提供了有益借鉴。从传媒管理部门来说，根据党的“十五大”方针，宏观管理应当由“直接管理转化为间接管理，由过程管理转化为目标管理，由行政管理转化为行业管理”①。因此，无论从传媒角度而言，还是从管理者角度而言，“政企分离”都将是必然的选择，为传媒政府规制提供科学依据。

加快相关新闻立法，依法规制传媒市场。传媒政府规制的主要方式是制定法规，因此，“抓紧传媒市场的法制建设，用法律调节市场行为和规范传媒竞争是放在我们面前的又一重大任务”②。

国外经验证明，法律对自然垄断行业的调控起至关重要的作用，政府规制也应该依法进行。改革开放以来，我国相关的新闻法规建设已经取得很大进步，但还不够。这不仅表现在某些传媒领域的法规还是空白，也表现在相关法律和规章制度已不适应我国传媒业发展的现状，需要及时修订。有学者统计，与我国加入 WTO 相适应，国内就有 2000 多项法律法规需要修改。新闻出版广播电视系统与入世法律文件不符的法律法规的修订废立工作，还刚刚开始。③

改革进入规制机制，完善行为规制机制，建立退出规制机制。应当承认，我国现阶段传媒市场政府规制总体上是缺乏战略性设计的，具有偶然性、非连续性和不彻底性的特点。我们认为，要进行传媒市场的规制改革，要从三个方面入手，改革进入规制、完善行为规制、建立退出规制。

改革进入规制，就是要对目前严格限制的少数进入许可和一般

① 胡正荣：《媒介管理研究——广电管理创新体系》，北京广播学院出版社 2001 年版，第 202 页。

② 童兵：《入世一年的中国传媒市场格局》，载《新闻与传播》2003 年第 3 期。

③ 童兵：《入世一年的中国传媒市场格局》，载《新闻与传播》2003 年第 3 期。

性限制的多家进入许可进行逐步改革，采取放松管制的审批准入许可。在这样的进入规制机制下，传媒的竞争性压力将增加，传媒的市场结构也将逐渐趋于完善，当然也要防止过度进入造成的过度竞争，维护传媒和消费者的利益。完善行为规制，首先是要逐步取消价格管制和数量管制，并在此基础上改进传媒产权规制，防止传媒市场的不正当竞争行为出现。建立退出机制，就是走出传媒“只生不死”的怪圈，真正建立“优胜劣汰”的市场淘汰机制。

设立媒介特区，为科学的传媒政府规制提供经验。我国传媒政府规制的改革与完善，情况复杂，涉及面广，不可能一蹴而就。为稳妥起见，可考虑首先在“媒介特区”进行试验，然后推广。有学者认为，由于我国国情不同，当前要想全部照搬西方政府传媒规制，全部开放中国传媒领域并不现实。为了保证中国传媒业充分利用媒介全球化所带来的机遇，设立“媒介特区”很有必要。①“媒介特区”一方面为境外媒体进入中国大陆创造“缓冲区”，为我国传媒业参与国际竞争搭建实战演练广场，另一方面，也可以促进我国传媒市场规制机制的变革，以营造有利于中国传媒业快速、健康发展的良好市场环境。

① 邵培仁、颜伟：《媒介特区：中国参与媒介全球化竞争的“试验田”》，来源：《中国新闻传播评论》，2004 年 4 月 30 日下载于：http://www.people.com.cn/GB/14677/22100/28513/28514/1939544.html。

下篇

中国传媒市场实践研究（2005—2010）

第七章　2005年中国传媒市场发展报告

2005年中国传媒市场风起云涌，出现许多新动向。纵观传媒产业的经营和发展，真可谓“几家欢喜几家愁”——报业出现“拐点”，广告增长率大幅降低；广播媒体注重深层开发和内容的拓展创新；电视媒体呈现出两极分化趋势；以互联网、手机为代表的新媒体迅速成为广告投资新的热点；出版业步入调整期；跨媒体、跨行业经营规模不断扩大，跨地区办报则处于政策性的停滞状态；报业集团改革进入新阶段；面对纸质媒体利润渐薄的发展困境，各类媒体都在积极寻找多元开放的融资渠道；内容经营成为媒体竞争的重点；媒体注重品牌经营，培育核心竞争力。

面对纷繁复杂的媒介环境和不断出现的新问题、新动向，2005年的政府媒体规制呈现出一种“收紧”态势，强化传媒业管理、规范传媒市场主体行为和市场秩序成为工作重点，具体体现在：传媒市场开放步伐放缓；加强行业管理；继续盘整报刊行业资源；区别对待不同产业；网络媒体方面，加强内容监管以净化网络环境，安全监管以保障网络安全。通过对各方面的规范和整顿，以实现净化行业内部环境、优化传媒市场外部环境的目的。

新媒体的发展呈现出异彩纷呈的景观。网络媒体逐渐走入主流视野是2005年新媒体发展的一个显著标志，基于网络平台发展的博客成为2005年重要的热点，播客也走向流行。博客、播客、维基（WiKi）、聚合新闻（RSS）等新技术的登台，诠释着Web2.0时代的独特意义。手机媒体家族的手机报纸、手机电视、手机电影、手机文学、手机（无线）搜索、手机音乐，各种媒体类型的发展从不同角度演绎手机作为独立媒体的孕育过程；以数字电视、网络电视、移动电视为代表的电视媒体的新应用，继续得到国家产业政策支持和风险投资商的青睐。虽然各种新媒体均获得程度各异的发展，然而，因技术、市场、业务层面的不成熟而导致的发展瓶颈，则亟待学界、业界和管理部门各方共同破解。

第一节 传媒市场发展现状

一、平面媒体广告滑坡，报业出现“拐点”

中国报业从“暴利时代”走入“微利时代”。在经历近10年的高速增长后，报纸广告收入首次出现增长率大幅降低，一些城市的报业甚至出现负增长。媒体人士认为2005年也许就是一个拐点。

2004年，我国报业广告营业额为2307242万元，低于2003年2430113万元的水平，下跌5.06%，这是我国历史上报业广告出现的首次负增长。而此前十几年，报刊的广告收入平均增速高达20%以上。① 如图7-1所示。

2005年1至5月，全国报刊广告总额增长速度更是明显递减，报纸广告投放居全国前10位的城市，广告同比增长亦明显低于2004年的水平，其中广州、青岛、深圳均出现负增长。1月至8月，报纸媒体的广告额为440亿元，同比增长7.8%，是近5年来首次低于GDP平均增长速度。② 北京前8月仅增长4%，广州为-1.5%。中国人民大学传播媒介管理研究所对全国报社和报业集团抽样统计后的结果表明，报业集团今年上半年营业额大幅下降，广告实际收入大都下跌10%~30%，少数跌幅在40%以上，平均跌幅达到15%以上。曾有着骄人业绩的北青传媒，其年度中报显示上半年净利润仅有17万元人民币，而去年同期利润为6630.9万

① 范鲁彬编著：《中国广告30年全数据》，中国市场出版社2009年版，第38~40页；2008年数据来源于：中国工商行政管理年鉴编辑部：《中国工商行政管理年鉴2009》，中国工商出版社2010年版，第753页。

② 肖景辉：《报业，你的真正“敌手”是谁》，载《传媒》2005年第11期。

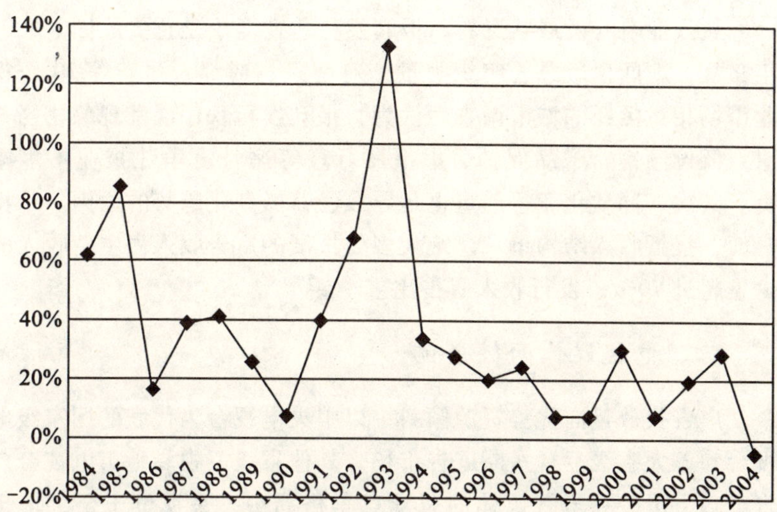

图 7-1　1984—2004 年我国报业广告营业额增长率

元，同比下降 99.7%；营业收入总计 3.683 亿元，较上年同期的 5.138 亿元下跌 28.32%。《南方体育》是南方报业集团旗下颇有名气的报纸，但由于经营不善，又逢今年报业寒流，不得不停刊。该媒体曾经试图寻找新的融资渠道，但过程并不顺利。

中国报业广告增长急剧下滑，主要受宏观调控、新兴媒体快速成长、报业收入规模已经较大等因素影响。国家对医疗医药广告的整顿、对房地产业的宏观调控，以及汽车、通讯等媒体广告支柱行业产值增长的放缓，这些广告大户对报业的广告投入急剧下降，成为报业增长放缓的重要原因之一。①《京华时报》总编辑吴海民指出："以网络为主力，以户外广告、移动电视、楼宇广告、城市广播、电梯广告等为侧翼的新媒体方阵迅速崛起，瓜分、蚕食了传统媒体的广告份额，对传统媒体构成了严峻的挑战。这才是传统媒体

① 肖景辉：《2005 中国报业：寒风中的徘徊与期待》，载《传媒》2005 年第 12 期。

广告大幅跳水的最深刻也是最根本的原因。”

从报业自身发展状况看，报刊发行恶性竞争是重要原因。2005年9月，新闻出版总署组织力量，对南京、成都、西安等10个报业市场相对活跃的城市调查后认为，报刊发行秩序混乱现象相当普遍。低价倾销、赠品促销、虚报发行量等恶性竞争让报业不堪重负。其次，同质化竞争严重也是导致经营微利化趋势的原因。千报一面，报纸收入结构单一，绝大多数报纸的广告收入占主营收入的比重超过70%，发行收入所占比重小。①

二、电视媒体两极分化

广告投放量向优势资源倾斜，以中央电视台为代表的国家级电视台和五大省级卫视垄断广告市场，其他省级卫视和地市电视台广告出现下滑。在电视媒体的激烈竞争格局中，央视位于金字塔顶端，省级卫视在中间，地方台和城市电视台构成塔的底端。现阶段广告收入是我国电视媒体的经济命脉，一般占全部经营收入90%以上，广告收入可以看作电视经营的晴雨表。

各级电视台的发展颇不均衡。据中国广告协会电视委员会统计，作为中国电视业的巨无霸，2004年央视广告收入80.03亿元，占27.4%的市场份额，远高于任何单家省级卫视。11月18日，2006年央视黄金资源广告招标会上，仅仅是中央一套的时段和资源就拍得58.69亿元。2004年省级卫视新增广告投放量中的60%集中在全国排名前五位的卫视台。2005年上半年，省级卫视总体刊例广告量（不计折扣）平均上涨12.6%，其中16家在平均线以上，而另14家处于明显下滑状态。2005年湖南卫视的广告收入超过6亿元。湖南广电集团给湖南卫视定下的指标是每年广告收入增长幅度不低于15%。据此粗算，湖南卫视2006年的广告收入指标为7亿元左右。与此形成鲜明对比的是，一些排名靠后的省级卫视

① 钱晓文：《2005年中国报业经营综述》，载《新闻记者》，中国新闻传播学评论网站，上网日期：2006-01-04。2006年2月2日下载于：http：//www.cjr.com.cn。

台全年广告收入只能达到几百上千万的水平，一些地方电视台广告收入甚至只有几十上百万元。①

不同层级的电视不仅在广告收入上两极分化，在播映资源上也同样如此。无论是电视剧资源的独家播出权、首播权争夺，还是大型赛事活动的转播权、承办权、海外引进剧的版权，处于弱势的电视台都不是央视和五大省级卫视的对手。份额竞争时代电视媒体间竞争实质就是资源战，要从对手手中分得一杯羹，就要占据独家资源，抢先占领市场。许多电视台纷纷加大对独家资源的掌控力度，都希望通过独播的方式来提升频道人气。

央视利用雄厚的实力，独家购进许多优秀的电视剧，如《人鱼小姐》、《加油，金顺》等韩国热播剧，使收视率大大提高，牢牢吸引了大批稳定观众。7 月 20 日在上海举行的“央视八套改版说明会”上，央视影视部主任汪国辉透露，2006 年央视将不惜高价购入高品质电视剧，买断其独播权。2006 年央视不再将优秀剧集二轮播放权卖给地方台，而仅此项购买独播剧的支出，央视将至少超支 2 亿元。② 但是，回报却更为惊人。随着《汉武大帝》、《大宋提刑官》等大戏连续播出，2005 年央视一套的“黄金剧场”收视份额增长两成以上。11 月底，央视出售 2006 年“电视剧特约剧场”全年冠名权，收入达 1.88 亿元。

央视在娱乐内容领域的作为引起省级卫视的跟进。湖南卫视花费约 800 万元买下《大长今》内地独家播映权和内地市场音像发行权，而创维得到独家冠名权，费用为 660 万元，湖南卫视仅此项基本收回购买独家播出权的成本。另一方面，《大长今》其他插片广告的收益在 3000 万元左右。2005 年底，浙江卫视独家买断《雪

① 谢耘耕：《2005 中国电视媒体竞争报告》，来源：《人民网》，上网日期：2005-12-26。2006 年 2 月 1 日下载于：http：//media. people. com. cn/GB/22100/44169/44170/3974961. html。

② 滕晓萌：《“松”民资“紧”外资 中国文化产业布局意图初现》，来源：《21 世纪经济报道》，上网时间：2005-08-10。2005 年 8 月 5 日下载于：http：//biz. 163. com/05/0810/16/1QQD629T00020QEQ. html。

山飞狐》等7部连续剧，并以总价3400万元购得即将开拍的《雪山飞狐》首家播映权。浙江卫视还推出“4+1”联合购片模式，即联合三家卫视及上海文广一起购买电视剧，使5台同时拥有全国首播权，以加强竞争实力。①

央视和省台垄断独播资源，实力不断增强，而处于金字塔底端的许多地方卫视频道生存和发展渐小。大量观众流失，收视率大幅萎缩，地方电视频道的生存出现危机，不利于节目的多样化发展和各种电视节目的公平竞争。目前，各电视台同质化现象严重。袁方认为随着央视的不断壮大，会进一步挤压省级市场；但省级卫视有“出海口”，无论是资金还是资源都胜过城市电视台。② 因此，在反复挤压过程中，会对城市电视台造成大面积杀伤。

三、新媒体成为广告投资热点

2005年是新媒体广告收入的丰收年。中国互联网络信息中心的调查显示，截至2005年6月30日，我国上网用户总数突破1亿，其中宽带上网用户首次超过网民总数的一半。目前，我国网民数和宽带上网人数仅次于美国。据第三方媒体网络广告监测机构——艾瑞市场咨询（iResearch）的研究显示，2007年我国搜索引擎市场规模将达33亿多元。由于具有巨大潜力的市场空间，各大广告商纷纷跟进。艾瑞咨询的调查表明2005年第三季度，在房产广告的强势拉动下，网络广告收入达到27亿元的历史新高。华尔街的摩根士丹利全球互联网分析师玛丽·米可克公布的数据表明，在线广告排名前两位的新浪与搜狐占55%的市场份额。据新浪第二季度财报，其广告收入为1700万美元，比去年同期增长

---

① 谢耘耕：《2005中国电视媒体竞争报告》，来源：《人民网》，上网日期：2005-12-26。2006年2月2日下载于：http：//media. people. com. cn/GB/22100/44169/44170/3974961. html。

② 吴悦、赵正、洪宇：《2006电视媒体的“竞象”城市电视台面临洗牌》，来源：《中国经营报》，上网时间：2005-11-25。2005年11月5日下载于：http：//bbs. jxnews. com. cn/thread-89336-1-1. html。

27%，尤与众多报纸房地产广告锐减形成对比的是，网络房地产广告同比增幅达26.9%。① 艾瑞咨询的统计数据也显示，今年第三季度房地产网络广告投放金额达到1.16亿元，较第二季度大幅增长26.1%。搜房网副总裁代建功说："搜房华东地区的广告收入，相比去年增长2.5倍。很多客户将搜房当作最重要的合作媒体。"

2005年国内最大的搜索引擎百度在纳斯达克上市，股价暴涨三倍多，远远超越美国搜索引擎GOOGLE创下的财富神话。一年以来数十亿美元的资本流向中国互联网，这对于从前备受投资者关注的报刊业来说是一个神话般的数字。2月19日，盛大互动娱乐有限公司通过二级市场成功收购新浪19.5%的股权，成为新浪最大股东。百事可乐选择游戏网站作为广告的首发媒体，并与盛大网络合作力推网络游戏《梦幻国度》。可口可乐也不约而同地携手"第九城市"，在中国跨领域推广《魔兽世界》，并推出以游戏为背景和题材的最新版本的电视广告。这一切表明网络游戏广告正在成为业界新宠。

如果说互联网已是新兴媒体中的"老"媒体，那么户外广告、移动电视、楼宇广告、城市广播、电梯广告是"新生代"。大众传播逐渐走向"广众传播"和"分众传播"，"广众"是通过网络争取更大受众覆盖面，"分众"则瞄准目标群体，细分市场。商业楼宇广告即采用分众传播策略，定位高学历、高收入、高消费的白领阶层。分众传媒、聚众传媒成为引领这种全新运作模式的佼佼者。自2002年底在上海装上第一块液晶屏，分众至今已覆盖全国44个城市，拥有1.7万个液晶屏，2004年营业额超过3亿元。2005年3月开始分众又在楼宇和卖场领域大规模扩张，目前覆盖面已达全国54个城市，安装液晶屏数量已增至3.5万台。7月13日，分众传媒在美国上市，创造了中国企业在美国纳斯达克上市最大融资额，成为海外上市的中国纯广告传媒第一股，并以1.72亿美元的募资

① 查国伟：《2005中国互联网枝头春意闹》，载《传媒》2005年第12期。

额创造 IPO 纪录。另外，聚众的网络称已覆盖全国 45 个城市，拥有 1.7 万个液晶屏，日覆盖人群超过 2500 万人次，月销售额 2300 万～2500 万元。① 凭借每年 240% 的高速增长，它被《中国企业家》评为“2005 年度最具成长性的新兴企业”。

四、广播媒体的深层开发与内容拓展创新

《2005 中国广播收听年鉴》显示，广播的人口综合覆盖率为 94.1%，全国 30% 的家庭拥有收音机，其中城市家庭为 48%，农村家庭为 24%，其余 70% 的家庭（52% 的城市家庭，76% 的农村家庭）没有收听设备。东北、华北、华东三个地区的收听设备拥有率达到平均每户一台，其他地区则达不到这个水平。2005 年，中国广播在优势的深层开发与内容拓展创新方面值得一提。

其一，广播报道互动式拓展。“中国之声”（中央人民广播电台新闻频道）的改革体现了国家电台主流新闻频率的定位要求，提出“全面广播化”模式，即全天 50 档新闻节目构成基本框架，及时报道解读新闻事件。尤其引人注目的是其听众参与的互动式报道。互动式报道是“以直播为通道、连线为纽带、以听众热线电话手机短信为平台，在互动交流中展现事实的新闻价值”②。“其实质是以听众参与为核心的即时播报、即时加工、即时传播的新闻呈现的整合模式。”③ 20 世纪 80 年代中期以来，中国广播已经出现听众参与式节目。进入社会转型期，广播利用其即时反馈优势，进行舆论监督，构建了受众、媒介、政府间的沟通平台——广播热线理政类节目，如河北电台的“阳光热线”，河南电台的“政府在线”。2005 年 3 月 1 日，北京人民广播电台推出新频率——北京城

① 本节部分数据来自师琰：《新媒体双雄上市赛跑：分众还是聚众》，载《21 世纪经济报道》2005 年 6 月 30 日第 12 版。

② 王声聘：《互动新闻：广播新闻改革的新突破》，载《中国广播电视学刊》2005 年第 7 期。

③ 曹璐、王晓辉：《广播优势的深层开发与内容拓展创新》，载《中国广播电视学刊》2006 年第 1 期。

市管理广播，成为全国第一家以城市管理为宗旨和主要内容的专业频率。

其二，广播对农村农民服务的意识出现新转机。国家广电总局将2005年定为“对农服务年”，提出将“村村通”作为广播电视为“三农”服务的重中之重。截至2005年底，全国已开通包括陕西、山西、江西、山东、河南以及南宁等城市电台在内的对农频率十套。2005年中国广播“走出去工程”取得丰硕成果，频率境外落地覆盖范围不断扩大，手段和途径不断拓展，效果不断增强。其中，中国国际广播电台完成12个境外落地项目，增加瑞典语、印地语、乌尔都语、泰米尔语和菲律宾语等5种语言，每天新增境外落地节目148.5小时。2005年，国际台境外落地播出语种已达34个（29种外语、汉语普通话和4种汉语方言），每天境外落地节目时数达347.5小时。①

其三，广播在媒体间和媒体内的联合亦可圈可点。3月广东电台与广西梧州电台签署跨省合办频率的框架协议，广东电台向梧州电台投资200万元，除新闻类节目自办外，梧州电台其他所有节目、广告及所有创收都将委托广东电台经营，开始实践“泛珠广播网”的构想。② 5月18日，全国82家城市电台的代表在人民大会堂签署《中国城市广播联盟章程》，将各个合作台的节目、人才、资金进行整合，更好利用各种有效资源。6月，辽宁人民广播电台大连分台获广电总局批准以FM90.6的频率，向大连地区播出辽宁电台的第八套节目。10月19日，全国第一家广播分台辽宁电台大连分台开播。

其次，新技术应用和推广是2005年广播业的一个亮点。国家广电总局计划在北京举办2008年奥运会之前，实现经济发达地区主要干线高速公路数字广播的覆盖。4月18日北京电台数字广播

---

① 臧具林：《“走出去工程”的新步伐》，载《中国广播电视学刊》2006年第1期。

② 孙正一、柳婷婷：《2005：中国新闻业回望》，载《新闻记者》2005年第12期。

节目开始试播。上海东方明珠公司正在启动无线数字多媒体（DMB）播出，计划以后要加载广播信号。9月，中央人民广播电台的手机广播正式开播。2005年，一个名为“中国数字音频/多媒体产业联盟”的组织在广电总局的推动之下开始筹备，已有北京、广东、天津、上海、郑州的多家电台成为该联盟的成员。

五、出版业进入调整期

2005年，出版界的市场化进程进一步推进，内在商业规律推动业界不断变革。“寒意”是2005年出版业的现状素描——出版社流动资金枯竭、书店营业额普遍下降、图书产品滞销、库房大量积货，这是出版业“市场成长进程中经营本质的转变”①。图书销售的热点仍是文学类、经营管理类、实用类、教辅类、少儿类，此前的销售热点IT类书籍呈平缓势头。中国书业销售量的70%～80%靠教材、教辅支撑。即使在媒体改革轰轰烈烈的今天，国内很多出版社还没有实现市场化，仍靠教材教辅为生。不可否认，国有出版业目前还是图书行业的主导，全年的大规模重组使资源集中，但如何利用好这些资源，仍是国有出版业需要考虑的难题。

2005年，民营出版业出现震荡。3月底，位于北京五道口附近的春秋书店悄然关门；7月25日，著名的上海思考乐书店委身南京大众书局；8月底，北京百荣书店无声歇业……民营书店的悲剧，同样也是出版社的悲剧，警示其寻找更好的发行渠道和发行公司。另一方面，民营出版业也有前进的步伐。1月16日，经中国书刊发行业协会非国有专业工作委员会批准，“全国民营社科文艺图书发行联合体”在北京正式挂牌，成为第一家正式挂靠在“中国书刊发行业协会非国有专业工作委员会”的民营书店联合体。经新闻出版总署和商务部批准，广东联合图书有限公司成立，该公司是香港联合出版集团全资拥有的附属机构，经营范围包括内地版

① 开雅：《2005，书业调整期》，载《出版参考》2006年第1期下旬刊。

图书、报纸、期刊、电子出版物的批发、零售（含网上）业务。10月，中国书刊发行业协会非国有专业工作委员会组织书业考察团一行15人赴德国法兰克福考察德国图书流通业。针对2005年中国出版业的态势，有评论人士认为："目前整个中国书业的大环境正处在'三江口'，国营书业应该进行大刀阔斧的改革，精简机构，妥善安置富余人员，提高个体效率，以效益为标准，打破垄断，谋求更广泛的新的发展之路；而民营书业应该在国家扶持发展和放开政策的大好形势中，优化内部环境，提升企业品牌，由家族式向现代化、公司化发展，从经营思想、管理手段和企业文化等方面改变、完善自己。"①

第二节 传媒市场走势分析

一、跨媒体、跨行业经营蓬勃发展

2005年，跨媒体和跨行业经营蓬勃发展，正在逐步演变成为跨媒体娱乐平台，值得关注。报纸、广播、电视传统媒体已尝试与网络、手机媒体融合，形成"报纸+卫星电视+影视制作+互联网+手机流媒体"的跨媒体经营格局。2004年末，上海文广新闻传媒集团、广州日报报业集团和北京青年报社联手打造全国性财经商业日报《第一财经日报》。借助该报，上海文广新闻传媒集团下属第一财经传媒有限公司完成跨媒体平台搭建计划，几年工夫已整合成一个拥有12个电视频道、11个广播频道、1家互联网媒体、6支运动队和文艺团体的多媒体集团。2005年1月1日，上海移动和文广传媒签订战略合作协议，联手启动手机电视业务、手机影视、手机广播，正演绎着流媒体的手机新开局。2005年，国内不少省会城市都出现了平面媒体与当地电信运营商合作的手机报纸。

① 毛文凤：《2005发行渠道局部国进民退》，载《出版参考》2006年第1期上旬刊。

涉足其他行业，广泛投资经营，成为实力雄厚的媒体集团的选择。北青传媒、文新集团、解放报业集团进入影视领域；杭州日报参股杭州数字电视产业园；天津日报集团下属的“每日新”传媒公司参与创建报业发行管理软件公司；重庆日报集团介入游戏产业；河南日报集团涉足体育产业；海南、湖南日报集团涉足酒店度假领域。此外，银行、证券业、房地产、医药、保险、石油、化工等行业也有传媒集团涉及。多元化投资固然可以为报业集团带来更多的利润增长点，但其中的风险也值得警惕。① 媒介跨行业发展的实质是企图使分散的注意力资源得到整合，形成以注意力资源为纽带的产业链条。

二、报业集团改革进入新阶段

媒体间结成战略联盟是为了抱团取暖“过冬”。当前，报业市场竞争激烈，党报发展面临挑战，区域性媒体间结盟在全国已成趋势。2005 年 10 月，东北副省级城市党报集团联盟正式成立。该媒体联盟包括四大报业集团所属的 21 报 8 刊，联盟将以多边合作形式推进集团各项事业，特别是报业经营领域的合作。

10 月 27 日，羊城晚报报业集团与南方广播影视传媒集团签署全面合作框架协议，宣布“建立紧密的战略伙伴关系”。在新闻宣传方面，双方准备建立共同的采编信息网络交换平台，联合策划重大报道。广告方面，将联合举办大型客户推广活动和广告套餐整合营销。

每个市场都有一个成长期和整合期，报业市场也不例外。告别成长期的中国报业已进入整合期，报业发展面临转型与整合的挑战，未来中国报业市场的竞争将更加激烈。目前我国报业经营水平整体比较低，经营管理粗放，报业经营方式从粗放型向集约型转变，从“跑马圈地”到“精耕细作”是必然趋势。国家新闻出版

---

① 《2005 报业拐点与阵痛：数字化时代的报纸生存》，来源：《成都商报》，上网时间：2005-10-09。2006 年 1 月 2 日下载于：http：//www.donews.com/Content/200509/4ff710563ece4f69b3a11ee774112136.shtm。

总署发布的《中国报业年度发展报告（2005）》提出，调整是2005年我国报业发展的基本主题，是改革进程的必经阶段，今后3～5年是传统报业朝着面向未来的新型报业变革的过渡阶段，是中国报业发展至关重要的战略机遇期。

39家报业集团是报业主导力量。进入文化体制改革试点阶段后，以市场而非行政的手段推进集团化建设，将成为集团化建设新阶段的特点。具有品牌竞争力的行业专业报纸也在积极探索专业化媒体集团的发展道路，地方报社自发的集团化建设正方兴未艾。广东省佛山市决定把“佛山日报传媒集团”更名为“佛山传媒集团”，将佛山电台、佛山电视台并入佛山传媒集团，建立平面媒体与广播电视媒体一体化的传媒平台。“佛山日报传媒集团有限公司”更名注册为“佛山珠江传媒集团有限公司”，下辖佛山报业发展有限公司、佛山广播电视有限公司和佛山珠江传媒网络有限公司。面对报业利润渐薄的发展困境，越来越多的报业集团表露出对资本运作的兴趣。上市融资早被包括广州日报在内的众多报业集团列入计划。而随着4月18日国内首家整体实行股份制的新闻机构——中国保险报业股份有限公司的揭牌，社会资本进入报业的渠道也更为通畅。9月成立的“中科招商文化产业基金”也将媒体列为投资重点。无论上市还是改制，资本的介入有望为国内报业集团的市场化运作带来新的动力，提升经营水平与新闻产品质量，带动收入继续提升。

三、积极探索多元化融资渠道

面对纸媒利润渐薄的发展困境，各类媒体都在积极寻找新的融资渠道。政策的规定为投资多元化铺平了道路。非公有资本将成为传媒产业的重要融资来源。8月8日新华社全文播发《国务院关于非公有资本进入文化产业的若干决定》，规定非公有资本可投资参股出版物的印刷、发行，广播电台和电视台的音乐、科技、体育、娱乐方面的节目制作，电影制作发行放映等国有文化企业；还可以建设和经营有线电视接入网，参与有线电视接收端数字化改造，但其中国有资本必须控股51%以上。另外按照规定，对于文艺表演团体、演出场所等国有文化单位改制，非公有资本可以控股。《决定》同时还规定“非公有制文化企业在项目审批、资质认定、融资等方面与国有文化企业享受同等待遇”①。

据《中国报业年度发展报告（2005）》分析，开展改革试点工作两年来，列入中央试点单位的8家报纸出版单位，按照中宣部和新闻出版总署批准的改革方案要求，以体制和机制创新为重点，积极探索建立健全党委领导和法人治理结构相结合的领导体制、完善宣传业务与经营业务两分开的管理体制的实现途径，不断创新运行机制，积极培育和重塑新型市场主体；明晰产权、以资产为纽带建立现代企业制度；开辟安全的融资渠道取得突破。融资渠道主要有以下几种：

1. 引进民营资本。国家统计局资料显示，2005年，国内大大小小的民营影视公司超过2000家，民营影视企业和其他社会力量投资电影的比例已达1/3，投资电视剧创作占据的资金高达80%。② 广东电视台的数字电视频道在引进民营资本方面的道路上拔得头筹。2005年8月，广东电视台旗下的《高尔夫频道》、《欧洲足球》、《英语辅导》三个频道都分别有民营资本注入，并按广电总局规定成立了注册资本金1500万元的公司。

2. 整体转制。初步探索整体转制模式。2004年7月，新闻出版总署批准新华社所属中国证券报社整体转制为国有独资企业，批准保险公司所属的中国保险报社进行股份制改造。此外，中国计算机报社、机电商报社等科技类报纸出版单位的整体转制方案正在审核之中。

3. 媒体上市。2004年12月，北京青年报社控股的北青传媒股份有限公司成功在香港上市，成为首家境外直接上市的中国内地传

---

① 滕晓萌：《“松”民资“紧”外资 中国文化产业布局意图初现》，来源：《21世纪经济报道》，上网时间：2005-08-10。2005年8月5日下载于：http：//biz. 163. com/05/0810/16/1QQD629T00020QEQ. html。

② 甄荣军：《境外资本逼宫影视传媒 国有传媒积极应对》，《互联网周刊》2005-04-28。

媒企业，深圳报业集团、今晚报社、中国证券报社、电脑报社等单位也都制定了上市融资计划，争取在政策时机成熟时进军资本市场。2005 年国内最大的搜索引擎百度在纳斯达克上市，股价暴涨三倍多。如果说北青报是“中国报业第一股”，那么山东视网联成为“广电核心产业第一股”已成定局。山东视网联媒介发展有限公司曾表示，上市辅导期已基本结束，正申请在国内 A 股市场公开发行股票。这将是第一家获得国家广电总局批准在国内上市的电视频道运营商，其上市之旅有望在明年迈出更大步伐。

4. 中外合资。2004 年 11 月 29 日，国家广电总局和商务部共同颁布《中外合资、合作广播电视节目制作经营企业管理暂行规定》(第 44 号令)，降低外资准入门槛，规定外资媒体公司可入股国内广播电视节目制作经营企业，但中方投资人持股比例不应少于 51%。合营企业可以制作专题、专栏、综艺、动画片等广播电视节目，但不得制作时政新闻和同类的专题、专栏节目。2005 年，默多克旗下的新闻集团及其他外资传媒巨头明显加大进军中国传媒业的步伐。2005 年 2 月 3 日，香港上市公司友利控股有限公司宣布，以 5.5 亿港元代价换取保利华亿的五成股权，希望借此涉足中国影视制作和电视频道业务；5 月 26 日北青网成为 MSN 的合作伙伴，当日开通的“MSN 中国”网站资讯与娱乐频道的全部内容为北青网所提供。

然而，中央政府的态度并不是全面开放，而是采取谨慎态度，积极稳妥引进外资。《关于文化领域引进外资的若干意见》要求严格审查外资管理，对外资可以进入的文化产业和禁区做出明确规定，被允许的行业包括报刊分销行业、影院建设。《意见》还对引进外资的审批、投资方的资质提出明确要求，强调要按照我国加入世贸组织承诺做好引进外资工作，建立健全市场退出机制，从严发放许可证。①

---

① 滕晓萌:《“松”民资“紧”外资　中国文化产业布局意图初现》，来源：《21 世纪经济报道》，上网时间：2005-08-10。2005 年 8 月 5 日下载于：http：//biz. 163. com/05/0810/16/1QQD629T00020QEQ. html。

四、内容经营成为媒介竞争的重点

内容经营是2005年媒介竞争的重点。在行业内部，媒体竞争的重点由“渠道为王”转为“内容为王”。整合报道资源、调整报道结构、改进报道质量，成为媒体的当务之急。随着传媒产业的发展，特别是传媒管理体制的调整和传播技术的革命性进步，传播市场的渠道资源以不可遏制的方式释放出来，信息传播渠道的数量、规模、品种质量都有爆发式增长。内容生产和内容掌控，成为目前中国传媒业竞争的制高点之一。

2005年3月29日，《新京报》全面改版升级，调整报道结构，优化资源配置。首先是进行扩版。每周增加16个版，加大时事新闻比重，扩大信息量。第二，加强言论深度。周末增加时事评论专栏版，邀请名家、专家解读天下大事。第三，增强贴近性。调整经济新闻的行业周刊，增加服务性、贴近性、互动性；电视节目的预告由每周改为每天登载。第四，增强可读性。体育新闻，体育味更浓：推出图片新闻“目击”版，加快阅读节奏；调整版式结构，体现厚报时代的轻松阅读。

《中国经营者》是由第一财经传媒有限公司和CNBC合作的电视访谈节目。一年来它已成为中国第一档亮相美国主流财经媒体的中文访谈节目，成功之道主要体现在“精准定位”。这档节目在CNBC的亚太频道和世界频道播出时采用中文原版配英文字幕的形式，特色鲜明，负责人方宏进把它概括为“说中国企业的事，用中文来说，由中国人制作”。①

央视2005年实施了一场“翻天覆地”的改革：调整内容、优化资源、增强核心竞争力。上半年以来，《中央电视台频道制改革方案》、《中央电视台频道考查评估方案》、《中央电视台经营业绩考评工作管理办法》相继出台，这些方案颠覆了央视原有的结构

① 陈雪频：《财经访谈节目〈中国经营者〉如何经营自己?》，来源：《第一财经日报》，上网日期：2005-05-30。2006年2月2日下载于：www.xinhuanet.com。

体系，内部称这次改革为“脱胎换骨的重生”。主要内容包括：第一，频道制取代中心制。原来以中心为主的管理制度将被16个频道的直接管理所取代，“中心—部门—科组—栏目”的四级体制将变为“频道—栏目”的二级体制，频道直接实行总监负责制。第二，电视剧独家播出。电视剧频道此番改革的重点之一是独家购买国内外最好的电视剧资源，将版权一次性买断，在央视各频道间轮流播放，形成央视播出的电视剧都是独家格局，一改以往全国多家电视台同播一部电视剧的局面。第三，创收成为淘汰“硬指标”。《中央电视台频道考查评估方案》已初步拟定并试运行。央视十套科教频道的《大家》栏目在9月13日取代《实话实说》入主央视一套综合频道的晚间黄金档，已有9年历史的《实话实说》改在新闻频道播出。

五、注重品牌经营，培育核心竞争力

市场意味着竞争，开放、独立的市场才能造就竞争力，具有核心竞争力的市场主体才能成为市场领导者。传媒的核心竞争力是影响2005年传媒市场发展的核心话题。品牌是重要的无形资本。它是一个综合性概念，不能仅以收视率标准来评定，还需考察权威性、可信度、满意度、广告环境、服务质量等非量化指标，是长时间在观众心目中形成的一个全方位概念。媒体品牌标志着一种超越时空的品位和文化，媒体的总体形象实际上是社会公众对于媒体的综合、系统的评判。

在传媒业，无形资本经营比有形资本经营具有更大的运营空间。一些国际知名传媒业的无形资产大于甚至几倍于其有形资产。迪斯尼品牌的价值为325.91亿美元，占其市值的54%。① 在世界品牌大会发布的2005年度《中国500最具价值品牌》榜单中，共有38个传媒行业机构的45个品牌入选，占总品牌数的9%，成为仅次于食品饮料的第二大上榜行业。中央电视台、凤凰卫视、上海

① 谢耘耕：《传媒无形资本运营探析》，载《新闻界》2005年第2期。

文广分别以619.7亿元、231.7亿元、189.8亿元的品牌价值占据传媒分榜的前三名。《参考消息》以50.9亿元再次保住在平面媒体中的至高地位，《人民日报》为48亿元。深圳报业集团依靠旗下的《深圳特区报》和《深圳商报》，以68亿元占据上榜16家报业集团之首。①

打造媒体品牌首先要找准媒体品牌定位。媒体品牌的定位就是寻找传媒市场中的目标受众，根据自身条件，确定媒体品牌的最佳市场位置，树立节目在观众心目中的独特地位。凤凰资讯台、央视一套《实话实说》及湖南卫视《快乐大本营》是节目品牌经营的典范。袁方认为每个电视台都有不同的发展阶段，无论哪个电视台都要经过内部资源的布局结构、平台搭建、发展品牌三个阶段，跳过其中任何一个环节，品牌对于电视台来说都毫无意义。其次，要打造精品节目。媒体要在激烈竞争中形成强势品牌，必须做出响当当的名牌节目。没有特色、没有品位和质量的节目永远不可能成为精品。近两年来，湖南卫视的“快乐中国”、广西卫视的“时尚中国”、江苏卫视的“情感频道”、安徽卫视的“电视剧大台”已在观众心中形成独具特色的品牌形象。

本年南方都市报提出推广语“品牌决定价值”。南都提出一个品牌与价值之间的公式：有形资产的品牌次方等于价值，次方越大产生的价值越大。作为一个传媒品牌，特别是一个报业品牌，应从采编、广告、发行、企划推广四个方面提升报纸品牌。新闻产品是一个传媒品牌的核心，传媒的一切经营和发展都基于这个基础，该报首先提出自己的新闻核心价值观——“承认有不可以讲的真话，但绝对不可以讲假话，承认有不可以报道的新闻，但绝对不能报假新闻”。基于这样的新闻价值观，该报执著于产品的生产。在不断挖掘新闻的同时，该报还非常注意变成一个言论观点的汇集地，打造言论品牌。在广告发行方面，该报采取由点及线、由线及面的发展战略，通过会展、美丽经济、行业论坛、打造华语传媒系列大奖

① 《传媒经济参考》2005年第22期。

几方面整合报纸品牌。品牌的打造让南方都市报各方面的价值得到极大提升。1997年创刊时报纸仅发行几万份，2005年达100多万份，发行量以几十倍增长。①

"快乐中国，湖南卫视"是目前中国电视版图上定位成功的媒介娱乐品牌之一。该卫视紧紧围绕"快乐中国"的品牌定位，创新一系列的娱乐节目及媒介活动运作：2005年始终围绕《超级女声》市场推广主线，买断热播剧《大长今》，打造《闪亮新主播》。"快乐中国，湖南卫视"的娱乐品牌，诠释着青春、靓丽、时尚的品牌内涵。面临《超级女声》，央视的同类真人秀节目如《梦想中国》等相对黯然失色。2005年11月18日，在湖南卫视北京2006年广告招商会上，《梦想中国》的冠名商青岛啤酒与湖南卫视签署了未来三年的战略合作协议。

第三节　传媒市场规制办法与措施

一、传媒市场开放步伐放缓

近年来我国传媒市场对外开放明显提速，无论是美国派威科技公司的数字化电视技术引进中国、《文汇百花周刊》等海外杂志获准内地发行、TOM入主华娱电视，还是书报出版物分销市场向外国资本、港澳资本、民营资本开放，还是广播电视节目生产市场向境外资本和民营资本开放等，② 明显体现了这种态势。但是，也出现一些问题。由于前些年投融资领域对外放开步伐较快，有些已突

① 王春芙：《传媒品牌与价值实现分析》，来源：人民网，上网日期：2005-04-22。2006年2月2日下载于：http：//media. people. com. cn。

② 罗以澄、吕尚彬、胡新桥：《盘整资源与激情释放——2003—2004年中国媒介市场白描》，《中国媒体发展研究报告》2003—2004年卷，武汉出版社2005年版，第1页。

破我国加入世贸组织的承诺和有关规定。① 对此，从2005年8月3日至8日，新华社先后授权播发3份与文化领域有关的政策性文件——中宣部等六部门联合发出的《关于加强文化产品进口管理的办法》(以下简称《办法》)、文化部等五部委联合发出的《关于文化领域引进外资的若干意见》(以下简称《意见》)以及《国务院关于非公有资本进入文化产业的若干决定》(以下简称《决定》)。这3份文件或者由国务院发布，或者由多部门联合发布，规格超出以往。

(一) 内外有别

《决定》明确指出，“非公有制文化企业在项目审批、资质认定、融资等方面与国有文化企业享受同等待遇”。这是我国首次从政策层面上给予非公有制经济在文化领域合法的市场主体地位。与此同时，《决定》也对非公有资本进入文化产业，明确提出“鼓励与支持”、“允许、可以”和“禁止”三个层次，以进行规范和引导。与《决定》不同，《意见》只对外资进入文化产业明确了“允许”和“禁止”两个事项；《办法》则从总体上对如何加强文化产品进口管理提出了要求。比如，对进口文化产品实行准入证制度，对其进行总量控制，加强对进口产品的内容审查。《办法》、《意见》两份涉外文件主要针对某些外资机构通过多种方式变相进入未经允许的文化领域，突破了WTO承诺等问题，体现了加强监管的精神。

(二) 为弱质产业发展争取时间、空间

《办法》、《意见》在限制文化产品的进口的同时，对非公有资本进入文化产业的鼓励，体现了保障国家文化安全的精神，因为只有“做大了产业才能安全”。和发达国家相比，我国的文化产业是一个发展程度不够高的弱质型产业，产业本身不够强，适应产业发

---

① 庞春燕：《2005中国广电业：在传统和颠覆中行走》，载《传媒》2005年第12期。

展的政策还不够完善，体制上也不能够很好地适应。在这些问题解决之前，如开放速度过快，可能对我国文化产业的发展形成不利影响。在限制外国文化产品进口的同时，鼓励本国文化产业发展，这是一套系统的政策。此次三个文件的出台，将为我国文化产业的发展争取一个好的发展空间和环境。

二、加强行业管理

加强行业管理是2005年传媒业关键词之一。无论是对广电频道管理、节目和广告播出、播音员主持人行为等规范更加详尽和严格，出台新的规章加强对记者证、报社记者站的管理，规范行业评奖，还是开展治理虚假广告、虚假新闻的专项活动以恢复媒体权威和公信力，都体现出这一点。

（一）加强广电频道管理

加强对广播电视频道的管理，事关党对媒体核心资源的控制，事关我国意识形态的安全，但是近年来，一些广播电台、电视台出现变相出租、转让广播电视频道、频率和时段、栏目（以下统称频道）现象，导致宣传编辑权和经营控制力的削弱，影响广播电视宣传安全和运行秩序。2005年8月4日，广电总局发布《关于进一步加强广播电视频道管理的通知》，再次强调非公有资本、外资及外资背景资本不得以任何方式投资经营广播电视频道，不得通过经营活动变相进入广播电视频道及宣传编辑业务；广播电视广告代理企业不得同时向播出机构提供与所代理经营的广告时段相关的广播电视节目，不得以任何方式参与、影响广播电视宣传编辑业务；广播电台、电视台必须要完全掌控频道定位、栏目设置、组织编排、审查播出等宣传编辑权和广告定价、时段安排、审查发布等经营决策权；对参与频道合作经营的非公有资本、外资及外资背景资本，要中止合同，妥善处理善后工作；对违规经营和通过节目、广告代理经营等方式变相进入宣传编辑业务领域的，要整改规范；尚未签订合同协议的，要一律停止。同时广电总局还发文对卫星广播电视节目频道、有线数字付费频道管理进行规范。

（二）规范广电节目、广告播出

节目播出方面，广电总局发布《关于加强电视节目字幕播出管理的通知》、《关于进一步加强电视播出机构台标、频道标识和呼号管理的通知》、《关于进一步加强电话和手机短信参与的有奖竞猜类广播电视节目管理的通知》、《关于切实做好广播电视现场直播报道管理的通知》对电视节目的播出细节进行规范。其中，《关于进一步加强电话和手机短信参与的有奖竞猜类广播电视节目管理的通知》对2004年9月发布的《关于切实加强手机参与和有奖竞猜类广播电视节目管理的紧急通知》进一步补充和规定，以优化播出秩序，净化荧屏声频。

广告播出方面，短信和声讯服务广告、虚假违法广告、“挂角广告”和游动字幕广告成为整顿的重点。尽管广电总局在17号令第十二条中明确指出“广播电视广告应当尊重科学，不得含有宣扬迷信、伪科学的内容”，但在这类广告低成本、高利润的诱惑下，不少短信公司依然制作此类广告，不少电台、电视台也没有停止播出。对此广电总局下发《关于进一步加强对短信和声讯服务广告播出管理的通知》，全面叫停违规短信和声讯服务广告。通知出台后，包括央视、广州电视台、新浪网等在内的各播出、刊发机构给予积极回应。

（三）加强对从业人员管理

新闻从业人员的素质和行为直接决定着新闻界的形象，所以，对新闻从业人员的管理历来是政府规制的重要内容。

1. 规范新闻采编人员职业道德。社会转型期，我国新闻界在各方面显现出职业意识和职业规范的缺乏，违背职业道德乃至违法的事件较多，引起社会对传媒的特别关注。中国人民大学新闻学院研究人员分别在1997年、2003年对全国新闻从业人员进行职业道德意识调查，结果发现，六年来我国新闻从业人员的职业道德意识没有任何进步。作者认为职业意识与职业规范的缺失已成为阻碍新闻业健康发展的瓶颈。由于传媒缺乏有效的自律机制，《关于新闻采编人员从业管理的规定（试行）》的出台显得非常及时和必要。《规定》首次以明文规定的形式提出“实名制”和“回避制”。陈力丹、孟祥晨分析“实名制”有利于作者对自己的文章负责，提高作品的质量和可信性，改进新闻报道的传播效果，但是对“实名制”将会引发的一系列问题要具体对待，特别是从事批评报道的记者，如果他们遭受太多的挫折和伤害，勇气和信心难免日渐消磨，不利于媒体公信力的打造和媒体的健康发展。“回避制”的难点在于如何执行，如“采访对象属于素有往来的朋友、同乡、同学、同事等关系”要回避，“素有往来”难以界定。① 可见，新闻从业者职业道德的规范还需继续加强、深入探索。

2. 遏制广电播音员主持人行为低俗化。曾有媒体报道，近两年内地主持人用语一直存在港台化倾向问题，且大有泛滥之势，甚至原本以大气儒雅自居的中央电视台主持人现在也有发嗲趋势。2005年6月24日，国家广电总局副局长胡占凡批评了国内电视娱乐节目主持人中存在三种不良倾向：导向把握上存在的问题主要是主持人政治水平、个人素质和觉悟不够造成的；节目品位上的问题表现为在节目中打情骂俏、揭隐私；在表现形式上，不少主持人存在着自我膨胀的倾向，把握不住自己，把荧屏当作表现自己的工具。2005年9月13日，广电总局下发《中国广播电视播音员主持人自律公约》(以下称为《公约》)，规定“除特殊需要外，（主持人）一律使用普通话，不模仿港台腔及其表达方式”。主持人随意夹带外语、用方言播报的现象也在明令禁止的范畴之内，“不模仿地域音及其表达方式，不使用对规范语言有损害的口音、语调、粗俗语言、俚语、行话，不在普通话中夹杂不必要的外语”。《公约》还要求主持人外形上要有所禁忌，如服饰、发型、化妆、声音、举止要与节目（栏目）定位相协调，大方得体，拒绝媚俗。《公约》对主持人作为公众人物接拍广告的导向性也做出明确规范。《公

① 陈力丹、孟祥晨：《传媒应有更多的自律——对〈关于新闻采编人员从业管理的规定（试行）〉的解读》，载《当代传播》2005年第5期。

约》还公布严格的惩处措施，如果违反《公约》，“中国广播电视协会将予以通报，并终止其中国广播电视播音主持作品奖暨‘金话筒奖’入选资格”，情节严重的，“协会将建议行政主管部门取消其播音主持岗位资格”。

（四）规范新闻行业评奖

中宣部在2005年3月6日接受新华社采访时指出，近些年来全国性文艺、新闻、出版评奖出现一些值得注意的问题，主要是：有的奖项重复设置，过多过滥，没有起到应有的示范导向作用；有的为评奖而评奖，脱离群众，浪费资源，助长形式主义；有的违规设奖，乱收费用，背离评奖宗旨；有的搞不正之风，滋生腐败，造成了不好的社会影响。对此，2005年3月1日中办、国办颁布《全国性文艺新闻出版评奖管理办法》（以下简称《办法》），规范整顿全国性评奖，以解决评奖过多过滥的问题，进一步提高全国性评奖的公正性、科学性、权威性。《办法》在规范和改进全国性评奖方面，提出四项措施：一是对评奖项目进行大幅度压缩。具有全国性评奖资格的党和国家机关工作部门只能设一个评奖项目；二是在评奖周期上有明确要求。除新闻类评奖外，其他全国性评奖每届间隔时间均不得少于两年；三是在评奖范围、评奖数量上有严格规定。为避免评奖过多过滥，“所有评奖都要严格控制评奖范围、子项数量和获奖名额”，如果在评奖范围、评奖数量上有任何变更，需要事先报批审定；四是对全国性评奖进行整顿和规范。此前经批准设立的全国性评奖，也要重新办理审批手续。据此，中宣部、文化部、广电总局、新闻出版总署、国务院新闻办公室等部门和团体着手全国性评奖整改工作。全国性评奖原共计90个，整改后将减至24个。其中全国性文艺评奖由44个减至18个，全国性新闻评奖由14个减至2个，全国性出版评奖由31个减至3个。

（五）开展治理虚假广告、虚假新闻专项活动

1. 虚假违法广告专项整治。近几年虚假广告泛滥，2004年工商总局共查处违法广告案6.18万件，其中药品、医疗服务、保健食品广告的违法率居前三位，分别占14.46%、10.32%和6.02%。此外食品、服务业和房地产广告的违法率也较高。户外媒体、印刷品媒体、报纸和电视广告的违法率仍较高，分别占38.32%、20%、12.05%和7.16%。2005年国家食品药品监督管理局公布前7个月对全国35家地市级电视台发布的20792次药品广告监测数据，违法率达46%。181份报纸发布的10589次药品广告，违法发布药品广告9080次，违法率91.3%。① 对此，2005年4月26日，国家工商总局、中宣部等11部门联合下发《关于印发〈虚假违法广告专项整治工作方案〉的通知》，重点打击新闻形式广告等六类对象，其中以新闻报道形式发布的广告列于首位。②

2.“坚决制止虚假新闻”专项治理。以真实为生命的新闻报道，现在不时面临假新闻的侵扰：虚假报道、虚假信息通过不同的渠道出现在媒体上。2005年2月5日，一家都市报以“越洋电话采访郎平”的访谈形式，报道郎平应邀执教美国排球队之事。郎平十分奇怪，她根本没有接到这位记者的“越洋电话”。实际上，这篇报道中多数内容是从其他媒体上拼凑改编的。3月，一家晨报刊发《1500亿热钱4月30日前惊心大撤退》一文，在股民和股市中引发波澜。消息刊发当日，沪市下跌。事后核查，这篇报道是一名晨报记者听信传言、根据某人猜测性言论采写的虚假消息。③ 虚假新闻存在的根本原因是，一些媒体在思想观念上无视社会责任和职业道德，在制度建设上缺少健全完善的新闻报道机制，在管理环节上缺乏严格的管理规范。在中宣部、中国记协和全国“三教办”于2005年6月8日至9日举行的“坚决制止虚假新闻报道座谈会”

① 孙正一、柳婷婷：《2005：中国新闻业回望》，载《新闻记者》2005年第12期。

② 刘行潮：《夕日靠广告包打天下 今朝医疗广告紧急叫停》，来源：新浪网，上网时间：2005-09-09。2006年1月10日下载于：http://finance.sina.com.cn/g/20050909/18371956851.shtml。

③ 曲志红：《新闻“打假”重拳出击 我国新闻界将采取严厉措施坚决铲除虚假新闻》，载《光明日报》2005年6月10日第1版。

上，百余位来自全国新闻媒体和部分高校新闻传播院系的负责人，对虚假新闻报道的表现形式和特点、屡禁不止的主客观原因及严重后果进行分析，并提出制止、铲除虚假新闻现象的具体意见。会后，全国各地新闻媒体开始采取措施积极建立规章制度，严查虚假、不实报道。①

三、继续盘整报刊行业资源

2005年，报刊行业资源得到进一步盘整，主要针对晚报、都市报发行混乱、恶性竞争的规范报刊发行秩序工作全面展开，报刊发行量认证制度处于酝酿之中；修订了报刊出版管理规章制度，报刊市场退出机制建设取得重大进展；自2003年下半年开始的党政部门报刊整顿工作继续推进，继2004年开始的报刊记者站清理整顿走向制度化，《报社记者站管理办法》出台。

（一）规范报刊发行秩序

我国报刊尤其是晚报、都市类报纸经过20年的发展已经走到一个拐点。报刊业原有的粗放式增长方式越来越难以继续：同质媒体恶性竞争、新媒体不断冲击以及受众接收信息方式的变化，造成报刊业收入减少。据慧聪媒体研究中心监测显示，2005年3月成为中国报业的分水岭：我国报业广告的月增长率从此开始同比增速呈现下滑趋势，6月份的同比增幅已不到3%。今年上半年全国报刊广告额平均仅增长7.08%，首次低于中国GDP的增幅；而此前十几年，国内报刊的广告收入平均增速高达30%以上。② 对此，一些报社显得有些手足无措或无序忙乱。低价倾销者有之，赠品促

① 孙正一、柳婷婷：《2005：中国新闻业回望》，载《新闻记者》2005年第12期。

② 肖景辉：《2005中国报业：寒风中的徘徊与期待》，载《传媒》2005年第12期。

销者有之，发布虚假信息者有之，虚报发行量有之。① 2005年的报纸发行大战，发生范围之广、采取手段之激进、对媒体公信力损害之严重、对报业产业发展带来的不良影响之大，呈现出史无前例的态势，对原本处于“冬日”里的报业无异于雪上加霜。

2005年8月24日，中宣部、国务院纠风办、新闻出版总署联合制定下发了《关于开展规范报刊发行秩序工作的通知》(以下简称《通知》)，对发行秩序规范进行具体要求。9月10日，在大连召开的规范报刊发行秩序座谈会上，来自管理层和业界的人士纷纷认为，都市报、晚报发行秩序混乱，无序竞争、恶性竞争现象较为严重，导致国有资产的严重流失，造成资源的严重浪费，影响媒体的公信力，严重阻碍报刊业自身的发展壮大。中国报业协会当天在大连向全国报刊发出倡议，加强行业自律，自觉维护报刊发行秩序。有分析认为，规范报刊发行秩序是中国报刊媒体市场成熟的标志。具体表现是规范动因的理性化、影响范围的区域化和监管措施的法制化。其次，规范报刊发行秩序开创了同城媒体和谐发展的先河。区域乃至全国媒体的规范发行和和谐发展的基础是同城媒体的规范发行和和谐发展。只要同城媒体能够做到规范发行，所有媒体就会看到和谐发展的曙光。再次，规范报刊发行秩序为深化报刊媒体改革铺平了道路。②

同时，针对报刊社虚报发行量的顽疾，2005年4月，国内出现了首家以出版物发行量调查统计和认证为职能的机构“国家出版物发行数据调查中心”。作为一个在民政部注册的非营利性民间组织，但同时接受国家新闻出版总署管理的机构，该中心成为我国出版物发行认证制度开始实施的标志性产物。而其以“保证认证工作权威性、中立性、专业化和本土化”为基本特征的功能，受

① 吴长伟：《推动转型政策支撑：解读规范报刊发行秩序文件》，载《中国记者》2005年第11期。

② 刘景来：《从规范报刊发行秩序看媒体和谐发展走向》，载《传媒》2005年第10期。

到诸多报刊出版单位的认同。①

（二）报刊市场退出机制建设取得重大进展

国家新闻出版总署的有关官员曾向媒体表示，我国报刊业缺乏退出机制，已经成为报刊业健康发展的痼疾，成为深化改革的巨大障碍。由于体制问题，以及尚未建立报刊质量指标体系，我国曾尝试实行的“报刊试办期制度”没能真正实行。2005 年国家有意大力建立具体而量化的报刊质量评价体系。9 月 30 日新闻出版总署颁布《报纸出版管理规定》、《期刊出版管理规定》，对报刊出版退出机制做了具体规定，主要体现在休刊制度、出版质量评估制度和年度核验制度。一般来讲，报刊的退出机制有两种操作方式：一种是行政淘汰；另一种是竞争淘汰。此次，两个《规定》从休刊、出版质量综合评估、年度核验三项制度入手，对退出机制做出明确规定。不难看出，这是管理部门加强政府监管，运用行政责令停办的手段实施行政淘汰，而这无疑是促进中国报刊业健康发展最有效也是最有力度的办法。②

（三）继续推进报刊整顿工作，巩固报刊记者站清理成果

从 2003 年下半年以来开展的报刊整顿工作，在 2005 年继续推进，取得阶段性成果。国家新闻出版总署 4 月 3 日通报，有 19 种刊登夸大、虚假信息，危害消费者权益的非法报纸被取缔。4 月 28 日，中国新闻出版总署、全国“扫黄打非”工作小组办公室再次向社会公布 60 种非法期刊名单，并要求各地迅速组织力量，立即收缴。这是自 2004 年以来第 4 批公布取缔的非法报刊名单，至此，

---

① 肖景辉：《2005 中国报业：寒风中的徘徊与期待》，载《传媒》2005 年第 12 期。

② 晋雅芬：《解读〈规定〉：实行报刊全程监管》，来源：中国新闻人网，上网时间：2005-10-27。2006 年 1 月 10 日下载于：http：//www.xinwenren.com/Article_Show2.asp？ArticleID＝5401。

被公布取缔的非法报刊已达169种。① 7月19日，新闻出版总署、国务院新闻办公室、商务部、国家工商行政管理总局、全国“扫黄打非”工作小组联合发出通知，将依法查处取缔非法外文报刊。但是，新闻出版总署副署长石峰也指出“目前还有两个问题没有解决好。一是县级被停掉的报纸，有的还在千方百计地变相出版，而且解决起来很难，要加大解决力度。二是党报党刊的发行问题比较突出，特别是地市级党报的发行问题。”② 而8月份开展规范报刊发行秩序工作其原因之一就是对党报党刊的发行也造成严重冲击，可见，对晚报、都市报发行混乱的整治，在一定程度上可看作是深化整顿党政部门报刊散乱活动、巩固治理成果的一项重要措施。

从2004年1月开始，新闻出版总署开展报刊记者站的清理整顿工作。通过清理整顿，全国31个省市自治区共撤销、注销、取缔记者站700余家。其中，撤销一批存在违规问题或不符合条件的报刊记者站，共停办和注销记者站642家，暂缓登记176家，查处撤销60家非法设立的记者站和办事处。③ 2005年1月10日，新闻出版总署发布《报社记者站管理办法》，明确指出报纸出版单位必须严格实行新闻业务和经营业务两分开，记者站不得从事任何形式的经营活动。记者站从事发行、广告、开办经济实体以及其他经营活动的，由所在地新闻出版行政部门责令停止违法行为，给予警告，并处3万元以下罚款；情节严重的，由登记机关注销其登记。

四、动画与广播影视管理办法

2005年，广电部门出台一系列政策措施强力扶持国产动画产

① 曲志红:《〈中外法制〉等六十种非法期刊被取缔》，载《人民日报》2005年4月29日第11版。

② 杨驰原:《深化管理变革 着力制度创新——石峰副署长谈报刊业改革与发展走势》，载《传媒》2005年第3期。

③ 罗以澄、吕尚彬、胡新桥:《盘整资源与激情释放——2003—2004年中国媒介市场白描》，《中国媒介发展研究报告》2003—2004年卷，武汉出版社2005年版，第1页。

业以增强薄弱产业竞争力，加快发展数字电视、网络电视、移动电视、手机电视等新业务以培育新的经济增长点，同时广电总局不再批准组建事业性质广电集团，新闻出版署暂停批准创办跨地区报刊。

(一) 强力扶持国产动画产业

过去近20年的历史中，国内90%以上的动画公司在从事国外动画的加工工作。国内动漫及相关产业每年收入百亿元人民币，80%落入美、日、韩等动漫大国囊中。每分钟国产电视动画片的成本在1.2万元至2万元，而一般地方电视台每分钟收购价仅8元至10元。① 长期以来，国内动画播映体系有市无价的情况直接导致动画制作方面投资动力的不足，严重制约国产动画产业的发展。政府对国产动画产业一直持支持态度，早在2004年4月，广电总局颁发《关于发展我国影视动画产业若干意见》，明确提出积极构建国产动画片播映体系，鼓励多种经济成分共同参与我国影视动画产业的开发和经营等促进我国影视动画产业繁荣的对策和措施。

2005年，政府的扶持力度更大。国家广电总局4月30日公布了优秀“国产动画片推荐播出办法”实施以来的第一批推荐剧目，作为政府扶持国产动画的举措。6月1日，在杭州召开的全国影视动画工作会议上，国家广电总局宣布为第二批国家动画产业基地授牌。政府和行业管理部门，希望动画产业基地能建设成全国大型动画企业的旗舰，带动国产动画产业健康发展，提升我国动画产业的整体实力和竞争力。6月2日，会议上传出国家广电总局《关于促进我国动画创作发展的具体措施》即将正式实施。这意味着今后各频道的黄金时段将必须播出国产动画片。这一政策被业界视为政府优化动画制作公司播出环境的举动，同时也向投资商带来一个明显的政策信号，加大力度投资国产动画片项目。9月13日广电总局发布《关于禁止以栏目形式播出境外动画片的紧急通知》，再次

---

① 余茨：《国产动画片有钱难赚?》，来源：北青网，上网时间：2005-04-15。2006年1月10日下载于：http://bjyouth.ynet.com/article.jsp?oid=5087530&pageno=3。

限制境外动画片的播放时间，且禁止以栏目形式播放未被允许的境外动画片。这显示出中国对境外动画片的限制和对国产动画片的保护政策仍在继续，禁止通过假借各种名义和形式播放未经审批的境外动画片。①

（二）发展新业务，培育新的经济增长点

在 2004 年举行的全国广播影视工作会议上，广电总局局长王太华即指出总局 2005 年的工作重点之一是加快数字电视整体转化，发展网络电视、移动电视、手机电视等新媒体，形成新的经济增长点。② 推进数字电视的转化，是广电总局这些年最核心的任务，2005 年政府在推进数字电视转换上仍不遗余力。6 月广电总局在《关于进一步加快数字电视改革的意见》中提出，要“通过免费发放机顶盒的方式，使整个社区、城区、城市在较短的时间内完成数字化的转换”。7 月 11 日，广电总局发布《关于推进试点单位有线电视数字化整体转换的若干意见（试行）》指出，国家发改委、财政部等都对发展数字电视给予政策扶持，全国 49 个试点单位可享受减免营业税和获得国家开发银行百亿元贷款的优惠待遇。有线电视数字化是满足用户新需求的必然选择，政府对有线电视“模转数”整体转换的热衷，会推动广电产业升级，彻底改变现有落后的经营模式。

2005 年 5 月 9 日，上海文广新闻传媒集团下属上海电视台正式获国家广电总局批准开办以电视机、手持设备为接收终端的视听节目传播业务，这是广电总局在国内发放的首张网络电视业务经营牌照，意味着广电与电信业务互不涉足的政策坚冰将真正开始融化。IP 电视、手机电视等新视听媒体的健康发展，有助于满足更

---

① 《2005 年 9 月中国广电行业政策变动监测研究报告》，来源：新浪财经，上网时间：2005-10-31。2006 年 1 月 10 日下载于：http：//finance.sina.com.cn/stock/hyyj/20051031/18172082030.shtml。

② 《广电总局明确今年工作思路　全面推进广播影视改革与发展》，载《传媒》2005 年第 1 期。

加多样化的收视需求，符合社会进步的趋势。广电总局作为国家广播电视行业主管部门，将调动一切积极因素，支持网络（IP）电视、手机电视等信息网络传播视听节目业务有序发展，增强我国广播影视行业的整体实力和竞争力。①

（三）停止批准组建事业性质广电集团，暂停创办跨地区报刊

在大力扶持国产动画产业，加快发展电视新业务的同时，广电总局停止批准组建事业性质广电集团，新闻出版署暂停批准创办跨地区报刊。2004 年 12 月 21 日至 22 日，在海南省博鳌举行的全国广播影视工作会议上，国家广电总局明确表示：今后不再批准组建事业性质的广电集团，原因是作为喉舌性质的电台、电视台组建的事业性质的广电集团，容易与社会上一般理解的产业集团的概念相混淆。在过去几年里，全国已成立各种各样的事业性广电集团或广播影视集团或文化广播影视集团大约 20 多个。但是，集团的事业性质给集团角色的自我认同和市场认同以及企业的经营管理带来很多麻烦和制约。考虑到目前我国各地区经济和文化发展水平差异巨大，中国广播电视机构的名称、组织结构或形态以及功能应该交由各地区自行决定，尤其要按照市场法则和效益法则去决定。

2003—2004 年，跨地区联合办报成为传媒产业的一大热点，先后涌现出《新京报》、《第一财经日报》、《每日经济新闻》、《竞报》等诸多报纸。但是在运作中也出现了一些问题。特别是鉴于跨地区办报过程中，属地管理问题尚未得到很好解决，2005 年管理部门决定暂停审批跨地区办报，已获批跨地区办报可继续试点。可以看到，虽然报刊跨地区经营是中国报业改革发展的必然趋势，但由于管理体制改革不到位等诸多问题的存在，大面积展开跨地区办报办刊时日尚早，而属地管理原则仍是中国报业跨地区经营中一个必须坚持的原则。

① 《广电总局发布公告：上海文广获首张 IPTV 牌照》，来源：新浪网，上网时间：2005-05-10。2006 年 1 月 10 日下载于：http：//www. it. com. cn/f/news/055/10/110750. htm。

五、网络新媒体管理

“第十七次互联网统计报告” 显示，截至 2005 年 12 月 31 日，国家顶级域名 CN 注册量首次突破百万大关，上网用户总数更是高达 1.11 亿人，比 2004 年末增加 1700 万人。① 然而，如此数量庞大的网民群体，也正是对我国互联网监管水平的一大考验。

（一）内容监管，净化网络环境

内容监管是互联网管理的关键问题之一。国内的互联网内容存在着良莠不齐的现象，在互联网上仍有一些不法之徒宣扬淫秽、色情、赌博、暴力、凶杀；利用互联网传播淫秽物品，开展黄赌毒交易……这些有害信息对整个社会，对青少年成长造成极大危害。从互联网传播内容方面入手，加大监管力度，控制有害及不法信息的传播，是政府及相关部门的首要任务。2005 年 2 月 8 日，信息产业部出台《非经营性互联网信息服务备案管理办法》，对网站施行实名制备案；8 月，新闻出版总署制定出全国首个《网络游戏防沉迷系统》开发标准，限制网民的游戏时间。这些举措对净化我国互联网环境，管理网络内容起到积极作用。

1. 信息备案管理，互联网走向实名制脚步清晰

为了规范互联网信息服务活动，促进互联网信息服务健康有序发展，国务院早在 2000 年就发布《互联网信息服务管理办法》。依照其规定把互联网信息服务分为“经营性”和“非经营性”两类，国家对经营性互联网信息服务实行许可制度，对非经营性互联网信息服务实行备案制度。未取得许可或者未履行备案手续的，均不得从事互联网信息服务。② 但由于相关法规的颁布实施滞后于互

---

① 中国互联网信息中心：《第 17 次中国互联网络发展状况统计报告》，http：//www. cnnic. net. cn/。

② 张樊：《非经营性网站备案的困境》，来源：新浪网，上网时间：2005-04-14。2006 年 2 月 5 日下载于：http：//tech. sina. com. cn/i/2005-04-14/1447582754. shtml。

联网信息服务的发展，众多非经营性互联网信息服务提供者依法办理或补办备案的主动意识淡漠，且一段时间来国家把管制的重点都放在经营性网站上。但是，相关法规对于非经营性网站的备案制度几乎没有涉及，没有配套规章，缺乏具体操作规定，使得几年来对非经营性网站的备案要求流于形式。①

对此，信息产业部于2005年2月8日出台《非经营性互联网信息服务备案管理办法》(以下简称《办法》)，对《互联网信息服务管理办法》的原则进行细化和补充。《办法》明确采用网上备案管理方式，要求相关网站接入服务提供者代为办理备案手续，同时规定网站接入服务提供者对备案信息的事前核验、对用户行为的事中监督等责任义务。② 信息产业部也于2005年2月8日发布《互联网IP地址备案管理办法》，规定国家对IP地址的分配使用实行备案管理。信息产业部对基础电信业务经营者、公益性互联网络单位和中国互联网络信息中心（CNNIC）的IP地址备案实施监督管理。各省、自治区、直辖市通信管理局对本行政区域内其他各级IP地址分配机构的IP地址备案活动实施监督管理。措施出台一方面便于网络有害信息的追踪、处理，有助于一定程度上加强互联网的管理；另一方面，办法实施仍面临困境，许多上网单位和个人均采取代理上网的方式，一个IP地址下面可代理无数个IP地址，将上网责任人与IP地址挂钩的想法很难实现。因此，网络管理的技术手段有待发展。

2. 互联网著作权管理，填补网络传播权法律空白

2005年4月30日，《互联网著作权行政保护办法》(以下简称《办法》)由国家版权局与信息产业部联合发布，并于5月30日起

---

① 《信产部电信管理局详解备案政策》，来源：新浪网，上网时间：2005-12-19。2006年2月5日下载于：http：//www.cnii.com.cn/20050801/ca329567.htm。

② 《信产部电信管理局详解备案政策》，来源：新浪网，上网时间：2005-12-19。2006年2月5日下载于：http：//www.cnii.com.cn/20050801/ca329567.htm。

实施。作为我国第一部真正意义上的互联网内容著作权保护法规，此法的制定实施必将对互联网产业乃至整个信息服务业的发展产生重要和深远的影响。该《办法》的制定实施填补了国内关于网上著作权行政保护的法律空白，对规范著作权人信息网络传播权的保护有一定的积极意义，为互联网信息服务业的发展初步营造了良好的环境，有利于促进其健康发展。① 它被普遍认为是一部“过渡型、临时性”的法规。

（1）填补网上著作权保护的空白。互联网作为作品传播的一种重要途径，在促进作品广泛传播的同时，被用于实施侵权盗版活动的现象也越来越多。网络具有开放性、分散性和易操作性等特点，网民利用这些特点，自由转载、随意复制引用，致使著作权人的权利受到损害。我国成为WTO成员国以来，受到来自其他成员关于知识产权保护方面的压力也越来越大。随着著作权人自我保护意识的不断加强，为维护自己的合法权益，他们纷纷拿起法律武器，网上著作权保护的案件在近几年越来越多。最高人民法院分别于2000年、2003年出台相应司法解释和修改规定，但只规定对网上著作权案件审理时的适应措施，无法在更大范围内保护广大著作权人的实体权利。目前，我国对网上著作权的法律存在很大盲区，对传统的著作权保护的办法无法完全适用于网络。尽管2001年10月修订的《中华人民共和国著作权法》将信息网络传播权规定为著作权人的权利——信息网络传播权，即以有线或者无线方式向公众提供作品，使公众可以在其个人选定的时间和地点获得作品的权利，但并没有规定相应的保护办法，对网上相关主体在著作权保护方面的权利义务规定得不明确，难以适应行政执法的需要。基于以上背景，国家版权局和信息产业部依据《中华人民共和国著作权法》第58条的授权，制定该办法。

（2）全面保护信息网络传播权。《办法》共19条，规定了如

① 《专家解读互联网著作权行政保护办法》，来源：中国信息产业网—《人民邮电报》，上网日期：2005-05-24。2006年2月2日下载于：http：//tech. sina. com. cn/i/2005-05-24/1606616389. shtml。

何通过行政手段对著作权人的信息网络传播权进行保护。《办法》规定适用范围，即主要规范的是在互联网信息服务活动中，根据互联网内容提供者的指令，通过互联网自动提供作品、录音录像制品等内容的上载、存储、链接或搜索等功能，且对存储或传输的内容不进行任何编辑、修改或选择的行为；划分了著作权行政管理部门（版权局）与信息产业主管部门在互联网著作权保护方面的权责，规定了行政保护中的通知和反通知；界定了著作权人、互联网内容提供者、互联网接入服务提供者（ISP）、互联网信息服务提供者（ICP）在保护网上著作权方面的权利义务，并规定了相应的处罚措施。《办法》用行政手段切实保护了著作权人的信息网络传播权，限制了互联网内容提供者的随意侵犯知识产权的行为，对规范互联网著作权的保护有积极的意义。

（3）促进信息服务产业链和谐发展。《办法》同时规定了互联网信息服务产业链中接入服务提供者、信息服务提供者等环节的权责划分，促使其形成协调、有序发展的良好局面。对接入服务提供者来说，义务包括记录互联网内容提供者的接入时间、用户账号、互联网地址或者域名、主叫电话号码等信息。主要是配合执法的义务，即在行政授权情况下，采取停止提供接入服务等手段保护著作权人的利益。从以上内容看，不会对信息服务提供者带来太大的影响。对信息服务提供者来说，《办法》规定较多的义务，包括删除相关内容、保留著作权人的通知、记录等，同时规定应承担的行政责任。因此，《办法》增加了信息服务提供者在网上著作权的保护方面的责任，限制随意侵犯著作权的行为。对于一些非法引用他人作品盈利的网站，将会产生重大的影响。①

3. 加强互联网新闻信息管理，进一步规范网络新闻内容

国务院新闻办公室、信息产业部于2005年9月25日联合发布《互联网新闻信息服务管理规定》（以下简称《规定》），这是我国规

① 《专家解读互联网著作权行政保护办法》，来源：中国信息产业网—《人民邮电报》，上网日期：2005-05-24。2006年2月2日下载于：http://tech.sina.com.cn/i/2005-05-24/1606616389.shtml。

范互联网新闻信息服务的一个重要规章。《规定》的目的是更好的规范互联网新闻信息服务，满足公众对互联网新闻信息的需求，维护公共利益，保护互联网新闻信息服务单位的合法权益，促进互联网新闻信息服务健康、有序发展。

（1）互联网新闻信息被以列举式加兜底式立法方式给予特别限定，即特指时政类新闻信息，具体包括有关政治、经济、军事、外交等社会公共事务的报道、评论，以及有关社会突发事件的报道、评论。

（2）互联网新闻信息服务的范围包括通过互联网登载新闻信息、提供时政类电子公告服务和向公众发送时政类通讯信息。这就意味着具体实践中的互联网新闻信息服务不光是表现网络新闻登载，同时包括电子公告服务，如 BBS、新闻组、QQ 群、电子邮件、博客等能够向公众发布时政类信息的媒介和发布行为。这对当今火爆的 Web 2.0 麾下的博客、IM 将造成深远影响。

（3）互联网新闻信息服务单位，包括新闻单位为登载自身所发布以外的新闻信息为内容的互联网新闻信息服务单位、非新闻单位设立的为转载新闻信息为内容的互联网新闻信息服务单位、新闻单位为登载自身所发布的新闻信息为内容的互联网新闻信息服务单位三类。明显放宽了登载新闻的权利主体范围。

（4）在具体的互联网新闻信息服务单位的设立条件规定中，对于非新闻单位设立的互联网新闻信息服务单位的要求明显高于新闻单位设立的互联网新闻信息服务单位，这是在对新闻登载权利主体范围扩大后的一个合理限制。

（5）禁止任何组织设立中外合资经营、中外合作经营和外资经营的互联网新闻信息服务单位。这一点规定可以说更多的是出于国家安全和政治稳定的考虑。

（6）对于非新闻单位设立的互联网新闻信息服务单位禁止登载自行采写的新闻的禁止性规定并未改变，这意味着如今的各类所谓门户网站对于靠自己的编辑、记者队伍所采访、编写的各种独家新闻的登载行为都是被禁止的。

（7）将从前的“九大禁令”扩展为“十一大禁令”，新颁布的《互联网新闻信息服务管理规定》与《互联网站从事登载新闻业务管理暂行规定》相比，除再次重申和确认了互联网新闻信息服务单位登载、发送的新闻信息或者提供的时政类电子公告服务，不得含有九大类内容之外，增加了不得含有“煽动非法集会、结社、游行、示威、聚众扰乱社会秩序以及以非法民间组织名义活动”内容的禁止性规定，主要目的是为了打击各类违法势力、邪教势力利用网络进行非法宣传、聚会、结社、游行的行为。①

4. 网络游戏管理，大力整顿网游市场

针对当前我国网络游戏存在的突出问题，2005 年 7 月 8 日，文化部、中央文明办、信息产业部、公安部、国家工商行政管理总局下发《关于净化网络游戏的通知》，文化部和信息产业部于 8 月 3 日联合下发《关于网络游戏发展和管理的若干意见》(以下简称意见》)，主要内容有：

（1）市场准入门槛进一步提高。《意见》规定，文化部将严格审批网络游戏等互联网文化经营单位，提高市场准入门槛，规定申请新设立从事网络游戏经营活动的互联网文化经营单位必须具备 1000 万元以上的注册资金。在 2003 年出台的《互联网文化管理暂行规定》中这一数额仅为 100 万元。《意见》进一步强化内容监管，规定严禁含有淫秽、色情、赌博、暴力、迷信、非法交易敛财以及危害国家安全等内容的网络游戏产品在国内生产和传播。对含有违法违规内容的网络游戏产品，情节严重的，将移交公安机关依法查处；构成犯罪的，依法追究刑事责任。

（2）实行实名游戏制度。网络游戏企业今后不仅要利用技术手段限制未成年人上网游戏时间，还要采取身份证登录、实名游戏制度，拒绝未成年人登录 PK 练级类游戏。信息产业部正在制定相关的行业强制标准，以保证这一制度的落实。

（3）进口网游要报文化部审查。文化部将严格实行进口网络

---

① 赵福军：《〈互联网新闻信息服务管理规定〉评释》，来源：天极网，上网日期：2005-09-27。2006 年 2 月 2 日下载于：http：//column. chinabyte. com/498/2135498_1. shtml。

游戏产品内容审查制度，有选择地把世界各地的优秀网络游戏产品介绍进来，同时防止境外不适合我国国情和含有不健康内容的网络游戏产品的侵入。任何单位和个人不得擅自进口、传播和流通未经文化部批准进口的境外网络游戏产品。①

（二）安全监管，保障网络平安

除了内容方面存在的问题外，安全问题也是我国互联网发展过程中不容忽视的症结。目前我国联网单位防范网络攻击和计算机病毒传播的安全保护技术措施大部分使用率低于25%；同时安全保护技术措施缺乏必要的管理维护，一些措施形同虚设。此外，因安全保护技术措施不落实造成的用户资料信息和账号密码泄露等案（事）件频繁发生，给上网用户和互联网服务单位造成很大损失。我国互联网安全问题不仅在日益增加，且还存在爆发性增长的威胁。

首先，无处不在的网络病毒和漏洞攻击。近年来，计算机病毒导致信息资料损坏、网络瘫痪使工作中断和生产交易停顿、“黑客”攻击造成信息失窃等互联网安全事件在我国也时有发生，提高网络安全应急能力成为国家和企事业单位必须通过的一项严峻考验。在技术安全遭遇挑战的同时，频繁发生的网络犯罪及隐私泄露事件也成为妨碍互联网健康发展的重要因素。2005年，5460中国同学录数万个人资料泄露的事件人们还记忆犹新，随后网上又惊爆出仿冒即时通讯网站主页发布虚假中奖信息实施诈骗的黑幕，还有网上银行账号遭窃等更严峻的案例出现——如何保障互联网信息安全问题已经引起全社会的普遍关注。其次，互联网向移动终端的迅速扩展，也伴随着安全威胁的隐患，针对手机和掌上电脑的病毒已经不再是新闻，类似安全事故也已提出新的课题。2005年9月1日，信息产业部电信管理局局长苏金生在讲话中提到：“切实保障

① 《提高准入门槛实行实名制 我国网游市场将严审查》，来源：新华网，上网日期：2005-08-09。2006年2月2日下载于：http://tech.sina.com.cn/i/2005-08-09/0925687071.shtml。

互联网安全和信息安全，保障通信畅通，维护社会稳定，保护国家利益，维护互联网网络安全和信息安全，是保障健康稳定发展的重要前提，也是政府主管部门履行社会职能管理的重要体现，互联网的安全始终要与维护国家安全相适应，与网络规模业流量增长同步，加强宣传力度，进一步提高全社会信息安全意识，努力构筑一个技术先进，管理高效，安全可靠的国家网络信息安全体系。”①

信息安全作为非传统安全因素，已经与政府安全、经济安全、文化安全共同构成国家安全的重要组成部分，互联网的内容安全，又是当前信息安全的主要工作。为确保中国的互联网安全，公安部2006年1月正式颁布《互联网安全保护技术措施规定》(以下简称《规定》)，该《规定》计划于2006年3月1日起实施。该《规定》明确规定，负责落实互联网安全保护技术措施的责任主体是互联网服务提供者和联网使用单位。公安机关应当依法对辖区内互联网服务单位和互联网使用单位安全保护技术措施落实情况进行指导、监督和检查。同时该《规定》还强调互联网服务单位和联网使用单位要建立安全保护措施管理制度，保障安全保护技术措施的实施不得侵犯用户的通信自由和通信秘密，除法律和行政法规规定外，任何单位和个人未经用户同意不得泄露和公开用户注册信息。② 该《规定》的实施将从一定程度上预防和制止网络安全犯罪活动。

《规定》是与《计算机信息网络国际联网安全保护管理办法》(以下简称《管理办法》)相配套的一部部门规章。《规定》从保障和促进中国互联网发展出发，根据《管理办法》的有关规定，对互联网服务单位和联网单位落实安全保护技术措施提出了明确、具体和可操作性的要求，保证安全保护技术措施科学、合理和有效的

---

① 《信息产业部电信管理局局长苏金生发言》，来源：雅虎科技，上网日期：2005-09-01。2006年2月2日下载于：http：//cn. tech. yahoo. com/050901/555/27ded_4. html。

② 《〈互联网安全保护技术措施规定〉将实施》，来源：人民日报，上网时间：2005-12-31。2006年2月2日下载于：http：//tech. dayoo. com/gb/content/2005-12/31/content_2361012. htm。

实施，有利于加强和规范互联网安全保护工作，提高互联网服务单位和联网单位的安全防范能力和水平，预防和制止网上违法犯罪活动。①《规定》的颁布对于保障中国互联网安全将起到促进作用。

第四节　新媒体市场发展状况

一、网络媒体

“十五”计划纲要在第六章“加速发展信息产业，大力推进信息化”中指出：“健全信息网络体系，提高网络容量和传输速度。大力发展高速宽带信息网，重点建设宽带接入网，适时建设第三代移动通信网。”中国的互联网用户在 2005 年 12 月 31 日达到 1.11 亿；宽带网络的用户达到总用户数量的一半以上，超过窄带（电话拨号上网）用户。

1. 互联网技术升级与网络传播新景观。互联网是数字全球化的根基。2005 年，互联网的发展令人眼花缭乱。当今常提到的新一代互联网，技术界的核心词是 IPV6、网格计算、语义网、P2P 技术。在 2005 年，又有一个新概念“Web2. 0”被提出来。从技术角度看，Blog、RSS、SNS、Tag、WiKi 等与其有着密切关系。学者认为新技术的诞生将对网络新闻和网络媒体的影响，主要表现在以下几点：（1）非专业人员在新闻生产领域的深层渗透；（2）网络新闻内容结构的变革；（3）网络新闻生产层次的进一步清晰；（4）网络新闻生产专业分工的细化与合作模式的多样化；（5）网络受众新闻消费模式的多元化与社会化；（6）媒体融合局面的不断明朗。随着网络承载能力的不断改善，媒体融合将越来越多地付诸

---

① 《中国公安部制定互联网安全保护技术措施规定》，来源：中国新闻网，上网时间：2005-12-29。2006 年 2 月 2 日下载于：http：//tech. sina. com. cn/i/2005-12-29/1607806518. shtml。

实践。①

2. 网络新闻的聚合力量。2005 年，国际国内重大事件不断，网络新闻以其快速、全面的报道短时间内聚合大量受众，许多方面优于报纸电视等传统媒体。网络新闻的可选择性、易保存性和时效性使得网络新闻的力量在 2005 年得到充分彰显。以神舟六号 10 月发射及返回为例，人民网和新华网经授权对“神六”发射实况进行现场直播。在 120 多个小时直播中，人民网直播页面共发布信息 1209 条，平均 6 分钟 1 条。在 18 日 3 时至 8 时，更达到平均不到 2 分钟发布 1 条信息的高频率。在“神六”发射的 10 月 12 日，新浪网当天 24 小时的访问量突破 4.5 亿页读数，刷新此前 2004 年雅典奥运会创造的流量纪录。各大新闻网站和门户网站几乎采用所有表现形态，新浪网还独家推出 3D 全程模拟动画大片，以令人震撼的效果逼真演示“神六”从发射到回收的全过程，推出后受到网民大力追捧。② 网络媒体平台的互动性也是其他媒体难以抗衡的法宝。2 月 28 日，美国多个华人团体率先发动反对日本成为安理会常任理事国的“百万人全球签名”活动。随着 3 月中旬国内众多网站加入，才真正成为一场声势浩大的签名活动。据估计，至 4 月下旬这次网络大签名的总人数达到 4000 万。而此前国内网络签名规模最大的一次是 2003 年爱国者同盟等 7 家网站，针对侵华日军在齐齐哈尔遗留化学武器泄漏事件发起的“对日索赔百万网民签名活动”。③

3. 网络媒体的地域性扩张。2005 年，西部地区尤其是民族自治区重点新闻网站的建设有着引人注目的发展。1 月 1 日，“全国

① 摘自彭兰教授 2005 年 11 月在南京举行的网络传播学年会提交的论文《新一代互联网：再次改写的新闻传播景观》。

② 闵大洪：《2005 年的中国网络媒体》，来源：人民网，上网日期：2005-12-31。2006 年 2 月 2 日下载于：http：//media. news. hexun. com/1980_1473803A. shtml。

③ 闵大洪：《2005 年的中国网络媒体》，来源：人民网，上网日期：2005-12-31。2006 年 2 月 2 日下载于：http：//media. news. hexun. com/1980_1473803A. shtml。

民族自治区重点新闻网站联盟网”在内蒙古新闻网、天山网、中国西藏新闻网、桂龙网、新桂网、宁夏新闻网的共同建设下顺利开通。2005年，许多省、区、市开展“网络媒体行”采访活动，称得上是四年来开办此类活动规模最大、涉及范围最广的一年。其中，最引人注目的，是庆祝西藏自治区成立40周年而举办的“首届全国网络媒体西藏行”(7月5日—12日）和庆祝新疆维吾尔族自治区成立50周年而举办的“50年风采：全国网络媒体新疆行”(7月17日至24日）采访报道活动。“新疆行”创造了多项网络媒体行的全国第一：(1）参与媒体最多，全国37家网络媒体，全国及自治区13家主要新闻媒体，共50家媒体参与；(2）举行大型开幕式文艺晚会，并由电视、广播及35家网络媒体同时进行网上直播；(3）采访线路最多，在全疆共分五路进行采访。网络媒体的60多名人员在8天中发文字稿1020篇，图片4000多幅，各网站开设专题35个。①

4. 博客和播客。因为木子美事件，博客引来许多人的关注。2005年博客成为互联网传播领域最抢眼现象。各著名博客网站规模迅速扩大。“博客中国”获得1000万美元风险投资，在7月7日改版为博客网，全力打造博客门户网站，全方位提供多种博客服务。门户网站亦纷纷进入博客领域，展开多种推广活动，如新浪网就独辟蹊径地推出名人博客。2006年伊始，徐静蕾博客成为我国首个点击量突破千万的博客。博客网、新浪网、搜狐网同时举办的三台博客大赛，让人感到博客领域的争夺战同样如火如荼。2005年博客的普及是2002年博客进入中国三年来发展的新阶段。2005年的“博客热”中，一些媒体编辑、记者的群博客也应运而生。2005年举行的第二届“德国之声”博客大赛，新闻博客的分量明显加重。不仅设有“记者无疆界特别奖”，且9个文种均设有最佳新闻博客奖。担任本届中国评委的是著名记者安替。11月14日评

① 闵大洪：《2005年的中国网络媒体》，来源：人民网，上网日期：2005-12-31。2006年2月2日下载于：http：//media. news. hexun. com/1980_1473803A. shtml。

选揭晓，三联生活周刊记者王晓峰的“按摩乳”胜出，获得中文新闻博客金奖。①

2005年，一种新的广播形式——播客（podcasting）成为媒体的宠儿。广播是传统的媒体，但当社会进入到数字化时代以来，广播的前景一直不乐观。根据社会科学院社会发展研究中心2005年的“中国互联网使用及其社会影响的调查”显示，电视普及率达到97%，其次是报纸（86%）、书籍（56%）、杂志（53%），互联网的普及率达到49%，而广播的普及率只有38%。根据AC尼尔森媒介研究的一项最新调查显示，中国的1500家广播电台总共吸收的广告投放量仅占广告总量的2%。有着85年历史的广播媒体在媒介竞争激烈的战场上逐步后退，其听众多面向汽车司机和有着收听习惯的老年听众。播客是一种在互联网上发布文件并允许用户订阅以便自动接收新文件的方法，或用此方法来制作的电台节目。② 播客技术诞生于2004年，在不到一年的时间里，迅速席卷全球广播领域。Podcasting带来的显著变化是因技术门槛降低，网络上出现许多优质的免费内容不同于以往“火腿电台”，最大特点是利用RSS技术，实现资源的简易聚合使广播变为可订阅、可选择的新型广播。这一年轻的广播形式因为个性化和明确的受众定位赢得众多听众，一批播客广播如“反波”、“胖大海”、“土豆网”、“喜糖音乐”，都显现出一定的专业水准，成为引人注目的广播新生代。

二、手机媒体

根据信息产业部公布的数据，2004年我国手机用户人数达到

① 闵大洪：《2005年的中国网络媒体》，来源：人民网，上网日期：2005-12-31。2006年2月2日下载于：http：//media. news. hexun. com/1980_1473803A. shtml。

② 《中国播客2005年读报告》，来源：东方网，上网日期：2006-01-18。2006年2月2日下载于：http：//game. eastday. com/eastday/game/node29658/node29659/userobject1ai1800301. html。

3.34 亿人，比 2003 年增长 6500 万人。这意味着每三位中国人中就有一位拥有一部手机，如此庞大的用户群俨然已构成大众传播所必需的大量分散的受众。手机成为"第五媒体"似乎大势所趋。手机媒体功能的发挥与 3G 技术的推广和应用密不可分。第一代移动通讯只能"边走边打电话"，第二代移动通讯增加传真和短消息的功能，而第三代移动通信技术（3G 网络技术）能够提供数百 k 到数兆字节每秒的移动通信速度，提供用户收看流畅的、接近电视质量的视频节目，高速下载音乐。媒介技术的突飞猛进，为丰富多样的媒介形式的出现搭建起坚实的平台。①

2005 年手机在信息传播、娱乐互动、催生新的产业经济等方面都有不俗的表现，在与传统媒体、互联网的融合和其自身的不断创新中，逐步显现着作为一个媒体应有的独立自主的地位，并以手机报纸、手机电视、手机电影等全新的媒体形式吸引着千百万受众的眼球。

（一）媒体形式

1. 手机报纸。继 2004 年 7 月 18 日全国第一家手机报纸《中国妇女报·彩信版》开通后，不少媒体网站尝试探索这一新业务，在 2005 年更掀起一个小高潮。5 月 17 日，浙江日报报业集团、浙江移动通信和浙江在线网站联合创办《浙江手机报》，标志着国内首张省级手机报纸的正式开通。至此，浙江省成为手机报纸的热点区域——浙江日报、杭州日报、宁波日报和温州日报等四大报业集团，以及《参考消息》和《瑞丽》杂志等平面媒体均推出手机报纸。8 月，广东移动与新华社广东分社以及南方日报、羊城晚报、广州日报三大报业集团联合推出《南方手机报》，该报主要提供《南方日报》、《羊城晚报》、《广州日报》等 9 份报纸的内容，并每日更新，和传统报纸保持新闻同步。10 月，中国移动推出《中国

① 闵大洪：《2005 年的中国网络媒体》，来源：人民网，上网日期：2005-12-31。2006 年 2 月 2 日下载于：http：//media. news. hexun. com/1980_1473803A. shtml。

手机报》。《辽宁手机报》、《江西手机报》、《“深圳晚报彩 e 版”手机报》、《鲁中手机报》，《华西手机报》声讯版、《青岛手机报》、《泉州手机报》等各地的手机报纷纷面世，形成2005年一道亮丽的媒介景观。地方各大报业集团大跃进般地推出手机报纸，试图抢占市场先机，成为2005年手机报纸发展的新特点。

2. 手机电视。2005年1月1日，由上海文广新闻传媒集团和上海移动合作的手机电视“梦视界”试播，该服务提供6套直播电视节目及VOD点播。3月国家广电总局给上海文广新闻传媒集团颁发全国首张IPTV执照，准许其开办以电视机、手持设备（手机）为接收终端的视听节目传播业务。这是中国唯一张手机电视运营牌照。3月27日，中国首部用胶片制作的专门在手机上播放的电视连续剧《约定》在北京开机。9月，中国移动开通全网手机电视业务，截至11月底用户已经突破15万户，其中上海的实际用户数突破2万户。11月山东移动与山东广电推出“广视无限”。①

3. 手机电影。2005年是中国电影诞生100周年，中国电影界各路人士“赶集”手机电影。6月，谢飞、田壮壮、李少红、顾长卫、贾樟柯、王小帅、黄磊、徐静蕾等老、中、青三代电影人，宣布将拍摄10部长度3到5分钟的手机电影。7月，王小帅、贾樟柯、孟京辉等8位导演推出手机电影《这一刻》。该片由8部独立的影片组成，每部3分钟。10月，由手机拍摄，通过手机播放的《苹果》诞生，制作者北京电影学院陈廖宇认为，这是中国第一部真正的手机电影。12月，冯小刚推出手机电影《手机，打死也不说》。

4. 手机小说。2004年才出现的手机小说已风靡全国，从短信段子到手机小说，手机文学逐渐形成声势，开始走向繁荣。2005年11月，小说家千夫长继去年将4200字的手机小说《城外》以18万元卖给SP之后，又以同样的价格出售第二部手机小说《城

① 张建军：《2005年中国手机媒体十大主体事件》，来源：人民网/传媒/动态，上网日期：2006-01-05。2006年2月2日下载于：http：//media.people.com.cn/GB/40606/4000543.html。

内》。《城外》不到两个月时间为运营商带来 200 多万元收益。8 月，中国第一家民间虚拟手机文联——“e 拇指手机文学艺术虚拟联合会”在海南成立，会员是全国各地手机文学创作的发烧友。12 月，何立伟、刘齐、周晓枫等 6 位作家和写手与相关公司签约，成为国内首批手机文学签约作家。先锋派女作家棉棉和春树也在年末与摩登天空签下合约，投身手机文学大潮。有人甚至声称 2006 年将是“手机阅读年”。①

5. 手机搜索。2004 年百度推出手机搜索，同时带有贴吧功能，Yahoo 也同期推出手机搜索。2005 年 1 月，CGOO 无线搜索上线，提供各类商城搜索服务；此后新浪爱问推出有图片、铃声、本地搜索功能的手机搜索引擎；UUCUN 则提供网页、图片、铃声、游戏、小说、影音、地图搜索。搜索大鳄 Google 也在国内推出带有本地搜索功能的手机搜索。② 如果说 2004 年是无线搜索技术的开端的话，那么 2005 年此项技术更趋于成熟和完善，在内容上更趋向于多媒体展现，手机端信息自动适配技术和搜索信息的精确度都有所提高。

（二）发展特点

1. 参与新闻报道，丰富报道手段，成为全新舆论阵地

“作为用户大部分时间都会随身携带的通讯终端，手机无疑是当今和未来的新闻传播一个不可忽视的载体”。③ 新闻媒体的图文内容进入手机终端，目前主要有三种方式：新闻短信、手机报纸、

---

① 张建军：《2005 年中国手机媒体十大主体事件》，来源：人民网/传媒/动态，上网日期：2006-01-05。2006 年 2 月 2 日下载于：http：//media. people. com. cn/GB/40606/4000543. html。

② 张建军：《2005 年中国手机媒体十大主体事件》，来源：人民网/传媒/动态，上网日期：2006-01-05。2006 年 2 月 2 日下载于：http：//media. people. com. cn/GB/40606/4000543. html。

③ 孙正一、柳婷婷：《2005：中国新闻业回望之第 4 季度》，来源：人民网，上网日期：2006-01-02。2006 年 2 月 2 日下载于：http：//news. tom. com/2006-01-02/000N/16315090. html。

WAP 网站。

7 月 7 日伦敦系列爆炸袭击发生后，最早一批新闻照片来自于手持照相手机的普通民众，“包括 CCTV 在内的不少电视台都以最快速度播放了由现场群众提供的手机拍摄的图片或录像画面”，“2005 年，媒体有关深圳校园两起暴力事件的报道，其原始素材都是现场学生用手机拍摄的录像”。新华社摄影部丁玫认为，“这对新闻摄影来说也是某种意义上的标志性事件，是新的新闻工作不断发展延伸的又一个里程碑”。“……在没有专业摄影记者的地方，我们将越来越多地看到手机的闪光灯掠过”。①

2 月 24 日，人民网推出国内首家以手机为终端的“两会”无线新闻网，首次实现手机报道国家重大政治活动新闻的历史性突破。手机短信平台在一些大规模的群体事件以及区域性的公众危机中也发挥重要作用。3 月，天津市发生一起恶意牛奶投毒事件，政府紧急部署移动运营商发送手机短信传递信息，及时避免了事态扩大。4 月 30 日前后，全国各地发生的反日游行中，相关政府管理部门通过手机媒体平台应用短信及时、准确传递政府的声音，有效化解了此前谣传的“五一”期间北京将有反日游行的谣言。福建省利用手机短信平台发布台风信息。2005 年，上海、北京、辽宁等地都建立相应的灾害天气手机短信预警机制。② 此外，中国手机娱乐第一门户——空中网对第 76 届奥斯卡颁奖典礼进行全程的“手机直播”。这是国内第一次用手机进行大型传播活动的实时报道。

新华社新闻信息中心陈光裕介绍新华社手机短信业务实现跨越式发展的原因时说，“我们不是当成一个项目来做，而是作为一个

---

① 孙正一、柳婷婷：《2005：中国新闻业回望之第 3 季度》，来源：人民网，上网日期：2006-01-01。2006 年 2 月 2 日下载于：http：//media. people. com. cn/GB/3993456. html。

② 张建军：《2005 年中国手机媒体十大主体事件》来源：人民网，上网日期：2006-01-05。2006 年 2 月 10 日下载于：http：//media. people. com. cn/GB/40606/4000543. html。

新的报道形式和手段来做。目前手机短信是一个新闻舆论阵地，新华社作为国家通讯社必须占领这个舆论阵地引导舆论"①。

2. 手机与其他媒体相互融合差异互补，且向独立新兴媒体迈进

流媒体已成为今年传媒业的关键词之一，在手机上的应用更加丰富手机作为媒体的功能。所谓手机流媒体，就是通过移动通信网络，手机终端可以接收和使用的音频和视频流。2005年1月1日，上海移动与文广传媒签订战略合作协议，联手启动手机电视业务，手机影视、手机广播纷纷登上舞台，正在演绎着流媒体的手机开局。

手机的无线通信技术与互联网技术的融合，无疑是手机媒体最具成长性的一大领域。2005年2月24日，人民网与中国人大新闻网、中国政协新闻网共同开办的以手机为终端的"两会"无线新闻网站开通。5月25日，上海东方网的无线新闻网站开通。为落实政府关于"国家主流媒体要占领网络、手机等新的舆论宣传阵地"的指示，12月16日，在中宣部、国新办、信产部指导和支持下，人民网、新华网、千龙网共同主办的"掌上天下"手机网站开通，登录无线互联网是我国信息技术与新闻媒体全面结合的首次尝试。《中国日报》(*China Daily*) 网站打造的中英文手机信息服务平台，以图文直播重大事件、突发事件为特色，取名为"直播中国"。作为另一种重要的手机媒体形式，手机报纸不只是一张平面媒体的延伸，而是一个立体的多种表现方式的传媒总汇。

研究者认为"有人称手机为'第五媒体'，原因就在于手机早已成为传统媒体和互联网络信息的接收者"。在一些突发事件发布中"手机第一次进入了主动采集、发布信息的序列，使得'新媒体'的发布链条有别于传统媒体的发布链条。这种区别主要体现在两个方面，其一，无线通信技术的发展使得整个发布链打破时空

---

① 孙正一、柳婷婷：《2005：中国新闻业回望之第4季度》，来源：人民网，上网日期：2006-01-02。2006年2月2日下载于：http://news.tom.com/2006-01-02/000N/16315090.html。

障碍，可随时随地，几近于随意地发布消息；其二，多媒体技术使得其能够以各种不同文本形态发布消息”①。这正为手机媒体发挥自身优势开辟了广阔的空间。

（三）电视媒体新形式

1. 数字电视。2003 年，国家广电总局发布《我国有线电视数字化过渡时间表》，依据该时间表，2005 年大中城市实现数字电视商业播出，2008 年用数字电视转播奥运会体育节目，2015 年全面停播模拟电视节目。2003 年正式启动、2004 年得到发展的中国有线电视数字化工程在 2005 年取得新进展。数字电视发展过程中出现的节目内容缺乏、盈利模式不健全、资金缺口、运营（技术）标准不统一、政策指导不明晰、市场认知度偏低等问题都受到广泛关注，有待进一步解决。同时，电视的数字化带来频道资源的极大丰富、节目制作方式的巨大变化、运营模式的重大革新、产业链条和市场秩序的重新构建。

在基础建设与政策扶持上，国家出台一系列优惠政策促进有线电视数字化改造，全国各地试点城市“模转数”整体平移工程全面展开，数字电视步入快速发展时期。2005 年 6 月，广电总局在《关于进一步加快数字电视改革的意见》中提出，要“通过免费发放机顶盒的方式，使整个社区、城区、城市在较短的时间内完成数字化的转换”。7 月 21 日，广电总局发布《推进试点单位有线电视数字化整体转换的若干意见（试行）》，明确鼓励率先实施数字化整体转换的试点单位，采用联合、合作、投资入股以及兼并等方式，跨地区从事有线电视数字化建设和业务开发。② 财政部、税务总局、发改委等部门也出台相关配套政策；同时，青岛、佛山采用

---

① 张毓强：《新媒体：威胁还是机遇》，载《中国记者》2005 年第 8 期。

② 转引自孙正一、柳婷婷：《2005：中国新闻业回望之第 1 季度》，来源：人民网，上网时间：2006-01-05。2006 年 2 月 4 日下载于：http：//media.people. com. cn/GB/40699/3993454. html。

整体平移实现“模转数”模式产生示范带动作用，使全国各地纷纷启动有线电视数字化整体平移工程，我国数字电视开始进入快速发展期。

广东省全面启动数字电视整体转换方案，2005年内将完成地级以上及有能力县市由模拟电视向数字电视的转变，2008年完成全部县区的数字电视整体转换。广东省到2005年年底的数字电视用户将达到50万至100万，2006年的用户数将达到300万以上。深圳市将在2005年完成特区内60万有线电视用户转换；佛山市用户数量将超过132万。青岛、太原、银川将在2005年年底前全面实现数字电视整体平移工作，用户数量分别达到80万、75万、55万。杭州市已有数字电视用户约40万户，打算在两年半时间内实现70万有线电视用户的整体平移，并在2008年全部完成改造工作。另外，北京、重庆、天津和武汉等城市也已经启动数字电视整体转换工作，2005年年内我国的数字电视用户将达到600万户左右。①

在内容提供方面，大型传媒集团开始涉足数字电视高品质的内容供应领域，积极推进相关频道建设。中央电视台和上海文广新闻传媒集团双双在2006年1月1日正式开播各自的高清数字电视频道，前者叫“高清影视”，后者叫“新视觉”。这是国内及全球华语最早的两个高清电视频道。2006年1月28日前全国将有50个有线电视网络播放“高清影视”。在正式开播前，央视和文广的高清频道在2005年9月至10月间已经试验性地推广。

央视高清频道首批试播的4个城市分别为杭州、成都、重庆和东莞，频道内容包括电影、电视剧、纪录片、体育、音乐和综艺节目等，保障每年超过1000小时的重点节目。2005年已库存2600小时左右的高清节目。中央电视台已投资数亿元，并且从节目制作、频道传输、终端播出、运营维护等方面形成一条完整的产业

① 相关数据参阅任浩：《数字电视产业快速发展》，载《证券时报》2005年10月27日第19版。

链。专家认为央视开播高清频道具有划时代的意义，可视为高清电视在中国大发展的一个拐点。文广互动常务副总经理高悦曾表示，现在已具备高清数字电视的高质量内容和消费群体，推出高清频道也就具备了一定的基础；同时，虽然高清频道比较高端，但目前不能对它期望过高，更不能希望给它定很高的价格，因为高清频道还需要一个观众认知和接受的过程。①

据央视国际报道，2005 年 3 月 22 日中央数字电视传媒有限公司与 16 家有线电视网络公司及 8 家数字电视付费频道开办机构在京签约。至此，与中数传媒签署合作协议的地方网络公司已达 100 家，实现技术对接的城市达到 63 个，中数传媒覆盖全国有线电视用户超过 6400 万，覆盖机顶盒用户 49 万，加盟中央数字电视的频道数量也将在今年达到 25 个。2005 年，数字电视频道建设快马加鞭，整个行业迈出了发展的关键几步。然而，面对我国现实的媒介环境，必须清楚地看到，完全市场化和过度行政化两种倾向都会制约数字电视的推广。

2. IPTV——交互式网络电视。IPTV（Internet Protocol Television）也叫“交互式网络电视”、“互联协议电视”，是由电信运营商基于宽带基础推出的一项以网络视频资源为主体，以电视机（加 IP 机顶盒）、计算机或类似数字化设备为显示终端的流媒体服务。这种应用有效地将电视、通讯和电脑网络三个领域相融合。在终端用户的定位上，IPTV 和数字电视有重叠，对数字电视的发展构成很大冲击。IPTV 的优势在于实现真正的互动，不但能接收广播信号，也能实现用户与 SP 的互动。由于使用的是 TCP/IP 协议，IPTV 还可以非常容易地将电视服务和互联网浏览、电子邮件，以及多种在线信息咨询、娱乐、教育及商务功能结合在一起，在未来的竞争中处于优势地位。②

① 文照谋：《高清产业蹒跚起步 央视、文广高调对垒》，载《中国经营报》2006 年 1 月 2 日第 A25 版。

② 张彦翔：《数字电视和 IPTV 的关键年》，载《中国计算机报》2005 年 1 月 17 日第 C02 版。

IPTV牌照的发放是2005年业界关注的事件之一。由于目标受众还未形成，核心技术仍在研发测试、标准制定之中，相对于数字电视而言，IPTV的发展才刚刚起步——根据赛迪2005年7月下旬发布的《中国IPTV市场发展与战略分析研究报告》，2005年上半年中国IPTV用户为426.7万户。① 第8期《IT经理世界》刊发刘湘明的文章认为，“虽然在气势上，IPTV对传统有线数字电视已经构成冲击，但就产业成熟度而言，IPTV产业化还处于孵化阶段。无论是运营资格的模糊性还是其对带宽的技术要求、对版权的冲击，还是对用户使用习惯的改变，IPTV还处于产业发展的初级阶段”②。而国内首个网络节目集成运营执照的发放，为尚处于起步阶段的中国IPTV产业奏响了蓬勃发展的序曲。4月，国家广电总局向上海文广新闻传媒集团发出首张IPTV执照，准许其开办以电视机、手持设备为接收终端的网络视听节目传播业务。同时，各大厂商市场推进的步伐始终没有放慢过，如IBM数字媒体事业部提供整套解决方案，与四川网通一起构建“娱乐四川”，搭建了IPTV的产业基地，将宽带娱乐的行业经验应用于多媒体业务；北大方正正与央视网络合作实现第二阶段的业务部署。

在年末举行的“中国IPTV技术、标准与产业政策研讨会”上，中国科学院研究员侯自强提出，“目前各种网络运营商的核心业务上是趋向融合的，在终端上也是趋向融合的”。③ 中视传媒谭湘江认为，IP电视是具有IP协议的传输的宽带化业务。无论是电视、PC、手机都可以作为广义的IPTV终端。香港的PCCW将有线电视不具有的频道内容引进了IPTV频道，供IPTV用户有更多的

---

① 转引自匡文波：《2005：新媒体的跨越之年》，载《中国记者》2006年第1期，第64~65页。

② 转引自孙正一、柳婷婷：《2005：中国新闻业回望之第2季度》，来源：人民网，上网时间：2006-01-01。2006年2月4日下载于：http：//media.people.com.cn/GB/3993455.html。

③ 转引自孙正一、柳婷婷：《2005：中国新闻业回望之第4季度》，来源：人民网，上网时间：2006-01-02。2006年2月4日下载于：http：//media.people.com.cn/GB/3993457.html。

频道组合选择。对于中国大陆而言，内容引进有很大限制，完全从内容做到与传统电视内容有很大的差异是非常困难的。政策限制、资金限制、版权保护等问题，都制约了 IPTV 频道运营商提供更大差异化服务的能力。① 而在 IPTV 产业的发展过程中，目前最棘手的问题是广电、电信两大行业之间的政策壁垒。

3. 移动电视。2005 年是上海数字化平台的拓展年。东方明珠移动电视（MMTV）到年底的终端数近 2 万个，包括 6000 多辆公交车、5000 辆出租车、轨道交通 30 个站台以及 600 幢楼宇等，电视直接受众超过 350 万，广播听众超过 1200 万。在深度上，东方明珠移动电视将同时构筑由公交、轨道交通、出租车、商务车等组成的移动平台，以及由商务楼宇、商业网点和著名景点或旅游集散地组成的固定平台，为移动人群提供全方位的移动资讯服务。② 中国卫通与央视合资的中卫星空有限公司经营的国内卫星移动电视，将于 2005 年底、2006 年初正式商用，用户只需要购买一个价格在 2000～3000 元的卫星接收装置，就可全部免费收看到 150～200 套标准和高清电视节目频道。第一大股东中国卫通提供传输服务，央视提供全部节目。中国卫通已以 1.5 亿欧元采购发射设备。③

移动电视的试验行列正不断“扩军”，继上海、北京之后，贵阳、杭州、郑州、南昌、成都、长春、西安等更多的城市“入伍”。南京正在开展地下轨道移动电视，目前地铁站台已开通，每个站台安装 10 台 PDP，每列地铁有 48 台 LCD，从早 6 点到晚 11 点播放，9 月 1 日正式播出。目前除了北京、上海等少数地方的移动电视业务采用的是欧洲标准 DVB-T 外，绝大多数城市采用的都

① 转引自孙正一、柳婷婷：《2005：中国新闻业回望之第 4 季度》，来源：人民网，上网时间：2006-01-02。2006 年 2 月 4 日下载于：http://media.people.com.cn/GB/3993457.html。

② 洪伟成：《上海文广打造新媒体产业群》，载《解放日报》2005 年 7 月 20 日第 2 版。

③ 转引自孙正一、柳婷婷：《2005：中国新闻业回望之第 2 季度》，来源：人民网，上网时间：2006-01-01。2006 年 2 月 4 日下载于：http://media.people.com.cn/GB/3993455.html。

是清华 DMB-T 标准。① 目前移动电视的盈利模式主要靠广告，内容则以短平快的新闻、资讯、娱乐节目为主，增值业务如交互电视尚待开发。

移动电视领域中一个活跃的媒介形式是户外视频广告。2005 年，分众和聚众两家国内最大的户外视频广告提供商，成为这一新型市场的最大赢家。岁末年初，两家实现强强联合——分众传媒以 3.25 亿美元的价格取得聚众传媒 100% 的股权，聚众董事会主席虞锋以第二大股东的身份进入分众传媒董事会，与分众传媒董事局主席江南春一起成为联席主席。此举确定了新分众在中国户外视频广告市场的主宰地位，整合后其楼宇视频广告将覆盖中国 75 个城市的 1 亿多消费者。② 这将为国内移动电视的跨越式发展增添巨大动力。

① 母晓洁：《高清唱大戏 新媒体抢风头》，载《中国电子报》2005 年 9 月 19 日第 4 版。

② 胡天舒：《分众收编聚众》，载《南方周末》2006 年 1 月 12 日第 23 版。

第八章 2006年中国传媒市场发展报告

2006年中国传媒市场“百舸争流”、“千帆竞渡”。面对新媒体的冲击，传统媒体的数字化转型突飞猛进。激烈的市场竞争和新技术的成熟使得媒体的创新意识与日俱增。面对宏观政策的调控，新老媒体的调整与融合方兴未艾。转型、创新、调整与融合构成2006年中国传媒市场发展的主旋律。

自2005年广告增长进入“拐点”后，2006年全国报纸广告增幅继续减缓，报网互动进入“蜜月期”，数字报业迈出重要步伐。广电品牌塑造从栏目品牌向频道品牌提升，数字化变革导致竞争从频道转向渠道。门户网站竞争从同质化走向差异化。出版业迈入调整和变革阶段，市场竞争日趋激烈。电影市场呈现出百花齐放的良好态势，中国电影驶入产业发展快车道。

在政府规制上，宏观政策倾向从“紧外”到“强内”。以北京奥运为契机，我国严格的外国记者管理制度出现松动，出台了更多政策促进报网融合，为未来电影产业的发展创造出更有利的宏观软环境，规范各类电视选秀节目，重点治理医疗广告和电视购物节目，重点扶持动漫产业，加强出版行业的知识产权保护。政府的新媒体管理战略更加透明和明确，新媒体监管规制更加细化、渐趋完善。

Web2.0时代的来临让新媒体朝向草根化和人际交往的虚拟化方向发展；新媒体的娱乐化倾向越来越明显；新媒体的技术标准和行业监管纷繁，亟待规范和统一；新媒体的赢利模式模糊；新媒体行业的自身造血能力较弱。网络媒体、手机媒体及新形态的电视媒体都进一步继续改变着整个媒介市场的格局，具有极大的市场冲击力。

对外开放的步伐明显放缓。中国政府有关外资进入传媒领域的政策开始收紧，介入内地新闻媒体的外资面临清理，政府管理更加严格、规范和具体。部分"在全球市场上如狼似虎"的国际大传媒集团变成"中国市场上沉默的羔羊"。这使得外资在进军中国传媒市场时不得不更多的考虑投资风险。

第一节 传媒市场发展现状

一、报纸广告低速增长，数字报业迈出重要步伐

2006年全国报纸广告增幅继续减缓，"严冬"困境还未摆脱。据慧聪媒体研究中心按刊例价格对国内1000余份报刊的统计，2006年中国内地报纸广告市场总额为691.5亿元，比上年增长39亿，同比增长5.97%，增速低于2005年的9.97%。2006年上半年，我国GDP同比增长10.9%。统计显示，全国广告经营总额同比增长更快，达18%，而报纸广告经营额同比却只增长5%，低于广告业和GDP的增幅。① 报业广告增长趋缓主要原因还是遭遇到来自新媒体的挑战，尤其是分类广告，一般它在报纸广告中占到30%左右的份额，位置举足轻重，而自2005年以来报纸分类广告受到互联网极大冲击，大量报纸分类广告向网站转移。此外户外广告、楼宇广告、移动广告也继续分噬报纸广告的份额。

从感受到数字媒体的威胁到主动投身于数字报业，是中国报业2006年的深刻转变②。2006年5月，历时一年的《中国报纸出版业十一五发展纲要》（征求意见稿）制定完成。发展数字报业被列入报纸出版业发展的主要目标。2006年8月5日，国家新闻出版总署启动数字报业实验室计划，此举措在业内被看作是对传统平面媒体的一项"拯救计划"。首批加盟的报业集团有17家。2006年

① 夏金彪：《传统报业面临拐点 结盟谋求数字化转型》，载《中国经济时报》2006年11月17日。

② 吴海明：《2006：顿悟与追寻》，载《新闻战线》2007年第1期。

11月15日，由新闻出版总署报刊司发起的中国数字报业实验室“2006中国数字报业战略与实践高层研讨会暨中国数字报业实验室第一届理事会成立大会”在北京召开。此前宣布的《推进数字报业发展战略北京宣言》称，信息技术的迅猛发展已将报纸出版业推向历史性变革关头，推进数字报业发展战略，是中国报业创新发展的重大战略选择。

许多报人把2006年称为“报网互动年”①。一个共识正在报界形成：以互联网为代表的新型传播技术将重塑报纸出版业形态。数字时代将消除新闻出版业、广播电视业、娱乐业、信息产业、家电制造业的传统行业壁垒，使众多关联产业共同整合在内容产业的旗帜下。② 年初，中安网和新桂网正式并入安徽日报和广西日报；北京千龙网被北青报业兼并；湖南红网与潇湘晨报战略重组。2006年3月，百度公司推出“泛媒体联盟”，传统报业网站中，大洋网、奥一网、大江网、天极网成为最早“入盟”的成员。2006年12月，解放日报报业集团与新浪公司宣布：建立战略合作伙伴关系，双方将探索平面媒体与网络媒体合作共赢的全新模式，共建联合传播平台，在新闻内容、市场经营和资本运作等领域开展全方位的合作。③ 毕竟，当前报纸的优势仍然是明显的。中国报业所集中的国内传媒界的精英人才、最强大的发行市场、多年累积的公信力和影响力、几十年的品牌优势等都是网络媒体愿意与之互动、借以提升自己形象的根本原因。

以“拐点论”著名的《京华时报》社长吴海民认为：“传统报业正面临着一场战略性转型和结构性再造的挑战。报业集团将不再是报纸品种的单一组合，而是向着多媒体的方向渗透和组合，通过网络向着音频视频（及IPTV）等多个领域进军。”④ 在手机短信和

① 项宁一：《应对挑战的数字化探索》，载《新闻战线》2007年第1期。

② 项宁一：《应对挑战的数字化探索》，载《新闻战线》2007年第1期。

③ 肖景辉：《2006中国报业：奏响奋进的乐章》，载《传媒》2007年第1期。

④ 项宁一：《应对挑战的数字化探索》，载《新闻战线》2007年第1期。

手机报成为掌上传播工具后，2006 年国内报业通过网络向着音频视频（及 IPTV）等多个领域进军。以“4i 战略”著称的解放日报报业集团，陆续推出 i-news（手机报）、i-mook（数码杂志）、i-paper（电子报纸）、i-street（公共新闻视频），以不同终端形式对各个细分市场的受众实现无缝覆盖。这是国内迄今对报业数字化平台诠释最完整、规模最宏大的报业集团。① 2 月 18 日，浙江日报报业集团继去年在国内首家推出省级手机报后，又在控股网站浙江在线率先推出全新的数字报。这种数字报直接体现现有版面，照顾了既有读者的阅读习惯，又能发声、下载、检索、链接视频，符合数字化各项要求。“数字报业之父”、两院院士王选在世时称这一形式是他心目中“未来的报纸”。年内，国内已有过百家报纸采用该平台。8 月 1 日，宁波日报推出集读报（图文）、看报（视频）、听报（音频）、查报（链接）、说报（互动）于一身的《宁波播报》，并向手机延伸。10 月又推出基于高亮度反射型电泳显示技术的移动便携式电子报。自 2006 年 11 月 1 日起，大连日报每个版上都出现一个小小的、黑白相间的正方形条码，用手机拍摄下这个条码就可将读者认为需要保存的文章、照片推送到自己的电子信箱，不用剪刀和糨糊，完成了剪报收藏信息的工作。专业人士称：这是传统报纸迈向数字化综合媒体的第一步。

清华大学崔保国教授认为，未来的报纸必须建立三个平台：数字平台、网络平台和移动平台。这一论述被看作是高屋之论。未来的报纸盈利模式必然是综合型的模式，包括广告盈利、发行盈利、活动盈利、互动盈利、电子商务盈利、数据库资料盈利等。可以预见的是，数字报业给传统报业带来的将不仅是媒介形态的升级，更多将是在这种升级中探索出的报业产业链和生命力的延伸。

二、广电品牌塑造升级，竞争从频道转向渠道

2006 年，我国电视媒体品牌塑造的战略重点逐步从栏目品牌

① 明四新：《报业创新 2006》，人民网 2007 年 1 月 4 日。

向频道品牌提升，力图在品牌塑造上达到系统性和完整性。几年来，各省级卫视根据自身的地域特色和资源优势纷纷提出全新的发展战略，对原有频道、节目进行战略性调整，从根本上改变原来电视节目市场千篇一律、千台一面的格局。① 以电视的媒介品牌打造为例，媒介品牌的形成是同市场竞争力度相联系的。中央电视台“品牌化”战略已写进《国家“十一五”文化发展规划纲要》。这是迄今为止我国颁布的第一个文化发展纲要。这意味着“中央电视台的频道品牌化”战略已不仅是央视自我发展的目标，且已经上升到国家文化发展战略的一个重要组成部分。过去全国各省市卫星电视的栏目设置，甚至地市电视栏目的设置，基本上同央视保持一致，很少有自己的特色。近年来少不省市卫星电视，在认真研究全国电视媒介市场和自身实力的基础上，创造性地打造自己的电视媒介品牌并取得成功。比如，湖南卫视以娱乐定位，创造了具有湖南卫视特色的电视媒介品牌；安徽卫视以剧场式电视剧定位；江苏卫视以情感定位；重庆卫视以节目风格定位；凤凰卫视以突发事件定位……它们都打造了自己独有的电视媒介品牌，占领了特定的受众市场。

以娱乐为特色的品牌为湖南卫视带来巨大经济利益，也促使他们进一步在原有品牌的基础上更新换代，把品牌做得更好。首先从理念上就有所变化。“娱乐”定位到“快乐中国”的定位，使其品牌的含义从低层次的娱乐提升到更高层次的快乐。寻求快乐是人的本性，而快乐可包含更高层次的娱乐，凡是可以用来给人们提供快乐的题材，湖南卫视都可以做。“快乐中国”正是他们品牌升级的第一步。2006 年湖南卫视又提出“快乐升级”口号，从节目创新、视觉包装、活动策划上都有新变化。围绕着“快乐升级”，湖南卫视生产出娱乐化的体育节目。湖南卫视办体育节目，不是办成专业体育频道，而是把体育办成娱乐的一部分。成功的电视品牌会在传

① 段鹏：《电视媒介品牌的形象塑造策略》，载《中国记者》2007 年第 5 期。

播过程中给电视观众留下深刻的印象，建立起观众对于该栏目、频道的忠诚度。中国的电视媒体已进入到品牌竞争时代，品牌的塑造正在成为学界和业界日益关注的话题。而电视业中已经涌现出一批名牌栏目和精品频道，预示着中国电视行业正在走上一个较为完善和成熟的发展轨迹。①

2006 年，广电媒体纷纷利用广播电视数字化改造这一重大发展机遇，实现渠道控制，拓宽业务领域，抢占市场空间。数字化对广播电视的提升不是简单的技术升级，更重要的是对媒体品质的重新塑造。对渠道价值的再认识，对内容核心资源的再挖掘，以及对市场成长预期的期待，使得模拟时代的频道之争正在演化为数字时代的渠道之争。数字技术革命使得频道资源“泡沫化”，新媒介渠道不断产生，传统媒体的垄断优势向资源优势转化。因此，控制渠道，掌握终端，最终掌握用户，才可能占领市场。学者认为控制渠道要把握三个环节：实现对终端用户的控制；实现对节目版权的控制；实现对媒体牌照的控制。②

2006 年 3 月 14 日，正式公布的“十一五”发展纲要提出：“加强宽带通信网、数字电视网和下一代互联网等信息基础设施建设，推进‘三网融合’，健全信息安全保障体系。”对前一个五年规划中“促进电信、电视、计算机三网融合”的提法做了进一步的界定。③ 而深圳模式成为三网融合典型，深圳天威在有线数字电视整体转换方面再次创造“深圳速度”，随后又开通基于 HFC 网络的互动电视服务。此外，其宽带接入用户也已超过 20 万，充分体现基于有线数字电视网络的“三网融合”，并逐渐形成包括业务模式、管理模式在内的一整套运营体系。电视媒体也纷纷试水新业务

---

① 段 鹏：《电视媒介品牌的形象塑造策略》，载《中国记者》2007 年第 5 期。

② 高子华：《数字化变革中的广电渠道整合》，载《中国记者》2007 年第 1 期。

③ 李小兰：《三大热点推动广播电视数字化》，载《通信产业报》2007 年 3 月 7 日。

领域，2006年元旦CCTV高清数字频道“央视高清”正式向全国开播；同日上海文广互动电视有限公司也宣布开通自办的“新视觉”高清电视频道；4月27日，由广电总局电影频道（CCTV-6）节目中心开办的“CHC高清电影频道”及“CHC动作电影频道”两个全新的高清付费电影频道正式开播。从4月份开始，包括央视国际、南方传媒集团、中国国际广播电台在内的三家“广电大鳄”相继获得由广电总局批复同意开办IPTV业务的文件。

在经营方面，电视购物的开办拓展了电视产业链空间。湖南广电首开购物频道——“快乐购物”，并通过与当地电视台的合作相继落地南京、广州等城市。同时还依托全国性数字频道“快乐购物频道”，重点覆盖深圳、青岛、杭州等已完成数字电视平移的城市；南方广播影视传媒集团打造全天24小时播出的专业电视购物频道——“开心购物”；安徽广电开播“家家购物频道”；陕西电视台开播西北地区首家专业电视购物频道。中央电视台也进军电视购物产业 。

面对日益稀缺的受众“注意力”资源，播出“季”概念也在2006年第一次被提上日程，引入电视实践，央视二套今年全年推行“季”播计划，圈定五张播出表：日常正常编排表、寒假“季”表（包括春节）、五一“季”表、暑期“季”表和十一“季”表。重庆电视台也是“播出季”的先行者之一。2006年初重庆卫视利用元旦、春节两节紧密相连的机会推出“黄金月、中国节”编排项目，同时提出“编播季”的概念。① 此外，各媒体组织更是合纵连横，进一步抢夺受众。其中，上海文广旗下东方宽频携手美国在线（AOL）通过网络宽频提供中文电视，香港亚视牵手湖南卫视对抗与央视联合的香港无线，南方传媒结盟地铁公司开播地铁电视，南方广播影视传媒集团与揭阳广播电视台联合经营，湖南安徽卫视战略合作，南方传媒集团联合市县台谋求广告新增长点，南方

① 《2006年中国广播电视十大新闻》，载《广播电视遴选》2007年2月6日。

广播影视传媒集团联手新闻集团及维亚康姆等都透露出集团之间的资源共享，更反映出行业进入门槛的继续提高。

今年广电媒体与企业合作更为紧密。东方卫视在2006年推出主题名为“真实四季”的真人秀主题营销活动。重庆卫视3月份举行“春雷行动——2006年重庆电视台活动营销广告客户征订会”开辟省级媒体以活动营销为主要推介内容的推广会。浙江卫视联手雅虎中国打造“雅虎搜星”，山东卫视策划地市城市形象代言人选拔，央视启动奥运舵手选拔，东南卫视推出搜狗女声，央视的两大案例更是不容忽视。CCTV-2《绝对挑战》强档推出的《绝对挑战——巅峰营销》，为东风日产汽车招聘营销总监，节目策划录制全部过程，将东风日产的三款新车的下线上市推广完全镶嵌其中，既是国内首次亮相的最大规模、最真实、最激烈的“职场真人秀”，又是东风日产最完美、最有效的市场营销策划及实施过程。活动营销之所以这样红，正是因为这种所谓“植入”的新年传播方式，提供了企业在市场营销中所需要的必要形式和内容，加之媒体本身具有的传播优势，使得企业同时解决了“活动创意”和“传播瓶颈”的困惑，且降低了传播成本和操作风险。①

栏目创新和管理方面，虽然3月份广电总局进一步规范广播影视节目播出语言，各级广播影视播出机构不得擅自开办使用方言播出的节目。方言栏目剧还是刮起收视狂潮，席卷2006年各大地方卫视，以强有力的势头争夺电视剧地盘。从重庆卫视的《雾都夜话》到湖北经视的《经视故事会》，湖南经视的《新闻故事会》，青岛电视台监制的《岛城故事》等，成为地方台的竞争优势之一。

三、门户网站竞争同质化走向差异化

2006年7月19日，中国互联网络信息中心（CNNIC）发布的《第十八次中国互联网络发展状况统计报告》显示中国真正迎来

---

① 陈敢：《媒企联动的典型模式：事件营销》，载《市场观察广告》2006年第4期。

"宽带时代"。由中国互联网协会、DCCI 互联网数据中心联合发布的《INTERNET GUIDE 2007 中国互联网调查报告》显示，2006 中国互联网综合门户网站营业规模达 101 亿元。

长期以来中国的门户网站是新浪、搜狐、网易统治市场，随着 TOM、腾讯的加入，MSN 中文门户的发布以及雅虎 3721，门户网站的竞争越来越激烈。国外的互联网门户也在不断加入。因此，一些门户网站不断寻求产品创新，同时也在不断加大门户网站细分市场的投入。在门户网站竞争日益加剧的情况下，只有保持自身特色并不断创新，才能够不断进步，在互联网市场取得一席之地。2006 年，中国三大门户网站正跨过分水岭，每家门户都在各自的认定领域倾注心血，体现出更多差异化特质，网站的差异化竞争时代正式到来。

新浪新闻把最快和最多做到极致，在维护内容优势的同时开始向 Web2.0 式的门户过渡，先后推出包括博客、播客在内的多项 2.0 式服务，同时也成为在该领域最成功的门户网站。新浪的博客频道已为其带来超过上亿次的日点击量，也令新浪网 2006 年第 3 季度广告收入同比增长 40% 以上。建立在这次尝新的成功自信上，新浪在 2006 年年底推出播客频道，成为我国国内首家推出播客频道的门户网站。2006 年第 3 季度，新浪净营收共计 5610 万美元，毛利率为 64%，其中，新浪广告收入共计 3270 万美元。2006 年这家互联网门户股价一直在 20.23 美元到 30.36 美元之间浮动，公司市值为 15 亿美元左右。

网易这家中国市值最大的门户网站，2006 年以来越发不像门户网站了，网络游戏的收入占到总体 82%，只有 15% 来自于互联网门户的广告业务，而一度是网易"支柱"业务的无线增值服务目前在公司营收中所占比例不足 4%。过去 3 年，为了摆脱对无线业务的依赖，网易选择网络游戏大获成功。网易已超越盛大成为中国第一大网络游戏运营商。《梦幻西游》和《大话西游 2》等游戏吸引了大量玩家。然而，网易在优势领域网络游戏也在遭受挑战。网易 2006 年第 3 季度显示，尽管总收入达 7240 万美元，在线游戏服务收入占据 5920 万美元，但已经较上季度减少 3.7%。中国最大的网络游戏公司网易最近发布2006年第4季度的财务报告，显示网易第4季度总营收为6920万美元，比上季度下滑5.5%。网络游戏收入约5790万美元，比上季度下滑3.5%。截至12月《梦幻西游》最高在线人数再创新高，达到133.5万人。

在广告收入方面网易表现平平，第3季度网络广告收入明显低于新浪、搜狐两大门户网站同期的增长速度。同时因转攻网游业务后，网易已再难集中资源与新浪、搜狐大而全的门户比肩。在严峻形势下网易决定重新稳固网易门户的定位，除了保留免费邮箱服务外，网易裁撤无线、游戏、教育等频道，开始重新将资源更多的聚集在网络内容方面。网易日前市值23亿美元，而现在的调整则让网易重新重视门户路线。

2006年是搜狐真正转型的一年。在2005年底获得北京2008年奥运会网络服务提供商的提名后，在体育领域多次获得优势资源，先后签署2006年世界杯、NBA视频转播和多哈亚运会转播的授权。另一方面，搜狐在P2P视频领域投入重金，推出以娱乐和体育为主的视频电台，以2006年世界杯视频播报为初期尝试。2006年10月搜狐推出奥运频道。预计到2008年，搜狐的奥运报道团队将达到近300人，成为国内甚至全球范围内最强大的互联网奥运报道团队。自2005年11月获得2008年奥运会播报权，搜狐也成为百年奥运历史上的第一家互联网服务提供商。奥运和视频战略正让搜狐看到超越新浪的曙光，搜狐2006年第3季度总收入为3540万美元，比去年同期增长29%，毛利率为65%，其中广告收入2390万美元。2006年搜狐的股价在18.20美元到29.43美元之间浮动，公司日前市值为8亿美元左右。

四、出版业迈入调整和变革阶段

2006年中国出版的图书品种不断攀升，创意度提高，而总印数却多有徘徊乃至下降，对受众的拓展表现十分微弱，出版物销售实物量业已降至1995年以来最低值，成为急需解决的书业发展“瓶颈”。2006年，农业科技图书出版呈上升趋势，农家书屋全面铺开，“三农”读物有望破局。各地新闻出版局在相关部门的支持下纷纷建立农家书屋，部分省市已在实践中摸索出成功经验。教材出版发行通过招标进一步降价，进入微利时代；中国出版业外贸顺差，外贸数量、金额逆差缩减，版贸逆差减小，国际合作出版层次得到提高。

强势媒体的介入引发出版界改革。2005 年，中央电视台“百家讲坛”栏目进入普通观众视野。2006 年，百家讲坛与其相关图书红透半边天。刘心武的《刘心武揭秘〈红楼梦〉》，阎崇年的《正说清朝十二帝》，易中天的《品三国》，于丹的《于丹〈论语〉心得》……每本书都有数十万甚至上百万的销量，更有易中天新书稿高价拍卖、于丹日签售超过 1.2 万册等新纪录不断产生。①“百家讲坛”图书不仅是媒体的新闻兴奋点，更成为风波中心。刘心武、阎崇年、易中天、于丹等成为“争议”人物，但这似乎对图书销售有益无害。

出版产业链进行新一轮整合，上下游相互渗透。出版社办大书城，发行商参与出版，上下游的相互渗透，暗示着产业链的新一轮整合：9 月 26 日，由机械工业出版社投资创建的大型书城——北京百万庄图书大厦开始营业。大厦经营面积 8000 平方米，陈列各类图书 15 万种，是一家标准的综合性大型书城。这是国内首家由出版社出资成立的大型书城，它的开业，标志着社办书店从读者服务部、专业书店、连锁书店发展到了大型书城，几乎囊括图书零售业态的各种类型。10 月 26 日，上海新华传媒股份有限公司与上海文艺出版总社在上海书城举行合作签约仪式，共同组建“新华百家出版编辑部”。该编辑部将充分利用新华传媒紧贴市场的渠道优势和信息优势，负责编纂由新华传媒提供的图书选题，做好图书出版的前期工作，定稿后交上海文艺出版总社所属百家出版社出版，由新华传媒中盘事业部向全国总发行。新华书店以前都是向出版社采购，仅仅做发行环节，现在与出版社合作，共同策划选题，生产

① 金霞、郭虹、刘昶等：《出版发行体制改革　2006 中国书业大势大事》，《中国图书商报》2006 年 9 月 28 日。

自有产品，同时获得总发行权，以更好地打造市场。

图书销售模式不断创新、零售市场竞争日趋激烈。中国出版集团 4 月启动“畅销书推广计划”，借鉴国外书业成功的“先畅后销”的畅销书推广和运作模式，宗旨是通过推选、发布具有中国出版集团自身特色的畅销书。① 畅销书榜单在市场上图书品种极大丰富的情况下，榜单起着帮助指导销售的作用。现在的榜单和真正通过市场产生的畅销书有一定距离，但通过畅销书榜单向读者推荐新书，再结合书评等方式，逐渐建立完整的推荐体制，以指导读者更好地阅读，符合出版规律。从分销层面讲，终端扩张成为书店“跑马圈地”的主要方式，大卖场的折扣战格外引人关注。7 月 15 日，民营控股的大型书城第三极书局在北京海淀区开业。书局头三天举行“满百返百”和为期一个月的全场 8 折优惠活动；与此同时，与第三极书局一街之隔的北京市新华书店所属中关村图书大厦打出 7 月 15 日至 8 月 15 日全场 7.5 折的告示。8 月 15 日后中关村图书大厦又将打折销售延长至 10 月中旬。9 月 1 日，第三极书局宣布“全面回应价格战”，从 9 月 1 日到 10 月 20 日实行“全场 7 折”。价格战也波及网络书店，9 月 7 日零点开始，当当网 30 万种图书全场 6.9 折封顶销售（限北京）。10 月 16 日，中关村图书大厦全面停止为期三个月的“回馈读者”7.5 折活动，第三极书局也召开“结束恶性价格战，倡议良性价值竞争”新闻发布会。至此，这场轰动全国的所谓中关村“价格战”画上句号。

新华发行集团、民营书业转型继续深入。面对教材发行进入微利阶段，新华发行集团在经营管理模式上开始新尝试：在继续做好教材、教辅服务的基础上，新华书店比以往更加关注内部管理和外部市场，打出“组合拳”大力推进连锁、缩减经营成本、扩充营业网点反抢团购市场、开拓农村领域、实行多元经营，以调整新华书店过去依赖教材的单一经营结构，增强抗风险能力。与此同时，

① 露艳霞:《“畅销书”推广计划让新书大卖》，载《北京日报》2007 年 1 月 13 日。

民营书业转型进一步深入发展，纷纷采取措施化解困境，以期在行业重新洗牌的过程中求得新突破和发展空间。资金问题、信誉问题、管理问题、人力资源问题虽然不仅仅是民营书业的问题，但民营企业大部分靠自有资金运作，随着后期资金的需求越来越大，如果没有资本跟进，问题会更加严重。新华改制后的强势崛起，使书业竞争愈发激烈，一部分民营书业经营者面对新形势也开始调整经营思路和方向或考虑转型：如湖南弘道公司向小型精品连锁转型；四川川图公司在批发基础上开拓零售；50% ~60% 民营电子科技书店转向教材发行和图书馆配供。

出版社信息化建设步入热潮。2006 年 5 月中国版协科技出版工作委员会发放《出版社信息化建设发展状况调查表》，在被调查的 56 家出版社中有 39 家已设立专门的信息化管理部门，45 家拥有分管信息化工作的高层领导，39 家已设立 CIO（信息主管），46 家拥有专职信息技术人员。各出版社平均拥有技术人员 5.8 人。2005 年 9 月 ~2006 年 5 月，高教社信息化三期项目实施。浙江教育出版社的出版管理信息系统基本完成研发、推广工作。种种现象表明，出版社信息化建设正在升温。

五、中国电影驶入产业发展快车道

2006 年是中国电影的欣喜之年，无论是故事片产量、影片票房还是中国电影的国际影响与海外推广都延续了良好势头。影院及屏幕数有一定数量增加，数字电影的发展取得卓越成效。电影投融资的多元化格局得到进一步巩固，中小成本影片开始受到投资、发行和放映环节的重视。

国家电影局公布的数据显示 2006 年中国电影制作完成 330 部，产量居世界第四。这是继 2003 年起持续三年保持高增长，再次以 26.9% 的高增幅完成电影制作生产。全国可统计电影票房 26.2 亿元，同比增长 30%，电影综合效益达 57.3 亿元。除国内票房外，全国电影频道播放电影收入和国产影片的海外销售收入（含票房收入）分别贡献 12 亿元和 19.1 亿元。去年国产影片票房收入达到 14.4 亿元，占全年电影票房 55% 的份额，全面超过进口大片 11.8

亿的票房。① 影片数量和票房的增长都表明投资人和观众对中国电影市场利好前景的信心。

但从数量比例上看，投资在100～300万元的小片在中国电影中达85%左右，数量达200多部。而2006年仅排名前五的国产电影（含合拍片）收入就达6.45亿元(《满城尽带黄金甲》2.5亿元，《夜宴》1.3亿元，《霍元甲》1.01亿元，《宝贝计划》9700万元，《墨攻》6700万元)，占到去年国产电影票房收入的44.8%之多。可见，剩下的300多部影片总共只分享剩下55.2%的票房。它们中的绝大多数甚至没有机会在影院上映而直接进入电影频道或者库房。这不仅有发行渠道的问题，更显现国产电影数量和质量不成比例的畸形增长。拍得多但质量没有保证，一方面是影院对少量优质资源的争抢，另一方面却是大量影片的闲置，造成巨大资源浪费。

2006年我国共在38个国家和地区举办了48次电影展，170部次影片参加国际电影节，27部影片获得44个奖项。如数字电影《三峡好人》和《租期》分别获得威尼斯电影节金狮奖（这是近7年来中国电影首次在欧洲三大电影节获最高奖，也是中国“第六代”导演第一次获得这样的殊荣）和日本国际数字电影节大奖。“无论是获奖影片数还是奖项数都创下历史上最高纪录。”② 但获奖影片“墙内开花墙外香”的局面依然困扰着一群默默耕耘的电影人。《三峡好人》以飞蛾扑火般的勇气大战《满城尽带黄金甲》，仍以败局收场，海外版权收入成为其回笼资金的主要手段，这里面有电影人的无奈，但也值得反思——观众究竟需要什么样的电影？要用什么方法使更多观众关注非商业大片？在制作之外需要怎样开发发行和营销渠道？

院线方面，2006年，不少院线为增强市场竞争和抵御风险的

① 向兵：《2006，中国电影再创佳绩》，载《人民日报》2006年12月19日。

② 周婷玉：《2006中国电影业：奏出新百年第一曲交响乐》，载《经济日报》2007年1月20日。

能力，进行合并重组或不断对外扩张。如新影联院线合并了有一定实力的辽宁北方院线。重组后全国院线前10名的票房合计约为全国总票房的72.5%，8条院线年度票房超过亿元线，相比上年增加4条，增幅100%。但2006年院线票房的增长大多来自兼并重组或新建影院带来的放映资源的增加，单位银幕的创收大多未实现增长，因此，部分院线总体票房的上升是以投资的加大为代价。2006年全国新增影院82家，银幕366张。与2005年相比，新增影院增长49%，新增银幕增长34.5%。截至2006年年底，全国加入院线影院为1325家，银幕数量为3098张。外资也不断参与到影院投资当中。韩国CJ娱乐、SHOWBOX、MK PICTURE等大电影公司都已经展开与上影、中影、东方神龙等影企的影院建设合作。6月初，中影第一空间数字电影有限公司项目正式获得商务部批准，美国第一空间（Alpha Spacecom）将出资3000万美元投入数字院线建设，这也是外资进入国内数字电影放映市场的首例。

2006年农村电影数字化放映工程在全国范围内的试点工作正式启动。工程涉及全国8个省，16个市，145个县的37000个行政村，这些行政村每个月都能放映一场电影。全国县、市基层二级电影市场，如今也在产业改革中逐渐被激活。2005年全国直接利用数字设备拍摄的数字电影为52部，约占全年电影总产量的20%；而2006年数字电影拍摄数量过百部，约占全年电影产量的三分之一，票房收入也超过2005年。① 此外，预计总投资约90728万元的国家数字电影工程也正在紧张的施工过程中，这将为我国电影在数字化发展过程中提供丰富的内容资源。

2006年国有资本、民营资本及海外资本等多种投资主体继续齐头并进。合拍仍是目前流行的制作方式，大制作往往包含内地—海外—境外资金。国有广播影视企业股份制改造和上市融资正在逐步推进，比如中影集团公司便对若干个制片分公司和数字制作公司

① 苗娜：《中国广播影视：2006中国电影市场八大趋势》，来源：人民网，上网时间：2006-12-22。2007年1月10日下载于：http：//info.broadcast.hc360.com/2006/12/22094796761.shtml。

等进行股份制改造，试图实现资本结构和投资主体的多元化，融资规模和电影产量都有较快增长。一些新的融资模式也正在进入视野，如通过影展项目融资。在影展及投资会外，资金来源各异的种种独立项目也成为导演获得制片资金的方式，如刘德华的“亚洲新星导”(《疯狂的石头》便是“亚洲新星导”的产物)、星光传媒的“云南影响系列”等。张艺谋的《满城尽带黄金甲》获得香港渣打银行金融资本的支持，业内人士估计贷款金额约为1000万美元。与《满城尽带黄金甲》一样，华谊制作的冯小刚下一部电影《集结号》也已用无抵押贷款的方式获取银行5000万元的融资。①但能够像华谊或张艺谋影片这样通过资本运作或金融资本获取大量资金的，仍是极少数，资金瓶颈仍旧是困扰中国电影业的一大难题。

2006年中国电影市场既有如《满城尽带黄金甲》、《夜宴》这样的大片撑场，也不乏《疯狂的石头》之类小片佳作。口碑相传的效应让《疯狂的石头》以300万投入换来2300万元收益，《云水谣》和《东京审判》也分别取得3000万元和2800万元的票房，成为“国产中片”在市场上表现最好的两部。中小投资影片是中国电影的主要构成，提高电影发行专业性，重视中小成本影片的发行和放映，是提高中国电影收入总量的重中之重。

第二节　传媒市场规制办法与措施

一、宏观层面的整体态势

（一）宏观政策倾向——从“紧外”到“强内”

过去的两年，国家在传媒市场对外开放中一直保持更加审慎的

① 尹鸿、詹庆生：《2006中国电影产业备忘》，来源：中国网，上网时间：2007-01-05。2007年1月10日下载于：http://www.china.com.cn/culture/txt/2007-02/27/content_7874922_5.htm。

态度，整体态势是管理趋紧，这在媒介产业各层面的政策规定中得到充分体现。2005 年 8 月，中宣部等六部门联合发出的《关于加强文化产品进口管理的办法》、文化部等五部委联合发出的《关于文化领域引进外资的若干意见》以及《国务院关于非公有资本进入文化产业的若干决定》，从这 3 份文件可以看出国家在媒介市场开放进程中的顾虑和战略考量（具体详见本章下文）。

若以“紧外”为特点来形容 2005 年国家宏观政策面的特点，进入 2006 年，国家重点转为“强内”，加强自身的“输血和造血”功能——扶持民族文化产业做大做强，以应对境外强大的媒介和文化产业集团对我们的冲击和挑战。从 2006 年 2 月起至 2006 年年底，国家共颁布八项各类办法、通知和规定以扶持国内相关产业的发展，其中包括：中共中央、国务院发出《关于深化文化体制改革的若干意见》(以下简称《意见》)，文化部办公厅关于印发《国家文化产业示范基地评选命名管理办法》的通知，文化部颁布《扶持动漫产业发展部际联席会议专家委员会工作章程》，《国务院办公厅转发财政部等部门关于推动我国动漫产业发展若干意见的通知》，国务院办公厅转发财政部中宣部《关于进一步支持文化事业发展若干经济政策的通知》(以下简称《通知》)，新闻出版总署公布《关于深化出版发行体制改革工作实施方案》(以下简称《方案》)，国家标准化管理委员会批准颁布《中国标准书号》，《广电总局关于 2006 年 12 月全国国产电视动画片制作备案公示的通知》。我们将这一政策倾向形容为“强内”。

2006 年是“十一五”规划开局之年，国家对文化产业发展投入极大关注，年初的《意见》可视为中央对于搞好文化产业的指导总纲，相关部门后续出台的文件都是对该《意见》的细化和执行。

6 月 9 日，由国务院办公厅转发财政部、中宣部的《通知》中明确表示，“十一五”期间，中央和省级财政将分别建立宣传文化发展专项资金，每年按 2005 年实际拨付数为基数列支出预算；继续对宣传文化单位实行增值税优惠政策，对电影发行单位实行营业税优惠政策。根据《通知》，“十一五”期间，我国将继续征收文化事业建设费；继续实施促进电影事业发展的有关经济政策，从电影放映收入中提取5%建立“国家电影事业发展专项资金”，继续鼓励对宣传文化事业的捐赠。

新闻出版总署8月1日公布的《方案》显示，国家鼓励出版集团公司和发行集团公司相互持股，进行跨地区、跨部门、跨行业并购、重组，建立必要的经营性分支机构；推动有条件的出版、发行集团公司上市融资；大力发展连锁经营、物流配送、电子商务、信息管理等现代流通技术和手段；鼓励非公有资本以多种形式进入政策许可的领域等。①《通知》和《方案》这两份文件涉及宣传文化、各类媒体、出版发行和电影等领域，解决的是税收、资金、体制等现实问题，体现了国家推进文化体制改革，做大做强民族文化产业的决心和谋略。

（二）以北京奥运会为契机，我国严格的外国记者管理制度出现松动

2006年12月1日，国务院477号令公布《北京奥运会及其筹备期间外国记者在华采访规定》，宣布从2007年1月1日开始到2008年10月17日北京奥运筹备和举行期间，放宽外国记者在中国采访的限制。新规定包括九条，最大的突破是其中第六条和第七条，即今后外国记者在华采访，“只需征得被采访单位和个人的同意”，而不像之前需中国国内单位接待并陪同记者赴地方采访，也无需再向地方外事部门申请才可进行采访；“外国记者可以通过外事服务单位聘用中国公民协助采访报道工作”，之前这种做法是不允许的。② 此外，还简化了器材入关手续。“规定”的实施反映了北京奥运会与奥运会惯例的接轨，也反映1990年以实行《外国记者和外国常驻新闻机构管理条例》（以下简称“条例”）为标志的我

① 综合新华社2006年6月至8月的消息。

② 陈力丹：《我国传媒面临更多的职业道德和规范的拷问：2006年新闻传播业的十个话题》，来源：中华传媒网，上网时间：2007-03-02。2007年4月4日下载于：http://academic.mediachina.net/academic_zjlt_lw_view.jsp?id=5265&peple=64。

国严格的外国记者管理制度出现松动。外国媒体和记者是国际社会了解中国各方面发展情况的重要渠道，调整现行外国记者管理法规，对其加以积极引导并提供良好服务，有利于促使外国新闻媒体全面、客观、真实地报道中国，为我国的发展提供客观友善的国际舆论环境。①

外交部新闻发言人刘建超解释说，这个新规定实际上放宽了外国记者在中国采访的许可，“从以往的各国主办奥运会的实践经验看，报道奥运是广义的概念，对奥运会的报道并不仅仅限于奥运会本身，还包括主办国的政治、经济、文化、科技、教育等方方面面”。刘建超强调，“中国政府无论是现在还是将来都欢迎外国记者来华采访报道，将继续努力为他们在华工作生活提供便利”。在中国新闻发展史上，这是有“里程碑”意义的事情②，借2008年奥运会进行一种新闻管理改革试验。如果实验成功，这种实验的有益成果极有可能制度化和常态化——以北京奥运会为契机，国家新闻管理有望放开。

二、各行业的政策规制

（一）报纸行业：发展数字报业

《全国报纸出版业“十一五”发展纲要（2006—2010）》提出在未来5年内，报纸出版业发展主要目标之一是发展数字报业。从网络版的经营做起是实现我国报业从纸媒向数字报业平稳过渡的基本路径。③ 由此，传统报业与网络媒体的融合互动在2006年得到极大增强。与传统的报业相比，网络媒体给受众提供更丰富的内容，

① 孟建、陶建杰：《中国新闻管理制度的历史性进步——我国实施“北京奥运会外国记者采访规定”的理论阐释》，载《新闻记者》2007年第5期。

② 孟建、陶建杰：《中国新闻管理制度的历史性进步——我国实施“北京奥运会外国记者采访规定”的理论阐释》，载《新闻记者》2007年第5期。

③ 喻国明：《2007年：中国传媒业的三种转型》，载《传媒》2007年第3期。

更多选择，以其良好互动性在受众和媒体间搭起沟通的桥梁。①《信息网络传播权保护条例》从2006年7月1日起正式实行，这对于依托传统报纸创建的新闻网站，无疑是好消息。和其他门户网站相比，新闻网站不仅完全共享了互联网本身诸如信息的丰富性、分类性、互动性等优点，更由于其背后得天独厚的内容支持而规避了互联网的弱点，如虚假信息的泛滥。网络和报纸的结合又得到更多政策保护，这是中国“报网互动”进入“蜜月期”的政策保障。

（二）影视行业：建设软环境与扶持动漫产业

电影电视作为文化产业的核心产业在2006年9月13日公布的《国家“十一五”时期文化发展规划纲要》中占据举足轻重的地位。在《纲要》明确提出的未来五年将着力发展的九类重点文化产业中，影视制作业被排在首位。2006年6月22日起开始施行的《电影剧本（梗概）备案、电影片管理规定》，实际上是对过去的《电影剧本（梗概）立项、电影片审查暂行规定》(2004年8月10日起施行）的一种政策微调。由“立项”改为“备案”，虽仅是程序名称上的细小变更，仍反映了管理者试图在一定程度上弱化或放松审查程序的意愿。但在电影内容审查环节，《规定》则再次明确了电影片中“禁止载有的内容”以及“应删剪修改的内容”，这些事前告知的细则旨在引导制作者的创作方向，使投资人规避可能因内容带来的政策风险。另外，《电影促进法》已被明确列入需要抓紧研究制定的文化立法项目之一，有望在“十一五”期间得以最终完成，而这对于促进未来中国电影产业的发展，无疑将起到决定性作用。这些制度建设和具体措施，已开始为未来电影产业的发展创造出更为有利的宏观软环境。

2006年是国家对动漫产业大力扶持的一年。4月，财政部、教育部等10部门联合发布《关于推动我国动漫产业发展的若干意

① 吴海民：《网络来了，报纸咋办?》，来源：西祠胡同，上网时间：2006-12-20。2007年3月4日下载于：http://www.xici.net/b285339/d47109411.htm。

见》，提出通过政策推动，力争用5至10年时间，使国产原创动漫产品的生产数量大幅增加、产品质量明显提高、技术创新能力持续增强、精品力作不断涌现，动漫产业创作开发和生产能力跻身世界动漫大国和强国行列，在逐步占据国内主要市场的同时，积极开拓国际市场。之后广电总局又颁布《关于进一步规范电视动画片播出管理的通知》，规定自2006年9月1日起全国各级电视台所有频道每天17时至20时，均不得播出境外动画片和介绍境外动画片的资讯节目或展示境外动画片的栏目；合拍动画片在这一时段播出，需报广电总局批准。据不完全统计，全国已有二十几个省市将动漫产业作为新兴产业予以大力扶持，北京、上海、重庆等地相继出台优惠政策，建立了动漫产业基地，200多所大专院校开办动画专业。这些政策和措施为中国动漫产业的发展注入新动力。

（三）广告行业：重点治理医疗广告和电视购物节目

2005年，许多公众人物由于拍摄医院、药品、保健品广告误导大众受到起诉，同时造成相当恶劣的社会影响。2006年7月19日，工商总局、广电总局下发《关于整顿广播电视医疗资讯服务和电视购物节目内容的通知》，明确提出“以医生等专业人士为嘉宾进行的健康讲座”，不得宣传治愈率，专家与患者现场或热线沟通交流的内容禁止播出。此外，《通知》还专门针对广受诟病的电视购物节目做出规定，自8月1日起，所有广播电视播出机构将暂停播出介绍药品、医疗器械、丰胸、减肥、增高产品的电视购物节目。2006年12月7日，国家工商总局、中宣部、公安部、监察部、国务院纠风办、信息产业部、卫生部、国家广电总局、新闻出版总署、国家食品药品监督管理局、国家中医药管理局等8部门共同制定并向社会公布《违法广告公告制度》，其中以医疗广告的整治为重点，出台针对保健食品、药品和医疗广告的“五个严禁”：严禁以新闻的形式做广告，严禁公众人物用自己的形象做证明广告，严禁保健食品广告里有医疗功能，严禁药品广告夸大功能，严禁医疗广告宣传治百病。2006年12月24日，国家工商总局宣布新的《医疗广告管理办法》将于2007年1月1日起实施。此前，医疗广告监管的难点在于事先审查较为宽松，卫生部门仅采取出证审查，医疗机构有很大事后创意空间。自新办法实施后，医疗广告播出或刊发内容成品必须送到省级卫生或中医药管理部门进行审查。一旦审查通过，广告成品内容在刊发或播出时连标点都不得改动。非医疗机构不得发布医疗广告，医疗机构不得以内部科室名义发布医疗广告。《医疗广告审查证明》的有效期为一年。到期后仍需继续发布医疗广告的，应重新提出审查申请①。

（四）出版行业：加强知识产权保护

2006 年被称为“中国版权保护的分水岭”，侵权盗版等违法行为受到越来越严厉的打击，各项政策措施的不断出台意味着中国知识产权保护正在走上法制化的轨道。3 月 3 日，中国电影版权保护协会（CFCPA）与美国电影协会（MPA）签署《谅解备忘录》，中美双方就维护电影版权和打击侵权盗版等方面的一些原则性意见达成共识，将会加强中美双方电影版权保护活动中的沟通与合作。3 月 6 日，文化部印发《2006 年音像市场整治工作方案》，目标是通过开展以“阳光行动”为重点的音像市场整治工作，严厉打击违法音像制品经营活动，坚决遏制侵权盗版音像制品泛滥的势头，最大限度提高正版音像制品的市场占有率，努力为民族音像产业的发展创造公平、竞争、有序的社会文化环境。4 月，国务院印发《保护知识产权行动纲要（2006—2007）》，提出要按照“履行承诺、适应国情、完善制度、积极保护”的方针，建立健全相关法律法规，加强行政和司法保护力度，鼓励自主创新，为维护权利人合法权益提供有力保障。

（五）新媒体产业：管理透明和细化

2006 年，政府的新媒体管理战略更加透明，更加明确。同时，继承 2005 年的趋势，对新媒体的监管规制也有更加细化、渐趋完

---

① 综合新华社 2006 年 7 月、12 月的消息。

善的倾向。《中国互联网络信息中心域名争议解决办法》、《互联网电子邮件服务管理办法》、《互联网站管理协调工作方案》、《电子信息产品污染控制管理办法》、《关于加强互联网域名注册服务管理的通知》等，在域名争议、电子邮件管理等微观层面填补不少漏洞，也使网络媒体所提供的服务越来越多地被纳入法律体系中。这可视为2005年信息备案管理工作的发展与延续。2006年7月1日施行的《信息网络传播权保护条例》明确规定：除法律、行政法规另有规定的外，任何组织或者个人将他人的作品、表演、录音录像制品通过信息网络向公众提供，应当取得权利人许可，并支付报酬。表现出继著作权受到保护之后，传播权也开始受到限制。《广电总局办公厅关于规范移动数字多媒体广播技术试验的通知》禁止各地擅自实验推广移动电视。此外，根据3月27日广电总局发布的《关于加强移动数字电视试验管理有关问题的通知》，移动电视得到批准的试验范围，仅限于公交车、出租车和长途车。可见，对于移动数字电视等新媒体，新出台的法律法规体现从严管理的方针。

三、传媒市场对外开放：步伐明显放缓

如果说在2003年和2004年，中国传媒市场的对外开放的特征是“明显提速”的话，那么在2005年到2006年，用“步伐明显放缓”来形容中国传媒市场的开放形势是很恰当的。

2004年底国家广播电影电视总局和商务部联合发布《中外合资、合作广播电视节目制作经营企业管理暂行规定》(总局44号令)，对外资进入中国广播电视节目制作领域做了具体规定，允许外资参与国内电视节目制作。这个规定使得很多人认为2005年会出现外商投资高潮。然而在2005年和2006年，外资进入中国传媒市场的领域、规模、落地空间等较之前两年明显放缓，部分领域停滞不前甚至倒退。许多业已进军中国的传媒大鳄纷纷感受到“试水”中国之痛。①

---

① 佚名：《外资媒体中国“试水”之痛》，载《今传媒》2006年第6期。

出现这种状况，首先是因为在经过3年的政策放宽后，从2005年起中国政府有关外资进入传媒领域的政策开始收紧，介入内地新闻媒体的外资面临清理，政府管理更加严格、规范和具体。2005年2月25日，国家广电总局向各省、自治区、直辖市广播影视局（厅）发出《关于实施〈中外合资、合作广播电视节目制作经营企业管理暂行规定〉有关事宜的通知》，规定“境内电台、电视台等播出机构不能与境外机构合作设立合营企业”，“原则上不得再申请设立第二家合营企业”，“外方合作机构应自申请之日起的前三年内没有对我不友好的记录”，“合营企业生产的各类节目按国产节目进行管理。严禁假借合营企业制作的名义引进境外频道和各类节目”，“合营企业不得参与境内电台、电视台的频率、频道经营业务”。这些要求进一步强调外资只能“制作”，不能“播出”和“经营”，限制外资扩张，提高外资进军中国的门槛，且强化对合营企业的审核和监管。新闻集团旗下的星空卫视借助青海卫视实现节目全国落地的“违规”行为在2005年8月被叫停，新闻集团旗下的ESPN被发现不在国家广电总局1月底下发的《广电总局关于2007年度三星级以上涉外宾馆等单位可申请接收的境外卫星电视频道范围的通知》名单之列。业界普遍认为，这很有可能是中国有关部门给予新闻集团的处罚。2005年8月中宣部等六部门联合发出的《关于加强文化产品进口管理的办法》、文化部等五部委联合发出的《关于文化领域引进外资的若干意见》以及《国务院关于非公有资本进入文化产业的若干决定》，释放了比以前政策更为严格的信号，表明“我们国家在文化领域对内外资是实行有区别的政策，而不像经济领域实行一视同仁政策。”① 2005年11月，中国政府已暂停允许外国报纸在华印刷的计划。2006年8月，政府宣称不打算解除外国报纸不得在中国大陆印刷的禁令。外国报纸必须在香港或是其他地方印刷，然后运往大陆。2006年4月，

① 《文化领域向外资开放有“允许”有“禁止”》，来源：新华网，上网时间，2005-08-05。2007年1月2日下载于：http://www.sun0769.com/news/china/area/t20050805_6942.htm。

中国宣布暂停科学和技术主题以外的外国杂志申请发行许可，仅出刊一期的摇滚和青少年文化杂志《滚石》遭禁，对寻求进入中国蓬勃广告市场的国际媒体公司形成冲击。7 月 27 日，信息产业部发布《关于加强外商投资经营增值电信业务管理的通知》，国外电信公司曲线进军中国电信市场的道路已经被彻底堵死。① 9 月 10 日，新华社发布的《外国通讯社在中国境内发布新闻信息管理办法》规定，外国通讯社在中国境内发布新闻信息，以及国内用户订用外国通讯社新闻信息，应经新华通讯社批准，并由新华通讯社指定的机构代理。这意味着因为奥运会而获得更大采访空间的外国记者、媒体并没有取得更大相应在中国内地的传播权。政策的收紧以及管制的更严格和具体，使得外资在中国传媒市场很难找到新的投资领域和获利空间，因而步伐明显放缓。

另一方面，“在全球市场上如狼似虎”的国际大传媒集团变成“中国市场上沉默的羔羊”。② 这使得外资在进军中国传媒市场时不得不更多的考虑投资风险。作为以渠道为主的发展模式的代表，进军中国传媒市场多年的新闻集团旗下的星空传媒每年在中国亏损 2000 万美元到 3000 万美元。新闻集团经营 20 年的中国战略似乎被搁浅。③ 作为以内容为主的发展模式的代表，维亚康姆在中国的经营“显然是入不敷出”④。由于“短时期内仍然面临巨大的盈利压力”，外资媒体有的选择转型，由传统媒体转向互联网以及移动增值，有的选择退出。默多克在新闻集团 2006 财年年度报告显示，

① 周清华、韩刚、吕廷杰：《解剖国内手机电视运营模式》，来源：通信企业管理，上网时间：2006-11-09。2007 年 3 月 4 日下载于：http：//www. bmedia. com. cn/newshtml/cyzx/20061109092542. htm。

② 唐润华：《外国传媒集团在中国发展现状分析》，来源：媒体安都，上网时间：2005-01-18。2007 年 1 月 2 日下载于：http：//info. broadcast. hc360. com/2005/01/18084774228-3. shtml。

③ 叶盈：《新闻集团：磨练 20 年》，载《今传媒》2006 年第 6 期。

④ 王林：《跨国传媒悄然为中国转型业务探路》，载《经济观察报》2007 年 3 月 31 日。

“新闻集团正在加速完成从传统媒体公司向大型数字媒体公司的转变”①。2006年11月11日，星空传媒与中国移动在京宣布［V］无线原创音乐平台的正式成立。2006年10月维亚康姆MTV联手中国内地十大唱片公司与百度达成战略合作。由百度提供平台，维亚康母提供视频音乐内容，双方共享视频节目的广告分成。2005年年末颁布的《关于文化领域引入外资的若干意见》明确要求，“中方控股51%以上或中方占有主导地位”。这一变化打乱了华纳兄弟影院在中国的布局。2006年11月，华纳兄弟影院也最终决定从中国全面撤出。

不过，由于中国市场的巨大诱惑力，以及中国对外国资金、管理、技术的需要，特别是中国媒体借助外国媒体“走出去”的需要依然如故，外国传媒进军中国的基础依旧存在。如何既让外资进入，又不改变中国传媒原有的属性，以及如何在不违背中国政策的前提下，拓宽生存空间，创造成功的盈利模式，值得业界和学界共同探索。

第三节　新媒体市场发展状况

一、博客

2006年9月CNNIC发布的《2006年中国博客调查》显示，截至2006年8月底，网民注册的博客空间超过3374.7万，成为互联网最大的热点应用之一。博客数量达到1748.5万，其中活跃博客为769.4万（指平均一个月至少更新一次），博客读者达到7556.5万。②

---

①《跨国传媒中国求变 传统业务受限转投新媒体》，来源：星岛环球网，上网时间：2007-04-02。2007年4月4日下载于：http：//www.stnn.cc/finnace_news/200704/t20070402_505377.html。

② 孙正一、柳婷婷：《2006：中国新闻业回望》，载《中国传媒》2006年第12期、2007年第1期。

2006年3月3日人民网开通两会博客，设“代表委员博客”、“记者博客”和“博客写两会”3个专栏。开通不到一天就发表文章250多篇、网民评论400多条，页面访问量突破10万人次。“两会”期间无论是“两会”代表，还是媒体记者，都热衷于通过博客来进行信息沟通。“两会”之前及期间，有代表、委员通过在网上建立博客，来公布自己的议案提案，征集广大民众的意见或写下“两会”日记，让更多的人了解“两会”。这些博客引来大量跟帖，质量也很高。政协委员杨澜的博客中一则题为《我们“看病贵”是因为医生的收费高吗?》的文章，在上传的两天时间内就有2958次阅读记录，132条评论。有些网民不但通过博客发表对议案、提案的意见，还提供自己原创的“议案”、“提案”，引起关注。通过博客，“两会”上的代表、委员与“两会”之外的“代表”、“委员”在网上互动。更为热闹的要数名记者们为“两会”报道开通的博客，以中央电视台经济频道主持人王小丫在新浪网注册名为“小丫跑两会”博客，点击量一直处于前三甲的位置，记者柴静的名为“柴静两会观察”的博客也位列前十。在网上开通博客的媒体记者还有“马斌读两会”、“伟鸿看两会”等，在“两会”期间，这些博客以其特殊的传播效应，发挥了其他沟通渠道不可替代的作用。2006年4月29日，钱江晚报、博客网和宋城集团共同主办的首届博客节上，来自各地的三千博客不约而同举起照相机，记录下博客发展史的一个拐点。

2006年，博客网站的商业化探索迈出了第一步。8月，博客网bokee推出名为“博客金行”的博客广告服务，在博客广告领域迈出了实质性的步伐。博客网先后与福特、LG、联想等公司推出了产品博客，以此为基础开展互动营销、体验式营销，在博客营销方面做出了突破性的尝试，且取得良好收益。中国博客网blogcn则与方正推出博客文集印刷服务，在博客出版方面做出了大胆尝试。2006年作为博客发展年，亦有各种问题。在博客上进行人身攻击引发的官司日益增多，更有甚者通过博客泄露商业机密或者毁坏公司商誉也大有人在，在博客上进行个人情绪宣泄、语言暴力，发布一些不负责任和不真实的信息等现象并不罕见。2006年3月15

日，女博客秦涛在其博客上表示，搜狐 2005 年 8 月 9 日发布的《百度疯了，麦莎来了，阿里巴巴卖了的六种感觉》和 2006 年 2 月制作的《博客，女人，谁成就了谁?》专题部分内容取自其博客内容，但搜狐都没有和她联系过，秦涛认为这侵犯了她的著作权。对此，她正式委托律师向北京市海淀区人民法院起诉搜狐公司，并获得批准立案。3 月，全国首起“博客告博客”案粉墨登场。知名博客沈阳发现网名为“秦尘”的学生张明在博客网上发表了很多贬低自己人格的文章，但博客网并没有及时将这些文章删除。沈阳认为自己的名誉受到了极大伤害，将“秦尘”以及博客网一起告上了法庭。

鉴于博客发展带来的许多问题，加强管理的呼声此起彼伏。博客实名制也成为 2006 年网络上的最大争议。想要直接立法限制博客，国内外环境并不具备，面临阻力巨大。对于“博客实名制”，支持者和反对者都有充足的理由。双方争论的焦点在于：实名制管理是否会破坏博客和互联网平等开放的基本精神?“博客实名”能否真的让博客文明?“博客实名制”是否会摧毁中国博客网站、乃至整个网络业？实名制是否会侵犯网民隐私权？实施实名制的社会总成本有多高？监管博客需要什么样的手段和机制?①

二、宽带视频

以播客为代表的网络宽频在 2006 年渐成井喷之势，根据相关调查机构的报告显示，到 2006 年年底，国内的宽带视频网站已经达到 200 多家。借着世界杯的东风，宽带视频作为新兴网络媒体的地位迅速飙升。

2006 年 3 月，搜狐宣布与上海文广集团旗下东方宽频签约；2006 年 5 月 19 日，P2P 流媒体技术提供者悠视网（UUSee. com）正式宣布与上海文广集团旗下的东方龙移动信息有限公司签订独家合作协议；2006 年 6 月，德国世界杯足球赛开幕，搜狐、新浪、

① 匡文波：《2006 新媒体发展回顾》，载《中国记者》2007 年第 1 期。

腾讯等一批门户网站围绕世界杯网络视频播报以及受益问题，展开斗智斗勇的拉锯战；除世界杯外，其他国际性重大体育赛事也成为网络宽频掘金的“富矿”。2006年2月8日，NBA官方授权新传宽频体育在中国经营NBA赛事在线直播和NBA梦幻经理人游戏等内容。

视频分享网站也因为播客事件的不断上演而热火朝天地发展起来，2006年1月，网上传播出恶搞电影《无极》的视频短片《一个馒头引发的血案》，迅速蹿红，引发恶搞视频短片的流行风潮；2月11日，《无极》导演陈凯歌表示已起诉《一个馒头引发的血案》作者胡戈，视频恶搞首次上升法律层面，并引发一场视频作品尺度的全民大讨论。2006年7月11日，猫扑网宣布签约中文世界第一播客美少女dodolook，并邀请网络视频高手胡戈联袂打造中国第一“极客”视频，借此盛事对“极客文化”进行生动演绎。靠“草根”精神发家的视频分享网站迅速形成比较稳定的流量规模，引起国内外风险投资的极大兴趣，2006年8月3日，搜狐网IT频道爆出消息称视频网站56网（我乐网）将获得红杉资本的风险投资，土豆网也获得高数额风险投资。但是，在众生狂欢的背后，也有不少人看到宽带视频业务发展过程中出现的问题和进一步前进的困难所在。

从内容来看，原创性的宽带视频内容比较少，现有内容出现娱乐化、低俗化倾向。“现在的‘宽频娱乐’网站提供的视频娱乐产品无外乎两大类，一类是利用现有的信息源，即传输传统媒体的原版视频节目；另一类是‘小视源’，即用户原创作短片，也就是所说的‘草根’。”① P2P流媒体技术网站的合法内容一般是具有版权的内容，而网站使用原版视频节目要向版权所有者交纳数额不菲的版权费，如贸然使用盗版内容，又将面临法律困境。对于视频分享网站来说，这个问题尤其突出。为了维持网站内容的数量，草根

① 李敬：《宽频娱乐网站面临三大挑战》，来源：中国经济网，上网时间：2006-08-25。2007年3月4日下载于：http：//www.ce.cn/cysc/main/right/jsxw/200608/25/t20060825_8283096.shtml。

视频成为宽带视频网站的唯一选择，而这些草根产品在内容质量上又差强人意，多以搞笑作品为主，甚至出现色情化和暴力化的倾向。

此外，目前宽带视频媒体模糊不清的盈利模式也让它们叹息"奈何掣肘"。虽然不少宽带视频媒体获得高额的风险投资，但是自身造血能力的缺失始终是其发展过程中的心头之患。不论是基于P2P流媒体技术的宽带视频网站还是视频分享网站，广告都是其期待中的获利主要来源，但广告的市场份额有限，单纯的广告收入也不能支撑宽带视频网站的巨大开销。付费视频产品是另一个可能的盈利模式，但是用户对付费模式的认同度并不高，国内IT行业研究机构北京计世资讯公司发布的《2006中国宽频播客市场研究报告》数据显示，只有28.59%的宽频用户愿意接受服务收费，而42.17%的宽频用户目前还只愿意接受免费的宽频服务。① 另外，宽带视频内容的收费增值服务和特定内容冠名也是设想中的另外两种盈利模式，目前还没有形成规模。

综上可以看到，宽带视频业务的快速发展和宽频泡沫中间只隔着薄薄的一堵墙，网络宽频业务的发展仍处在不成熟的成长期。

三、电子杂志

第三代电子杂志是融入声音、图像、动画、视频等手段，把平面杂志的交互性、可视性做得更完美、更具冲击力的杂志类型，是传统平面媒体与网络媒体的绝妙结合。② 它打着多媒体、互动性、P2P发送方式的三大旗号从2005年进入迅速发展时期。根据iResearch市场调查，2005年全国电子杂志平台的总用户数量高达2000万户，进入2006年之后更有一个较大的增长。截至2006年6月底，电子杂志三大平台Xplus、ZCOM、POCO各自的用户数量均

① 薛娟：《风投看好宽频播客》，载《中国经济时报》2006年9月6日14版。

② 姬南：《电子杂志：2006年的"网络奇葩"》，载《北方传媒研究》2006年第4期。

达到千万量级，月活跃量达百万量级。① 对比不足8000万的中国宽带用户，这个数字非常可观。

南方报业、文广集团、时尚集团、瑞丽等一线媒体运营商开始介入电子杂志市场，时尚旗下的《时尚炫装》在Xplus的平台上一直高居点击率前列。2006年2月CNNIC报告显示，电子杂志有高达16.7%的用户经常使用，超过人气正旺的博客（14.2%），而艾瑞市场咨询的报告称2005年中国数字杂志（电子杂志的另一种表述方式）用户高达2000万，2006年将达到3200万。电子杂志平台商在2006年纷纷携手传统杂志。以ZCOM为例，2006年3月，《电影世界》落地ZCOM；4月，上海青年报社携手ZCOM推出电子杂志《为WHY》；6月，ZCOM正式宣布签约《新财经》、《环球人物》、《文明》、《数字商业时代》、《大众电脑》、《新青年》、《高尔夫时尚》等国内23本期刊杂志品牌，为其发行同名电子杂志。目前，ZCOM已经和70多家传统媒体开展合作。另一方面，Xplus也和将近70家传统媒体联手，其中有《精品购物指南》和《经济观察报》等；POCO也已和40家左右的传统媒体签约，包括《欣薇》、《精品购物指南》。

传统媒体的介入大大提升了电子杂志内容的质量、品位以及品牌知名度，也从一定程度上解决了未来电子杂志刊号的问题。而电子杂志平台能够为传统媒体拓展发行渠道和提供广告增值服务。②电子杂志和传统媒体的互相补充，让新旧媒体进一步地融合。另外，随着杨澜、鲁豫等明星个人电子杂志的陆续出现，个人电子杂志迅速成为新时尚，被认为是继博客之后的“又一把互联网之火”，创办个人电子杂志成为了一种时尚。专业人士分析，目前大部分名人博客更像是拉家常，更有甚者靠曝光隐私搏人气，造成众

---

① 霍瑞坚：《探索赢利新模式　看“电子杂志”风云2006》，来源：《投资与合作》，上网时间：2006-10-24。2007年3月4日下载于：http：//gov. finance. sina. com. cn/zsyz/2006-10-24/91422. html。

② 邝新华：《新经济导刊：2006电子杂志新媒体翘楚》，来源：《新经济导刊》，上网时间：2007-1-29。2007年3月4日下载于：http：//news. iresearch. cn/0200/20070129/59929. shtml。

多网民看名人博客更多是怀着猎奇和窥探的心理。但电子杂志不同，名人一旦“著书立说”，会尽量放一些有深度、有质量的文章，这也让名人的电子杂志更有品质。①

目前，网络杂志的兴起将推动网络杂志发行平台的高速成长，网络杂志发行平台将成为多元化的信息传播通路，而与传统的杂志相比，网络电子杂志具有较强的可比优势：1. 强烈的视觉冲击；2. 细分的目标受众；3. 简洁的发行方式（终端订阅）；4. 高速准确的传播。网络杂志中应用了P2P技术，这使得网络杂志拥有高速的资讯传播能力，能借助网络快速地将各类潮流资讯传播开来。

2006年市场上电子杂志发行平台竞争对手主要有18家，分别在北京、上海、广东等省份，广东作为传媒的最前沿领地，国内数字杂志发布平台分布在广东的最多，达到9家。其次是北京，有5家，上海有3家排第三位。在杂志出版期数上，以QQ网络杂志最多，至2006年QQ网络杂志已发行近3000期，其次是ZCOM互动杂志平台，有1373期数字杂志发行。②

尽管如此，电子杂志在发展进程中的困难依旧不少。首先，获取内容和获取用户永远是电子杂志平台最重要的两件事情。目前对电子杂志内容的批评不在少数，如华而不实、缺少原创、走边缘化路线甚至是版权问题等。但是，从发展趋势看，随着电子杂志和传统媒体深入合作，以及对内容的思考和修正，各平台都推出一批质量高、品位高的品牌杂志，如《POCOZINE》、《WO男人志》、《ME爱美丽》、《印象》、《Cold Tea凉茶》、《Muzine》、《青草》等，深受用户喜爱。但是，这并不代表内容不存在问题。无法回避的是，与其说这是电子杂志行业的问题，不如说是整个互联网行业

---

① 余赪：《个人电子杂志速成新时尚 赢利模式被看好》，来源：《通信信息报》，上网时间：2007-3-5。2007年3月7日下载于：http://news.iresearch.cn/0200/20070305/61048.shtml。

② 佚名：《2006年网络电子杂志市场分析》，来源：中商情报网。2007年3月3日下载于：http://www.askci.com/freereports/2006-04/2006459816.html。

有待解决的难题。绝大部分网站包括门户网站，无法摆脱一些粗俗的内容。

其次，电子杂志需要应对收费难题。2005 年 Xplus 准备对平台上的《阶梯英语》进行收费。一天之后由于下载量剧减便停止了。电子杂志收费难，其原因有 4 点：1. 中国网民免费享受网络资源的习惯已根深蒂固；2. 电子杂志有多家平台，一家收费而其他家免费，自然会导致下载量剧减；3. 电子杂志内容和传统媒体相比有很大差距，用户不愿意为幼稚的内容付费；4. 中国互联网盗版现象严重，一个人买电子杂志，网上所有人分享。根据 iResearch 调查显示，77%的用户将免费作为选择电子杂志的第一原因。在中国目前的环境下，收费依然遥遥无期。电子杂志产业链需进一步成熟。电子杂志市场形成了很多盈利的理念和方法，但是离一个清晰的赢利模式还差得很远。①

四、即时通讯

互联网上的即时通讯发展迅猛，网上聊天的主要工具已从初期的聊天室、论坛变为以 MSN、OICQ 为代表的即时通讯软件。迄今为止全球约有一亿多人使用即时通讯软件在网上交流。中国网民惯用的即时聊天工具腾讯 QQ，从 1999 年 2 月诞生到现在，注册用户已超过 1.6 亿，在线用户最高时超过 200 万人，而每天独立上线人数更是达到一千二百多万，拥有活跃用户 5500 万，几乎覆盖所有中国网民。② 近年来随着互联网带宽的增加，性能完善和信号处理技术的提高，即时通讯开始支持语音、视频和多媒体业务，性能不断提高，以 Skype 和 UU Phone 为例，它们提供的基于即时通讯的互联网电话业务，话音质量超过普通电话。

---

① 霍瑞坚：《探索赢利新模式　看“电子杂志”风云 2006》，载《投资与合作》2006 年第 10 期。

② 即时通讯发展迅猛 成为最流行网络通讯工具，来源：《解放日报》，上网时间：2006-10-30，2007 年 3 月 4 日下载于：http：//tech. mop. com/net/qs/2006/1030/110620051. shtml。

即时通讯市场竞争近年来日益加剧，技术融合和创新成为产业发展的重要趋势，即时通信逐步发展成为未来通信和协作的主要模式。这种演化和发展主要表现在以下几个方面：从文本向话音、视频和多媒体演化；从固定网络向无线移动演化；从个人通信向企业即时通信和协作演化；在体系结构方面从集中服务器向对等连接P2P演化；从专门系统向开放系统演化，推动实现不同系统互通。①

中国互联网络信息中心（CNNIC）2006年12月19日发布《2006年中国即时通信市场调查报告》，通过对北京、上海、广州、武汉、成都、西安六城市的电话抽样调查，对即时通信这一市场的发展现状、社会影响、存在问题进行分析。报告显示，因使用即时通信，四成用户改变主要联系方式，六成用户曾被病毒感染，八成用户曾受信息骚扰。②

CNNIC调查显示，在被调查的六城市中，即时通信活跃用户（最近一个月使用过即时通信工具）占网民的59.8%，市场规模十分可观。在六城市活跃用户中，73.4%的用户认为即时通信非常必要或必要。使用即时通信工具已对其他通讯方式产生冲击，超过4成的用户认为即时通信是其“最主要的联系方式”。同时，由于使用即时通信工具的原因，超过6成的用户减少了对电子邮件的使用，超过7成的MSN用户和近2/3的QQ用户减少对电话的使用。QQ、MSN等即时通信工具以便捷性、低成本赢得网民青睐，在一定程度上取代电话等传统通信方式。在对市场份额的调查中，QQ以84.4%的比例居首，第二位的MSN市场份额13.9%。

总的来说，2006年即时通讯发展中值得关注的问题有以下三个：第一，WEB2.0推动即时通讯新发展。WEB2.0是以P2P

---

① 即时通讯发展迅猛 成为最流行网络通讯工具，来源：《解放日报》，上网时间：2006-10-30，2007年3月4日下载于：http://tech.mop.com/net/qs/2006/1030/110620051.shtml。

② CNNIC：《超过七成用户认可即时通信》，来源：腾讯科技，上网时间：2006-12-22。2007年3月4日下载于：http://tech.qq.com/a/20061222/000169.htm。

(Peer-to-Peer，即对等网络）为主，以个人为中心，每个人既是传者，同时又是受众，这是一个革命性的变化。WEB1.0是一点向多点的传播，WEB2.0却可能实现一个星型结构，每个人都可成为一个媒体。P2P直接将人们联系起来，让人们通过互联网直接交互。P2P使得网络上的沟通变得容易、更直接共享和交互，真正地消除中间商。P2P使得人们可以直接连接到其他用户的计算机、交换文件，而不是像过去那样连接到服务器去浏览与下载。P2P另一个重要特点是改变互联网现在的以大网站为中心的状态、重返“非中心化”，并把权力交还给用户。2006年被视为中国互联网Web2.0的真正爆发期，各种各样的Web2.0新应用模式正慢慢改变着中国网民的生活，即时通讯是Web2.0最引人注目的应用模式之一。对于日益成熟的即时通讯市场而言，市场价值的重要来源在于其市场壁垒低，用户黏性好。①

第二，即时通讯迈出从个人通信向企业通信这一其发展史上的重要一步。企业即时通讯的应用包括综合信息服务、内部IM通信、在线客户支持服务、在线呼叫、在线广告等。IBM于2006年10月24日推出企业级即时通讯软件IBM Lotus Sametime 7.5，它能帮助企业实现即时消息沟通与Web会议等实时协作形式，构建统一的业务通信与协作平台。通过Lotus Sametime7.5，可以直接调用企业的CRM、ERP系统，以及其他企业数据资源或应用程序，如在即时通讯工具上进行PPT演示。与目前被广泛应用的QQ、MSN等公共即时通讯工具，Lotus Sametime7.5具有更高安全性能，“企业即时通讯工具所强调的安全性与功能性，是所有个人即时通讯工具所无法满足的”。②

第三，运营商着力于推广自己的IM产品。即时通讯市场的竞

① 薛强、黎明洁：《浅析WEB2.0带来的传播变革》，载《广西大学学报（哲学社会科学版）》2007年第1期。

② 郑迪：《IBM即时通讯软件每年可省电话费7700万元》，来源：《21世纪经济报道》，上网时间：2006-10-28。2007年3月4日下载于：http://tech.sina.com.cn/i/2006-10-28/16291208482.shtml。

争在2006年日趋白热化，即时通讯领域相继进入一些新竞争者，其中最引人注目的是运营商着力于推广自己的即时通讯产品。即时通讯为移动通信发展提供了广阔的发展空间。手机、PDA等移动终端可随身携带，便于实现一直在线，特别有利于采用即时通讯。2.5G和3G手机的一键通PTT业务就是基于即时通讯的。2006年中国移动和中国联通相继推出移动IM产品。而运营商致力于推广自己的IM产品，正是不再满足于为他人作嫁衣裳。腾讯2006年第一季度其总收入6.453亿元中，移动及电信增值服务收入达到1.634亿元。运营商在同传统的即时通讯服务商进行合作时更加谨慎。中国移动与腾讯为期3年的“161移动聊天”技术合作到期后，并没有同腾讯继续合作，而是开始单独运营“161移动聊天”。“161移动聊天”输出技术是一种手机对手机的短信业务，类似于移动QQ的短信版。在这项合作之中，腾讯可从该业务获得50%收入分成。终止此项合作后，腾讯每月的盈利下降了400万元。

第四，即时通讯安全隐患引人关注。个人即时通讯的信息交换并非直接互通，大多采用“客户机-服务器”结构。在客户端机器上安装即时消息代理，然后通过即时通讯服务器实现信息交换。用户发送的信息大都没有加密，这些都将构成安全隐患。除保密性问题外，即时通讯给用户带来的病毒问题和骚扰信息也值得关注。2007年及以后的市场竞争中，国内即时通讯市场将面临重新洗牌，随着3G商用的逐步实现，即时通讯服务在移动平台的大规模应用成为可能，产业格局也面临新变化。竞争力薄弱的即时通讯厂商将逐渐地淡出市场，而剩下的发展到一定规模的厂商也将重新商谈新一轮发展模式。当即时通讯逐步走向互联互通，剩下的具有相当实力的即时通讯厂商将联合起来，相互融合发展。即时通讯客户端也将整合越来越多的服务内容，对提供商的技术能力不断提出挑战。①

---

① CNNIC：《超过七成用户认可即时通信》，来源：腾讯科技，上网时间：2006-12-22。2007年3月4日下载于：http：//tech.qq.com/a/20061222/000169.htm。

五、手机媒体

（一）手机报纸

2006年春，手机报如雨后春笋般破土而出；2月，西安《华商报》推出“华商手机报”。3月1日北京报业集团《北京晚报》推出“北京晚报手机版”。3月20日“文新”报业集团亮出大手笔，与上海移动联合推出“News365—上海手机传媒”。3月23日《潇湘晨报》、红网和湖南移动共同推出使用WAP版的《湖南手机报》。

手机报纸具有受众资源丰富、信息传播方便、传播功能全面、传播速度极快、范围极广、互动广泛迅速的特点。我国手机用户总数居世界第一。这为手机报纸提供巨大的受众资源。2006年，由于手机媒体产业尚未形成，手机报还没有一个相对成熟的盈利模式和盈利前景，各报社普遍把手机报作为一种尝试和探索，没有做深入研究和大量投入。手机报只是报纸内容资源和网站资源的二次加工和利用，这种简单加工后通过手机发送的内容产品既缺乏报纸内容的广度、深度和公信力，又不能满足受众对个性化和新型内容产品的需求，不可能获得大发展，综合表现就是用户黏度较低，难以长期吸引付费订阅的用户。目前的手机报用户多为免费赠阅，收费用户较少，还看不到广告收益的希望，无法建立赢利模式成为制约手机报发展的一个重要因素。

（二）手机电视

如果说2005年是手机电视的初始年，2006年则使手机电视走上成长期。3月22日，成都日报报业集团旗下的成都博瑞传播股份有限公司与北京欣然影视机构在京正式签约，双方共同投资手机电视项目，这是国内报业第一次进入手机电视领域。该举措作为国内平面媒体向新媒体的迈进的第一步，充分显示传统媒体对3G时代主流媒体类型的变换和期待，也显示手机电视的巨大的发展前景。5月14日，上海文广集团与上海移动通信有限责任公司签署业务合作协议，推出我国首家数字广播式手机电视业务。7月，中国移动与上海文广新闻传媒集团举行“2006世界杯中国独家手机电视开播仪式”。上海文广斥巨资从世界足联购得当年德国世界杯中国地区独家手机数字版权。世界杯成为促进手机电视大发展的一个契机，手机电视的盈利前景被国际性体育赛事点亮。10月24日，国家广电总局正式发布移动多媒体广播（俗称手机电视）行业标准（CMMB），虽然只是行业性的参照标准，但是该标准被外界视为“广电总局向电信业务渗透的关键武器”。CMMB的核心是其传输标准根据计划——StiMi，按照国家广电总局的计划，STiMi将在2006年年底完成地面补点试验网的建设，同时进行系统试验。广电总局发布的CMMB标准正式实施一个多月后的12月11日，央视联手中国移动、中国联通两大运营商三方正式推出手机电视业务，包括直播、点播和下载三种方式。

易观国际《手持电视年度综合报告2006》显示，目前中国手持电视市场处于启动期，基于无线数字广播网络的手持电视市场仍处于试验阶段，试验地区集中在北京、上海和广东。诺盛电信分析数据显示，2005年手机电视用户数达到50万户，市场规模1300万元；2008年，手机电视用户数将达到5220万户，市场规模13亿元，2010年手机电视用户数将达到9750万户，市场规模24亿元。①

2006年5月15日，中移动收购新闻集团持有的20%凤凰卫视（8002. HK）股份。中国移动CEO王建宙称，这意味着“在电信与媒体逐步融合的今天，中移动做出一个重要的决定和选择”。此前，王建宙多次在公众场合说，手机已具备媒体传播的特性，实现手机媒体化是中移动的战略方向。中移动拥有超过2.6亿手机用户。凤凰卫视成为中移动造就“第五媒体”的第一站，手机广告使新媒体营销从理论转向业务。这标志着移动网络“媒体化”程

① 《中国手持电视市场年度综合报告》，来源：比特网，2007年3月4日下载于：http//data. chinabyte. com/29/3053029. shtml。

度的加深。7月12日中国联通全面推出手机广告，向1.3亿多手机用户提供广告信息服务。目前主要通过以WAP技术访问互联网、短信、语音和预先置入四种方式提供广告业务。

手机电视跨越了电信和广电两大行业，如何整合两大行业的资源就成为手机电视能否快速发展所面临的首要的问题。目前国内形成比较成熟的产业链的手机电视运营模式是移动通信运营商主导的模式。在这个产业运营链条中，广电部门充当内容提供者的角色，由SP整合广电部门提供的电视内容资源，移动通信运营商则提供网络支持，SP将经授权的内容通过移动网络在安装有手机电视播放软件的手机终端上播放，它所扮演的角色为播放软件开发商和门户网站，只负责手机电视业务的宣传、内容的整合及播放软件的开发，而中国联通或中国移动主要负责计费、用户认证。独家SP的收入来源为中国联通或中国移动的收入分成。各地电视台是与独家SP进行合作，它们将节目的播放权赋予独家SP，收入来源为广告费或从独家SP处得到分成以及内容版权费。① 但这种模式也存在着不利因素：第一，广电部门握有手机电视运营牌照和手机电视节目版权，双方在利益分割上容易产生矛盾；第二，该模式信号传输目前主要是通过2.5G或者2.75G的移动通信网络完成，网络的容量有限，不适合大流量的手机电视信号的传输。

另一种模式是广电部门为主导的手机电视产业链模式，由于广电部门并没有建立起完善的地面数字信号传播网络，同时移动通信运营商掌握着大量成熟的客户群体和运营体系，所以，广电部门还需要依靠移动通信运营商。广电部门通过控股独立的手机电视运营公司，并通过该公司与移动通信运营商展开合作，独立的公司通过整合产业链上下游的资源为用户提供手机电视服务，负责提供无线广播网及频率进行传输。移动运营商负责手机电视业务的推广营销、终端手机的定制、网络的维护、用户的计费、客户服务等环

① 周清华、韩刚、吕廷杰：《解剖国内手机电视运营模式》，来源：《通信企业管理》，上网时间：2006-11-09。2007年3月4日下载于：http://www.bmedia.com.cn/newshtml/cyzx/20061109092542.htm。

节，收入与独立公司进行分成。而广电部门作为股东单位负责提供节目资源。资源内容通过其专有的数字信号广播网下行传送到用户手中，收入来源为从手机电视运营公司处得到的分成以及内容版权费。①

六、电视媒体新形态

（一）IPTV

IPTV全称是Internet Protocol Television，即互联网协议电视，基本上通过高速网络进行电视传输的方式。IPTV通过把视频数据打成小包进行传送的，可以存放在服务器上，然后通过ADSL（非对称数字用户线），或有线电缆送到用户的计算机或机顶盒上。IPTV更可能是以直播电视的形式进行，但也可以用来存储视频——通常被人们称为视频点播（VOD）。

2006年可以说是全球范围内IPTV的“丰收年”。几乎每个星期都可以听到世界上某个国家的某个电信运营商开始部署IPTV，或者开始提供IPTV试商用服务。根据In-Stat的统计，在2006年全球又约有20家电信运营商部署IPTV。在中国，IPTV加快发展速度。2006年2月22日，数字音视频编解码技术标准（AVS）视频部分获批成为国家标准，并于2006年3月1日起开始实施，这使我国数字化音视频产业从此有标可循。2006年4月27日，国家广电总局批准中央电视台开办信息网络传播视听新业务。这是第二张IPTV内容牌照，它改变了上海文广独家垄断IPTV牌照的局面。2006年6月，南方传媒获IPTV牌照。这是第三张IPTV牌照，南方传媒将首先与广东电信合作，迈出其IPTV的第一步。2006年7月以来，内蒙古网通、安徽电信、湖北电信、辽宁网通等地方运营商陆续招标。IPTV持续升温，固网运营商对IPTV投入很大，希望

---

① 周清华、韩刚、吕廷杰：《解剖国内手机电视运营模式》，来源：《通信企业管理》，上网时间：2006-11-09。2007年3月4日下载于：http://www.bmedia.com.cn/newshtml/cyzx/20061109092542.htm。

IPTV 能够拉动业务收入。2006 年 9 月 1 日，上海 IPTV 业务开始全面放号，成为第二个正式商用的城市。上海电信的宽带资源已具备支撑 10 万级的 IPTV 放号规模。上海文广充分利用本地优势，推进与上海电信的合作。2006 年 10 月，中国网通在技术创新大会上宣布，网通将选择使用 AVS 这一民族标准来布局 IPTV，并在 2006—2007 年重点攻克 AVS。在基于 AVS 的 IPTV 系统的标准、体制、产业化、应用等方面都正在走向成熟。网通要想确立在视频通信方面的先导地位，还任重而道远。2006 年 10 月，中国国际广播电台获 IPTV 内容牌照。至此，IPTV 内容牌照已经达四张，为 2007 年内容提供商的充分竞争打下基础。①

2006 年 12 月，网通在哈尔滨的 IPTV 用户数达到 10 万户。IPTV 已具备相当用户基础，哈尔滨模式为其他地方运营商开展 IPTV 业务提供参考。2006 年中国宽带用户 3000 多万，电视用户数量超 3 亿。宽带接入的大发展、技术平台的逐步成熟、节目资源的逐步丰富、赢利模式的初步建立等，为 IPTV 的发展奠定良好的基础。IPTV 需求广泛，在我国的市场前景也十分看好。数据显示 2007 年将发展 60 万 IPTV 用户，到 2008 年将达到 855 万。② 2010 年 IPTV 潜在市场规模将超过 2000 亿元。按照这种发展速度，很可能未来两年将是 IP 电视年。尽管如此，制约 IPTV 发展的瓶颈依旧很多，主要表现在如下几个方面：

1. 政策体制和管理方式方面。（1）网络电视政策不明，电信与广电业务范围难以界定，二者合作存在体制障碍。（2）广电管理部门仍然对电视媒体市场采取准入管制，这样会影响网络电视网向更广阔的市场延伸。（3）目前网络电视牌照发放的许可权掌握

---

① 李敏谭、颖娜：《NGN、VoIP、IPTV 迎来市场雪崩》，来源：《通信产业报》，上网时间：2007-01-11。2007 年 3 月 4 日下载于：http://tech.sina.com.cn/t/2007-01-11/10561330342.shtml。

② 廖奇：《世界电信日专稿：IPTV 我们换个方法看电视》，来源：中国经济网，上网时间：2005-05-17。2007 年 3 月 4 日下载于：http://www.ce.cn/cysc/jd/yjgc/hylw/hyfx/200505/17/t20050517_3847481.shtml。

在广电总局手中，这样会衍生广电部门的保护主义心理，广电部门相对有发展网络电视的优先权，不利于某些实力雄厚、拥有丰富网络资源且更利于发展网络电视的电信部门进驻网络电视。（4）三网结合的政策还不够明朗，缺乏一个纲领性的法令来指导网络电视的发展。（5）原有的台网合一的管理体制与网络电视台网分离的现实之间存在矛盾。①

2. 资金（成本）与市场方面。网络平台技术没有统一标准，使得运营商不仅增加建网成本，缺乏一定的市场经验；而且，网络电视与数字电视有着几乎完全相同的目标市场，两者之间的竞争给IPTV带来不少冲击。中国传播学会副会长、广播电视研究中心主任胡正荣表示，IP电视分的并不是电视业这块蛋糕，而应是互联网这片领域。另外，IPTV的端到端带宽成本从目前来看比较高。②

3. 技术方面。（1）作为新技术产品，网络电视缺乏更严格、更细致的技术标准。标准摇摆不定，影响IPTV发展。（2）网络电视技术还不够成熟，网络指标与预期效果不匹配。（3）网络速度难尽人意，且点对点的传输方式导致一旦访问量过多，会造成信号差、画面质量粗糙或网络阻塞。（4）画面远不能达到有线电视的水平和质量，且欣赏网络电视节目的播放软件很少拥有电视传输版权，更加无法保证画面和音响效果，最终影响用户量。即使是用ADSL在线收看，尽管较小窗口中能达到较高质量，但全屏收看的效果只有VCD水平。IP还没有完全解决用户端“最后一公里”的难题，还不能传“高清”，用户量更无力与“有线”匹敌。（5）网络带宽瓶颈。视音频内容对网络带宽的巨大需求与骨干网带宽有限存在矛盾。（6）质量较好的机顶盒价格比较贵，IPTV的普遍推

---

① 佚名：《我国IPTV商业模式及监管政策研究》，来源：视频网，上网时间：2006-03-28。2007年1月1日下载于：http：//www.videosky.com/info_detail.asp？id=4262

② 江林：《数字电视对阵网络电视：到底谁动了谁的奶酪?》，来源：《文汇报》，上网时间：2005-03-28。2007年1月3日下载于：http：//funds.money.hexun.com/1085559.shtml。

广还有难度。①

（二）数字电视

2006年8月18日，多方博弈长达5年之久的中国数字电视地面传输标准终于发布，标准号为GB 20600-2006，这项国家强制标准被命名为《数字电视地面广播传输系统帧结构、信道编码和调制》，将于2007年8月1日正式实施。不过，《数字电视地面广播传输系统帧结构、信道编码和调制》只不过是一个地面广播传输标准，这个标准只是三个数字电视信号传输标准之中的一个，其他两个是有线数字电视信号传输标准和卫星数字电视信号传输标准。

标准颁发不久，清华凌汛立即推出了支持该标准的多载波信道解调芯片，并且与ADI合作推出针对地面数字电视前段接收模块的解决方案，国内各大彩电厂商也纷纷推出“地标”电视和机顶盒抢占市场。11月，复旦微纳电子联合清华大学和复旦大学研发的基于DMB-TH的信道解码芯片“中视二号”获得成功，清华DMB-T阵营再次抢得先机。12月19日，国家开发银行和上海交通大学签署“数字电视产业合作协议”，国家开发银行将向上海交通大学的控股企业上海高清公司提供首批3000万贷款，用于支持地面数字电视国家标准的产业推广。上海高清透露已开发出符合国家标准的第三代ADTB-T芯片，明年初即将实现大规模量产。ADTB-T采用单载波调制，主要面向广大有线电视信号不能达到的农村地区，上海高清公司也已经开发出“神州家家通”地面数字电视全业务平台。

（三）移动电视

2006年1月，大连、吉林等城市公交车开播移动电视；3月

---

① 佚名：《IPTV异军突起 专家预测未来走势》，来源：人民网，上网时间：2006-03-22。2007年1月3日下载于：http：//it. people. com. cn/GB/42891/42895/4224535. html。

21日，起北京公交车和出租车上的移动电视开始对早晚高峰的路况进行直播，全天直播时间达5小时；7月21日，北广传媒移动电视公司宣布已经与北京市地铁运营公司签署合作协议，双方将成立一家公司共同经营地铁内移动电视的业务。9月20日，南京移动电视全面进入地铁公交出租车。10月底，北京公交集团宣布将利用移动电视，与乘客之间开展互动，包括对司售人员的服务进行评价等。据统计，仅北京一城，2006年底前安装车载电视的公交车数量就将达到7000辆。①

公交车电视和列车电视为广告商提供了精确式营销的机会，较之传统媒体广告，移动电视广告的成本要低得多，但是移动电视播出内容多为片段，质量低，数量少，广告商在投放广告后难以评估广告投放效果，这些都是移动电视前进路上面临的困难。

2006年1月8日，分众传媒以9400万美元现金、2.31亿美元股票共3.25亿美元的代价与其国内主要竞争对手聚众传媒达成购并协议，由此新分众传媒占有中国楼宇电视98%的份额。在以分众传媒为代表的楼宇电视业和行业内部整合热烈之时，来自外界的竞争压力也越来越明显，2006年2月，北广传媒城市电视公开表示计划到2006年年底安装显示屏10000块，北广传媒的城市电视工程，在很短时间内就在政府机关、银行、医院、高档宾馆和写字楼等高端场所发展出3000多个液晶电视终端，并以每月增加1000个终端的速度扩大规模。② 业界人士认为城市电视与普通楼宇电视相比具有显著的优势。除了强大的政府背景、先进的技术优势和内容所带来的吸引优势，覆盖人群也囊括都市三高人群（高学历、高消费、高层管理者），广告形式也是传统楼宇电视无法比拟的，

① 胡莹：《eNet：十大新媒体前途与命运之九——公交电视》，来源：eNeT硅谷动力，上网时间：2006-10-25。2006年11月12日下载于：http://www.enet.com.cn/article/2006/1025/A20061025269769.shtml。

② 佚名：《北广传媒发力楼宇广告 城市电视加入抢蛋糕》，来源：《经济观察报》，上网时间：2006年2月25日。2007年1月2日下载于：http://tech.sina.com.cn/i/2006-02-25/1043851375.shtml。

可根据客户需求进行调整，多重投放和频次选择，广告与新闻、咨询相结合。

中国人民大学新闻与社会发展中心研究员匡文波认为，楼宇视频广告只能成为媒介组合中的一种辅助方式，楼宇视频广告在提高知名度、建立熟悉感等方面的效果是远比不上电视、报纸等传统广告媒体的。只能成为媒介组合中的一种辅助方式。①

① 毛井井：《eNet：十大新媒体前途与命运之四——楼宇电视》，来源：eNeT硅谷动力，上网时间：2006-10-11。2006年11月12日下载于：http://www.enet.com.cn/article/2006/1010/A20061010235954.shtml。

第九章　2007 年中国传媒市场发展报告

2007 年，中国媒体竞争合作的意识越来越明显。传统媒体的数字化进入关键时期，新媒体向纵深发展。报业广告经营整体缺乏明确亮点，报业经营重心已经由注重外延型增长转向注重内涵增长和规范化建设。2007 年报业终于突破上市坚冰。出版业资本运作渐入佳境，企业兼并重组整合，走出去战略步伐加快，传统出版向数字出版转型，营销方面有新的创新。广电业的跨地区跨媒体发展表现明显，节目经营通过创新以求突破，广播电视通过内容整合，实现跨媒体运营并进军新媒体。中国电影市场已连续几年以两位数的速度迅猛发展，2007 年的成绩更引人注目。中国互联网企业在 2007 年上演集体上市第三波，在线广告形式多样，即时通讯市场被其他行业和国外竞争者瓜分，搜索引擎提供搜索之外的更多功能。

政府媒体规制建设方面，传媒产业内外开放力度加大，舆论监督得到有力保障，行业管理建设卓有成效，加强广电节目制作的管理，严格规范广电节目内容，加强群众参与的选拔类广播电视活动和节目的管理，报刊行业进一步规范报社记者站管理，对广告进行更加严格的监管。管理部门加快扶持动画产业，推动影视业发展；同时，推进网络文化建设，大力推广国家域名应用，保障国家信息安全，开展整治活动。电子商务转向务实发展阶段，颁布手机媒体新标准。

新媒体市场的发展方面，互联网发展迅速，网络文化平台开始初步成型，国家加强网络管理，网络日益影响我国的民主化进程；博客作为个人新闻发布媒体日益扩展其影响力，“SNS”网站火爆、RSS 技术与移动 3G 的结合、网络自由标签——Tag、超文本系统

Wiki 技术标志着媒体发展真正进入 Web2.0 时代。新媒体向纵深发展：视频网站进入高速增长期，第三次上市高潮来临，电子商务稳步发展。中国数字电视产业全面迈进发展新阶段。手机电视和楼宇电视仍然是较热的领域。手机报和多媒体报不断蔓延。

第一节 传媒市场发展现状

一、报业经营重心转变，突破上市坚冰

对中国报业来说，刚刚过去的 2007 年是承载着太多产业思考、创新压力、负重前行的一年。虽然报人们革故鼎新、励精图治，加快了拼搏的脚步，但 2007 年的中国报业广告经营整体上缺乏明确亮点。根据央视市场研究媒介智迅的广告监测数据，1～10 月全国电视、报纸、杂志、电台、户外五大传统媒体广告增长率为 9.2%，比 2006 年下降 9 个百分点；其中，报纸比上年同期下降 0.98%，出现负增长，前 10 个月广告刊登规模为 368 亿元，比上年同期减少 3.65 亿元。如果扣除刊例提价因素，报纸广告经营的整体形势实际上更为严峻。① 2007 年报纸广告主要支柱行业受冲击巨大，房地产广告增长继续下滑，仅增长 1.3%，比 2006 年的增长率下降 16 个百分点，这是多年来房地产广告增长率最低的一年。商业及服务业广告比 2006 年的增长率下降 15 个百分点，出现 9.97% 的负增长。这两个行业的广告占报纸广告总量的 47%，它们增长乏力对整个报纸广告的影响非常明显。除此之外，药品、食品、电脑及办公自动化类别的广告继续着负增长趋势。而值得关注的是，通讯行业出现 17.44% 的负增长。如果说 2007 年报纸广告市场还存在亮点的话，那就是汽车（交通）和金融类广告的增长，尤其是金融类广告出现 85% 超高速增长。② 究其原因，媒体形态

① 陈刚、宋杰：《艰难的攀岩：2007 年的报业广告经营》，载《中国报业》2008 年第 2 期。

② 姚林：《2007，转型中的中国报业》，载《中国报业》2008 年第 1 期。

的不断扩充及新媒体的强势崛起，使广告商投放路径多元化，对传统媒体投放兴趣和信心下降，导致报纸广告增长乏力。一系列数据显示，报纸广告营业额仍在延续去年下滑颓势，广告市场份额进一步减少，报业困境仍未逝去，达摩克利斯之剑依旧高悬。

2007年，中国报业读者市场规模萎缩暂时得到缓解，但男性读者、年轻读者离开报纸的趋势依然明显，报纸读者老龄化趋势更加显著。根据CTR市场研究在36个城市的读者调查（CNRS）数据显示，与2006年下降5.2%相比，2007年全国城市报纸读者的到达率为65.7%，有0.3%的小幅增长。读者结构上，与2006年比较，男性读者稳定，女性读者提高0.6%，15~24岁读者下降18.5%，降幅比去年多出3.6%。25~34岁读者下降12.7%，而55~64岁读者增长1.5%，65岁以上增长14.8%。由此可见，读者总规模稳定主要原因是女性读者略增以及55岁以上老年读者的增加，而24岁以下年轻读者流失相当严重。① 随着互联网的勃兴，网络受到年轻读者及高学历读者青睐，年轻人群的媒体接触习惯正在发生巨大变化，这对报纸等传统媒体形成强烈冲击。

新闻纸价格上升，部分报纸提价。《南方都市报》挑战低价发行死结。从2007年第四季度开始，国内新闻纸价格大幅上涨，每吨已冲破5100元，最高达到5400元，比2007年第三季度每吨4500~4600元的价格增长超过13%，据中国报业协会数据，2007年我国新闻纸用量约350多万吨，2008年会增长到380多万吨。新闻纸在报纸生产成本中占60%以上，价格上涨增加了报社成本。

3月10日，南京《扬子晚报》、《现代快报》、《金陵晚报》的每份定价由0.5元上调至0.7元。涨价原因即为新闻纸等原材料价格上升。11月，《南方都市报》将其深圳地区的零售价提到每份2元，年订阅价提到每份720元，使得该报成为全国最贵的都市类报纸。该报主编庄慎之表示，《南方都市报》提价并非出于“经营不善”的被迫之举，而是希望能够在全国报业中率先扭转“价值与

① 姚林：《2007，转型中的中国报业》，载《中国报业》2008年第1期。

价格倒挂”现象，实现报纸价格向价值的回归和靠拢。针对该报的提价，深圳和广州其他媒体持观望态度。对以上报纸的提价举动，多数报纸态度谨慎。因而在目前的报业生态下，除非政府介入，各家报纸主动联合形成价格联盟，否则报纸发行难以从根本上扭转。① 从全国范围看，绝大多数都市报零售价格仍维持在0.5元，南昌、青海、昆明等地报纸零售价还低于0.5元。

报业跑马圈地式粗放发展模式已终结，2007年，报业经营的重心已由注重外延型增长转向注重内涵增长和规范化建设：全国各地报社掀起建设“和谐型”报社热潮。首先是以硬件建设促和谐，湖北日报社、洛阳日报社、锦州日报社和惠州日报社等先后迁入新的传媒大厦，为员工创造了更好的工作环境。其次是以改善福利待遇促和谐，尤其注重改善报社内边缘弱势群体的生活状况。长期以来，基层发行员不仅报酬偏低，未享受养老、医疗和失业等社保福利，且无节假日休息机会。从2007年起不少报社大幅度提升和改善发行员的福利待遇：杭州日报社、宁波日报社等先后为基层发行员购买社保；温州日报发行公司提高了发行员待遇，基层发行员平均月薪达到1700元，最高可达3000元……这些举措提高了基层员工的积极性。同时，随着报刊经营压力越来越大，报社开始打造精益化管理模式。2007年有三大举措：一是强力推进报纸“瘦身运动”，一方面继续推进报纸版面瘦身，《南方日报》推出680型黄金报型，成为“史上最瘦省级党报”；另一方面推出“减版运动”，一些城市的都市生活类报纸掀起“减版潮”。在广告增长放缓的情况下，报纸瘦身运动旨在降低经营风险。二是设定最佳发行量杠杆，成都商报社将发行量控制在60万份左右，若发行公司未能有效控制发行量，超过额定量将受处罚；新华日报报业集团对所属报纸实施“限量”发行政策，发行公司总经理马培军称：“过去是担心发行量太小，现在担心发行量过大，‘限量’比‘少量’更难。”

---

① 吴锋：《2007中国传媒十大创新报告之报刊篇：平稳经营 融合创新》，载《今传媒》2008年第1期。

报刊发行由追求发行量最大化变为追求发行效益最大化，有效发行成为主要诉求。三是发行队伍合并，江苏等地报社开始收缩发行战线，同一报业集团内的多支发行队伍大都被合并整顿，《现代快报》等开始对基层发行人员进行辞退或分流，以优化发行队伍提高报社利润空间。①

中国报业数字转型进入关键时期。2007 年，中国数字报业实验室先后召开 4 次会议。1 月 27 ~ 28 日，中国数字报业实验室在广州举行“中国数字报业商业模式”研讨会，对数字报业框架内可能建立的其他收入模式进行热烈探讨。研讨会开幕当天，作为报业数字化交流平台的“中国数字报业网”正式开通。3 月 3 日，中国数字报业实验室在宁波举行第二次常务理事会，会上确定报纸网站、手机报、多媒体数字报刊、数字化平台、手机二维码、电子商务、户外数字媒体、电子阅读器、移动采编系统等九大类为数字报业项目的创新方向。5 月 31 日 ~6 月 2 日，“数字报业新技术现状与应用前景”研讨会在北京举行，数字报业实验室发布第一批中国数字报业创新项目共 45 项，新闻出版总署报刊司副司长林江在会上指出：数字报业实验室自 2006 年 8 月启动以来，第一阶段的工作已告结束，第二阶段（从 2007 年 6 月到 2008 年 8 月）的工作开始启动。9 月 15 ~ 17 日，“借奥运契机，发展数字报业”研讨会在北京举行。新闻出版总署副署长李东东强调：参与奥运报道的既有海外的跨国媒体集团，也有国内的网络、广播、电视等其他媒体类型，对于报业来说，报道就如同奥运会本身一样也是一场竞争激烈的比赛，面对传媒领域的形势变化和日趋激烈的竞争环境，报业必须以时代的精神加快创新步伐，以产业的数字化转型和升级加快提高现在更加快捷的信息传播、更加权威的新闻报道和更加强劲的经营能力。②

---

① 吴锋：《2007 中国传媒十大创新报告之报刊篇：平稳经营 融合创新》，载《今传媒》2008 年第 1 期。

② 闵大洪：《数字报业：2007 年的大亮点》，载《新闻传播》2008 年第 2 期。

在主管部门的主导下，各报业集团和报社纷纷开始数字报业建设。1月，文汇新民报业集团与知名网络杂志平台 XPLUS 合作，推出电子《文汇报》，开始共同经营数字报纸领域。继去年底开通《东南商报》网络版后，2月，宁波日报报业集团又相继推出《宁波日报》、《宁波晚报》、《东南商报》和《慈溪日报》等四家报纸的新型电子报，“中国宁波网”充分整合集团的8家报纸内容，着力打造《对话》、《天一论坛》、《宁波网视》等品牌栏目。4月19日，在推出“4i”战略后，解放日报报业集团又联合银河传媒、智高广告共同合资成立“上海银翰解放广告有限公司”，宣告解放日报报业集团的数字战略升级。3月2日，《人民日报》手机报在北京创刊，面向全国手机用户正式发行。5月，《中国国家地理》也在中国移动全网开通手机报。6月15日，《广州日报》创造性地推出滚动 INNEWS，融合报纸、互联网、手机等多种传媒，整合文字、图片、音频、视频等表现形式，使《广州日报》24小时全天候报道并与读者互动，它将使《广州日报》由传统纸媒逐渐向多载体多终端的内容提供商转变。6月18日，作为发展数字报业战略的重要项目，宁夏日报报业集团与全球领先的网络杂志平台服务商新数通兴业科技有限公司合作开发的“多媒体数字报”亮相。8月，《成都商报》创立中国首个报网互动的新社区传媒平台——“社区金版”网站，深入开发社区资源，梳理全新的新闻传播模式。“社区金版”是《成都商报》WEB2.0 版本——EN 传媒的切入点。E 传媒即《成都商报》所构筑的覆盖成都市区近800个楼盘的网上论坛和1000个业主的 QQ 群；N 传媒即随《成都商报》针对特定区域轮次发行的10份社区报。EN 传媒在新闻报道中高度互动，是国内报业在媒体融合上的一次大胆尝试。11月30日，湖南首个完整展现报纸形态的数字化报纸——潇湘晨报数字报正式上线。该报数字报率先开通视频板块，读者在阅读采编人员的文字和图片稿库之外，还可以看到第一新闻现场的视频。这一多媒体新闻的手法克服了报纸信息“扁平化”的不足，将有效扩展读者与报纸的交互体验模式。12月14日，由南方报业传媒集团南方周末报系出品的南方周末报系网站——南方周末新闻社区正式上线。作为国内最具影响力媒体之一的官方网站，其目的是服务更多知识型读者，将南方周末报系的影响力向数字世界延伸。

随着数字报业发展战略的全面推进，报业出版单位普遍加大数字报业投入。据新闻出版总署传媒研究所 2007 年中国报业竞争力检测报告显示，2007 年数字报纸和手机报纸数量激增，截至 11 月底全国多媒体数字报刊数量已达 700 多种（不包括通常意义上的 PDF 版），手机报增加到 300 多种。但从总体上看，报业数字化的转型尚处于发展初期，数字报业的盈利模式仍在探索之中。①

央视市场研究股份有限公司媒介产品研究顾问姚林指出："数字报业转型的核心并不是简单的介质变化，并不在于通过手机报、电子报和网站等新的传播手段来延伸报纸，而是找到适合报业的新的传播模式。'数字报业'实质是建立在报业核心能力基础上的多介质传播产业，报业不仅要整合内部资源，更要走出现有资源的局限，整合网络、通讯、声频、视频等传播手段和多媒体资源，在同一平台上实现数字报业转型。"②

自 2005 年报纸媒体出现第一次报业联盟大潮后，2006 年经历了短暂回落，2007 年报业市场上又重新吹起报业联盟的第二次热浪。1 月，中国气象报与 6 家行业报签署合作协议，宣布 7 报联手"资源共享、优势互补、服务公众、宣传科学"。4 月，北京青年报、广州日报、钱江晚报、成都商报、大河报等 17 家全国主流报纸宣告成立"中国城市第一媒体联盟"；同月，南方都市报、京华时报、半岛都市报等 12 家中心城市的主流媒体宣布成立"中国城市主流媒体联盟"。5 月，深圳报业集团、广州日报报业集团签署协议，建立战略合作联盟，资源共享，优势互补，共谋发展。7 月，青岛烟台等 6 家市报宣布成立"鲁中南报业联盟"，共同创办《鲁中南新闻》专刊。11 月，青岛日报、珠海特区报签约加入"五强联盟"，"中国东部城市党报广告联盟"成立。除此之外，还

① 新闻出版总署传媒发展研究所：《2007 中国报业竞争力检测报告》，载《中国报业》2008 年第 1 期。

② 姚林：《2007，转型中的中国报纸产业》，载《中国报业》2008 年第 1 期。

有：全国法制报媒体联盟、全国奥运媒体联盟、全球商报联盟等。数量之繁多、性质之多样、跨度之广泛，在中国报业发展过程中史无前例。究其原因，随着新媒体的爆发成长，报纸媒体广告、读者面临被截流的趋势，为应对新媒体挑战，传统报纸媒体纷纷战略结盟，开创共赢的竞合时代。

另一方面，面对新媒体高速增长的效益诱惑以及媒介融合的趋势指引，借奥运会临近的契机，报纸在跨媒体经营方面实现重大发展，诸多报纸与网络、电视媒体联盟纷纷浮出水面。3 月，15 家报纸与拥有北京奥运采访权的搜狐网结成奥运媒体联盟，这是中国网络与平面媒体体育新闻全方位合作的一次尝试。同月，由北京奥组委官方授权的《体育新报》在京正式创刊，该报搭建起新媒体与传统媒体的桥梁。4 月，新浪网与成都传媒集团在北京联合举行新闻发布会，宣布成立战略合作伙伴，双方将以期刊为起点，逐步延伸到新闻内容、市场活动、市场经营多个领域，展开广泛深入的合作。7 月，TOM 网联合 20 多家报纸成立“奥运报道联盟”，打造“报+网”一体化传播模式。9 月，南方报业传媒集团旗下 21 世纪报系与中央人民广播电台旗下的经济之声频道合作，将在新闻资源共享、市场活动开发、广告经营方面共同合作。另外，浙江在线、深圳新闻网、荆楚网在内的 20 多家报业网站加盟新浪等门户网站，发起“奥运报道联盟”，共同打造丰富、一体化奥运报道内容。11 月，内蒙古日报社北方新报与内蒙古电视台经济生活频道缔结战略联盟合作协议。12 月，在整合报刊、电视、网络等 6 家地产传媒之后，成都传媒集团旗下“地产系”正式启动，率先拉开了中国房地产跨媒体整合营销运作的序幕。

报业于 2007 年终于突破上市坚冰。2007 年 10 月，国家新闻出版总署署长柳斌杰在接受采访时表示：“允许新闻出版传媒的整体上市，而不是局限于过去将报纸的采编业务与广告等商业经营剥离开来的做法……”此后短短一个月内，中国新闻出版业上市热潮迅速升温。①

① 佚名：《2007 年度传媒界言论》，载《传媒》2008 年第 1 期。

1 月 16 日，由广州日报报业集团控股的广东九州阳光传媒股份有限公司（证券简称“粤传媒”）在深圳证券交易所挂牌上市。首日涨幅 207.08%，粤传媒是首家由代办股份转让系统（俗称“三板”）挂牌公司成功转主板的公司，也是第一只正式拿到国家新闻出版总署批文，并在主板上市的传媒股。11 月 19 日，湖北日报传媒集团与上市公司武汉国药科技股份有限公司签署《资产重组意向书》，准备借壳上市。若交易成功，湖北日报传媒集团将成为报业中实现整体上市的第一家。加之此前四川日报报业集团参股新华文轩登录港股市场，解放日报报业集团经营性资产注入新华传媒，实现部分经营业务上市。

报业上市有利于推进报业各项体制改革，有利于报业进一步做大做强，为报业未来跨越式发展提供强大动力，随着文化体制改革的深入，报业集团上市已是大势所趋。但就目前涌动的传媒业上市热潮中，传媒企业上市融资后的资金投向目前在传媒内部也存在颇多争议。一种观点主张传媒企业可以利用上市融资进行多元化业务拓展。但也有观点主张，媒体仍然要拿上市融来的资金提升媒体的核心竞争力，包括延揽精英人才、加大品牌推广力度、改善印刷质量、完善发行网络等。① 可见，未来上市以后的经营之路将会存在更多变数，更多风险，报人应理性应对上市后的经营之路。正如原南方报业传媒集团董事长范以锦在 12 月 11 日《财经》年会上所说：“中国报业要做大做强，必须解决两个问题，一个是报业跨区域、跨媒体、跨行业发展问题；另一个是报业企业的资本市场建设问题。”2007 年的中国报业正一步一个脚印地朝着这两个方向迈进，未来我国报纸媒体的发展也将会更加坚定地朝着预定远景前行。

二、出版业的五大创新

（一）资本运作渐入佳境

2007 年书业借力资本市场，使得上市成为中国出版业最热的

---

① 胡旭：《传媒业上市热潮中的冷思考》，载《新闻战线》2008 年第 2 期。

关键词。1月，新闻出版总署推荐6家出版企业上市，中国出版业面临重新洗牌。4月，2006年年底已借壳上市的上海新华传媒股份有限公司又向解放日报报业集团和上海中润广告有限公司定向增发股票，资产价值逾20亿元。5月30日，四川新华文轩在香港上市，是在港上市的第一家纯书店股。11月20日，中国证监会发行审核委员会批准辽宁出版传媒股份有限公司首次公开发行A股的申请，辽宁出版传媒股份有限公司成为中国第一家编辑业务与经营业务合并实现整体上市的出版企业。12月21日，辽宁出版传媒股份有限公司在上海证券交易所挂牌上市，正式登陆A股市场。之后，又一家国有出版机构——江苏凤凰出版传媒集团也即将登陆资本市场。

新闻出版总署提出要推动有条件的出版、发行集团公司股份制改造、上市融资，通过吸引国有资本、民营资本、境外资本参股，建立规范的股份制公司，实现股权结构多元化。随着出版发行体制改革的进一步深入，上市融资将作为做大做强的重要途径。①

（二）企业兼并重组整合

2007年又被称作图书发行业调整年。2007年，全国各发行单位间整合资源，调整结构也取得新突破。8月8日，安徽新华发行集团兼并重组安徽文化音像出版社，发行企业的兼并重组取得进展。11月20日，由原深圳发行集团和海天出版社整合组建而成的深圳出版发行集团正式成立，成为目前内地发行出版业唯一集出版物生产、销售及多元文化产业于一体的企业实体。这也是“下游整合上游”的先例，是经新闻出版总署批准的首个真正整合上下游资源的企业实体。

同时，跨地域资源整合也有新突破。区域之间的贸易壁垒是近几年出版物发行市场的明显特征之一。为了尽快实现统一开放竞争

---

① 陈华：《2007出版集团6大看点》，载《中国图书商报》2007年2月9日。

有序的出版物大市场，培育一批有一定规模和实力的出版物发行主体，新闻出版管理部门一直在鼓励组建跨区域的发行集团，实现跨区域经营。较有代表性的是江苏省新华发行集团与海南省新华书店于 5 月 31 日签署了《联合投资意向书》，决定组建由江苏方面控股的海南新华发行有限责任公司。江苏发行集团控股 51%，海南将全部资产和业务整合进新公司，占股 49%。这标志着新华书店在进行跨地区战略重组方面又有新的突破。12 月 7 日，江西出版集团联合中国宋庆龄基金会重组中国和平出版社方案获批准，我国出版业第一例真正意义上的跨地域兼并重组实现。① 今年以来，以新华书店为代表的跨区域合作渐入佳境。这些跨区域的联合、购并的尝试，有利于整合两者的市场和资本资源，探索了新华书店跨区域合作、资本合作、合作双赢、加快做大做强的新思路。②

参股、合作也随着出版发行体制的改革步伐不断加快，政府支持大型国有出版企业和出版、发行集团实行跨地区、跨行业兼并重组，鼓励同一地区的新闻出版企业互相参股，出版和发行集团的组建和改革将进入新阶段，集团将以战略投资者姿态优化产业结构、拓展关联产业。③

（三）走出去战略步伐加快

随着国际交流与合作的扩大和相关扶持政策的刺激，2007 年出版集团“走出去”的步伐正在加快，正积极发挥规模优势，投身国际舞台，全面展示中国优秀文化和中国出版业的勃勃生机。4 月，商务部等六部委公布了《文化产品和服务出口指导目录》，新

---

① 孙鲁燕：《2007 图书发行业调整年》，来源：《中国新闻出版报》，上网时间：2008-03-20。2008 年 3 月 30 日下载于：http：//news. sina. com. cn/c/2008-03-20/092315187356. shtml。

② 马莹、方菲、郭虹等：《07 年中国书业大势大事》，载《中国图书商报》2007 年 12 月 18 日。

③ 孙鲁燕：《2007 图书发行业调整年》，来源：《中国新闻出版报》，上网时间：2008-03-20。2008 年 3 月 30 日下载于：http：//news. sina. com. cn/c/2008-03-20/092315187356. shtml。

闻出版总署还出台扶持出版“走出去”的8项政策措施。9月，中国作为主宾国参加第20届莫斯科国际书展，137家出版社参加书展，成为莫斯科书展上的一大亮点。10月10日，在2007年第59届法兰克福书展上，来自全国100多家出版单位的270多人参展，这是继2006年之后，第二次在法兰克福书展上实现合同输出数量大于引进数量。中国国际出版集团也在法兰克福书展上与世界上最大的期刊出版商——桦榭集团下属意大利分公司签署版权输出合同，以版税9万欧元授权该公司以分册出版的形式在意大利出版发行《互动汉语》意大利文版。这不但创下我国同类出版物版权输出的版税收入之最，也创造了我国向单一对象国输出版权获得版税的最高纪录。

同时，一些颇具实力的出版集团采取和国际著名出版机构建立战略合作伙伴关系的策略，共同开拓海外市场，取得不少突破。4月，由中国青年出版总社投资的中国青年出版社举行伦敦分社成立仪式，这是中国在英国注册的第一家以出版英文图书为主的专业出版社。北京国际图书博览会期间，中国出版集团公司分别与法国、澳洲出版社签订协议，注册成立三方合资出版社。随后又和培生教育集团共同合资组建“中国出版（纽约）有限公司”。这是中国出版集团公司在“走出去”实践中，灵活运用“借船出海”和本土化战略的重要举措。江西出版集团与美国长青书局合作在美国洛杉矶市成功地举办“中国江西出版文化周”，可谓是机构与产品同时“走出去”的典型范例。①

（四）传统出版向数字出版转型

随着通信技术对出版业的影响，新型的产品、出版流程、销售渠道等受到互联网的深刻影响。数字技术正以不可阻挡之势“冲击”出版业。2007年，中国数字出版也从“无意识”，走到了抉择

① 田丽丽：《盘点2007出版集团年度表现》，载《中国图书商报》2007年12月11日。

的十字路口。

出版集团的数字化和信息化建设可谓风生水起。长江出版传媒集团专门成立数字出版部，山西出版集团专门成立电子书出版中心。四川出版集团在2006年成立的数字出版部门基础上，集中对成员单位的各种相关资源予以统一管理和调配，探索出一条适合大型出版集团推进数字化出版工作的思路。同时，集团报刊的数字化工作也已提上议事日程。凤凰出版传媒集团的内容数字化工程也取得较大进展，正努力建设数字化办公平台、数字化经营管理平台、内容平台，逐步实现“数字集团”和实现业态更新。山东出版集团启动信息化建设，第二批出版管理系统开始运转。①

就目前而言，传统出版向现代转型的途径或方式主要包括以下几种：第一，以纸介出版物为基础，推出与之相配套的光碟、光盘。第二，以纸质出版物的文本为依据，打造电子图书、网络杂志等延伸产品乃至电子书库、在线图书馆、网络书店等延伸平台。第三，集中资源和精力发展科技、医药等专业出版板块，因为这是目前乃至将来数字出版中发展和增值最快的部分。第四，以出版物为基础，利用互联网等现代传输技术和平台，为读者提供相关在线信息、咨询、辅导、培训等服务，尤其是在线教学、健康、财经等辅导服务。第五，充分利用出版品牌的影响和现代出版、传输等技术，广泛介入传媒、娱乐、教育、广告等领域，实现“跨行业”发展。②

（五）营销方面的创新

2007年网络营销成为各出版社市场部、发行部、编辑部日常应用的营销手段。不少图书都选择网络首发和预售。《于丹·游园惊梦》、《哈利·波特》、《求医不如求己2》等畅销图书在当当网、

① 田丽丽：《盘点2007出版集团年度表现》，载《中国图书商报》2007年12月11日。

② 崔元和：《数字出版：出版革命的第三次浪潮》，载《中国图书商报》2008年1月4日。

卓越网、三九读书人等网上书店预售。越来越多的读者在书还没有完全“诞生”的情况下，把订单或购书款大胆交给网上书店。《哈利·波特6》中文版曾在99网上书城一个半月预售2万册，而《哈利·波特7》在99网的预售则在两个月内收到接近3万册订单。同时，网络首发和预售为图书在地面书店的热销打下良好基础。①

利用网络论坛的低成本优势，多数出版社普遍选择利用强势网络论坛甚至自建论坛进行营销。广西科技出版社利用网络媒体中的网络论坛“零费用”的特色，对该社重点图书《LuLu脊美瑜伽》进行论坛宣传，一个月内网友点击率达到100多万。北京大学出版社自建出版社网络平台。除了论坛，可免费自建的博客空间和淘宝书店的利用也是今年出版行业的营销亮点。浙江少年儿童出版社在淘宝网上开辟该社的网上书店，销售出近万册图书，销售额十余万，信誉度达到三钻的星级。

通过网络寻找和发现潜力作者，也是今年畅销书市场的突出特色。年度畅销书《山楂树之恋》、《致我们逝去的青春》等分别来自于网络论坛和个人博客。

三、广播电视实现跨媒体运营，进军新媒体

（一）跨地区跨媒体发展表现明显

2007年，我国广电事业在跨地区合作方面颇为引人瞩目。9月，甘肃广电总台与贵州电视台举行合作发展签字仪式，双方共同出资成立广告传媒股份有限责任公司，以合作公司作为联系的纽带，加强贵州电视台与甘肃广电总台的全面合作。10月，内地唯一粤语卫星电视频道——南方卫视在广西落地。12月，深圳广电集团联手桂林广播电视组建“深桂广播电视合作体”，合办桂林人

---

① 《回眸2007营销6大趋势》，载《中国图书商报》2007年12月30日。

民广播电台旅游音乐广播和桂林电视台科教旅游频道。目前我国广电事业的跨地区发展仍是以寻求合作伙伴合作联营为主，而非兼并重组。国内城市广播电视跨地域合作已有不少尝试，但大多局限于节目资源的交流共享、广告合作经营等模式。今年出现的“广播电视合作体”，将按照市场规律配置资源，探索国内城市广播电视跨地域合作与资源整合的新模式。这将有助于整合市场资源，实现规模效益，且对于更好地开展舆论监督也大有裨益。

广电与新媒体的合作是 2007 年的一大亮点。传统的电视正在尝试与互联网建立一种共生的关系，双方的合作将取长补短，构成一个新型的互动新媒体。① 4 月，优酷网与江苏卫视的选秀节目《绝对唱响》达成合作，优酷网成为该节目的网络赛场。此举表明选秀节目积极开拓第二战场。5 月 28 日，全球最大中文搜索引擎百度与湖南卫视正式对外宣布，双方将以百度搜索社区为依托，在跨媒体平台及内容、产品及品牌等领域展开深层次的战略合作。湖南卫视各档电视节目和活动，将与百度贴吧、知道、空间等产品进行深度融合，以加强电视节目和网络社区之间的互动。8 月，新浪网与陕西电视台达成战略合作伙伴联盟。双方将在交叉传播、延伸新服务、创造新价值等方面开展多方位的广泛合作。12 月，北京电视台和中文视频搜索平台 OpenV 达成战略合作，借助 OpenV 的视频搜索技术，用户今后可以在北京电视台资料库里随时查找点播电视节目。这意味着，京视传媒将展开以点播权为核心的新媒体网络版权销售。11 月，内蒙古电视台经济生活频道与内蒙古日报社北方新报缔结战略联盟。同地区的纸质媒体与广电的合作有利于优势互补，资源共享，共同打造媒体公信力。

随着政策的进一步开放，广播影视节目“走出去”的工作力度进一步加大。2007 年我国广电事业的对外交流与合作表现突出。4 月，南方国际传媒控股有限公司新开办的首个关注大珠江地区的

① 张韬：《传统电视联手互联网，湖南卫视与百度战略合作》：来源：中国经济网，上网时间：2007-05-30。2007 年 11 月 10 日下载于：http：//www.ce.cn/cysc/cmcb/cuanmei/200705/30/t20070530_11536199.shtml。

粤语电视媒体——点心卫视通过亚太6号卫星正式上星，同时在香港NOW宽带网开播，这是广东广播电视事业实施“走出去工程”的一个重要举措，该频道成为内地开办的第一家覆盖香港、澳门、广东的粤语电视媒体。4月起，经国家广电总局批准，上海东方卫视通过TVB收费电视在香港落地播出。4月，SMG节目通过版权合作，正式引进美国FOX版权，打造中国版《明星大练冰》。5月，“中国广西电视展播周”在印度尼西亚举办。6月，东南卫视与台湾高点电视台缔结合作同盟，此项合作将成为两岸文化的媒体交流的强韧纽带。中央电视台全面拓展海外信息网络，“走出去工程”实现跨越式发展。中文国际频道正式分为亚、欧、美三版，实现全天24小时播出。中央电视台海外落地项目不断增加。CCTV四个国际频道在137个国家和地区落地播出，覆盖海外用户总数约8400万。这为中国走向世界、让世界了解中国架构着沟通的桥梁。

（二）节目经营的创新突破

2007年，随着电视行业竞争的加剧，中央和各省级卫视纷纷积极采取对策，依靠创新来谋求发展。2007年可称得上是中国卫视的“改版年”，先后有10多家卫视进行改版，或是对内容结构进行大范围大强度的调整。1月，天津卫视改版，旨在实现“真实娱乐”品牌的全面升级。季度最好成绩曾跃居全国省级卫视第四名，全国收视人口突破5千万；广告收入同步成倍增长，是2007年上升幅度最大、最令人关注的省级卫视。3月，为更符合自身的“情感定位”，江苏卫视晚间推出全新情感类事件栏目“人间”，收视率增幅超过100%，成为所有卫视晚间收视增幅最大的节目。4月，安徽卫视腰斩6档节目，全力以赴打造综艺节目，希望能在火红的综艺节目市场分一杯羹，并为挽救电视剧的收视颓势，斥资3亿元购买独播剧，1月至9月，安徽卫视晚间时段电视剧收视居省级卫视首位。4月，央视二套两档节目：《绝对挑战》和《今晚》因收视率和频道内容结构调整而悄然停播。10月，河北卫视改版，突出“快乐家+家”的主题，即以家庭和快乐作为吸引观众的手段。2007年，浙江卫视在电视剧营销上打出“月月有独播，时时有亮点”的口号，在编排上采用“系列剧”概念，即每季度电视剧都有不同主题。旅游卫视全新推出大型自助式出境游互动体验节目“环球 DIY”。节目一改传统旅游节目“你玩我看”的制作手法，以观众作为旅行的主角，从主角遴选、路线设置开始，与场内外观众高度互动。湖南卫视独树一帜，主推独播剧、自制片，大力度进行节目营销。① 中央 5 套的体育频道大推奥运节目，为 2008 年改版为“奥运频道”埋好伏笔。从各家电视台的改版中，我们不难推测出其战略意图。随着行业竞争的加剧，各电视台都在求新求变，试图在不同角度、不同时间段打造自己的黄金优势。

2007 年，选秀类节目层出不穷。3 月 18 日，东方卫视选秀类节目《加油好男儿》启动，拉开 2007 年选秀类节目战幕。20 日，湖南卫视获得批文，超级男声更名为快乐男声后得以批准举办。东方卫视的《我型我秀》，江苏卫视的《绝对唱响》，央视的《梦想中国》，北京卫视的《红楼梦中人》等都是这场选秀浪潮中的生力军。与 2006 年相比，2007 年主要的三档选秀节目《快乐男声》、《加油好男儿》、《我型我秀》几乎都是以男选手为主角，媒体戏称选秀正式进入“男色时代”。2007 年的选秀节目与前一年相比，虽节目数量有所增加，但整体来说有所降温，且意外状况频频发生，风波不断。8 月 15 日，国家广电总局下发通报，批评重庆电视台举办播出的《第一次心动》选拔活动严重违规。在此基础上，广电总局先后多次下发禁令，对选秀活动的时长、播出时间、赛区设置、选手评委的言行举止做出限制，进一步规范群众参与的选拔类广播电视活动和节目。但在限制的同时，广电总局在 6 月 19 日发布的《2007 年中国广播电影电视发展报告》，正面评价选秀节目。

由于看到选秀类节目的前景趋势不容乐观，各电视台纷纷在节目样式上进行大胆创新。4 月，SMG 节目正式引进美国 FOX 版权打造中国版《明星大练冰》，通过版权合作打造新节目。天津卫视

① 付蓉：《2007 年省级卫视传播突围策略分析》，来源：《中国记者》，上网时间：2008-01-09。2008 年 9 月 1 日下载于：http：//media. people. com. cn/GB/40628/6754168. html。

打造的大型相声娱乐电视活动——《笑傲江湖》在强手如云的周末黄金时段崭露头角，闯入省级卫视栏目前60名。5月，贵州卫视推出高端对话节目《论道》，由龙永图担纲嘉宾，这是一档以龙永图为核心的多样化、开放式的演播室对话节目。12月10日，东方卫视首次转播诺贝尔颁奖礼。当晚8时，中央电视台10套科教频道推出5小时的大型特别节目《诺贝尔科学之夜》。11月，湖南卫视率先推出全新励志健康节目《瘦身魔方》，并获得不错的收视率。

借奥运之机，8月2日至8日，在央视新闻频道直播《奥运倒计时一周年特别节目》。中央电视台一套、五套节目相继推出《我的奥林匹克》、《奥运舵手》、《同一个世界同一个梦想》、《奥运档案》、《奥运ABC》、《奥运进行时》、《奥运传奇》、《奥运岁月》、《奥运城市行》、《奥运经典》等节目。2007年，央视在经营管理创新上的举动引人关注。4月，央视扩充“黄金档”，开拓18：00—24：00“大黄金档”的概念，扩充时段，强化其旗舰地位。12月6日至9日，中央电视台《新闻联播》连续推出四名新播音员，这是《新闻联播》开播近30年来第一次集中推出新面孔。12月20日，冯小刚战争大片《集结号》上映，第二天在央视一套播出的《新闻联播》中，出人意料地出现了关于这部商业大片的报道。

2007年，全国31个省级卫视群体表现得异常活跃，实现总收视率比去年同期增长9.3%，市场份额同比扩张10.4%。十强的名单基本保持稳定，依次为湖南、江苏、安徽、重庆、江西、天津、北京、四川、浙江、上海东方卫视。①

（三）广电事业进军新媒体

2月，北京电视台获得广电总局颁发的《信息网络传播视听节

① 付蓉：《2007年省级卫视传播突围策略分析》，来源：《中国记者》，上网时间：2008-01-09。2008年9月1日下载于：http：//media.people.com.cn/GB/40628/6754168.html。

目许可证》。4月，北京电视台获得国内第六张手机电视牌照，介入新媒体，经营手机电视在线宽频。同时北京电视台宣布新媒体战略，将分阶段全面进入网络电视、手机电视、SP等新媒体领域，通过内容整合实现跨媒体运营。这是我国首家杀入新媒体领域的广电运营商。4月，中数传媒完成10万小时节目储备，央视正式进军视频点播，VOD点播业务首先将在上海和杭州进行试点。5月1日，我国第一个立体娱乐电视频道在上海正式开播。10月19日，吉林省首个数字付费电视频道“东北戏曲频道”正式开播，覆盖东北三省及内蒙古自治区，全天24小时滚动播出。12月，北京人民广播电台已实现全部在播节目向DAB数字多媒体广播平台平移，这标志着北京地区广播已进入全数字音频及数据广播时代。12月18日，央视国际移动传媒有限公司宣告成立，央视涉足车载电视，这标志着央视新媒体布局迈出重要的一步。这些事例传达着我国广电媒介的战略意图：将通过搭建新媒体运营平台，致力于成为多种新媒体平台的具整合力的跨媒体运营商。

四、电影市场发展迅猛，进入牛市

中国电影市场已连续几年以两位数递增的速度迅猛发展，2007年更以引人注目的成绩冲入新一轮大牛市。① 据国家广电总局电影局局长童刚介绍，2007年中国内地电影票房达到33.27亿元，首次超过1992年的32亿元，创历史新高。较2006年增长26%，连续5年保持了20%以上的增长率。其中国产影片票房为18.01亿元，占总票房的54.13%，比去年提高2.4%，连续5年超过进口影片。同时，2007年中国内地生产故事影片402部，比2006年多了72部，增长22%，实现了连续5年的高速增长，再创国产影片年产量的历史纪录。② 2007年在全国城市电影院线发行放映的中外

---

① 刘嘉：《盘点2007中国电影市场》，载《中国广播影视》2008年3月号上。

② 文一：《2007国产电影：产量和海外获奖创纪录》，载《人民日报》（海外版）2008年1月21日。

影片约190部。其中国产新片140部左右，占全年发行放映影片总量的73%，比2006年增长8.5%。①

中国电影征战海外市场，成绩依旧喜人。海外发行上，中国电影收入继续水涨船高。2007年共有78部内地影片销售到47个国家和地区，比2006年增加了5部；海外发行收入总计20.2亿元人民币，比2006年增加1.1亿元。2007年，中国内地先后在美国、英国、俄罗斯、南非、澳大利亚、日本、韩国等33个国家及中国港澳台地区举办了68次中国电影展，展出国产影片605部次。同时，有208部次影片参加了97个国际电影节，其中29部电影在19个国际电影节上夺得49个奖项，创造了历年来最高纪录。② 其中，王全安凭借《图雅的婚事》一举夺得柏林电影节金熊奖，随后又分别在芝加哥国际电影节和突尼斯国际电影节捧得评委会特别大奖。导演李安在威尼斯电影节上梅开二度，凭《色戒》成功突破重围，再次斩获金狮奖，这也是中国影人在威尼斯电影节上连续第三年问鼎金狮。

国产大片票房口碑双飞。2007年国产片票房过亿元的影片有三部，数量虽与2006年持平，但是单部影片平均产出有所提高。其中，《集结号》以2.6亿元拔得头筹，《投名状》和《色戒》紧随其后，分别有2.2亿和1.3亿元的票房。值得称道的是，同时在贺岁档上映的《集结号》、《投名状》票房均突破2亿元，同一档期消化两部2亿票房的国产电影，这在中国电影市场还是第一次，这说明中国观众的电影消费需求和能力都在增长。与票房飘红相映成趣的是，《集结号》、《投名状》口碑反应良好，观众认可度都很高，这是自《英雄》、《无极》、《夜宴》、《满城尽带黄金甲》等诸多商业大片普遍“叫好不叫座”之后，国产商业大片首次摆脱高票房、低口碑的魔咒，赢得双重胜利。这也似乎预示着国产大片在

① 刘嘉：《盘点2007中国电影市场》，载《中国广播影视》2008年3月号上。

② 文一：《2007国产电影：产量和海外获奖创纪录》，载《人民日报》（海外版）2008年1月21日。

经过初期的艰难与阵痛之后，已逐渐突破瓶颈，走向成熟。正如国内电影圈“航母”中影集团董事长韩三平宣告的那样：“大片策略”已经成功。

另一方面，中等投资的影片市场竞争力增强，中小成本影片票房大幅度提高。2007年众多的中小成本影片开始突围，《宝葫芦的秘密》、《不能说的秘密》、《命运呼叫转移》、《太阳照常升起》等中小投资影片均实现票房突破，1000万元以上的影片达20部，较2006年增长超过35%，超过500万元票房影片也有10多部，比2006年增加22%。同时需要注意，2007年的400多部电影中，最终进入院线的只有80多部，票房千万以上的21部电影数量只占整个国产电影年产量的几十分之一，更多中小成本国产电影仅能收回成本，甚至连成本都无法全部回收。业内有个说法叫“二八定律”，是指赚钱和保本的影片占20%，赔钱的占80%，尽管商业大片让人欣喜，但中国电影缺少的不是商业大片，最缺少、最薄弱的是中等投资规模、中等回报的主流故事电影。中国的电影市场呈现不健康的金字塔形状，而理想的市场结构应该是纺锤状的。① 因此，中小成本电影总体形势虽较去年有很大提高，但还不具备扬眉吐气的实力和中流砥柱的地位，“二八定律”在中国电影市场仍十分明显。当从另外一方面讲，由于国产电影市场化起步晚、底子薄，它的上升空间巨大。中国电影发行放映协会副秘书长耿西林女士预计，未来5年内，中国的电影票房将突破100亿元，成为继电视剧之后又一个获得市场成功的娱乐产业。②

2007年电影市场持续繁荣加速带动了国内影院发展。城市主流院线共有34条，2006年只有“上海联”这一条院线年票房达到3亿元，2007年有5条院线年票房超过3亿元，分别是中影星美、上海联合、北京新影联、北京万达、中影南方新干线，过亿元院线

---

① 王小峰：《中国电影市场化之路》，载《三联生活周刊》2008年第6期。

② 王小峰：《3527块银幕与51亿元产值：中国电影收复失地》，载《三联生活周刊》2008年第6期。

共有8条。① 需要指出的是，前5位院线占63%的市场份额，而前12位的院线则占到88%的市场份额，剩余的22条院线只能争夺仅有的12%的市场份额。这一数字表明全国院线发展趋势呈现“二八规律”，院线市场两极分化趋势显现。

截至2007年底，国内新增影院102家，新增银幕数493张，全国院线电影院合计为1427家，银幕数3527张，发展速度迅猛。多厅影院的建设带来大量资本流入电影行业。从投资主体看，除2006年已有的国内房地产商、大型国企外，一些与电影相关的产业供应商也加入到影院建设投资中。发行公司投资电影院的热情也渐渐看涨，国内最大的发行商——中影集团宣布要加大影院投资。从2007年全国每月前50家影院排行中观察，上位的新影院数量还不到1/3，新影院建成开业后如何缩短在市场的“磨合期”，快速上位，成为新影院亟待解决的问题。全国大型院线在创建品牌、差异化经营方面也有所表现。具体做法基本上是参与电影的全国发行，积累自身品牌，形成院线经营风格与放映特色，使旗下院线有可能拥有更多放映内容。如，上海联和院线参与发行影片《东方大港》，院线所获该片票房450万元左右，占影片全国票房的56%。中影星梅发行影片《天下第二》，院线以230万元票房占影片全部票房的60%。北京万达发行影片《夜袭》，院线以250万元左右的票房占影片全国票房的62%。中影南方新干线发行影片《十分爱》，在广东地区以200万元票房占影片全国票房的83%。②

随着中国电影产业不断发展壮大，2007年电影业有着一股异常强烈的资本冲动，私募股权动作频出，上市趋向明确表现。民营资本方面，6月，分众传媒联合其他几位境外投资者，向华谊兄弟投入2000万美元，这是华谊兄弟迄今为止进行的第三轮私募融资。8月，红杉资本和SIG海纳基金注资国内最大的民营电影发行公司

---

① 王小峰：《3527块银幕与51亿元产值：中国电影收复失地》，载《三联生活周刊》2008年第6期。

② 刘嘉：《盘点2007中国电影市场》，载《中国广播影视》2008年3月号上。

保利博纳，首批注资规模约为 1000 万美元。国有资本方面，中影利用其相比民营资本独特的政策优势受准发行 5 亿元的资金债券。10 月，北京市国资委与时代今典集团各为北京市电影公司注入 2.4 亿元资金，各自占有北京电影公司 38% 的股份，体现了国有资本与民营资本开展资本联姻的合作。海外资本方面，美国 IDG 携手中影集团签署中国媒体基金合作备忘录。该基金首批将注入资金 5000 万美元。事实上，IDG 运作的“新媒体基金”在 2007 年上半年便投资包括中博影视、中影集团、印象创新在内的 3 家影视业上游公司。另一方面，私募资本的融入早已满足不了那些规模较大的企业的胃口。诸多影业大鳄都在雄心勃勃地规划上市行动。10 月 31 日，橙天娱乐购入嘉禾集团 24.78% 的股票及可换股债券，作价 2 亿多港元。至此，橙天成为嘉禾第一大股东，同时成功完成借壳上市的行动。9 月，中影集团宣布重启上市计划，争取 2008 年在国内 A 股上市。目前中影正在紧锣密鼓地为重组上市做准备。10 月，横店集团为适应上市需要，将其娱乐公司以及影视城进行重组，成立横店影视娱乐股份有限公司。① 同时，影业其他企业，如保利博纳、华谊兄弟也纷纷开始启动上市计划，可以预见，2008 年，中国电影产业必将掀起一股上市风潮。

五、互联网企业集体上市，即时通讯市场面临瓜分

截至 2007 年 12 月，网民数已达到 2.1 亿人。中国网民数增长迅速，2007 年一年增加了 7300 万人，年增长率为 53.3%。低收入人群开始越来越多地接受互联网，农村上网人群增长较快。目前中国 16% 的互联网普及率仍比全球平均水平 19.1% 低 3.1 个百分点。从接入方式上看，宽带网民数达到 1.63 亿人，手机网民数达到 5040 万人，这两种接入方式发展较快。

中国网站数量已有 150 万个。这些网站中增长最快的是 .CN 下的网站数，目前的数量已经达到 100.6 万个。网络媒体方面，

① 郭春：《电影：资本冲动》，载《中国广播影视》2008 年 2 月号。

有73.6%的人半年内在网上看过新闻，相信网络新闻真实性的比例为51.3%；半年内更新过博客/个人空间的比例为23.5%，但表示相信博客内容真实性的网民比例仅有32.6%。中国互联网娱乐性较强。网络游戏使用率是59.3%，网民玩网络游戏的平均时长是7.3小时/周；半年内86.6%的网民收听过网络音乐，下载比例为71.2%；在线网络影视观看比例为76.9%，下载比例为40.5%。①

（一）互联网企业资本运营

2007年中国互联网企业上演集体上市第三波，上市重心逐步由纳市向国内转移。7月27日，完美时空登陆纳斯达克；10月9日，软件企业金山在香港联交所挂牌；11月1日，巨人网络在纽约证券交易所挂牌；11月2日，网龙在香港上市；11月6日，阿里巴巴在香港联交所挂牌。中国互联网公司的股价总市值膨胀到近700亿美元。阿里巴巴创下香港股市有史以来融资最高纪录（1600亿美元）、中国内地互联网公司融资之最（17亿美元）、中国内地最大市值互联网公司（200亿美元左右）等多项纪录。百度成为首家计入纳市100指数中国上市公司，中国股股价变动影响全球股市。但TOM在线正式从美国纳斯达克及香港联合交易所退市，成为首只退市的中国互联网概念股票。

在并购与重组方面，互联网企业依靠资本力量上演“大鱼吃小鱼”大戏。2007年，分众传媒加速跑马圈地，并购竞争对手，独占稀缺资源形成优势；对聚众传媒的合并，使自己拥有市场份额的95%，确保自己不再遭受同一领域内的任何竞争性风险。此外，还有网盛科技并购中国服装网、华友与光线合并、掌上灵通被收购等。

---

① 中国互联网络信息中心（CNNIC）：《第21次中国互联网络发展状况统计报告》：来源：新浪科技，上网时间：2008-01-17。2008年11月12日下载于：http：//tech. sina. com. cn/focus/cnnic21/index. shtml。

（二）互联网广告

2007年网络广告受到更高的认可度，也成为诸多广告类别中发展速度最快的一种。2007年广告主数量再次快速增长，仅前三个季度就达到4971家，超过2006年全年品牌广告主数量，同比增长62.7%，其中新增品牌广告主2496家，同比增长115%。2007年中国在线广告的新形式主要有：

1. 精确投放

腾讯发布了网络广告的精准定向工具TTT（Tencent MIND Targeting Tools），是中国互联网企业首次推出网络广告精准定向的技术，使得不同身份职业、偏好习惯及不同地域场所的网民看到不同的、与他们更相关的广告信息。依托精准定向工具，广告主能摆脱过去大众营销的套路，准确寻找到其品牌或产品的目标消费群。精确的营销使广告效率大大提高，广告价格获得拉升。

网络视频产业已形成一条以内容提供商、网络平台运营商、技术提供商分销渠道，广告主和用户为主要构成的网络视频产业链，虽然目前这条链还有交叉竞合、链条边界模糊等特点，但是一些视频网站已经开拓出新的广告模式，来弥补这些缺陷。新兴在线短视频网站通过影音载入前后的等待时间播放广告，视频网站一方面引进节目源，丰富频道资源以吸引用户。另一方面则分析客户数据，通过有效投放吸引广告商注意。土豆网则发布新的广告系统，与电视广告单向传播模式不同，新上线的3秒广告系统会根据用户提供的个人资料，以及用户在网站停留的时间、点击的视频等存储数据，分析视频观众的品位、收入、学历、爱好等。以准确投放广告。视频制作者也可从中得利。土豆网将按照视频的点击率，给其更好的推荐位，还能给版权所有者一定的广告分成。

2. Web2.0新商业模式

2007年，一直受到赢利模式困扰的Web2.0网站在商业模式上也有一些动作。“博客中国”面对所有博客用户推出“博客金行”业务，博客用户只要提出“博客金行”申请，博客网将在申请者博客页面上挂出相应广告，每获得一个有效广告点击，用户写博客得到2/3收益，博客网得1/3提成。人人网采取的聚类广告精准投放方式，即根据厂商需求锁定目标受众，一对一传播，按地域投放，提供跨平台投放，从Web2.0的互动性加上一个地域，迎合网民对周边事物关注的兴趣，将当地人聚集起来再推广分类信息，从而聚合商业价值。

3. 网络游戏内置广告

根据iResearch艾瑞咨询最新的研究结果表明，2007年1～10月中国网络游戏内置广告的收入已达1.05亿元，占整个网络广告收入的2.9%，而在2006年仅占1.3%，游戏内置广告（In Game Adverting，以下简称IGA）的收入正在快速增长中，预计在2008年IGA的市场规模将达到3亿元，IGA作为一种新盈利模式的前景已经被越来越多的企业所认可，游戏平台的媒体价值正在被逐步挖掘出来。

据艾瑞咨询对部分IGA运营商的访谈数据，IGA收入已经成为网游企业最重要的收入来源之一。以运营《跑跑卡丁车》的世纪天成为例，2007年他们的游戏服务收入约为5000万元，而IGA的收入为2000万元，占总收入的近三成。另一家同样经营休闲游戏的运营商天联世界的IGA也达到总收入的二成左右。由此可见，IGA已经成为部分运营商不可或缺的收入。①

（三）即时通讯市场被其他行业和国外竞争者瓜分

随着个人即时通讯市场饱和度的不断提升，2007年市场重心逐渐向移动即时通讯和企业即时通讯转移。中国移动携“飞信”的强势进入，不仅迅速拉升了整体市场规模，同时也积累了4000万的用户群，成为移动即时通讯市场的主导者，尽管腾讯、微软、PICA纷纷改善自己的产品，并寄望于合作来捍卫市场份额，但始终无法突破运营商的控制。相对于移动即时通讯的突然爆发和个人

① 赵旭枫：《网游行业将进入媒体化经营阶段》，来源：人民网，上网时间：2008-01-16。2008年11月12日下载于：http：//media.people.com.cn/GB/22114/45733/114404/6780278.html。

即时通讯的有条不紊，企业即时通讯的应用市场尚未真正启动，不论是国际巨头还是国内新贵都处于同一起跑线之上。IBM Sametime逐步成为中国市场最具竞争力的企业级IM产品；腾讯RTX虽然早期霸占中国市场，但近年来缺乏对市场的关注，丧失了在该市场的先机；微软、通软联合和点击科技等，也同时在各自细分领域占据优势。这一市场的发展潜力不容忽视，尤其在产品功能完善以及与企业内部管理系统整合方面，将有巨大发展空间。

（四）搜索引擎提供搜索之外的更多功能

搜索引擎三大巨头对用户和市场的争夺在2007年逐渐转变成服务概念和服务模式的创新。在搜索需求日趋细分和专业化的影响下，雅虎、Google分别以“全能搜索”和“整合搜索”两大全新概念来引领新一轮搜索模式；百度则在世界大会上，赫然打出“新媒体”的招牌，甚至还在年底宣布进入C2C市场，百度正在试图将其版图从搜索扩张到其他领域，在这一过程中也必然会诞生新的概念和模式。

第二节 传媒规制建设

一、传媒产业内外开放力度加大

经过数年沉淀，继制造业“走出去”热潮之后，2007年，文化传媒产业也掀起一轮“走出去”的热潮。2007年4月，商务部等六部委公布《文化产品和服务出口指导目录》，新闻出版总署还出台了扶持出版“走出去”的8项政策措施。新闻出版总署扶持出版“走出去”8项政策措施分别为：对列入“中国图书对外推广计划”或实施“走出去”战略的出版项目所需要的书号不限量，给予充分保证；支持重点出版企业申办出口权；支持出版单位创办外向型外语期刊；制定“鼓励和扶持文化产品和服务出口的若干政策”的配套文件；协调国内金融机构提供外向型出版企业、工程项目加快发展的信贷支持；全力办好国际书展，重点扶持法兰克福、北京、莫斯科、香港等15个国际书展，提供更多的政府资金，打造中国图书推广的平台；为“中国图书对外推广计划”继续提供资金支持；适时表彰奖励图书“走出去”取得成绩的出版集团和出版社。

2007年10月17日，正值党的“十七大”召开的第三天，国家新闻出版总署署长柳斌杰在接受《光明日报》、英国《金融日报》等媒体采访时表示：“允许新闻出版传媒的整体上市，而不是局限于过去将报纸的采编业务与广告等商业经营剥离开来的做法……”他的这一表态被认为是中国政府已决定将文化传媒产业向资本市场谨慎开放。这一政策信号意味着中国传媒业的体制改革由此进入了一个全新阶段。①

（一）外国记者自由采访开始实施

新华社报道，国务院及国台办、港澳办制定的《北京奥运会及其筹备期间外国记者在华采访规定》和《北京奥运会及其筹备期间台湾记者在祖国大陆采访规定》、《北京奥运会及其筹备期间港澳记者在内地采访办法》自2007年元旦至2008年10月17日施行。2月1日南方周末报道“三规定最关键处，都是其在第6条所做的‘只需征得被采访单位和个人的同意’”。“这包含两层涵义，一是上述几类记者在采访时不需向各自的主管部门申请；二是可以按规定离开驻地自由跨省采访。”外交部发言人刘建超说新规定“适用于中国各个省份”。报道透露“中国1980年就批准外国媒体在华开设常驻机构，外国记者不能自由采访，这成为外界批评中国的‘口实’”。“新规定是在奥运采访名义下，与奥运会惯例接轨，但依然被视为中国对外开放过程中一项标志性事件”。国务院新闻办公室主任蔡武2006年12月28日在新闻发布会上说，“如这样一个暂行的规定在未来的一年多实践中证明是好的”，“我想一个好

---

① 佚名：《2007年度传媒界言论》，载《传媒》2008年第1期。

的政策就没有必要把它再变了"①。

(二)两岸合拍电视剧将享受大陆产电视剧同等待遇

11月7日,国家广电总局副局长田进在"两岸城市文化创意产业论坛"上发布两项影视产业惠台政策:一、大陆与台湾合拍的电视剧,经大陆主管部门核准后,可视为大陆生产的电视剧播出和发行。二、广电总局将各省、自治区、直辖市所属制作机构生产的有台湾演职人员参与的大陆电视剧完成片的核准工作,交由省级广播电视行政部门负责。这两项政策措施2008年1月1日起开始执行。政策调整后,两岸制作单位合拍的电视剧,享受"同等待遇",且核准程序会进一步简化,时效性也会明显提高,这必将会为两岸合拍电视剧和台湾影视从业人员带来新的发展机遇。同时,这也将为两岸影视业跨越意识形态的鸿沟,搭建文化平台,建立心灵沟通,探寻出一条新路。此外,它还为以文化为媒介的两岸关系的健康发展发挥重要作用。②

二、舆论监督得到有力保障

党的"十七大"政治报告,再次使用了"舆论监督"的概念。胡锦涛要求"落实党内监督条例,加强民主监督,发挥好舆论监督作用,增强监督合力和实效"。这次"舆论监督"概念的使用,强调的是对党的权力监督,可谓抓到了根本。"必须让权力在阳光下运行。"这是"十七大"政治报告对信息公开的十分形象的比喻,"保障人民的知情权、参与权、表达权、监督权","对干部实行民主监督,是人民当家做主最有效、最广泛的途径,必须作为发展社会主义民主政治的基础性工程重点推进","确保权力正确行

① 孙正一、柳婷婷:《2007中国新闻业回望》,载《新闻记者》2007年第12期。

② 陈栋:《2007年中国传媒十大创新报告之广电篇》,来源:人民网,上网时间:2008-01-14。2008年11月12日下载于:http://media.people.com.cn/GB/22114/115219/115220/6836412.html。

使，必须让权力在阳光下运行”。

（一）新闻立法进程加快

知情权成为公众的可诉权利令人瞩目。将于2008年5月1日施行的《政府信息公开条例》明确规定，政府机关应当主动公开涉及公民、法人或者其他组织切身利益的，需要社会公众广泛知晓或者参与的信息。公民、法人或者其他组织认为行政机关在政府信息公开工作中的具体行政行为侵犯其合法权益的，可以依法申请行政复议或者提起行政诉讼。①

限制媒体“擅自”发布突发事件的规定被删除。2007年6月24日，全国人大常委会审议修改《突发事件应对法草案》，删除了先前有关新闻媒体不得“违规擅自发布”突发性事件信息的规定。2006年6月提交全国人大常委会审议的《突发事件应对法草案》第57条曾规定：“新闻媒体违反规定擅自发布有关突发事件处置工作的情况和事态发展的信息或者报道虚假情况，情节严重或者造成严重后果的，由所在地履行统一领导职责的人民政府处5万元以上10万元以下的罚款。”草案在全国人大常委会首次审议后，广泛征求了各方意见后认为，信息的发布和透明是处理突发事件的关键，在这个问题上，媒体所起到的正面作用应该充分肯定。草案关于“违反规定”的表述含义不清，有可能成为某些地方政府限制媒体正常报道突发事件的借口，不利于媒体对其谎报瞒报开展舆论监督。② 修改后的草案对于传媒界担心那些有意在突发事件中隐瞒事实真相、抵制舆论监督的当权者借“违规”之名行打击报复媒体之实等问题十分有益。

最高人民法院在2007年首次明确了“虚假宣传”的内涵。1月18日新华社报道，最高人民法院公布并于2月1日起施行“关

---

① 孙正一、柳婷婷：《2007中国新闻业回望》，载《新闻记者》2007年第12期。

② 范以锦：《2007年国内十大传媒事件》，载《新闻与写作》2007年第12期。

于审理不正当竞争民事案件应用法律若干问题的解释”，首次明确“经营者具有下列行为之一，足以造成相关公众误解的，可以认定为反不正当竞争法第九条第一款规定的引人误解的虚假宣传行为：一是对商品作片面的宣传或者对比的；二是将科学上未定论的观点、现象等当做定论的事实用于商品宣传的；三是以歧义性语言或者其他引人误解的方式进行商品宣传的。”并规定以明显的夸张方式宣传商品，不足以造成相关公众误解的，不属于引人误解的虚假宣传行为。①

（二）党报本位回归

2007年1月1日，重庆开始施行涉及传媒改革的文件，4月以来引起各方面广泛关注。该文件就加强和改进新闻工作提出40条具体措施，其中26条规范三方面的内容：进一步改进会议报道，规范文件刊播；加强对基层和群众的报道；精简领导同志活动报道。这三方面的内容占14页中的10页。文件明确了如下原则：会议报道原则上不以市领导是否出席作为报道与否和报道规格的唯一标准，也不绝对依照领导职务排序安排报纸版面和电视时段。其实，此次重庆市的这份文件以及《重庆日报》的大胆改革，恰恰是对党报传统的回归。《重庆日报》在党报头版改革中迈出了属于自己的一小步，但它对整体的党报改革来说，示范意义远大于它本身的变化。②

三、行业管理建设卓有成效

（一）加强广电节目制作的管理

在这方面，首先是严格规范广电节目内容。今年，广电总局发

---

① 孙正一、柳婷婷：《2007中国新闻业回望》，载《新闻记者》2007年第12期。

② 陈力丹、戴莉莉：《党报传统：按新闻价值而不依领导人职务编排版面》，载《新闻记者》2007年第5期。

出两个全国通报批评，批评重庆电视台《第一次心动》严重违规行为，通报批评四川电台和成都电台，禁止全国所有播出机构制作、播出低俗、下流和涉及性生活、性药功能内容的节目，禁止播出群众参与的整容、变性节目，以抑制低俗节目，强调和谐文化追求。同时，广电总局发布《〈移动多媒体广播第三部分：电子业务指南〉一项广播电影电视行业标准的通知》、《关于加强车载、楼宇等公共视听载体管理的通知》、《关于进一步规范和发展有线电视视频点播业务的通知》等相关措施，配合对广电播出节目内容的整治活动。

其次是加强群众参与的选拔类广播电视活动和节目的管理。继连续停播一些低俗广播电视节目之后，国家广电总局又出台一系列具体管理措施和细则，进一步规范群众参与的选拔类广播电视活动和节目，这是国家广电总局近期进一步抵制低俗之风的又一重要举措。广电总局在《广电总局进一步加强群众参与的选拔类广播电视活动和节目的管理》、《关于群众参与的广播电视直播节目必须延时播出的通知》中指出，近年来群众参与的选拔类广播电视活动和节目，在创新广播电视形式、内容、手段等方面作了有益尝试，丰富和满足了人民群众多层次、多样化的精神文化需求。但是，目前仍有一些方面存在低俗问题，背离积极、健康、向上的基本定位，损害广播电视媒体的形象，观众反映强烈。广电总局因此在《通知》中有针对性地从播出时段、节目内容、投票方式等方面给选秀节目念“紧箍咒”，连对于向来少受指责的主持人也给予“不得使用‘哥、姐、弟、妹’等称谓”的细致规范。①

（二）报刊行业进一步规范报社记者站管理

3 月 30 日，新闻出版总署和中纪委驻总署纪检组联合发出的通知要求，未领取“新闻记者证”的人员不得在记者站从事新闻

---

① 《广电总局出台新规 选秀主持人严禁“套近乎”》，来源：新华网，上网时间：2008-01-18。2008 年 5 月 12 日下载于：http：//ent. qq. com/a/20070923/000041. htm

业务活动。聘用时间未满一年的人员从事新闻采访活动，应在持有记者证的记者带领和指导下进行。报社记者站人员须为报社正式在编人员或者与报社签有聘用合同的专职人员。记者站不得自行聘用工作人员，不得有以新闻报道为名要求采访对象订报纸、做广告或以“曝光”相要挟采访对象索取财物等行为。记者站人员变更后，报社应立即注销并收回变更记者（包括离任和新任记者）持有的原“新闻记者证”并在15日内将人员变更情况报所在地新闻出版行政部门备案。报纸记者站参加年度审核时，还应报送该站记者本年度发表新闻报道的目录和样报。7月8日新华社报道，各地新闻出版管理部门对报社记者站人员进行重新登记，并建立记者站人员档案，通过当地主要媒体对所在地记者站的名称、地址、通讯方式、站内人数、站长姓名等有关情况进行公告，接受社会各界监督。违规情节严重的，由所在地省级新闻出版行政部门撤销该记者站。①

（三）对广告进行更加严格的监管

首先是清查医疗、药品广告。经国家工商行政管理总局和卫生部重新修订的《医疗广告管理办法》于2007年1月1日起实施。这意味着国家执法部门对医疗广告发布中的违法行为开始重拳出击。《办法》规定医疗广告实施发布前的审查制度，要求医疗广告内容仅限于医疗机构第一名称、地址、医疗机构类别、诊疗科目、床位数、接诊时间、联系电话等8项。不得利用患者、医生、医学科研机构以及解放军和武警部队名义做广告，医疗广告不得隐含保证治愈内容。② 3月15日，国家食品药品监管局、国家工商总局发布新修订的《药品广告审查办法》和《药品广告审查发布标准》，并于5月1日开始实施，我国药品广告管理进一步加强。在

---

① 孙正一、柳婷婷：《2007中国新闻业回望》，载《新闻记者》2007年第12期。

② 曹鹏：《新闻业需要调整重塑行业规则与职业规范》，载《新闻记者》2007年第2期。

具体执行中，相关部门重点对药品、医疗器械、丰胸产品、减肥产品、增高产品等五类产品广告进行集中整治，加大曝光和审查力度，使2007年虚假违法医疗、医药广告明显减少，广告市场得以进一步净化。这些举措对于报业广告经营产生了较大影响。

其次，是加强广告播放管理。7月30日，广电总局向全系统发出《关于进一步加强广播电视广告播放管理工作的通知》，要求各级广播电视播出机构一律不得播出虚假违法、内容不良、格调低下的医疗、药品、性保健品广告和各类性暗示广告。9月30日，专门下发《广电总局关于清理整顿广播电视不良广告的通知》，重申各级广播电视播出机构严禁播出“八类涉性”广告，要求各级广播电视管理部门继续加强监管，严厉查处非法性药品广告的播出。“通知”和“禁播令”发出后，各级广电管理部门立即行动，积极贯彻清理整顿不良广告的工作要求，督促辖区内播出机构全面进行清理整顿。①

开展打击非法广告专项活动也是2007年管理部门加紧对广告监管的重要措施之一。中宣部、国务院新闻办、公安部等12个部门于年底又联合发出通知，要求从2007年12月4日起到2008年1月30日前，在全国范围内集中开展一次针对网上非法发布“性药品”广告和性病治疗广告的专项治理整顿行动。

（四）加快扶持动画产业

2007年给中国动漫产业注入无限生机。广电总局相继出台一系列优惠政策和措施，促进动画片生产和动画产业的发展，其中包括国产动画片实行制作备案公示管理制度、黄金时段禁播海外动画片、建立专门扶持动画片生产的专项资金、促进规模化发展和培养优秀动画人才。这些措施非常明确地体现了扶植国产动漫产业的决心，也促使我国动画片产量有大幅提高。据广电总局的统计数据，

---

① 《广电部门大力清理不良广告初显成效》，来源：eNeT新华网，上网时间：2008-01-18。2008年11月12日下载于：http：//tech. sina. com. cn/t/2008-01-18/16501983206. shtml。

2007 年我国电视动画片产量可望达到 10 万分钟。一批优秀的国产原创动画片如雨后春笋般相继涌现，其中一些还走出国门打入了国际市场。但形成有效的动漫产业链，建立有效的赢利模式还需要业界学习、探讨和实践。①

（五）推动广播影视业发展

2007 年国家广电总局颁布《电影管理条例》，发布《关于促进广播影视产业发展的意见》。《意见》分析了当前我国广播影视产业发展面临的形势，阐释了发展广播影视产业的指导思想和基本思路，提出了发展广播影视产业应该采取的相关措施。《意见》的颁布对加快广播影视业的改革、发展具有重要的意义。随着《意见》内容的贯彻实施，必将全面推进我国广播影视产业的发展，使广播影视逐步成为国民经济的新型产业和体现先进文化精神产品的重要生产基地。

四、网络媒体建设发展

（一）推进网络文化建设

中共中央政治局 1 月 23 日下午进行第三十八次集体学习，主题为“世界网络技术发展和我国网络文化建设与管理”。中共中央总书记胡锦涛在会上强调了加强网络文化建设和管理的重要意义，指出：“我们必须以积极的态度、创新的精神，大力发展和传播健康向上的网络文化，切实把互联网建设好、利用好、管理好。”6 月 1 日，中共中央办公厅、国务院办公厅下发《关于加强网络文化建设和管理的意见》，这是今后在较长时间内指导我国网络文化建设和管理的纲领性文件。6 月 3、4 日，“全国网络文化建设和管理工作会议上”在北京召开，这是全面落实中央部署的重要会议。

① 虞宝竹：《新技术　新理念　新方式——2007 年变革中的中国广电业》，载《中华新闻报》2008 年 1 月 3 日。

中央政治局委员、书记处书记、中宣部长刘云山在讲话中指出："互联网已经成为重要的文化创作平台、文化产品传播平台和文化消费平台，网络文化已经成为人们精神文化生活的重要组成部分。"在10月召开的中共"十七大"上，"加强网络文化建设和管理，营造良好网络环境"再次写入大会报告，这充分显示了党中央和全党对这一领域的高度重视。①

（二）大力推广国家域名应用，保障国家信息安全

自2007年10月8日起中国互联网络信息中心颁布实施了新的《中国互联网络信息中心域名争议解决程序规则》，保证域名争议解决程序的公正性、方便性及快捷性。以前网站大量注册使用的COM域名，都是由美国公司管理，这对我国信息安全构成重大隐患。"CN域名1元注册"活动刺激国家域名CN在2007年实现爆发式增长。政府网站带头加强域名使用规范，省级政府网站域名有97%规范使用CN域名；国企500强集体启用CN域名。截至2007年6月，中国大陆地区CN域名总数达到615万个，占据中国域名总数的58.9%，年增长率高达416.5%，第一次全面超过境内用户注册的通用顶级域名。国家顶级域名的快速主流化，对于保障国家信息安全乃至主权安全有着积极意义。②

（三）开展具体整治活动

具体的整治活动，一方面，表现在对互联网传播内容的管理。2007年2月，文化部、工商总局、公安部等14部门联合印发《关于进一步加强网吧及网络游戏管理工作的通知》。中宣部、国务院新闻办等纷纷走向前台，做好网上正面宣传和舆论引导等工作。8

① 闵大洪：《2007年的中国网络媒体》，来源：人民网-传媒频道，上网时间：2007-12-28。2008年11月12日下载于：http：//media. people. com. cn/GB/40606/6709913. html。

② 钱毅、何美：《2007中国新媒体：浓墨重彩的一年》，载《传媒》2008年第1期。

月，新闻出版总署联合发出《关于严厉查处网络淫秽色情小说的紧急通知》，国家广电总局于 2006 年 12 月底和 2007 年 4 月先后下发有关依法查处非法“网络电视台”的通报。12 月 20 日，国家广播电影电视总局和信息产业部共同颁布《互联网视听节目服务管理规定》(第56 号令)。该规定自2008 年1 月31 日起施行，规定所称互联网视听节目服务，是指制作、编辑、集成并通过互联网向公众提供视音频节目，以及为他人提供上载传播视听节目服务的活动。①

另一方面，体现在查处非法网络电视台上。国家广电总局下发《关于依法查处非法“网络电视台”有关情况的通报》，曝光 7 家在北京发现的擅自进行视听节目传播活动的非法“网络电视台”。4 月 2 日经济观察报报道，2007 年 3 月 20 日广电总局要求各地广电行政部门严惩第 8 家非法网络电视台——“中国国际中文电视台”网站。在广电总局公布的《获准开办网上传播视听节目业务的单位名单》中，只有66 家网站获得批准，基本都是电视台和有线经营者。并透露，目前公开提供视频播放服务的公司几乎都是采取与广电合作的方法，处于灰色地带。崔保国教授在第 6 期《中国报业》撰文指出，广电总局此举意义在提醒非国有资本的传媒市场开拓要注意最基本的政策底线。

（四）电子商务转向务实发展阶段

相对国外电子商务发展的成熟度，中国的电子商务基本还处于探索成长阶段，但 2007 年表现已经不俗，从复苏转向务实发展，进入转型升级阶段。2007 年 6 月，国家发展和改革委员会、国务院信息化工作办公室联合发布《电子商务发展“十一五”规划》，作为我国首部电子商务发展规划，这部电子商务发展的指导性文件将促进电子商务协调发展，演绎新的精彩。

① 闵大洪：《2007 年的中国网络媒体》，来源：人民网-传媒频道，上网时间：2007-12-28。2008 年 11 月 12 日下载于：http：//media. people. com. cn/GB/40606/6709913. html。

（五）手机媒体

随着手机用户的普及和第三代移动通信技术（3G）的发展，其高速上网、大容量的特点使手机在继网络之后，开始跻身数字出版产业，成为又一个数字阅读终端。数据显示，目前通过手机进行文学阅读的用户已经超过3000万，并且近两年来手机文学读者年均增加80%左右，用手机阅读文学，已成为部分手机用户的阅读习惯。而适于数字内容发布的大屏幕智能手机不断推出，也为手机阅读文学推波助澜。① 2007年6月7日，信息产业部发布手机媒体新标准《YD/T1607 数字移动终端图像及视频传输特性技术要求和测试方法》。该标准是由中国通信标准化协会（CCSA）组织会员单位研究制定，结合我国移动终端技术的发展与应用的实际情况制定的，标准中充分体现了移动终端照相摄像和彩色平板显示的功能特点和性能要求。对所有具有照相、摄像和彩色平板显示功能的数字移动终端提出了性能和测试要求。预计该标准即将成为数字移动终端取得电信设备入网、认证资格的依据。

清查信息服务业的相关规定出台。某些电视台播出观众以手机短信、热线电话等方式参与的有奖竞猜节目，具有一定的博彩性质。② 2007年8月7日，信息产业部发出通知，要求对通过媒体互动方式开展的信息服务业务进行重点清理和检查。信息产业部下发了《关于针对社会反映热点问题加强信息服务业务市场重点整治的通知》(信部电［2007］293号)，针对当前信息服务业务市场存在的群发诱骗短信消费、不明扣费、未明码标价、不良信息内容、虚假宣传五类问题，部署和开展了重点整治工作。基于部分电信企

---

① 冯晓芳：《手机跻身中国数字出版行业》，来源：新华网，上网时间：2007-05-31。2008年5月4日下载于：http：//news. xinhuanet. com/newmedia/2007-05/31/content_6177391. htm。

② 肖克锋：《有奖竞猜节目有博彩性质 广电总局近期将规范》，来源：新华网，上网时间：2007-07-13。2008年5月4日下载于：http：//media. people. com. cn/GB/40606/5982034. html。

业（包括基础电信企业和增值电信企业，下同）在与电视、广播等媒体合作开展互动性节目（如解析姓名、测星运、占卜、猜成语、猜字谜等）的过程中，利用虚假宣传、虚设中奖信息等方式诱骗用户使用的行为日渐突出，社会各界反映强烈。因此，信息产业部在信息服务业务市场重点整治工作中，对通过媒体互动方式开展的信息服务业务进行重点清理和检查。通知要求，对诱骗用户消费等情节严重的违规行为，要严格按照《关于严厉打击信息服务企业恶意侵害消费者利益行为的通知》（信部清［2007］236号）依法责令其停业整顿，并追究相关基础电信企业的责任，同时要密切跟踪市场情况，对新问题、新情况要及时研究解决，以切实维护广大电信用户的合法权益，促进电信行业健康、和谐发展。①

第三节　新媒体市场发展回望

据2007年7月中国互联网络信息中心（CNNIC）发布的《第二十次中国互联网发展统计调查报告》，截至2007年6月底，我国已有131万个网站、1.62亿网民的庞大规模，网民总数居世界第二，7700万宽带用户数居于世界首位，手机上网用户也高达4430万人。互联网在我国的迅速发展，体现在以下几个方面：

第一，网民上半年增长量接近2006年全年增长量，每1分钟就新增接近100个网民。我国网民总人数目前已达1.62亿，仅次于美国2.11亿的网民规模。我国网民规模正跨入新一轮快速增长阶段。与2006年年末相比，半年新增网民2500万。相当于半年内，每1分钟就新增接近100个网民。与2006年同期相比，网民数增加了3900万人，我国网民年增长率达到31.7%，步入新一轮的快速增长阶段，迎来新的互联网增长高峰。

① 佚名：《广播电视互动信息服务四大骗术被重点清理》，来源：中国新闻网，上网时间：2007-08-07。2008年5月4日下载于：http：//media.people.com.cn/GB/40606/6079441.html。

第二，无线上网网民增长快速，超过 1/4 的网民使用手机上网。计算机是上网的基础设备，包括台式机和笔记本。目前我国上网计算机数达到 6710 万，比 2006 年末增长 770 万台。与其他国家相比，我国上网设备发展的特点是，台式机占据主流，笔记本已经成为必要的补充上网设备，约有 1/5（21.1%）的网民在使用笔记本上网。值得注意的一点是，受手机上网资费下调的影响，手机上网已经在我国渐成风气，已有 1/4（27.3%）的网民使用手机上网，目前手机网民数已经有 4430 万人。

第三，大力推广国家域名应用，保障国家信息安全。截至 2007 年 6 月，中国大陆地区 CN 域名总数达到 615 万个，占据中国域名总数的 58.9%，年增长率高达 416.5%，第一次全面超过境内用户注册的通用顶级域名。

第四，互联网的获取信息、娱乐和沟通功能被普遍使用。互联网信息渠道的代表性应用——网络新闻和搜索引擎的网民使用比例已达 3/4（76.3%）。即时通信和电子邮件是沟通工具功能的代表性应用，这两种应用的使用率也比较高，7 成（69.8%）的网民都使用即时通信功能，超过一半（55.4%）的网民使用电子邮件。互联网娱乐功能的三项代表性应用——网络音乐、网络影视和网络游戏使用率都很高。网络音乐使用率已经超过 2/3（68.5%），玩过网络游戏的网民也已经接近一半（47.0%）。

在互联网各项信息业务发展的背后，也存在许多忧患。目前我国的互联网普及率是 12.3%，比 2006 年同期 9.4% 的互联网普及率提高近 3 个百分点，但低于全球 17.6% 的平均水平。而互联网较发达的美国、日本和韩国的普及率已超过 60%，我国与他们的发展水平差距较大。日常生活方面，互联网的生活助手功能使用率不高：我国仅有 15% 的网民通过网络找工作，25.5% 的网民使用网络购物，仅有 3.9% 的人进行网上旅行预订，大约 1/5 的网民涉足网上炒股和网上银行。青少年学生网民上网小时数平均每周为 11.6 小时。其中，每周上网超过 20 小时的青少年学生网民占总人数的 16.6%，超过 40 小时的占 5.9%，对于每周需要上课 5 天的中小学生，每周上网超过 20 个小时的人群应引起有关部门的注意，每周上网超过40小时的人群应被重点关注。①

一、网络文化平台开始初步成型

（一）国家推动建设网络文化平台并加强管理

2007年1月，中央对“以创新的精神加强网络文化建设和管理”提出五项要求。为落实中央决策，6月3日至4日，“全国网络文化建设和管理工作会议”在京举行。10月15日，胡锦涛在党的“十七大”报告中提出：“加强网络文化建设和管理，营造良好网络环境。”党和国家对互联网的认识不断提高，上升到国家战略的高度，这对建设中国特色网络文化、推动中国新媒体的发展、增强中国的软实力，起到了巨大的推动作用。②

2007年2月，文化部、工商总局、公安部等14部门联合印发《关于进一步加强网吧及网络游戏管理工作的通知》。2007年4月，公安部、中宣部等10部委联合开展依法打击网络淫秽色情专项行动，持续半年，取得了阶段性成效：截至2007年9月上旬，各地共清理网上淫秽色情等有害信息52万余条，侦破网络淫秽色情治安案件1294起、刑事案件364件。中宣部、国务院新闻办等纷纷走向前台，做好网上正面宣传和舆论引导等工作。

8月28日，北京市公安局正式发布“首都网络110虚拟警察”卡通形象，且发布公告称，从9月1日起，首批“首都网络110虚拟警察”正式上岗，优先在新浪、搜狐等13家门户网站“巡控”，12月底“首都网络110虚拟警察”将覆盖北京市所有网站。“首都网络110虚拟警察”以男警、女警两种卡通形象表现，与现实生活巡查模式相同，网络虚拟警察也将以“汽巡”、“摩托车巡”、

① 中国互联网络信息中心（CNNIC）：《第二十次中国互联网发展统计调查报告》，来源：腾讯科技，上网时间：2007-07-17。2008年11月12日下载于：http：//tech. qq. com/a/20070717/000211. htm。

② 钱毅、何美：《2007中国新媒体：浓墨重彩的一年》，载《传媒》2008年第1期。

“步巡”三种巡查方式亮相，即或驾驶印有“首都网络110”标志的警车、警用摩托车，或徒步，穿行网页，行至网页正中，发布最新网络病毒、网络犯罪形式等安全小贴士以及网络安全须知等服务性信息。网民如果有报警求助，只需点击虚拟警察的卡通形象，并留下真实联络方式，接到报警后半小时之内就能收到平台的回复邮件，获知办案部门及案件进展等信息。北京网络虚拟警察令网民眼前一亮，但这并非北京的首创。在发展初期，网警是中国最年轻、最低调的警种之一。2006年，深圳市公安局率先将网警从幕后推向台前，随后，重庆、杭州等八个互联网发达城市开展互联网公开管理试点。2007年“虚拟警察”和“虚拟岗亭”在全国推广，大大提高网上的“见警率”和“出警率”。

（二）网民互动，影响公共事件发展进程

目前，我国已形成了以新华网、人民网等9家中央重点新闻网站为龙头，各地方重点新闻网站为骨干，充分发挥商业网站积极作用的网络媒体新格局。据统计，中央和地方重点新闻网站提供85%以上的网上时政类新闻信息。重点新闻网站和取得新闻信息服务许可的商业网站，吸引92%以上的网上新闻信息访问量。迎接“十七大”、宣传“十七大”、贯彻“十七大”精神，是2007年新闻工作的重中之重。以创新立足，以特色取胜，网络媒体在党的“十七大”报道中开创了新的天地。网络媒体首次现场直播党的代表大会，人民网、新华网、央视国际等“十七大”专题红红火火，论坛、博客等互动功能彰显力量。WAP网站、手机报、手机杂志、手机电视等首次在“党代会”中崭露头角，仅新华手机报在会议期间的发行量达1.5亿份。此外，网络媒体还浓墨重彩报道了香港回归十周年、建军八十周年、“嫦娥探月”工程等重大新闻。

全国有7700万宽带用户，3000万博客，腾讯QQ注册账户5.7亿，同时在线用户数最高达2210万，网络新势力日渐壮大。网民既是内容消费者，又是生产者与传播者，基于用户需求的个性化信息聚合方式不断产生。网络媒体已越过简单地将媒体和信息搬到网络上的 WEB1.0 阶段，在向互动、个性、自媒体、视频等多元化的 WEB2.0 时代发展。除了近年来流行一时的博客、播客和维客等，换客、晒客、威客、拍客也在 2007 年迅速崛起。网络凭借其强大的自媒体传播群体、“蝴蝶效应”与“搜索引擎”，成为新闻发布的“重要渠道”，也在吸引网民的互动参与。主流网民在“重庆最牛钉子户”、“山西黑砖窑事件”、“华南虎照片风波”以及“海艺学生课堂辱师视频事件”当中也表现得越来越理性与成熟。在“十七大”召开前夕，网友“小火龙”在人民网强国论坛上发表的《总书记，请来强坛跟网民说说心里话!》点击量在数日内攀升到 35 万，数千条跟贴支持响应，同时提出了很多可行性管理建议。

学者由此提出“三极力量作用下的网络新闻传播”：传统媒体网站是作为信息基础生产力量的第一极，商业网站是作为信息聚合扩张力量的第二极，网民则是作为信息增值转化力量的第三极。这三极力量相互渗透、能量互换，共同影响公共事件的发展进程，构成中国网络媒体的特殊景观。①

二、真正跨入 Web 2.0 时代

（一）博客作为个人新闻发布媒体，影响力日益扩展

刚刚过去的这一年，博客如日中天，一种全新的传播方式挑战着人们的传统传播观念：只要上网注册登录一个账号，可以成为新闻的发布者，自己就可以成为一个“媒体”。到 2006 年年底，我国博客作者规模达到 2080 万，博客访问量达 1.01 亿。活跃的博客作者有 315 万。② 2007 年 7 月 12 日上午 11 时 18 分，徐静蕾在新

① 高钢、彭兰：《三极力量作用下的网络新闻传播——中国网络媒体结构特征研究》，载《国际新闻界》2007 年第 6 期。

② DCCI 互联网数据中心：《2007 年互联网调查报告》，来源：腾讯科技，上网时间：2007-01-05。2007 年 11 月 12 日下载于：http：//tech. qq. com/a/20070105/000289. htm。

浪的博客点击量正式突破1亿大关，经过多方考证，其博客点击量为世界第一，新浪网为此专门举行庆功会，在博客之路上辛苦耕耘近两年时间、创作博文数百篇的徐静蕾终于可以“长舒一口气”。互联网的作用是神奇的，作为影视明星的徐静蕾，远远没有作为博客写手的“老徐”出名，便很好地体现了这一点。“老徐”的博客仅用620天，便创造了点击量过亿的神话，理所当然成为新浪博客乃至中国博客史上一个颇具里程碑意义的事件。

而在7月24日，吉林省长春市人民检察院以涉嫌非法经营罪批准逮捕自诩“股神”的“带头大哥777”王秀杰。7月26日，中国证监会通报“带头大哥777”等11起利用互联网非法经营证券业务的案件，并作出取缔这些非法业务的决定。据报道，在“带头大哥777”的背后是一个由77人组成的犯罪团伙，分布在北京、成都、济南、上海、深圳等5大区，通过收取会员费的手法，在短短103天内至少非法敛财1100万元。“带头大哥777”案的最终定性是“利用互联网非法经营证券业务”，其法律依据是《证券法》第122条：未经国务院证券监督管理机构批准，任何单位和个人不得经营证券业务。此前，“带头大哥”的博客在短期内创造了点击量奇迹。

表面看来，博客是一种传播载体，它的出现只不过是技术或传播方式或商业模式上的变异，使得传播的方式更广阔更多元、信息也更丰富多彩而已。然而，20世纪最重要的媒介理论家麦克·卢汉认为，“媒介即信息”。“博客”这一不同于传统媒体的传播介质，本身就代表着一种信息。尽管博客提供的消息丰富多彩，并不时有令人震撼的爆料出现。但长期以来人们对于网络的不信任感和非权威性的认同，使得博客在现阶段很难成为具有公信力的“新闻源”。博客无法完成一个新闻的整合，大多数情况下它是作为一个“信息源”出现在人们的生活之中。新闻加工、证实辨伪都是由传统媒体完成的。博客也在思考如何发展，实名制或许可以解决问题，它可以屏蔽掉一些恶意的欺诈、人身攻击、谩骂诽谤，能够让博主对自己的文章负责。中国互联网协会行业自律工作委员会秘书长杨君佐近日证实：“关于‘博客实名制’的调研汇总已上交信息产业部。"① 然而，且不说博客实名制能否真正实施，即便真的出台了，能否有效操作也是一个问题。

（二）"SNS"网站火爆的一年

网络作为第四媒体，总是以层出不穷的形式满足人们的视听，影响人们的生活，尤其是最近在网上火爆涌现的SNS。SNS是英文social networking service的缩写，直译为"社交网络服务"，即社会型网络社区，是社交关系的网络化。SNS将人们现实中的社会圈子拨到网络上，根据不同的条件建立属于自己的社交圈子。SNS的出现意味着互联网在Web2.0时代继续向社区化、分众化挺进。

SNS的理论依据是六度分隔理论，该理论由哈佛大学心理学教授Stanley Milgram于1967年创立的，"你和任何一个陌生人之间所间隔的人不会超过六个，也就是说，最多通过六个人你就能够认识任何一个陌生人"。按照"六度分隔"理论，每个个体的社交范围都不断放大，最后形成一个大型社会化网络。按照这个理论，人们通过六层人际关系便可以找到地球上的任何一个人。② 在所有SNS网站中，Facebook和Myspace是典型代表，它们最大的不同是被建立在不同的基础上。二者虽然都是通过互联网满足用户的社交需求，但这种社会需求被分成两类，一类是基于真实的社会关系，也就是以在现实生活中已经具备的社会网络为基础，借助互联网的力量把这种真实关系移植到网上，即Facebook所做的工作；另一类是谋求通过共同的兴趣爱好，借助互联网把素不相识的人联系到一起，形成新的但是虚拟的社会网络，即Myspace做的工作。

在Alexa排名中，全球浏览量最高的前十名中，有4家是SNS网站，分别是myspace.com（第六位）、facebook.com（第七位）、

---

① 陆文军、钱晨祎：《实名制怎么冲击"博客世界"》，来源：《青岛日报》，上网时间：2007-02-01。2008年1月12日下载于：http://www.qingdaonews.com/epaper/qdrb/html/2007-02/01/content_681336.htm。

② 张瑞：《校园SNS"火爆"的学理思考》，载《传媒观察》2007年第2期。

hi5. com（第九位）、orkut. com（第十位）。① 虽然还没有 SNS 网站上市，但短短几年的发展时间，SNS 正在逐步体现自己的价值，可能成为下一个热点，也必将成就一批新的成功者。国内市场上，11 月 18 日，被称为 SNS 鼻祖的 Friendster. com 正式宣布开始支持中文。更早一些的 2006 年 11 月，Myspace 中国就已经开张。而本土的校内网、占座网等与 Facebook 极其相似的 SNS 也通过各种手段吸引了大量用户。②

国内现有的校园 SNS 一般都是封闭式注册，提倡实名制，只对大学生开放。比如，只有拥有@ xxx. edu. cn 的学校邮箱或是在指定的大学 IP 地址范围内上网才能注册账号。此外，各个网站还鼓励用户上传自己的真实照片，填写自己的真实姓名、所在院校、性别、年龄等信息。网站开发有个性的 blog、方便的交友功能、论坛群等，每个用户在校园 SNS 上都有自己的档案和个人页面。2005 年 12 月发布的“校内网”，上线 7 个多月以来“校内网”的覆盖面迅速扩大到 700 多所高校，注册用户 30 多万人，且平均每天仍在以 2000 余人的速度不断增长。

随着网民上网心态的成熟，网络社区已逐渐成为供网民交流的普通载体，就像移动通讯工具一样。校园 SNS 社区的出现及走红，在一定程度上反映了当前大学生群体对网络真实性的呼唤与渴求，同时也反映出大学生群体对待网络的态度正逐渐理性与成熟。“随着网络社会化应用的发展，网民对网络的要求越来越高，不再仅仅局限于娱乐等方面，而是希望其能对工作、个人的发展提供更加便捷、高效的支撑和帮助。”③

与公共论坛（BBS）相比，虽然 BBS 以开放式的交流著称，但它有一个明显的缺陷，即完全没有私人空间，一切活动是以

---

① 《网站 Alexa 综合排名》，来源：中国站长之家。2008 年 3 月 12 日下载于：http：//alexa. webmasterhome. cn/

② 熊向群：《SNS：网络人际传播的现实化回归》，载《新闻传播》2006 年第 9 期。

③ 张瑞：《校园 SNS“火爆”的学理思考》，载《传媒观察》2007 年第 2 期。

"帖"为单位、以"帖"为中心。帖子一发出去，就不再属于个人。相对于 BLOG 而言，BLOG 虽然是"我的地盘我做主"，完全的个人化但也有遗憾，就是博客缺乏公共空间，完全是一个人的自说自话，如果写了博客没人看的话，这对于那些期望通过写博客来获得一定成就感和认同度的人来说，挫败感是不言而喻的。快捷即时的聊天软件虽然方便迅速，也有一定的聊天记录功能，但时间久了聊天记录也会自动消失。QQ 群虽然能够群体同时交流，但非保存性也是它的一大软肋。与传统校友录网站相比，同学录主要是局限于熟人之间，巩固已有的感情，这样把交流范围大大缩小，对于扩大社会人际交往圈无甚帮助。而且，传统校友录网站还具有重集体轻个人理念的弊病，而校园 SNS 把个人空间和公共空间结合在一起，拥有个性的 blog、方便的交友功能、论坛群等，还具有强大搜索功能，既可以全站精确搜索，也可选择某个学校进行搜索。现代人在高科技的"宠爱"下，愈发变得"懒惰"，越来越追求方便快捷，与其耗时地登录一个又一个的网站，还不如在功能相对齐全的校园 SNS 一次性登录，既省时又省事。因此，SNS 的出现正在改变"网络是虚拟的"的旧有观念。网络的部分功能已成为现实世界生活的另一种表现形式，它并不能超脱于现实之外，不再是与现实生活隔离、对立的，而是现实社会的延伸，并逐渐与现实世界融合成为一个整体，成为现实生活中的人际关系在网络上的一个延伸。

（三）RSS 技术与移动 3G 的结合

在目前的移动新闻传播方式中，短信新闻的时效性最好，但短信新闻成本较高，其服务是按分类收费的，每类短信新闻要单独付费，一个用户定购多类新闻就需产生大量的短信包月费用，这在一定程度上限制了短信新闻的用户数量。成本较低的以无线接入技术浏览 WAP 或 Web 网站方式则需要用户主动操作，即时性较差；而借助 RSS 浏览器，移动终端用户可以随时接收到网站更新的新闻，成本是按流量计费的，如移动通信服务商提供流量无上限包月服务的话，则不产生附加费用，这就降低了移动新闻用户的成本。

RSS 技术是一种由网站直接把新闻推送到用户桌面的技术，用户可通过 RSS 阅读器订阅自己感兴趣的内容，RSS 服务自动浏览和监视定制网站的内容，当网站内容更新时，将内容定时传送给用户，用户利用 RSS 阅读器就可以方便地读到送上门来的新闻，享受“一站式”服务而无需到各家网站逐一浏览。这种新颖的资讯传播方式可使读者摆脱广告给浏览带来的烦扰，提高受众的信息利用率，也减少“信息爆炸”带给受众的茫然。

RSS 技术的优越性使其迅速投入到应用中去，日趋主流。以美国市场为例，据不完全统计，美国提供 RSS 内容的网站数目从 2001 年 9 月的 1000 余家激增至 2004 年 9 月的 195000 余家，RSS 用户数从 2001 年 8 月的 10 万用户激增到 2004 年 8 月的近 900 万用户。

对于媒体而言，受众的注意力就是资源，是媒体赖以生存的资本。然而，在新旧媒体都想要获取一席之地的形势下，要抓住全部的受众几乎是不可能的事，各类媒体便力求在某一方面做得更深、更专，以便牢牢抓住某些受众。用户可根据自己的喜好定制不同的新闻，服务提供商根据用户的定制要求，有选择地向用户发送新闻。但对用户而言，这样的细化程度还不够，比如一个球迷，在没有世界杯的年份可能只看欧洲五大联赛的比赛，并关心相关消息，甚至只关心和他所买彩票有关的某几支球队的消息。这样的服务通过采用 3G 接入技术的 RSS 移动终端就可实现，订阅网站经过详细分类的 RSS 页面内容，用户可以只接收自己感兴趣的一种或多种新闻，如有变化，只需将不需要的 RSS 链接删除或增加新的 RSS 链接即可，实现“我只看我想看到的（what I see is what I want）”个性化浏览。①

在目前的情况下，RSS 技术得到一定发展。从长远来看，RSS 与 3G 移动通讯的整合是必然趋势，但是也存在不少问题。一是

① 张宁、杨冬妹：《RSS 技术和 3G 移动通信对移动新闻传播方式的影响》，载《传媒》2007 年第 6 期。

RSS 协议本身以及基于 RSS 技术的服务端和终端均未提供对敏感信息过滤和提示的支持，不能在从网站下载到用户真正感兴趣的信息时在第一时间提醒用户收看。二是用户终端硬件的局限性。基于 RSS 协议的复杂性，能在移动终端操作系统中实现 RSS 浏览的只能是 PDA 手机，在 PDA 手机未能成为市场主流的情况下，RSS 新闻浏览缺少运行平台。三是 RSS 技术的最终受益者只是终端用户，对网站而言，RSS 浏览推向 3G 移动平台带来的直接后果是网站主页面点击率和广告影响力下降，而这两项内容正是网站运营的主要收入。对新闻 SP 运营商来说，RSS 浏览带来的必然是短信新闻用户的减少，会使得投资者在这项技术的进一步开发面前产生犹豫。不过，基于 RSS 的在线广告新技术正逐渐出现，RSS 频道就是各大新闻公司、投资者以及技术公司关注的焦点。

总之，由于屏幕尺寸的原因，手机设备上的内容一般不讲究格式，追求的是一种“短平快”的效果，这符合 RSS 本身的特点。所以，利用 RSS 直接将内容或广告推到用户的手持设备上，结合 WAP 或简单的 XML 或第三方软件，进行在线或离线的订阅，然后打开手机就能看到当天的新闻，这应该是 3G 时代移动新闻发展的方向。

（四）网络自由标签——Tag

Tag 类似于一种关键词标记，利于搜索查找。但是，Tag 也不同于一般的关键词，用关键词进行搜索时，只能搜索到文章里面提到的关键词，但 Tag 却可以将文章中根本没有的关键词做为 Tag 来标记。

早在 1998 年，美国人约舒亚·沙科特做网站时发现手里有大量链接需要保存，刚开始他把这些链接都放在同一个文件里，但随着保存的内容越来越多，为了能更快捷地找到某个链接，就在每个链接后面加上一个关键词来做备忘，这就是 Tag。2002 年，约舒亚创建了一个基于 Web 的数据库，用来保存这些被加上标签的链接。这是最早的网摘模型，他把数据库放在 muxway. org 上。一年后，他又重写了这个 Web 数据库系统，并开始支持多用户访问，这就是现在 Del. icio. us。一经推出就大受欢迎，很快有一些网站效仿。中文网站 BlogBUS、365key. com 等开始向国内互联网用户提供网摘服务。Tag 开始流行于网摘站，由于技术门槛很低，Tag 广泛应用于新闻分类、论坛专题化、网址站的 Tag 化等各个领域。①

（五）超文本系统 Wiki 技术

在过去的一年里，超文本系统 Wiki 技术开始用于教育科研系统的成果交流、企事业单位的远程会议和人际信息交流，并在知识的分类、整理、存储和检索方面体现出明显优势。

Wiki 源自夏威夷语的"wee kee wee kee"，本意为"快点快点"。本文中的 Wiki 指的是一种可在网络上开放的多人协同创作的超文本系统，同时也包含一组支持这种写作的辅助工具，它由"Wiki 之父"沃德·坎宁安（Ward Cunningham）于 1995 年所创。Wiki 的历史并不长，世界上最早的 Wiki 网站是 Ward Cunningham 于 1995 年创建的波特兰模式知识库，用来补充他自己经营的软件设计模式网站。他发明了 Wiki 这个名称及相关概念，并且制作了第一个 Wiki 引擎。目前 Wiki 应用最成功的案例是维基百科全书 Wikipedia，同时这也是世界上最大的 Wiki 系统。②

Wiki 可在 Web 基础上对 Wiki 文本进行浏览、创建、更改，其发布的代价远比 HTML 文本小。同时，Wiki 系统还支持面向社群的协作式写作，为协作式写作提供必要帮助。Wiki 的写作者自然构成了一个社群，Wiki 系统为这个社群提供简单的交流工具。Wiki 具有使用方便、有组织、可增长、开放性等特点。

由于现实世界是一个复杂的系统，而社会信息交流仅仅是现实世界信息交流的一部分，借助于网络空间进行的社会信息交流可看作是人际信息流、组织信息流和大众信息流的综合。一方面，它可

---

① 二轮：《网络上的自由标签——Tag》，载《电脑爱好者》2007 年第 8 期。

② 李蓉、沈治宏：《Wiki 信息交流模式及其对信息交流的影响与展望》，载《现代情报》2007 年第 4 期。

看作是传统新闻媒体（报纸、广播、电视）的补充，大量报道社会信息；另一方面，又可认为它是非正式信息交流的渠道，对社会信息交流起辅助作用，丰富信息交流的渠道，扩大信息交流量。如个人与个人之间，或组织内部成员之间利用网络工具（如BBS、IM工具、邮件）而进行的信息交流。通过Wiki进行的信息交流实际上是具有中介性和反馈性的社会信息交流，可将其看作是非正式信息交流的一部分，也可看作是人际、组织、大众信息交流的综合，而其实质是人机信息交流，其中介Wiki实际上是机器的组成部分。

Wiki由于其信息交流迅速、信息传播量大、知识共享便利等优势，迅速成为近年来信息交流的领头羊。它源于传统的网页制作工具HTML，但又高于HTML，是一种超文件系统，类似于一个“共笔”工具，支持面向社群的用户协作式写作，同时也包括一组支持这种写作的辅助工具，允许任何人创建新网页和编辑自己或别人已经创建的网页。在信息时代，Wiki开放与共享，面向社群交流的特点将迅速超过传统媒体，对信息交流产生极大的影响。首先，使信息传播的互动性更强，反馈更及时，扩充个人或组织的信息量。Wiki是一种支持面向社群的用户写作，具有某一领域共同特征的个人或组织可以就同一话题进行及时交流，且可及时获得用户的交流反馈信息并就此展开交流和讨论，使个人或组织在交流过程中信息或知识得到增效，扩大其原有信息量。其次，信息传播速度更快，成为非正式信息交流的主渠道。传统的非正式信息交流渠道主要是向朋友或同事打听已发生过的信息，而Wiki通过网络传播信息，由于网络信息容量巨大，传播速度快，使Wiki在信息传播过程中具有先天优势，大量正确或错误的信息都将通过其快速传播，成为非正式信息交流传播的主渠道，当然这也在一定程度上引起信息超载和信息污染的问题。再次，汇集信息，满足需求。Wiki可以看作是信息交流的中介平台，具有不同信息需求的个人或组织都可以在Wiki上发布需求信息，以寻找具有相似信息需要的个人或组织，从而满足个人或组织不同类型的信息需求，达到资源共享，信息需求互补的目的。

三、新媒体的纵深发展

（一）视频网站进入高速增长期

2006年互联网的视频表现出新的特征，并被称为“微视频”。由于微视频的平民化因素，未来两三年内微视频将成为国内网民最喜爱的娱乐方式，和大视频（电影）、小视频（电视）一道，逐步成为主流的视频媒体之一。2007年3月20日，德勤发布的《科技、传媒和电信行业2007年流行趋势预测》显示①，在2007年全部的国际互联网流量中，超过1/3的流量预计会以点对点的视频形式出现。如果说2006年是微视频的元年，那么2007年微视频在中国将步入成长期。最新数据也显示，国外视频服务类网站发展势头迅猛，全球排名前十的视频网站总访问量在过去3个月内增加164%，这也再次激发了创业者在微视频领域的创业激情。短、精、快的微视频将形成流行文化，看微视频和用微视频记录社会、生活、时尚并表达自我，像博客、网络聊天一样，将成为大众化的应用。②

视频网站不仅在数量上飞速增长，质量也在不断提高，优酷总裁古永锵在12月21日的发布会上宣布优酷网的日视频播放量已经超过1亿，认为视频网站已经进入营销时代，这是视频网站发展历程上的一座里程碑。同时，TVix、酷6、优酷、土豆、PPlive、PPstream、我乐、中博影视等视频网站均获得不菲投资。视频网站在2007年纷纷获得国际风险投资公司的认可，分别获得数百万到2500万美元的投资。大量资金和人才投入到视频领域，而2007年一年的发展已经超越了以前所有互联网业务的发展速度，古永锵表

① 德勤：《科技、传媒和电信行业2007年流行趋势预测》，载《中国新通信》2007年第8期。

② 艾凯数据研究中心：《移动互联网与微视频成为2007年新媒体亮点》，上网时间：2007-07-05。2008年2月12日下载于：http：//www.icandata.com/free/it/200707/0F5113392007.html。

示："在我经历的互联网发展历程上，还没有那种服务能在一年的时间内增长20多倍。"①

2007年11月21日，优酷网（YOUKU. com）正式宣布成功完成第三轮共计2500万美元的风险投资，此轮融资将用以进一步促进优酷网的市场和业务扩张，强化网络视频的产品研发和服务水准。这是中国互联网视频行业融资规模的又一次重拳出击。优酷网此轮融资不仅获得原有投资者的追加投资，更有一家在国际上享有声誉的投资公司加入。此次融资主要源于Bain Capital（贝恩资本集团）旗下的Brookside Capital Partners及三家既有股东Sutter Hill Ventures、Farallon Capital和Chengwei Ventures（成为基金）四家机构。注资优酷网的四家投资机构均为实力强劲的老牌投资机构，它们拥有深厚的投资背景，资金雄厚且具有远见卓识，不因短期投机而放弃长线战略。第三轮融资充足的资金注入，为优酷网稳健、长期发展提供了坚实的后备保障。②

（二）第三次上市高潮来临

2007年，中国互联网迎来了第三次上市高潮，有14家企业纷纷在美国、香港股市IPO，募集资金总额超过42亿美元，国际资本市场对于中国概念股的认识越来越多，投资者的兴趣非常浓厚，也使得上市的互联网企业都获得较高的融资额。在所有上市公司之中，最令人瞩目的当然是在香港上市的阿里巴巴，11月6日上市的阿里巴巴募集资金17亿美元，同时市值超过200亿美元，而成为中国互联网业界市值最高的上市公司。同时，很有代表性的是四家网游公司的上市，再度掀起了中国网络游戏企业的上市潮，完美

① 田野：《2007新媒体之扩张力》，来源：《新媒体周刊》，上网时间：2007-12-26。2008年3月12日下载于：http：//www. techweb. com. cn/media1/hexin/2007-12-26/283898. shtml。

② 田野：《2007新媒体之扩张力》，来源：《新媒体周刊》，上网时间：2007-12-26。2008年3月12日下载于：http：//www. techweb. com. cn/media1/hexin/2007-12-26/283898. shtml。

时空、金山软件、巨人网络和网龙共募集超过15亿美元的资金，为中国网络游戏产业注入新的活力。

植根于千万家中小企业的B2B（商家对商家）电子商务巨头阿里巴巴，因其独特的商业模式与营销业绩，受到市场与资本的双重追捧。11月6日，这家被许多人表示为“看不懂”的企业正式在香港联交所挂牌上市，股票代码为“1688 HK”。阿里巴巴股价开盘即冲高至30港元，较发行价高出122%，尾盘收于39.5港元。本次IPO中，阿里巴巴全球发售8.59亿股股份。6日下午，承销商宣布行权超额配售1.137亿股，使总集资额增加15亿港元（1.98亿美元），阿里巴巴以17亿美元超过Google成为全球最高互联网融资。以开盘价推算，阿里巴巴市值已超过200亿美元，阿里巴巴由此已成为中国互联网目前价值最高的公司。统计显示，目前股价在400美元的百度市值约为140亿美元，腾讯约为150亿美元。这次上市被中国IT元老王志东称为“赶上了天时地利人和的最好时光。”而市场调研公司American Technology Research分析师罗布·桑德森更做出乐观预测：阿里巴巴母公司每股在未来几年内的增长将超过13美元。

（三）电子商务稳步发展

相对国外电子商务发展的成熟度，中国的电子商务基本还处于探索成长阶段，但2007年表现已经不俗，从复苏转向务实发展，进入转型升级阶段。2007年6月，国家发展和改革委员会、国务院信息化工作办公室联合发布《电子商务发展“十一五”规划》。作为我国首部电子商务发展规划，这部电子商务发展的指导性文件将促进电子商务协调发展，演绎新的精彩。2007年10月，百度宣布2008年进军C2C市场，抢占2008年奥运商机。业内人士评论，具有搜索社区优势的百度此举将催生中国电子商务的基于搜索引擎的“ESE”模式。而随着3G时代的到来，移动电子商务也可望出现强力增长。①

---

① 钱毅、何美：《2007中国新媒体：浓墨重彩的一年》，载《传媒》2008年第1期。

四、电视新媒体

（一）数字电视的推广与发展

2007年中国数字电视产业全面迈进发展新阶段：有线整体步入平移改造、地面国标8月1日全面实施、“中星九号”发射成功开启直播卫星时代、IPTV及网络视频服务在曲折中创新发展、移动多媒体广播标准及产业准备积极推进；北京2008奥运会、上海2010世博会等大事件为数字电视产业各领域发展创造了重大发展机遇；信息产业部、财政部与中国工商银行携手推出“倍增计划”，国家广电总局与国家开发银行协议200亿元贷款，信息产业部与国家开发银行协议500亿元贷款，信息产业部中国电子视像行业协会数字音视频产业投融资办公室成立等产业资本服务陆续登场，更将大大缩短核心技术与创新服务的研发与产业化进程。①

2007年12月5日，信息产业部正式批准UTI机卡分离为电子行业标准。今后，电视都可预留UTI接口，且该接口完全兼容USB2.0外设。电视机不用机顶盒可直接接收数字电视内容，可像电脑升级板卡一样更换接口处的UTI卡，实现硬件扩展和软件升级。而消费者也可摆脱同时用多个遥控器的烦恼。我国机顶盒“机卡分离”主要有两种方案，即采用PCMCIA接口的DVB-CI以及USB接口的UTI方案。UTI接口从外观上看与USB接口完全一样，即插即用，传输带宽达480M，并且同时支持数码相机、MP3接入电视。目前几乎国内所有的彩电厂和多家机顶盒企业都明确支持UTI机卡分离标准，因为在机卡分离后，在推进数字电视的过程中可以避免“地区定制”带来的设计研发成本的提高和难以规模化生产的不经济，企业的获利将更加丰厚。

2007年4月2日，中数传媒向几十家运营商推出“标清捆

① 《2007中国数字电视产业链建设报告会9月18日召开》，来源：新浪科技，上网时间：2007-08-09。2008年1月12日下载于：http：//tech.sina.com.cn/it/2007-08-09/17511667259.shtml。

绑”、“高清置换” 合作模式。① 这也是付费频道集成商首次推出的新赢利模式。“标清捆绑” 是中数传媒与万利达数码科技有限公司合作的项目。由中数传媒提供节目“平移包”，万利达数码科技有限公司负责提供标清机顶盒，双方产品捆绑在一起形成新的“组合产品”，共同参与全国各地有线电视网络公司“整体转换”机顶盒产品的竞标。2007 年 12 月 13 日，杭州视线宣布获得 1000 万美元融资，投资方为海泰创新资本。完美时空董事宋歌和太合麦田创始人宋柯同时获邀出任独立董事。这是杭州视线作为一家数字电视休闲游戏公司获得的第一轮融资，也是 2007 年度数字电视增值业务领域单项最大金额投资。在资金注入后，杭州视线一方面支持数字电视的推广与发展层面的基础建设，用于提升互动电视用户的互动体验和满足互动电视用户快速增长的多元化的需求；另一方面，将扩大公司品牌市场建设和整体营销工作。2007 年 12 月 26 日，长虹、电信运营商中国电信、软件提供商微软、数字电视芯片提供商英特尔以及内容提供商盛大网络五大巨头的高管齐聚成都，推出 TV2.0 概念。长虹与电信运营商还展开终端合作——“渠道共享、用户共享”，为了配合长虹 TV2.0 时代的要求，并改变以往传统的家电渠道，新开辟 IT 大卖场、通讯卖场、网络 B2B，甚至是与电信进行渠道共享。除长虹外，其他国内彩电厂商创维、康佳等也与运营商展开了类似的合作，这场数字电视合纵连横仍将继续。

2007 年 8 月 23 日，在 BIRTV（中国国际广播影视博览会）主题报告会上，国家广电总局副局长张海涛明确表示，地面数字电视国家标准（简称地标）的全面实施还需要一些时间。这是国家广电总局第一次对地标实施时间延期的正式公开表示。可见，地标的正式实施还未有明确的时间表。同时，在 2007 年 BIRTV 的高峰论坛上，国家广电总局广播电视规划院院长姜文波表示，到目前为

① 范蓉：《2007 年中国数字电视新闻事件》，来源：《中国电子报》，上网时间：2008-02-01。2008 年 1 月 12 日下载于：http：//news. ccidnet. com/art/1743/20080201/1360415_1. html。

止，全面推进地标应用工作的主要问题是没有一个好的产业支持。

（二）手机电视

手持移动多媒体（俗称手机电视）无疑是2007年最令人关注的热点领域。在第三届中国数字电视产业高峰论坛上，广播科学研究院电视技术研究所所长杨庆华透露，广电总局正在组织全国产业链各方，研发制定具有自主知识产权的中国移动数字多媒体广播系统（CMMB），该系统采用S波段大功率卫星与地面同频增补网络相结合的技术体制，实现全国天地一体覆盖、全国漫游，传输技术则采用STiMi技术。而移动多媒体广播的技术体制、技术标准和运营管理政策，均由广电总局统一制定、统一管理。该套系统的回传信道采用无线通信网络，这也就意味着广电和电信两大部门将展开积极合作。而在广电总局给出的时间表上，2006年将完成地面补点试验，2007年中期开始商用试验，2008年上半年启用卫星系统、形成全国网络，正式开始运营，为2008北京奥运提供服务。①

据iResearch艾瑞市场咨询研究结果显示，中国目前至少有8000万高端手机用户，手机电视业务对于这部分人群是很具吸引力的，2006年使用手机电视的用户数量已达到90万人。② 随着3G的商用化时代临近以及受第29届奥运会的推动，手机电视业务也将进入快速成长阶段，预计2008年手机电视用户数将达到1200万人。但是，手机电视作为一种新兴的移动增值业务，涉及产业链结构复杂，用户需求影响因素众多。据最新研究结果显示，手机终端价格将是影响用户使用手机电视业务的首要驱动因素，其次是手机电视服务资费标准。另外研究数据还发现，内容依然是影响手机电

---

① 《广电总局：手机电视国标系统07年中期开始商用试验》，来源：中广网，上网时间：2006-08-18。2008年1月12日下载于：http：//www.cnr.cn/news/200608/t20060818_504274428.html。

② 金朝力：《手机电视进入商用阶段 产业链将蕴涵更多商机》，来源：中国经济网/中国通信，上网时间：2007-04-04。2008年1月12日下载于：http：//tech.163.com/07/0404/05/3B79MJJ4000915BE.html。

视发展的关键因素，目前手机用户希望在手机电视上看到的内容类别中，新闻、电影、娱乐和音乐是用户首要选择的电视节目类型，用户的提及率均在60%以上，另外用户希望能够通过手机看电视剧、天气预报、综合节目和体育等节目类型。由此发现，新闻、娱乐和生活类资讯是用户期望手机电视节目的重要类型。

（三）楼宇电视

楼宇电视是指悬挂在商务办公楼中的专门播放广告的液晶电视。楼宇视频广告属于2000年以后新兴的高端品牌广告市场，自分众传媒上市以后才得以迅速发展。① 据水木清华研究中心的报告，2004年全国楼宇电视液晶显示屏有4.5万屏，广告收入约5亿元，而2005年国内楼宇电视的布设总量达到约12万屏，造就10.1亿元的新兴广告市场。在国内楼宇电视占统治地位的分众传媒2005年的总收入为6820万美元，比2004年增长33.6%。易观国际的报告显示，2007年第2季度楼宇/户外液晶广告市场收入规模已达9.69亿。② 其中分众传媒、航美传媒、玺诚传媒、郁金香传媒、炎黄健康传媒等企业居于主导地位，分众传媒继续保持市场领先。

分众传媒发布的2007年第二季度财报显示，该公司第二季度税前总营收达9.14亿元人民币，较2006年同期增长126.3%，其中以楼宇电视、卖场电视、电梯框架为代表的数字化户外板块总营收达到6.29亿元，同比增长64.4%。③ 专家认为分众旗下的楼宇

---

① 《在创新中崛起的视频广告》，来源：视界网，上网时间：2007-11-28。2008年1月12日下载于：http：//www.ccw.com.cn/fortune/news/online_movie/htm2007/20071127_348897.htm。

② 《2007年中国楼宇/户外液晶广告市场收入规模为9.69亿》，来源：《金融界》，上网时间：2007-09-06。2008年1月12日下载于：http：//finance1.jrj.com.cn/news/2007-09-06/000002644703.html。

③ 《分众二季度业绩超预期 互联网广告业务成亮点》，来源：搜狐IT消息，上网时间：2007-9-28。2008年2月2日下载于：http：//it.sohu.com/20070929/n252420116.shtml。

电视继续呈现强劲增长，这主要有赖于其针对都市主流消费人群的投放成本优势和高到达率得到广告主的充分认可。CTR 央视研究的报告显示，楼宇电视对于月收入 3000 元以上人群的千人成本一般仅为当地电视台的 1/10。而 CMMS《中国消费者媒体接触习惯调查》表明，2007 年，楼宇液晶电视的媒体接触率已达到 51%，超过了广播、杂志、互联网等媒体形态。楼宇电视以新理念代替新技术为基础傲然立于新兴媒体群中，有其产生的必要性，但是其存在着天然的缺陷，有发展瓶颈，前途依然堪忧。

1. 从传播模式看，大众传播活动正从“推”技术向“拉”技术转化，从单向传播模式向交互式传播模式转化，而楼宇电视却逆向而为之，当受众像当年抛弃传统媒介的广告一样降低或放弃对楼宇电视的兴趣，那么楼宇电视的生存空间何在？

2. 从经济来源看，楼宇电视目前的实际经济支撑是广告。但目前广告青睐的主体有所变化，而且，随着广告载体种类的增加，各类媒体得到的绝对广告投放量将呈缩小趋势，届时，唯一的而不断缩小的经济来源如何支付不断扩张网点的成本？

3. 从传播内容看，楼宇电视是新兴媒体，还不是新闻媒体，更不是综合性媒体。在内容为王的时代，对楼宇电视而言，广告内容有些形单影只。

4. 从媒介地位看，楼宇电视是以商业模式进入传媒领域的，它并没有新闻传媒的权限，在传媒的概念范围内没有政策的支持和资源获取的优势，在传媒经营中，虽然在经济上获得无限风光，但在实际功能上仅位于从属地位，是媒介组合中一种辅助方式。

不过，总体而言，楼宇电视在先天条件不足的情况下获得的成功，将给我们带来未来传媒经营的一些启示，例如在统筹新时代中国市场化传媒运作的过程中，楼宇电视的模式能否作为中国特色的私有商业型电视模式的借鉴？楼宇电视的先行，给现行的公交移动电视、未来的 3G 手机电视等电视新媒体带来怎样的示范作用？楼宇电视作为电视新媒体的出现，是否能为其他传统传媒的产业化经营发展、改革创新、寻找覆盖盲点提供参考？

（四）数字报业

纵观2007年中国数字报业的发展，有两类报纸逐渐进入人们视野，其传播力大大加强。一是手机报，二是多媒体网络报。后者在近几年已成为一种传统纸媒与现在传播技术的一种完美结合。随着互联网的普及程度越来越高，人们对这种网络报纸的热情也不断高涨。而前者作为一个新兴产业，在众多新媒体对受众的“资讯轰炸”中，已呈现出蔓延之势。所谓“手机报”，就是将报纸信息经过整合编辑后变成适合在手机上观看的新闻，再通过基于GPRS等无线网络技术的彩信业务平台将其通过彩信（MMS）发送到用户的手机，或者用户利用WAP连接到网络直接浏览信息的全新传播模式。据统计，截至2007年5月，共有30多家全国性的报社推出了彩信手机报，如2月28日《人民日报》手机报正式创刊，面向全国手机用户正式发行。① 浙江日报报业集团发行的《浙江手机报》到今年5月，付费订户已达25万，列全国各省区市彩信手机报首位。据中国移动的相关人员透露，截至2007年5月，手机报用户已超过1000万，标志着手机报已经过导入期，进入高速成长期。新华社推出的“十七大手机报”发刊六期创造了高达1.5亿份的发行量，其中最高一期发行量突破3000万份，这一发行数据是世界上任何一家纸质媒体都难以企及的。此外，新华手机报借助“十七大”平台实现用户42.1%的增长；中移动的短信平台则收到读者短信留言8万余条，高峰时段每秒收到短信留言3条。运营商和传统媒体都在合作中获得了预期利益。通过以上数据的分析，我

① 《2007中国数字报业战略的制定与实施》，来源：《中国新闻传播学评论（CJR）》，上网时间：2008-01-29。2008年2月12日下载于：http://www.cjr.com.cn。

们有理由对接下来“两会”、奥运期间的手机报发展充满信心。①

可见，媒体数字化不仅不会削弱纸媒的宣传效果，反而为纸媒的发行“如虎添翼”，尤其是具有内容优势的传统媒体更具有竞争力。新华社、人民日报这类握有全国性新闻资源的强势媒体就成为运营商最有力的合作伙伴。为此，运营商们已不再停留在“运筹帷幄之中”的层面，纷纷和强势媒体合作加入手机报的战局。据统计，2007年全国手机报种类大约有100多种，各大主流媒体均推出手机报业务。全国手机报用户数已超过3000万。虽然人民日报、新华社等全国性强势媒体均已开始运营手机报，但目前各地风格各异的手机报以其特有的地方特色分流了众多的用户，使我国手机报领域尚缺少真正的市场领军人物，混战局面使竞争进入“战国时代”。

作为新兴媒体，制约手机报的瓶颈仍很突出，在终端领域，局限性主要表现在三个方面：一是屏幕太小，一般智能手机一屏只能显示100个汉字左右，阅读起来很麻烦，浏览文字和图片难以获得视觉享受；二是获取信息需要设置，这对许多读者都是一道技术性障碍，而且，支持彩信和WAP浏览的手机尚未普及，定制彩信服务的用户不到手机用户的10%；三是移动通讯技术不完善，下载速度慢，连接不稳定等，都是手机报亟待解决的软肋。手机报能否普及和发展，关键取决于用户的需求，有需求就有市场，有市场才能形成赢利的基础。无论是与电脑比，还是与电视比，手机作为报纸的载体，都具有先天性不足。所以，寻求赢利模式，在突破终端瓶颈的基础上，必须满足最广大用户的需求。《人民日报手机报》负责人武侠认为：“目前手机报领域真正赢利的并不多，赢利离不开发展规模，手机报现在还是处于投入阶段。”② 赢利模式的缺失，

① 林琳：《手机报竞争进入“战国时代”，创新者将占先机》，来源：《通信信息报》，上网时间：2008-03-06。2008年2月12日下载于：http://news.xinhuanet.com/internet/2008-03/06/content_7729537.htm。

② 李雪昆：《手机报市场前景究竟有多大》，来源：《新闻出版报》，上网时间：2007-07-11。2008年2月12日下载于：http://www.people.com.cn/GB/50142/50472/50477/79966/5972217.html。

是手机报市场面临的共同难题。要创造持续发展的赢利模式，办报思路必须创新。在传统报业，各级党委有党报，各个部门有行业报，各大中城市有晚报，还有都市都、娱乐报、生活报、体育报……多如牛毛。传统的党报和行业报发行靠行政手段，大多是公费订阅。手机报如果也按这个套路去办，肯定砸锅，手机用户订报自己付费，订阅哪一家手机报，完全是自己做主。这就意味着，在手机报领域，不是权力主导市场，而是需求主导市场，所以，相同或相似的产品不会存活很多。媒介竞争已从传统媒介转向多媒体，手机报在内容的编辑和制作方面，将会面临许多新课题。赢利模式形成之日，便是手机报繁荣兴旺之始。①

① 罗会祥：《手机报能成大气候吗》，来源：新浪博客，上网时间：2008-01-02。2008 年 2 月 12 日下载于：http：//blog. sina. com. cn/s/reader_47764b4701008gno. html。

第十章　2008年中国传媒市场发展报告

2008年，媒体乘奥运举办的东风发展迅速，但在年末又遭国际金融危机，寒意逼人。传统媒体在多方压力之下更重合作共赢；新媒体发展深入，盈利瓶颈尚待突破。在传媒市场管理方面，政府规制信息更为公开，行业监管力度增大。

2008年报业广告先抑后扬，小起大落。报业数字化按计划有条不紊进行着转型攻坚。出版业进入新一轮探索：传统出版与数字出版联手；出版行业实现跨区域重组，上市步伐加快掀起直接融资热潮；出版业进入战略投资时代。广电产品营销重在质量、合作与理性。广电上市公司挑战与机遇并存。互联网应用转向，互联网广告先加大投放后收缩，前景依然可观。2008年，电影产业突飞猛进：投资主体多元化；电影市场良性发展；院线建设日趋成熟；电影数字化取得重大进展。

政府规制方面，对内信息公开走向法制化轨道。对外继续深入开放采访权限。行业规制加大监管力度：报业体制改革提上议程；出版业管理体系进一步完善；对网络视听节目和电信行业、广告行业、影像制品制作、影视作品内容规制加大力度。广电总局出台移动多媒体广播技术标准；对电影版权的保护会越来越严格。新出台鼓励数字电视产业发展的若干政策将为数字电视融资带来新的机遇。广电总局积极推动动漫业发展，加强电视动画片的播出管理，是扶持国产动漫政策的进一步发展。

回望新媒体，博客数量大增，干预现实的力度不断加大。网络视频市场集中度提高，广告价值逐渐得到认可；电子杂志用户数量增大，但面临转型或突围的选择；即时通讯服务更加多元化，合作大于竞争成为趋势。手机媒体发展渐入佳境，手机电视技术趋于成熟，但仍然存在发展瓶颈。网络电视技术标准日益明确，合作共赢成为主流；数字电视顺畅发展，简单技术切换未给用户带来实惠；移动电视市场规模增大，进入综合实力竞争阶段。数字报业继续推进，但尚未真正实现多媒体化。

第一节　传媒市场发展现状

一、报业在成本与市场的夹缝中艰难前行

（一）报业广告先扬后抑，广告收入“小起大落”

据慧聪邓白氏研究对大陆报纸广告刊登的统计数据，2008 年上半年大陆报纸广告刊登额（按刊例价格计算）385.14 亿元，同比增长 15.2%。第一季度报纸广告增幅近 3 年以来首次出现大逆转，打破了过去两年报刊广告增长幅度低于同期 GDP 增长速度的局面。2008 年的前两个季度的广告收入不负众望，给了报纸媒体前所未有的兴奋。这一方面是由于北京奥运对中国广告市场的拉动，另一方面是由于报业广告资源环境的变化。受到全国乃至全球高度关注的北京奥运会，无疑是企业推广和塑造品牌的难得机遇，奥运对广告市场的拉动作用非常明显。报纸广告在前 8 个月之前的增长率达到 23.6%，但这种态势只维持到 7 月，2008 年 8 月以后报纸广告的增长就开始明显减速。到 8、9 月份，报纸广告同比开始出现负增长，10 月份虽有反弹，但是在金融危机全面爆发的阴影下，11 月份再次呈现负增长，下半年报刊广告同比增幅不到 3%。报纸广告的资源主要来自房地产、商业、汽车、通讯、金融、食品等行业，前 3 个行业的集中度高达 63% ~65%，而前 6 个行业的集中度则达到 80%。2008 年报业广告恢复增长的重要原因是房地产、商业和金融业的贡献。① 因此，这些行业广告的变化主导

① 慧聪邓白氏研究：《2008 中国报刊广告先扬后抑　年度增幅未达两位数》，来源：新华网，上网时间：2009-02-11。2009 年 2 月 12 日下载于：http：//info. a. hc360. com/2009/02/11093961134. shtml。

着报业广告的趋势。值得注意的是，进入第四季度后，报业广告增长出现明显下行，其结果将使全年的增长率低于前三季度的增长率。可以说，奥运的拉动已经结束，国民经济下行的影响已经开始显现出来。前三季度的广告额大幅增长并不代表着回暖，而是“严冬”前的预兆。

（二）报纸涨价成为 2008 年报业经营共识，报纸读者加速流失

2007 年底新闻纸的价格为 4700 元/吨，然而到 2008 年年初市场价格就上调至 4900 元/吨。此后一年里，新闻纸价一路飙升，最高时达到 6300 元/吨，为近 10 年来的最高点。自 20 世纪 90 年代中期以来，全国晚报、都市类报纸进入厚报时代，一些报纸动辄 50 版甚至 100 版，力图以更大的信息量获得更大的发行量，以亏损发行的方式争取广告商的投入，靠广告来弥补发行。然而纸价的上涨似乎使持这种想法的报社遭到越来越大的压力，对于报业而言，每一分成本的付出无疑是纯利润的失去。于是，报纸涨价便成为许多报社迫不得已的选择，经受不住纸张成本压力的各大报业集团，纷纷宣布涨价。从 2008 年 3 月起，南京的《扬子晚报》、《现代快报》、《金陵晚报》三份报纸，同时从 0.5 元/份上提到 0.7 元/份，提价幅度为 40%；2008 年 4 月，财经类报纸加入提价行列，《经济观察报》、《中国经营报》先后从 2 元/份提到 3 元/份，幅度为 50%。此后，多家报纸先后提高零售价格，上升幅度从 50% 到 100% 不等。

报纸涨价对报纸零售市场造成沉重打击。报纸涨价后零售销量下降 20% ~30%，尽管随着时间的推移，零售量有略微回暖的迹象，但与涨价前比较仍有差距。这就意味着这次涨价加速了报纸读者的流失速度，转而投向其他媒介。①

---

① 崔保国、周逵：《2008 中国传媒产业关键词》，载《中国记者》2009 年第 1 期。

（三）营销手段创新，报业合作加强

在内外部压力下，媒体开始从粗放营销向精细营销转变，强化内部管理和版面控制。《金陵晚报》对报纸版面进行了优化，删减阅读率低、广告价值低的版面。文新集团严格控制版面，并注意提高广告的含金量，不因价格太低的广告浪费版面。部分提高价格的报纸通过策划系列营销活动，消除读者对报纸提价的反感和排斥心理。如《申江服务导报》2008 年 11 月提价时，在原来报纸之外新增《申周刊》，A 版提升为铜版纸，新设计母报 VI 视觉系统，买报纸赠环保袋、快餐优惠券。不断优化、降低渠道成本，聚焦和思考渠道的有效运营，挖掘新的利润点，变单一的报纸发行为多元化的物流配送，积极向产品开发、广告收集、家政服务等领域拓展。对原有的广告客户实施客户关系管理，维持客户的忠诚度，通过策划新的营销活动，扩大客户来源，吸引潜在广告客户，以应对广告收入的下滑。

另外，两个或两个以上的媒体与其他企业为增强竞争优势，在内容生产、营销渠道、客户资源、促销手段、品牌塑造等方面开展合作，从而增加受众、降低营销费用、扩大传播效果、提升品牌影响力。2008 年 5 月 12 日，新闻出版总署正式行文批准《铁岭日报》更名为《辽沈晚报·铁岭版》。这是我国首次批准一家地市级党报纳入到省级报系，也是全国第一家省级报纸与地市级报纸跨地域进行资源整合、严格按照新闻出版法规合作出版和经营地方版的成功范例，标志着我国省级报业集团跨地区整合地市报资源，推动报业由分散粗放型的传统格局向规模集约型现代格局的转变迈出了实质性步伐。①

不同地区间的媒体联动也在奥运赛事的拉动下进行。在备战奥运报道的前夕，11 家都市报与腾讯网正式结盟，正式签订 2008 北

---

① 刘剑飞、陈道珍：《2008 年报纸电视媒体营销大盘点》，载《传媒》2009 年第 2 期。

京奥运报道联盟协议，同时也正式向外界宣布了联盟的名字——“捷报奥运联盟”。

（四）报业数字化从“远虑”变为“近忧”

据《中国传媒产业发展报告（2007—2008）》显示，新媒体的迅速成长已经使中国传媒产业结构发生了很大变化，2007年新媒体增长的势头在传媒产业中的比重增加到28.07%，而传统媒体下降到71.93%，2008年将成为传统媒体转型攻坚的关键年份。①

自从2006年8月新闻出版总署启动传统报业向数字报业转型的“数字报业实验室计划”后，“数字化转型”就成为我国报业的发展方向。2008年国家新闻总署启动“中小城市综合信息门户发展计划”，主要立足于中小城市，利用报社在当地的资源优势，推动中小城市的数字报业发展。2008年底，新闻出版总署启动“信息网络传播权保护计划”，作为数字报业发展的坚强后盾。②

据2008年我国首个多媒体数字报纸测试报告显示：在335份多媒体数字报纸中，具备视频播报功能的仅有5份，具备语言播报功能的有30份。这些数据反映了现阶段我国数字报纸在这一方面的欠缺。另外，报业数字化过程中还存在着以下问题：（1）同质化新闻泛滥，缺少创新特色。（2）过分依赖母报，缺乏独创品牌。（3）盈利模式混乱，市场定位模糊。（4）资金融通困难，难以大规模运作。③ 数字报纸始终处于进退两难的尴尬境地。

如今，IPTV、移动电视和网络视频逐鹿之争的号角已经吹响；网络正逐步展现其重要的社会及影响力；手机媒体分流现存几乎所有媒体的部分注意力；户外媒体无孔不入……已经承受不小压力的

---

① 崔保国主编：《中国传媒产业发展报告（2007—2008）》，社会科学文献出版社2008年版。

② 戴建平：《数字报业：中国报业的必由之路》，载《传媒观察》2008年第2期。

③ 林娜：《网络时代下的报业数字化转型》，载《江苏商论》2008年第7期。

传统纸媒，还要面对广告收益的下降，纸张、发行成本的增加等威胁其生存根本的重压。2008 年，中国报业在成本与市场的夹缝中艰难前行。

二、出版业进入新一轮探索创新阶段

2008 年，出版外贸在接连遭受国内无序竞争，人民币升值两轮冲击后又遇金融危机雪上加霜，但国内出版物实物出口数量较小，负作用尚未完全显现。金融危机对 2008 年我国版贸输出量的影响不是太大，图书版权输出数量持续上扬。

（一）传统出版与数字出版联手，出版社借用多种媒体进行互动式营销

图书是一个周期长的纸质媒体，在如今多媒体融合的时代，出版社将其内容资源进行不同媒体形式的发布传播，并形成互动，发挥各自媒体的效应至最大化，扩大受众群体，可以推动图书的销售，延长图书的市场生命周期。2008 年图书《非诚勿扰》以全媒体方式与电影、手机、互联网等媒体形式同步出版，开创了我国图书多媒体同步出版的先例，《非诚勿扰》多媒体出版首战告捷，除了得益于同名电影的强势放映效应，还得益于出版社的前期介入。《非诚勿扰》的多媒体出版，源于湖北长江出版传媒集团与中文在线于 2008 年 10 月达成的数字出版战略合作，双方达成协议将在资本、资源、技术等全方位开展合作。长江文艺出版社负责传统纸书出版，并通过纸质图书渠道发行；而中文在线则获得该书数字出版独家授权，并与汉王、移动梦网等高科技互联网企业共同实现多渠道的同步数字出版，并达到了整合共赢。①

（二）网络渐成图书零售重要渠道，新华书店开始进军网上零售

网络书店由于其起步早、渗透广；资源丰富、价格优惠；服务

① 王坤宁：《延长产业链条 推动图书销售》，载《中国新闻出版报》2009 年 2 月 16 日。

周到、便捷性强等优势在图书零售的渠道之争中，毫无疑问地占据了有利地位。网络书店对传统实体书店的冲击由来已久，这种冲击在2008年更是愈演愈烈，无论是国有还是民营的书店，均遭受了来自网络书店的巨大冲击。民营书店囿于租金成本递增等因素纷纷关闭，而大型图书商厦则加快了网上书店的搭建工作。从9月16日开始，北发图书网联合所属北京图书大厦、王府井书店、中关村图书大厦等7家分网站，推出“百日百种图书大酬宾”活动。① 这标志着新华书店开始进军网上零售业，同时，也预示着网络将逐渐成为图书零售的重要渠道。

（三）出版资金进入战略投资时代

在年出版23万多个品种的激烈竞争态势下，拥有自己的主攻板块，形成自己的出版品牌，是决定出版单位能否生存乃至胜出的关键所在。鼓励和支持各社争取国家级或省级重大出版项目，为各社谋取最大的利益，成为集团设立出版基金的重要目的，也是争取重大出版工程项目的重要手段。2008年7月，江西出版集团用于扶持精品出版物编辑出版的2000万元专项资金陆续“反哺”给集团所属各社。凤凰出版传媒集团2008年投入出版专项资金1700万元……与各集团成立初期零星扶贫式的投入相比，2008年的“大手笔”则更多地带有战略投资的色彩。② 随着深化改革、转企改制步伐的加快，这种战略投资的色彩正在变浓。

（四）民营教辅迫于政策形势整合销售渠道

2008年，随着课改省份的增加，地方性高考方案的实施，分省命题、区域化带来了新的问题，一统天下的教辅风光不再，竞争

---

① 张艳平：《网络渐成图书零售重要渠道》，来源：艾瑞咨询网站，上网时间：2008-9-19。2009年1月5日下载于：http：//column. iresearch. cn/u/zhangyanping/archives/2008/35572. shtml。

② 田丽丽、韩飞：《出版资金进入战略投资时代》，载《中国书业新闻网》2008年7月9日。

进入市场细分阶段，细化品种、细化渠道、细化政策成为民营教辅书业的经营手段，销售渠道整合优化的重要性突显。由此不少民营教辅公司开始整合渠道，渠道功能由单一的流通功能转化为集流通、产品推广、信息采集、个性服务于一体的多种功能，供应链上中下游之间的关系也由松散向紧密合作转变。针对总发商缺乏对分销渠道的把握能力，分销商不具备对品牌的运作能力，导致对终端控制无力等问题。北京曲一线文化传播有限责任公司成立北京五三金典图书有限公司，将以前分开的新华、民营、直营三个渠道整合在一起，从而降低新课标实施后分省命题范围扩大、教辅地方版本化所带来的成本和退货加大的风险。

（五）出版行业实现跨区域重组，上市步伐加快掀起直接融资热潮

推进我国文化体制改革，实现出版机构资源重组、优势互补是做强做大文化产业的必然选择。2008 年 3 月 24 日，江西出版集团打破地区界限，与中国和平出版社签署改制合作协议，此举标志着出版行业真正实现了跨区域重组。这一合作是以地方出版集团对中央出版单位进行跨区域重组，具有较强的开创性和探索性。近年，出版业上市步伐开始加快，掀起了一轮直接融资热潮。先有粤传媒 IPO 登陆中小板，四川新华文轩连锁股份有限公司在香港上市，后有辽宁出版传媒打包编辑业务和经营业务上市、湖北日报集团借路国药科技签订《资产重组意向书》等。目前已有 9 家改制到位的出版、报业、发行集团公司在境内外上市，14 家新闻出版企业的上市计划提上日程。2008 年 7 月 31 日，科大创新对安徽出版集团定向增发收购其出版发行资产的方案获得证监会通过。由此，安徽出版集团成为国内第二家实现出版资产整体上市的出版集团。①

（六）出版业谨慎涉水动漫产业

动漫产品有着巨大的市场空间和利润空间，但由于投资高、风

---

① 尚邵湘：《新闻出版业改革及面临的问题》，载《今传媒》2009 年第 1 期。

险大，虽然前景看好，出版业在其投资上都表现出相对谨慎的态度。2008年，在安徽合肥举办的首届中国国际动漫产业交易会上，众位出版界巨头的联袂出席显示了出版集团进军动漫产业的雄心。由安徽出版集团和上海城漫漫画有限公司等5家单位联合出资成立的时代漫游文化传媒股份有限公司于2008年6月诞生，安徽出版集团为控股股东。由于目前我国的动漫产业还没有形成一个成熟的赢利模式，贸然建基地、制作动画片风险很大。因此，需要从基础做起，摸索出一些成功的经验，有效地规避风险。凤凰集团的动漫中心依托苏少社，集团仅投入几百万资金。吉林出版集团的动漫公司也仅有300万元的规模。比较起来，安徽出版集团时代漫友公司投资规模相对较大，但从动漫产业发展对资金的需求看，1000万元的投入也并不是一个大数字。① 不管怎样，这些占据全国出版业半壁江山的出版集团，从河边试水到逐步迈向深水区，对于推动我国动漫产业的发展将产生良好的集群效应。

三、广播电视在困境中平稳增长

总的来说，2008年中国的广电业不孚重望，面对奥运带来的发展契机与金融危机带来的挑战，不仅获得了良好的国际形象，而且还创造了良好的经济效益。2009年，中国广电业同样面临着金融危机带来的挑战，也面对着体制继续放开的契机，期待着突破。

（一）广电产品营销关键词：质量、协同、理性

电视剧由量向质转变。2008年电视剧市场呈现出三大趋势。第一，电视制作向大集团靠拢，但购剧谨慎。各台购剧费用都有较大增加，除了购剧，湖南卫视、安徽卫视、东方卫视等开始征战“自制剧”、“定制剧”，动辄花费千万元或上亿元。第二，“品牌”

① 姚红：《出版集团迈向动漫产业深水区》，载《出版商务周报》2008年8月21日。

制胜。当前各大卫视的收视竞争由量转为质的态势，谋求“精品”、“大戏”、“独播”。根据国家广电总局最新统计数字显示，2008年生产并播出的国产剧数量开始冲顶回落，不但没有增加，反而比2007年少了100集。第三，“平民大戏”受欢迎。2008年承接上一年的民生热潮，多把目光聚焦在普通人的爱恨情仇和生存际遇上，不少此类剧目都创下收视佳绩。

协同营销成为媒体营销主流。两个或两个以上的媒体与其他企业为增强竞争优势，在内容生产、营销渠道、客户资源、促销手段、品牌塑造等方面开展合作，使增加受众、降低营销费用、扩大传播效果、提升品牌影响力的协同营销策略日渐发展成主流。2008全国“两会”期间，中部六省电台共享资源，联合报道两会盛况，直播节目《崛起中部，我们共同的期待》至今仍让许多听众记忆犹新。奥运期间的各类报道同盟更是不胜枚举。2008年11月，搜狐与安徽电视台达成战略合作，双方将在内容制作、品牌推广、技术开发、广告经营以及人才交流等方面开展全方位合作。此前，新浪网与成都传媒集团、陕西电视台，百度与湖南卫视已达成了类似的战略合作伙伴同盟。

电视购物行业日趋理性。在2007年出现“井喷”之后，行至2008年，国内电视购物行业回归理性调整的趋势越来越明显。9月17日，《中国电视购物行业标准》起草小组正式成立，电视购物企业将实行准入制。与此同时，众多相关企业联合签署了《中国媒体购物行业诚信公约——北京宣言》，承诺商品宣传不含有虚假内容，不欺骗和误导消费者，对消费者无理由退换货等。12月底，中国电视购物研究发展中心也在北京邮电大学挂牌成立。这是我国有关“无店铺购物”的第一个研究中心。广电业内专业电视购物频道以及专业电视购物公司的积极拓展，成为2008年的一个重要现象。7月25日，贵州电视台组建的家有购物频道正式播出，频道以电视为主要通路和展示媒体，同时整合互联网络、直邮、报刊、广播、手机、IPTV等媒体为辅助通路的营销平台，业务系统中有商品开发、质量检验、节目制作、呼叫订购、物流配送、售后服务等经营环节。

（二）推进三网融合，明晰数字电视盈利模式

2008年国务院办公厅的第1号文件明确要求“推进三网融合”，并“鼓励广播电视机构利用国家公用通信网和广播电视网等信息网络提供数字电视服务和增值电信业务”。新政策使得这两大部门可以进入对方的领地，广电部门推动数字电视的资金实力有限，电信运营商介入数字电视有利于推动这一产业的发展。① 长期以来，广电部门对数字电视模式仍难以把握，主要原因有以下三点：一是网络变革并未真正实现，今日绝大多数网络仍是单向数字网，从源头上限制了诸多交互和增值业务的发展。二是营销服务平台缺位，中国有线网络长期以来事业单位管理、占据垄断资源，至多是个收费平台，从未对电视受众提供过营销服务。三是内容生产体系弱小，由于意识形态、竞争状态等诸多因素，中国一直以来缺乏繁荣的内容市场。

而2008年的有线数字电视市场呈现几大特征，其中针对以上提到的问题已有不少改进。一、用户规模继续井喷发展。10月，广电总局的数据显示目前已有7个省会级城市、39个地级城市、22个县级及县级以下城市完成了整体转换工作，年底全国有线数字电视用户达到4500万户。二、业务类型呈多元化、双向化发展。开始有越来越多的网络尝试频道传输、资讯服务之外的双向化业务。三、增值业务逐渐受到用户关注。节目查询、节目预报、生活信息以及视频点播已成为数字电视用户使用频率最高的4项增值服务。四、政策上，2008年初广电总局制定了《有线电视用户管理规范》和《有线电视质量与服务监督的管理办法》，对各种硬件软件服务指标进行了规范。

2008年可以说是中国广电机构新技术新媒体年。特别是2008年北京奥运会使得新技术标准和新媒体应用被再次凸现、聚集和放

① 中国文化产业网：《六部委推三网融合　数字电视有望破业务壁垒》，来源：《华夏时报》，上网时间：2008-01-29。2009年2月12日下载于：http：//www.cnci.gov.cn/content/2008129/news_19866_p2.shtml。

大。也许2008年最大的亮点是CMMB整体运营方案进一步明晰。2008年10月14日，在“全国移动多媒体广播电视工作电视会议”上，广电总局副局长张海涛认为移动多媒体广播电视是新中国成立以来广电系统第一个全国统一标准、统一规划、统一建设、统一运营的发展项目。① CMMB是中国广电业发展的一次绝佳机会，稍有闪失，将会让广电产业错失良机。现在的问题是，如何在广电主管部门主导下，用市场竞争的手段使各利益主体发挥最大的能动性。

（三）广电上市公司：机遇与挑战并存

2008年上半年整个传媒类上市公司的业绩呈现出稳定增长态势，共实现收入89.4亿元。在下半年的大盘大幅下挫中，广电公司在体现了一定稳定性和防御性的同时，仍明显受累于金融危机。一方面，广电公司面对的是奥运带来的机遇；另一方面，是金融危机带来的挑战。奥运概念股，包括中视传媒和歌华有线的股价在奥运期间大幅调整，中视传媒在奥运会前后下跌幅度接近50%，歌华有线也明显跑输大盘。在与广电相关的主营业务上，几家上市公司在2008年并没有突出的亮点。

电广传媒延续了其网络扩张的战略。2008年6月电广传媒花费5007万元分别与湖南省内东安、桃江等10家县级广播电视局签署了共同组建各地电广网络有限公司的合同，其网络在年末时的覆盖范围将达到湖南省的45个地区。② 但9月电广传媒突然宣布停牌，筹划中大资产重组。天威视讯发布的2008年度业绩较2007年相比有小幅增长。公司已经完成了深圳特区内全部整转工作，没有融资压力，是行业内数字电视模式下距离盈利强劲增长点最近的企业。

---

① 杨天波、李霆钧：《CMMB：高歌猛进》，载《中国广播影视》2009年2月。

② 张帅：《广电上市公司：期待突破》，载《中国广播影视》2009年2月号。

四、互联网应用转向，广告前景仍然可观

2009 年 1 月 13 日，中国互联网络信息中心（CNNIC）在京发布《第 23 次中国互联网络发展状况统计报告》。报告显示，截至 2008 年年底，我国互联网普及率以 22.6% 的比例首次超过 21.9% 的全球平均水平。同时，我国网民数达到 2.98 亿，宽带网民数达到 2.7 亿，国家 CN 域名数达 1357.2 万，三项指标继续稳居世界排名第一。报告也表明，随着 3G 时代的到来，无线互联网将呈现出爆发式的增长趋势。在网络求职、网络购物等实用型互联网应用率大幅增长的同时，网络音乐、网络视频等娱乐型应用的使用率则呈现下行趋势，我国互联网正经历着由娱乐化应用向价值应用时代的转变。

（一）2008 年互联网应用从娱乐向价值转向

娱乐应用规模增长，整体应用率下行。三大娱乐类网络应用——网络音乐、网络视频和网络游戏分列其中，娱乐仍旧是中国网民的主要互联网活动之一。网络音乐仍然是中国网民的第一大应用服务，虽然使用网民比例从 2007 年的 86.6% 下降至 2008 年的 83.7%，但用户数量仍增长 6700 万人。① 网络视频用户只有轻度增长，相比 2007 年底净增 4000 多万用户，达到 2.02 亿。网络视频的用户主要集中在 30 岁以下的年轻人群。2008 年网络游戏用户规模继续保持增长的态势，用户使用比例从 2007 年的 59.3% 升至 2008 年的 62.8%，这主要受益于网络游戏产品内容以及形式的丰富。

互联网的基础应用活力强劲。2008 年中国的网络新闻得到快速发展，网络新闻的使用率较去年提升近 5 个百分点，网络新闻用户达到 23400 万人，互联网已经成为一个不可忽视的舆论宣传阵

① 此处和以下有关互联网应用的数据主要来自《中国互联网络发展状况统计报告》(2009 年 1 月)，2009 年 2 月 2 日下载于：http：//www.cnnic.net.cn/。

地。即时通信承载的功能日益丰富，一方面正在成为社会化网络的连接点，另一方面，其平台性也使其逐渐成为电子邮件、博客、网络游戏和搜索等多种网络应用重要入口。2008 年年底即时通信应用的使用率 75.3%，比起 2007 年年底，用户群规模增长 5300 万，但使用率降低 6.1%。

2008 年对中国搜索引擎行业来说是不平凡的一年，目前搜索引擎的使用率为 68.0%，在各互联网应用中位列第四。2008 年全年搜索引擎用户增长了 5100 万人，年增长率达到 33.6%。搜索引擎的媒体价值借 2008 年突发事件得到升华；搜索运营商在摸索平台化发展的道路上重新明确发展重心；同时搜索引擎行业以更为开放的姿态同第三方 SEM（搜索引擎营销）公司开展紧密合作，有效拉动搜索引擎营销的发展；此外，保证搜索结果客观公正性成为行业共识，带动搜索引擎广告质的提升。

2008 年电子邮件使用率为 56.8%，与 2007 年保持稳定。某些网络应用的发展，如电子商务等，对电子邮件的使用有一定的促进作用；但中国较高的即时通信使用率，对电子邮件的使用有一定冲击作用。

互联网的商务应用跻身主流。2008 年是中国电子商务快速上升的一年。C2C 市场稳定之中不乏亮点，大淘宝战略浮出水面，“百度有啊”高调亮相，拍拍网稳步增长，新易趣平台整合成效显现。B2C 市场大手笔不断，服装、钻石、数码家电、母婴……垂直行业涌入大量新企业，其中不乏有实力的传统大型企业，更多中小企业在金融危机的影响下，目光和重心也开始转向国内市场，网络零售成为最吸引眼球的新阵地。展望 2009 年，电子商务仍将会是一个朝气蓬勃的市场，也将会成为最吸金的行业之一。

目前的网络购物用户人数已经达到 7400 万人，年增长率达 60%。除网络购物外，网络售物和旅行预订也已初具规模，网络售物网民数已达到 1100 万人，通过网络进行旅行预订的网民数达到 1700 万人。需要指出的是，网络售物不仅包括网络开店，也包括在网上出售二手物品。与网络购物密切关联的网络支付发展十分迅速，2008 年使用网络购物的网民规模已达 5200 万人，年增长率达到57.6%，有力地推动了网络购物的发展。

（二）互联网广告先加大投放后收缩，前景仍然可观

尼尔森在中国的合资公司CR-Nielsen（ChinaRank合作伙伴）发布2008年度中国互联网广告市场数据显示，当年中国互联网广告市场价值为132亿元，比2007年增加42.1%。与此同时，2008年中国互联网广告市场广告推广项目数为43579，广告主数为5504，创意数为129739，分别比2007年增加61.5%、77.7%和55.1%。①

2008年度互联网广告市场中的领头广告行业依然是汽车类广告，广告市场价值为22亿元，占据全年17.3%的市场份额。计算机及电子产品类和时尚类广告分列第二和第三，分别以17亿元和15亿元占据了全年整体市场的13.6%和11.4%的份额。紧随其后的分别是快速消费品分类和财经类广告，广告市场价值分别为13亿元和9亿元，分别占据全年整体市场份额的10.1%和7.3%。

对比2007年市场状况，广告市场价值增幅最大的三个行业分别为交友聊天类、招聘类和建筑装修及家居用品类广告，增幅分别为1866.0%、301.7%和298.9%。相形之下，广告市场价值降幅最大的三个行业则分别为其他制造商/批发商、拍卖及分类信息和能源与原材料类广告，降幅分别为57.1%、46.7%和14.2%。

奥运和经济危机是2008年对网络广告市场影响最大的两大事件。一方面奥运首次通过网络媒体全程播报，促使其媒体价值大幅提升，加上奥运体育营销也使赞助商和相关企业的投放力度加大；另一方面经济危机的负面作用逐步开始显现，并对网络广告市场也将产生紧缩性影响。但艾瑞认为，随着中国网民规模的持续快速增

① 尼尔森：《08年中国互联网广告市场达132亿元》，来源：新浪科技，上网时间：2009-01-22。2009年2月12日下载于：http：//tech. sina. com. cn/i/2009-01-22/15522773498. shtml。

长，加上综合门户网站之外的搜索引擎、社区、垂直网站、博客等多种媒体平台的迅速发展，以及网络媒体在性价比、营销效果、广告形式丰富性等方面的优势，使得网络媒体在经济危机形势下依然具有较高的竞争优势，未来一年中国网络广告市场将依然保持稳定增长。

五、2008 年中国电影突飞猛进

回顾2008 年，尽管电影产业遇到各种挑战与影响，如自然灾害给电影市场带来的损失、金融危机给投资领域带来的冲击，但中国电影在逆境中奋进，创造了改革开放以来的最好成绩，2008 年是中国电影突飞猛进的一年。

（一）票房增幅全球第一，投资主体多元化

据广电总局电影局初步统计显示，2008 年中国电影票房连续 2 年保持 26% 以上增速，增幅居全球之首。2008 年国产故事片 406 部，产量居全球第三；国内电影票房总收入（不含农村市场）预计 42.15 亿元，比 2007 年增长 26.69%，综合效益突破 80 亿元，首次进入全球市场前十。

电影生产呈现出多主体踊跃投资、多种经济成分并存的新局面，从 2002 年的只有几十家投资主体，发展到 2008 年的超过 300 家；电影市场从低迷走向活跃，年票房总额从 2002 年的不足 10 亿元，扩大到 2008 年的突破 43 亿元，其中，国产片占票房总收入 61%，在国内市场所占份额连续 6 年超过进口影片。让人欣喜的是，国内电影市场，不再是大片一枝独秀，中小成本片表现出旺盛的生命力，一批默默无闻的新晋导演带给观众无限惊喜。①

---

① 卫昕：《2008 中国电影票房增幅全球第一 电影市场喜人》，载《成都日报》2009 年 1 月 2 日。

（二）创作题材日渐丰富，电影市场良性发展

2008 年电影创作生产形势活跃，故事片年产量达到 406 部，再创历史新高。其中，现实题材影片占 80% 以上，农村、少儿题材影片比 2007 年增长 20% 以上。全年生产动画片 16 部，纪录片 16 部，科教片 39 部，电影频道节目中心拍摄数字电影 107 部。与往年电影票房大片集中在暑期档和贺岁档不同，2008 年没有明显的“萧条期”，三四月份传统票房淡季上映的《江山美人》、《见龙卸甲》分别拿下 4300 万元和 6500 万元票房，成为淡季大片。而在 8 月份不被看好的奥运档期，演员阵容并不强大的《十全九美》一举拿下近 5000 万元的票房，成为最大的黑马。

（三）类型丰富化，中小成本电影崛起

华语电影的类型化在电影工作者的努力之下为观众带来不少惊喜。纵观今年上映的电影，战争片如《集结号》、《赤壁》，爱情喜剧如《桃花运》、《爱情呼叫转移 2：爱情左右》，动画片如《风云决》、《葫芦兄弟》，侦探片如《保持通话》、《证人》(中国版、法国版)，功夫片如《剑蝶》以及《叶问》……国庆期间上映的《画皮》也打上了东方新魔幻的旗号，《葫芦兄弟》的出现更是为中国动画市场在大银幕上画上浓重的一笔色彩，可以说华语电影的类型化正在逐步走入成熟的时代。

分析今年的电影市场，不难发现有许多令人眼前一亮的中小成本影片出现，它们凭借着自己的低成本高质量，给观众意带来惊喜，诸如《十全九美》、《李米的猜想》等。虽然这类小片无论从包装、宣传以及影片上映后的影响都无法与大片相提并论，可是却也独辟蹊径，走出了不寻常路；而且，随着华语电影的蒸蒸日上，这些小片大有冲击、挑战大片之意。

（四）对外交流合作程度加深，产品和服务出口增长

2008 年共有 270 部次影片参加 116 个国际电影节，其中有 39

部影片在23个国际电影节上获得68个奖项。① 在日本国际电影节期间举办的“2008东京中国电影展”上，日本首相麻生太郎会见了中国代表团，并全程观看了中国影片《赤壁》。中国—东盟广播电视高峰论坛顺利召开，发表了推动中国与东盟广播电视领域更深入广泛合作的《北京声明》。加强与发展中国家的交流合作，培训了80多个发展中国家的300多名广播影视从业人员。

坚持政府推动和企业市场化运作相结合，进一步落实相关政策，积极拓展影视文化产品出口和服务渠道。2008年共有44部影片出口到61个国家和地区，海外票房收入总计超过25亿元人民币，同比增长25%。② 其中《功夫之王》取得6.7亿元、《赤壁》1.936亿元、《长江7号》1.497亿元。研究制订了《广播影视服务贸易中长期发展规划》，积极协调商务部，对36家重点企业和39个重点项目从信用保险、资金奖励等方面予以支持。继续牵头组织国内影视机构联合参加戛纳国际影视节展，重点加强海外营销和宣传推广力度。2008年各影视机构仅通过参加国际影视节展，出口额已经达到近千万美元。

（五）院线建设日趋成熟，电影数字化取得重大进展

除影片整体水准比往年有所提高，院线建设、银幕数迅速增长是重要原因，去年全年全国增加至少300块银幕，亿元票房已成为大片的“基本门槛”。到2008年年底，全国院线公司范围内新增影院118家，总数达到1545家。新增银幕数570块，平均每天新诞生1.56块，全国银幕总数达到4097块，比2007年增长16.16%。③ 中影星美院线与海南蓝海院线重组，辽宁北方院

---

① 朱虹：《广播影视业：回顾2008　展望2009》，载《广播电视信息》2008年第2期。

② 朱虹：《广播影视业：回顾2008　展望2009》，载《广播电视信息》2008年第2期。

③ 李春利、李蕾：《08年电影票房超43亿 中国跨入电影生产大国行列》，载《光明日报》2009年1月12日。

线与青岛银星整合。2008 年中央财政向农村电影放映工程投入 2 亿元设备资金和 3.3 亿元农村公益放映场次补贴，全国农村已拥有数字院线 150 条，各级财政和院线公司已购买数字放映设备 10320 套，全年总计为农民放映电影 700 多万场，观众 16 亿多人次。①

总投资近 20 亿元的国家中影数字电影制作基地于 2008 年完成建设任务并投产运营，以年产 80 部电影故事片、200 部电视电影、500 集电视剧的能力结束了中国大片到海外加工的局面。基地建设规模和技术水平达到亚洲第一、世界一流，标志着我国电影制造业实现历史性新飞跃，对全面提升我国电影的科技实力和艺术质量，全面提升电影产业的国际竞争力，有重大而深远影响。② 新增数字影院 118 家、数字银幕 570 块，初步建立适合城乡不同需求、多层次的数字电影发行放映技术体系。

（六）行政管理体制进一步理顺，产业改革成效明显

2008 年中编办、文化部、广电总局联合下发了《关于进一步理顺地方电影管理体制的通知》，并联合召开全国电影行政管理职能调整划转工作会议，全面开始电影行政管理职能划转工作，实行电影统一归口到广电部门管理，一举解决了制约电影发展的管理体制上下错位、产业链条和管理链条割裂以及资源分散、重复建设等问题，对促进电影业发展具有重大而深远的意义。③ 结合广播电视村村通工程建设，积极推进县对乡（镇）广播电视管理体制改革。

---

① 刘藩：《独家产业报告：贺岁档火得有理 电影市场应更牛》，来源：搜狐娱乐，上网时间：2009-01-20。2009 年 2 月 12 日下载于：http://yule.sohu.com/20090120/n261771137.shtml。

② 朱虹：《广播影视业：回顾 2008　展望 2009》，载《广播电视信息》2008 年第 2 期。

③ 朱虹：《广播影视业：回顾 2008　展望 2009》，载《广播电视信息》2008 年第 2 期。

第二节 政府规制建设

一、对内和对外两个主要条例实施，继续促进信息公开

（一）对内：政府信息公开走向法律化和制度化轨道

2008年5月1日，《中华人民共和国政府信息公开条例》（以下简称《条例》）正式施行，引起全社会的关注。《条例》首次从法律上对政府部门需要公开的主题、范围、方式和程序以及监督和保障机制等重要内容做了明确规定，在法律上确定政府有依法对社会公开相关信息的责任和义务。该条例的颁布施行具有重大社会意义。它有利于保障公民、法人和其他组织的知情权，提高政府工作的透明度，促进民主政治建设和政府廉政建设，是我国社会主义民主法制建设的必然要求和重要内容，标志着我国政府信息公开进入法制化和制度化的阶段。①

对新闻媒体来说，《条例》的颁布更是一件有着深远影响和重大意义的大事。学者指出《条例》的颁布对媒体至少有以下五个方面的意义：一、新闻采访报道上的意义；如为媒体的采访获取信息、进行舆论监督等行为提供法律上的保障；二、促使媒体尊重受众权利，充分发挥媒体的社会功能，让媒体主动担当社会守望者角色，满足受众知情权；三、有利于营造中国特色的信息传播环境，使中国媒体更好参与世界传播市场的竞争；四、推动政府新闻学研究的发展，促进政府新闻媒介素养的提高；五、促进新闻业的良性发展与国家文化软实力的构筑，使我国媒体更加从容地融入国际市

① 卫青：《我国〈政府信息公开条例〉的重要意义》，载《铜陵学院学报》2008年第3期。

场，面对国际竞争。①

《条例》的施行在获得社会舆论一片赞扬声的同时，也出现一些担忧的声音。有学者认为，“信息公开制度还不是很完善，信息的面还不是很广，知晓这个条例的老百姓还不够多，真正应用信息公开条例的人还很有限”②。如何正确把握好信息公开的度的问题也引起担忧。当然，也有学者对此提出了更多期待。

《中华人民共和国信息公开条例》的颁布施行标志着我国政治体制改革的深化，也是中国媒体紧跟世界潮流与国际接轨的重大机会。2008年6月20日，胡锦涛总书记在人民日报创刊60周年之际发表的讲话中，表示“要按照新闻传播规律办事”③，对新闻传播工作提出了新的要求，也为2008年我国政府信息公开的法律化和制度化的前景奠定了基调。

（二）对外：继续深入开放采访权限

2008年10月17日，在《北京奥运会及其筹备期间外国记者在华采访规定》期满之际，国务院公布并施行《中华人民共和国外国常驻新闻机构和外国记者采访条例》(下文称《采访条例》)。新条例同时废止1990年颁布的《外国记者和外国常驻新闻机构管理条例》，将《采访条例》的主要原则和精神以长效法规的形式固定下来，为外国新闻机构和外国记者在华采访提供便利。

《采访条例》将原来的“管理条例”改为“采访条例”，主要内容由原来主要强调“管理”更新为更多地体现为尊重、服务与

---

① 肖艳艳：《〈政府信息公开条例〉对中国新闻传播业的意义》，来源：人民网—传媒频道，上网时间：2008-04-16。2009年2月12日下载于：http：//media. people. com. cn/GB/22114/44110/113772/7128522. html。

② 中国经济周刊：《政府信息公开的冷与惑》，来源：人民网，上网时间：2008-11-17。2009年2月12日下载于：http：//news. qq. com/a/20081117/001443. htm。

③ 胡锦涛：《在人民日报社考察工作时的讲话》，来源：《人民日报》，上网时间：2008-06-26。2009年2月12日下载于：http：//news. xinhuanet. com/politics/2008-06/26/content_8442547. htm。

管理并重。第1条即开宗明义，规定该条例的目的是“为了便于外国常驻新闻机构和外国记者在中华人民共和国境内依法采访报道，促进国际交往和信息传播”。第3条明确宣布“中国实行对外开放的基本国策，依法保障外国常驻新闻机构和外国记者的合法权益，并为其依法从事新闻采访报道业务提供便利”，这些规定较旧的《外国记者和外国常驻新闻机构管理条例》中“为其正常业务活动提供方便”等内容迈进许多，适应了当今国际形势。

新条例的开放态度主要表现在以下几方面：（1）旧条例曾规定“外国记者赴中国开放地区采访，应当事先征得有关省、自治区、直辖市人民政府外事办公室同意；赴中国非开放地区采访，应当向新闻司提出书面申请，经批准并到公安机关办理旅行证件”，新条例调整为“外国记者在中国境内采访，需征得被采访单位和个人的同意”。这意味着外国记者来华采访不再必须由中国国内单位接待并陪同，只需征得被采访对象的同意即可，且赴开放地区采访无需向地方外事部门申请。（2）旧条例规定“外国记者和外国常驻新闻机构通过当地外事服务单位可以聘用中国公民担任工作人员或者服务人员”，新条例明确为“外国常驻新闻机构和外国记者可以通过外事服务单位聘用中国公民从事辅助工作”。（3）旧条例严格规定“外国记者和外国常驻新闻机构不得在中国境内架设无线电收发信机和安装卫星通信设备；在中国境内使用对讲机及类似通信设备，须向中国政府通信主管部门提出申请，并经批准”，“外国短期采访记者因特殊情况，需要携带和安装卫星通信设备，须向外交部提出申请，并经批准”。新条例则对此进行了宽泛性规范：“外国常驻新闻机构和外国记者因采访报道需要，在依法履行报批手续后，可以临时进口、设置和使用无线电通信设备”。

对境外媒体和外国记者在我国内进行新闻采访工作作出相应的政策规范，是体现国家主权的一个重要方面。《采访条例》颁布当日，外交部新闻司司长刘建超在记者会中表示，外交部和地方政府外事办公室将继续同外国新闻机构和外国记者开展建设性合作。同时，中国政府欢迎外国记者来中国采访报道，并继续努力为其在华工作生活提供便利与服务，也希望外国记者在华采访期间遵守中国的法律、法规和规章，客观、公正地报道中国，为增进中国同世界各国人民相互了解作出积极努力。随着新规的出台，外国记者在中国的采访从制度上获得更大的便利，自由度大大增加，利于他们深入了解中国，了解中国发展的历史、现状以及其中呈现的复杂特性，为我国通过外国媒体让世界更加全面、深刻地认识中国提供便利。①

二、行业规制考察

（一）报业体制改革提上议程

5月5日，新闻出版总署署长柳斌杰在总署党组中心组理论学习（扩大）会议上首次披露，报刊改革将分三步走。国有企事业单位主办的非时政类报刊在第一阶段完成改革，第二阶段是行业协会等社会团体主办的非时政类报刊，第三阶段是部委所办的报刊。力争三年建立新体制的基本框架，完成重塑市场主体和培育战略投资者、实现科学发展的任务。按照这个“路线图和时间表”，改革从两方面大力推进。一方面是积极推进非时政类非公益性报刊的转企改制，重塑市场主体。2008年最重要的成果之一是完成了国家电力公司所属的国家电网报刊的转企改制，并将其与同为国家电网公司旗下的中国电力出版社有限公司进行资源整合，成立英大传媒集团。另一方面，是加紧对公益性报刊出版单位的改革，培育公共服务主体。重点在推进党报党刊发行体制改革，积极推动报刊发行进入市场，实行公司化运作。②

同时，为了继续鼓励文化事业单位转企改制、支持文化企业的发展，10月国务院出台了114号文件，即《文化体制改革中经营

① 外交部：《外国记者采访不再必须由国内单位陪同》，来源：新浪网，上网时间：2008-10-18。2009年2月12日下载于：http：//news. sina. com. cn/c/2008-10-18/103516478923. shtml。

② 唐绪君、卓悦：《2008年中国报业关键词》，载《中国报业》2009年第1期。

性文化事业单位转制为企业的规定》和《文化体制改革中支持文化企业发展的规定》，对文化体制改革中涉及的诸多难点问题给予明确解答，其中包括对国有文化资产的管理、资产和土地的处置、收入分配、社会保障、人员分流安置、财政税收政策等方面，为转企改制的报刊业单位提供了更多优惠政策。①

（二）出版业：管理体系进一步完善

3月18日起新闻出版总署相继颁布《电子出版物出版管理规定》(4月15日起实施)、《音像制品制作管理规定》(4月15日起实施)、《图书出版管理规定》(5月1日起实施）和《出版专业技术人员职业资格管理规定》(6月1日起实施）四条总署规章。其中，《电子出版物出版管理规定》是对原有规定的修订，《音像制品制作管理规定》、《图书出版管理规定》、《出版专业技术人员职业资格管理规定》为新出台的规定。这是自2005年12月1日《报纸出版管理规定》和《期刊出版管理规定》施行以来，新闻出版总署首次颁发新闻出版管理方面的规定，建立“四大准入”制度，推动出版管理体系的进一步完善。②

《电子出版物出版管理规定》较旧的《电子出版物管理规定》，将部分管理权限和审批事项下放到省级出版行政管理部门，更加科学和符合实际，加强了服务性，规定明确“电子出版物”的概念，明确了电子出版物的审批条件，进一步梳理、细化了对电子出版单位出版活动的管理要求。同时，该规定明确了进口电子出版物制成品的审批管理，强化了对电子出版物非卖品的管理，强调了电子出版单位委托复制的有关要求，增加并规范了年度核验规定，也完善了电子出版物出版单位违法的法律责任制度。

《音像制品制作管理规定》明确了音像制品制作的条件和程序

---

① 引自综述性文章《2008中国报业十件大事》，载《中国报业》2009年第1期。

② 方菲：《解读〈图书出版管理规定〉等四规章》，载《中国图书商报》2008年4月1日。

等，对制作单位设立、制作经营活动管理、法律责任等做出了详细规定。在充分考虑地区差异的基础上，对审批条件、人员培训、年度核验等问题为各省管理保留一定空间。

《图书出版管理规定》对过去依照《出版管理条例》出台实施的一系列图书出版管理相关政策、措施和办法加以了梳理、整合和总结，以规章形式给以确定。规定在图书出版单位设立条件和程序、图书的出版、监督管理、法律责任等方面都做了细化、明确的规定。

《出版专业技术人员职业资格管理规定》不仅对出版专业职业准入和岗位准入都做出明确规定，还将出版单位责任编辑注册管理办法的主要内容一并纳入其中。规定指出，国家对在图书、非新闻性期刊、音像、电子、网络出版单位内承担内容加工整理、装帧和版式设计等工作的编辑人员和校对人员，以及在报纸、新闻性期刊出版单位从事校对工作的专业技术人员实行职业资格制度，并对职业资格实行登记注册管理。①

（三）互联网行业

1. 广电总局和信息产业部给网络视听节目服务行业念“紧箍咒”

2008年1月31日，《互联网视听节目服务管理规定》(下文内简称为《规定》)（56号令）开始实施。此《规定》的实施是在近年互联网视听节目服务得到长足发展，同时也是在出现节目内容低俗化，或侵犯公民、团体的名誉权、隐私权，甚至出现上传和传播违法视听类节目等行为，互联网视听服务行业管理趋于混乱的背景下出台的。此次《互联网视听节目服务管理规定》(56号令）是继2003年广电总局发布的《互联网等信息网络传播视听节目管理办法》(15号令）和2004年《互联网等信息网络传播视听节目管理办法》(39号令）等发布之后，第三次专门针对互联网视听内容进

① 引自综述性文章《出版要闻》，载《中国出版》2008年第4期。

行规范而出台的法规。和前两者相比此次出台的《规定》有以下特点：

首先，拓宽了对互联网视听节目服务的管理范围。《规定》第2条明确，“在中华人民共和国境内向公众提供互联网（含移动互联网，以下简称互联网）视听节目服务活动，适用本规定”①。这意味着不只是传统意义上的视频网站，包括手机、移动电视等媒介的视听节目等都被归于《规定》管辖的范围之下。

其次，明确了互联网视听节目服务行业的行政管理主体，构建广电部门、信息产业部门与相关的协会、行会等社团组织“三位一体”的管理体系。《规定》第三条明确国务院广播电影电视主管部门和国务院信息产业主管部门是互联网视听节目服务的行业主管部门，前者“负责对互联网视听节目服务的监督管理，统筹互联网视听节目服务的产业发展、行业管理、内容建设和安全监管”。后者“依据电信行业管理职责对互联网视听节目服务实施相应的监督管理”。第五条规定：“互联网视听节目服务单位组成的全国性社会团体，负责制定行业自律规范，倡导文明上网、文明办网，营造文明健康的网络环境，传播健康有益视听节目，抵制腐朽落后思想文化传播，并在国务院广播电影电视主管部门指导下开展活动。”原来多处于自治状态的视频网站组成的协会、行会等社团组织，也明文要求需在广电总局的指导下开展活动。显然，国家广电总局和地方广电的监管权重得到加强。

另外，《规定》确定了互联网视听节目服务行业的“许可证”获取模式。《规定》第七条要求：“从事互联网视听节目服务，应当依照本规定取得广播电影电视主管部门颁发的《信息网络传播视听节目许可证》或履行备案手续”，根据规定的要求，从事互联网视听服务的，须取得两张牌照，即广电总局的视听服务许可证和

① 《国家广播电影电视总局、中华人民共和国信息产业部令第56号——互联网视听节目服务管理规定》，来源：信息产业部，上网时间：2007-12-29。2009年2月12日下载于：http：//www.gov.cn/flfg/2007-12/29/content_847230.htm。

信息产业部的互联网接入许可证。

《规定》还强调此行业资本构成的国有独资或控股。第八条要求提供互联网视听节目服务的主体必须“具备法人资格，为国有独资或国有控股单位”。并且，《规定》还要求服务主体充分考虑“符合国务院广播电影电视主管部门确定的互联网视听节目服务总体规划、布局和业务指导目录”。这将对互联网视听节目的内容和流量产生巨大影响，并可能最终改变视频网站的商品模式的建立。此外，规定还明确任何组织和个人未经批准不得在互联网上使用广播电视专有名称开展业务。相关媒体评论认为，此规定意味着电信网、广播电视网、互联网“三网合一”迈出了实质步伐。①

此规定的出台，一方面将规范互联网视听节目的内容，制止低俗和违法视听节目在互联网上的传播，纯净互联网视听内容；另一方面，《规定》中的国有独资或控股模式，以及许可证准入的制度，也将对整个互联网视听节目服务行业产生很大的影响。分析人士认为《规定》的出台将会加速此行业的洗牌，促进行业内的优胜劣汰，加速资金和优质内容的整合。规定出台以后，众视频提供机构也迅速反应，整治网站中的相关视频节目内容，调整资金流向和发展战略，并积极申请牌照。据2008年6月19日的《第一财经日报》的报道，已有新浪、搜狐、网易等247家机构获得了视频牌照。

2. 电信部门：工业和信息化部完善对电信行业的监管

2008年，我国的电信监管主体发生了变更。3月15日，十一届全国人大第五次全体会议通过国务院关于组建工业和信息化部的决议。6月29日，工业和信息化部正式挂牌。由此，我国电信监管主体从原来的信息产业部转变为现在的工信部。工信部会同相关部委，采取了一系列电信监管政策。主要包括两个方面，一是

① 孙正一、柳婷婷：《2008：新闻业回望》，载《新闻记者》2008年第12期。

市场结构管制政策，包括电信经营者重组、市场份额限制、网络瓶颈资源的强制开放；一是市场行为管制政策，如电信资费的定价。

在市场结构管制方面，2008 年 5 月 24 日，工业和信息化部、发展和改革委员会、财政部发布《关于深化电信体制改革的通告》。2008 年 6 月 16 日，工业和信息化部又下发《关于做好深化电信体制改革过程中电信服务工作的通知》，以期通过后续政策措施扭转电信市场的失衡态势。另外，工信部出台了实施基础设施共建共享等政策。国家开始关注电信业一直存在的重复建设现象。9 月，审计署对中国移动等 5 家电信运营企业投入产出效益进行审计发现，重复投资导致资源闲置浪费，部分投资项目效益较低，资源共享亟待有效监管。基于此，10 月 6 日，工业和信息化部发布《关于推进电信基础设施共建共享的紧急通知》，要求各地通信管理局和运营商停止重复建设，推进电信基础设施共享。同时，确立相关考核机制，视情节严重程度可对相关责任人进行处分。作为对此的响应，12 月 10 日，中国电信集团公司、中国移动通信集团公司、中国联合网络通信有限公司在共同协商的基础上，签署了《中国电信集团公司、中国移动通信集团公司和中国联合网络通信有限公司电信基础设施共建共享合作框架协议》。

在市场行为管制政策上，主要是取消了短信业务的网内网间差别定价。11 月 25 日，工业和信息化部、国家发展和改革委员会联合发布《关于取消短消息业务网内网间差别定价有关问题的通知》，决定取消长期被消费者和业界诟病的短消息（含多媒体短消息）业务网内网间差别定价。①

此外，12 月 31 日国务院常务会议同意启动 3G 牌照发放工作，工信部表示将于近期发放 TD-SCDMA 和 WCDMA、CDMA2000 三种 3G 牌照。分析人士认为，3G 牌照的发放，标志着中国正式向 3G

① 林琳：《2008 年电信监管三大亮点》，来源：《通信信息报》，上网时间：2008-12-31。2009 年 2 月 12 日下载于：http：//it. sohu. com/20081231/n261520771. shtml。

时代的大门迈开实质性脚步。中国将真正迎来 3G 时代。根据各运营商未来 2 年的初步计划，2009—2010 年国内主要运营商 3G 网络建设总投资将达到 2800 亿元，其中，2009 年的投资将达到 1400 亿元左右。TD-SCDMA、CDMA2000 和 WCDMA 的投资将可能分别达到 558 亿、250 亿和 600 亿元。在 3G 投资的带动下，2009 年将成为国内电信投资的高峰年，根据测算，3 大运营商电信投资总额将达到 3100 亿元左右。

（四）广告行业

1. 加大广告监管力度

2008 年 7 月 30 日，广电总局社会管理司副司长任谦在扬州召开的全国“城市电视台广告经营管理现场交流会”上说，虽然一些医药广告有批文，但实际播出内容是被篡改过的；目前广播的健康座谈节目和电视台的医药短片广告中，很多都是利用患者的名义和形象作证明，这都涉嫌违反《广告法》。对于另外一些虽不违法，但内容低俗、对社会风气造成一定负面影响的广告，也要在审查、监管中严加把握。此外，内衣、内裤、文胸等成人用品广告，要放到深夜时间段播出。第 17 号令规定，不得在 6 时 30 分至 7 时 30 分，11 时 30 分至 12 时 30 分以及 18 时 30 分至 20 时之间人们用餐时播放容易引起受众反感的广告，如治疗痔疮、脚气等类药品及卫生巾等卫生用品的广告。他重申第 17 号令规定：拒不改正或 60 日内 3 次出现违规行为的播出机构，由省级以上广播电视行政部门做出暂停播放广告、暂停相关频道（频率）播出的处理决定。情节严重的，由原批准机关吊销许可证，同时，对直接责任人和主要负责人追究相关责任。

2008 年 7 月 31 日，继严肃处理江苏省东台电视台和山东省滨州电视台违规插播广告问题之后，广电总局再次通报全国广播电视播出机构，近期将进一步对虚假违法的医疗药品广告、电视游动字幕广告、内容低俗的广告以及成人用品广告加大监管力度，控制住广播电视广告的“歪风邪气”。

2. 重点加强食品方面的广告管理

5月19日，食品管理办法颁布。为加强对食品广告的管理，保障消费者的合法权益，根据《中华人民共和国食品卫生法（试行)》和《广告管理条例》的有关规定，制定本办法。办法规定：食品广告内容必须真实、健康、科学、准确，不得以任何形式欺骗和误导消费者。7月16日，我国首部规范奶粉广告行为的行业规则《奶粉广告自律规则》(以下简称《规则》)发布实施，婴幼儿奶粉能使孩子变聪明、视力更好等对消费者产生误导的宣传，今后将受到更加严密的监控，以进一步保障广大消费者的利益。对于涉嫌违法违规的奶粉广告，中国广告协会将向相关责任单位发出广告自律劝诫通知书，督促改正。对屡促不改、情节严重者，给予通报批评，并将分别采取取消会员资格、降低或取消协会认定的中国广告业企业资质等级、报请政府有关部门处理等自律措施。

《规则》要求广告中关于奶粉产品的成分、能量、营养物质含量等表述必须准确，营养素的宣传必须具有科学依据；奶粉广告应以宣传奶粉的基本功能为主，以宣传营养素的功能为辅，涉及奶粉产品营养素具体功能的，应当提供相应的证明文件，如：国家认可的专业检测机构出具的含有营养素的检测报告、营养素含量与可比奶粉相对差异不少于25%的检测证明、国际通用标准，或世界卫生组织等机构的相关文献，食品、医学或营养学等行业或者学术组织出具的专家鉴定意见等。进口奶粉广告，应当具有或者提供海关签发的检验检疫证明等文件。

3. 对奥运会期间新闻媒体广告发布进行特别管理

2008年7月24日，国家工商总局、中宣部、监察部、国务院纠风办、国家广电总局、新闻出版总署六部门共同发出《关于进一步加强奥运期间新闻媒体广告发布管理的通知》。为充分发挥新闻媒体广告在服务奥运、宣传奥运中的正确导向作用，大力营造和谐有序的广告市场环境，六部门共同发出通知，就加强奥运期间新闻媒体广告发布管理的有关工作提出要求。要求各新闻媒体单位要重点加强对下列广告的审查：一是涉及国家主权、领土完整、国家安全内容的，二是涉及宗教、民族、种族内容的，三是涉及传销、非法集资等影响社会稳定内容的，四是涉及奥运有关内容的，五是涉及抗震救灾和灾后重建内容的，六是涉及与兴奋剂有关内容的，七是涉及医疗用毒性药品及处方药药品内容的。广播影视、新闻出版行政部门要按照相关法规和有关规定，进一步加强对广播、电视、报纸、期刊等媒体的管理，指导和督促媒体强化广告审查把关责任，加强系统内部的审看、审读和监测，对刊播违法广告的新闻媒体进行行政处理。①

（五）广电行业

1.《影像制品制作管理规定》对影像制品的管理规则补充和修订

《影像制品制作管理规定》（以下简称“规定”）于 2008 年 4 月 15 日起施行。“规定”在《出版管理条例》和《影像制品管理条例》的基础上，对影像制品的管理规则做出补充和修订。一、“规定”指出合法的影像制品出版单位制作影像制品，无需再取得影像制品制作许可证（见条例第一章第四条）。二、“规定”明确了申请设立影像制作单位的基本条件。“规定”第二章第六条指出，“申请设立影像制作单位应当具备下列条件：（一）有影像制作单位的名称、章程；（二）有适应业务范围需要的组织机构和影像制作专业技术人员，从事影像制作业务的专业技术人员不得少于 5 人；（三）有 50 万元以上的注册资本；（四）有必要的技术设备；（五）固定经营场所面积不低于 100 平方米；（六）法律、法规规定的其他条件”。三、对于违规的影像制品制作、出版、复制、经营活动，“规定”补充新的惩罚措施。“规定”第四章第二十七条规定：“影像制作单位有下列行为之一的，由出版行政部门责令改正，给予警告；情节严重的，并处 3 万元以下罚款：（一）法定代表人或者主要负责人未按本规定参加岗位培训的；（二）未按本规定填写制作或者归档保存制作文档记录的；（三）接受非出版单位

① 综合新华社 2008 年 5 月、7 月和 8 月的消息。

委托制作影像制品，未依照本规定验证委托单位的有关证明文件的或者未依照本规定留存备查材料的；（四）未经授权将委托制作的影像制品提供给委托方以外的单位或者个人的；（五）制作的影像制品不符合国家有关质量、技术标准和规定的；（六）未依照有关规定参加年度核验的。”总的来说，条例在《出版管理条例》和《影像制品管理条例》基础上进一步完善了影像制品的制作、出版、复制、进口、经营等活动的管理规则。

2. 重视对影视作品内容的监管

随着国内电影市场的繁荣，各种类型的电影都向观众涌来，其中不乏一些充斥暴力、黄色信息的影视作品。某电影“删减版”已经成为一个流行词汇。2008 年，中国政府重视影视作品的质量，严格管理包含不良信息的影视作品。1 月 3 日，广电总局发出《关于处理影片〈苹果〉违规问题的情况通报》，并与 3 月 3 日发出《广电总局关于重申电影审查标准的通知》，意在强调对影视作品中不良信息的控制。

3. 广电总局发布多则通知，规定移动多媒体广播技术标准

移动多媒体广播（CMMB）是国内自主研发的第一套面向手机、PDA、MP3、MP4、数码相机、笔记本电脑多种移动终端的系统。① 一年前，业内人士就一致看好以手机电视为核心的移动多媒体。毫无疑问，CMMB 将成为中国通信业、电子消费品市场的新热点，带动整个移动通信产业的上升，而手机移动电视必定会成为手机终端一个极具热点的功能。国家也对移动多媒体广播的发展非常重视，经过长时间的网络建设，以 7 月 11 日西藏拉萨市的 CMMB 信号的开通为标志，全国 37 个城市的 CMMB 网络覆盖工程已经圆满结束。伴随移动多媒体广播发展进程的，则是各种通信技术的标准化。2008 年广电总局出台“广电总局关于发布《移动多媒体广播第 5 部分：数据广播》一项广播电影电视行业标准的通知”等

---

① 《手机电视　离我们有多远》，来源：中国广播网，上网时间：2008-09-17。2009 年 2 月 12 日下载于：http：//www. cnr. cn/2008tf/CMMB/。

一系列移动多媒体广播的技术标准，为移动多媒体今后的顺利发展打下基础。

4. 对电影版权的保护

由于迅雷网“偷偷链接”电影《伤城》让网友免费下载①，以60万元买下影片网络传播权和收益权的上海优度宽带科技有限公司的利益受到损失。2007年6月21日，优度公司将迅雷公司告上法院，要求迅雷公司赔偿其经济损失15万元，并承担诉讼费。2008年2月3日，上海浦东新区法院作出一审判决，支持优度公司的全部诉讼请求。同样是在2008年2月，美国电影协会下的六个电影制片公司将中国的P2P下载服务商迅雷公司告上法庭，要求迅雷赔偿700万元人民币，同时公开承认盗版行为。虽然免费下载服务为网友带去许多益处，但是，中国的网络下载服务商正在面临维护版权意识觉醒的考验。在网络传播技术发达的情况下，保护版权约等于保护收益；而在中国，版权保护则尤其受到国内及国际关注。2008年中国虽然没有出台新的版权保护政策，但是媒体（尤其是网络中的下载服务商）在传播信息过程中侵犯版权的案例，将会在政府越来越严格的管理之下逐步减少。

5. 数字电视业的新机遇

2008年是中国改革开放30周年，同时也是中国广播电视数字化5周年。2008年1月1日，国务院办公厅印发发改委、科技部、财政部、信产部、税务总局、广电总局6部委联合署名的《关于鼓励数字电视产业发展的若干政策》（国务院一号文件）发布。这意味着数字电视的发展已经升级为一项国家战略。据慧聪网报道，到2008年年底全中国已经有33个城市和地区完成有线数字电视的整体转换。截至2008年8月，全国有线数字电视用户已超过4000万户，预计到2008年年底，全国数字电视用户将超过4500万户。与此同时，数字付费电视方面稳步发展，数字内容不断丰富，全国

---

① 参见《下载电影不再是免费午餐　迅雷因“偷链”被判侵权》，来源：中国记协网，上网时间：2008-02-18。2009年3月5日下载于：http://news.xinhuanet.com/zgjx/2008-02/18/content_7621152.htm。

一共开办了155套付费广播电视节目①。相关分析认为，《关于鼓励数字电视产业发展的若干政策》将为数字电视融资带来两个机遇，一是“支持包括国有电信企业在内的国有资本参与数字电视介入网络建设和电视接受端数字化改造”②。电信网络和广电网络的融合问题一直备受各界关注。此前，国家广电总局一直以有关文件为依据，阻止电信运营商插手广电业务。新出台的一号文件突破了以往的限制，此后电信运营商也可通过宽带网，介入数字电视网络的建设，这尤其为网络电视（IPTV）提供了繁荣发展的空间。第二个机遇是“积极支持数字电视相关企业通过上市、发行债券、上市公司配股和增发新股等方式筹集资金”，这意味着数字电视相关企业融资手段的拓展。

6. 积极推动动漫业发展

广电总局网站2月19日刊发《广电总局关于加强电视动画片播出管理的通知》。通知中说，自2008年5月1日起，全国各级电视台所有频道不得播出境外动画片、介绍境外动画片的资讯节目及展示境外动画片的栏目的时段，由原来的17：00—20：00延长至17：00—21：00，各动画频道在每天17：00—21：00必须播出国产动画片或国产动画栏目。此前，国家新闻出版总署已在河北（石家庄）、辽宁（沈阳）、山东（济南、青岛、烟台）、安徽（合肥、芜湖）七地分别建设“国家动漫产业发展基地”，各种动漫会展、动漫交易会及动漫论坛也相继举行。自2005年起，国家就开始针对国产动漫产业出台了众多支持和扶植措施，政策扶持使大量资金进入动漫市场，各种动漫企业和动漫人才也顺利成长，这有力地推动了中国动漫产业的发展。此外，国家广电总局早已下发黄金时段禁播境外动画片的通知，可谓用心良苦，《广电总局关于加强电视动画片播出管理的通知》则在原来的基础之上延长了限制境

① 《广电总局预计数字电视用户年底将超4500万》，参见上方网：http：//www. spforum. net/xinwen/newsfile/14/139897. html。

② 孙正一、柳婷婷：《2008：新闻业回望》，载《新闻记者》2008年第12期。

外动画播出的时间，这是扶持国产动漫政策的进一步发展。

第三节　新媒体市场发展回望

2008年，我国新媒体从整体上较去年有很大发展，内容更加丰富多样，技术平台更加成熟完善，新媒体的优势逐渐凸显，但从总体上看，新媒体的发展没有质的飞跃，只有量的积累，各种新媒体都只是在去年的基础上不断地走向成熟。在发展进程中，各种问题和矛盾也不断地显现，比如，我国新媒体方面的法律法规的不健全所导致的侵权问题日益严重、消费终端由于受技术条件的限制导致接收质量不如预期理想、我国节目原创力缺乏导致没有彰显新媒体优势内容，这对我国新媒体的进一步发展提出了更高要求，要使我国的新媒体充分彰显优势仍然还有一段路要走。

一、博客：干预现实的力度不断加大，高度关注社会热点

2008年，博客用户数量大增，市场规模变大。据CNNIC第23次调查，2008年博客用户规模持续快速发展，截至2008年12月底，在中国2.98亿网民中，拥有博客的网民比例达到54.3%，用户规模为1.62亿人。在用户规模增长的同时，中国博客的活跃度有所提高，半年内更新过博客的比重较2007年底提高11.7%。博客数量的增长带来用户聚集的规模效应。博客频道在各类型网站中成为标准配置，其中，SNS元素的加入对博客用户的增长起到推动作用。博客的影响力进一步加强。①

8月1日凌晨，山西娄烦发生溃坝事件，造成重大死伤。这场事故开始称泥石流自然灾害所致。记者孙春龙在《瞭望东方周刊》上发文披露娄烦事故存在瞒报行为，属重大责任事故，但未能引起领导部门的关注。9月4日，孙春龙在博客上发表《致山西省代省

---

①　见《中国互联网络发展状况统计报告》(2009年1月)，http://www.cnnic.net.cn/。

长王君的一封信》，9月17日，温家宝总理和国务委员马凯在“有博客刊登举报信反映8月1日山西娄烦县山体滑坡事故瞒报死亡人数”上作出重要批示要求核查后，事故真相才浮出水面。10月29日晚，当深圳海事局党组书记林嘉祥在酒楼发飙时，他绝对没有想到互联网上 Web1.0 与 Web2.0 汇流的威力，从人肉搜索到评论抨击、从论坛声讨到博客谴责，在短短的时间内就使其身败名裂，甚至无缝可钻。

2008年年初南方的罕见雪灾中，博友们将雪灾的信息快速传播在互联网上；四川汶川大地震后，博友在博客上帮助灾区人民寻找亲人，给灾区人民以精神上的支持；2008年举世瞩目的奥运会，从奥运圣火传递亲历者的博客书写，到每个用博客记录自己参与奥运会的运动员和志愿者、工作人员及普通观众们，博友们都充当了一线报道和点评的博客记者，产生了巨大社会影响力，成为一个媒体历史上最庞大的记录人群。

博客与奥运新闻的结合，推动奥运热不断升温。2008年，全国各大网站都建立了奥运博客网站，名称各异，理念不断标新。在博客的影响下，奥运传播也进入新的历史时代。博客网站为新闻媒体从业人员提供信息，使得博客网站本身成为非常便利的信息采集、回收和再利用的资源站点。博客言论的自由性和内容的无限制性，使它成为新闻媒体的信息重要出口。一方面，奥运博客让更多的人关注奥运、参与奥运，为奥运做出贡献；另一方面，新闻媒体可借用博客的报道功能，实现自身新闻报道辐射能力的最大化。博客在改变新闻业面貌的同时，也改变着奥运传播的整体局面和传播效果。奥运新闻传播不再是媒体组织和专业记者自上而下传播的过程，而是受众、记者、编辑共同参与的自下而上的“互播”过程。

对公众名誉权和隐私权的威胁是博客发展的过程中带来的困扰。由于博客是一个高度开放的网络空间，几乎没有像传统媒体那样的审查和监管，而所属托管网站在现有条件下又很难履行传统媒体的审查职能，加之一些网站经营者根本没有意识到这一问题的重要性，出现了许多严重违法乱纪的现象，如揭露隐私，诽谤谩骂，发布虚假广告，传播黄赌毒等不良信息，直接影响了博客和博客广告的声誉。

2008年初，女白领姜岩在"死亡博客"曝光丈夫出轨，随后自杀身亡，在网络媒体掀起轩然大波，网上甚至出现针对事件男主角的"通缉令"、"追杀令"，男主角工作被辞退，父母住宅被骚扰。姜岩的丈夫终将相关网站和网民以侵犯名誉权为由，起诉到法院，要求道歉和赔偿。4月初，网上有人在自己的博客中公布全国大批媒体工作者的私人电话和相关个人信息。这两起事件所凸显的正是博客带给社会生活的新困扰——对于名誉权和隐私权的威胁。爆料、名人花边新闻、软色情、猎奇仍然是各大博客网站的主题，高居博客的排行榜首位。如何减少侵权现象，让博客健康发展成为人们关注的焦点。

2008年，不论是从博客的数量，还是博客参与我国大事件的情况及媒体性质的凸显上来看，博客在我国得到巨大发展，可以预见未来几年内我国博客将成为人们普遍接受的交流平台。

二、网络视频：市场集中度提高，广告价值渐得认可

2008年网络视频用户仅有较少增长，相比2007年底增加4000多万用户，达2.02亿。网络视频用户主要集中在30岁以下的年轻人群。① 2008年，随着北京奥运会的举行，网络视频在中国获得飞速发展，国内视频网站大约150家，大部分是中小型网站，小有名气的专业视频网站有六间房、土豆网、我乐网。DCCI互联网数据中心发布的《Netguide2008中国互联网调查报告》指出2008年度中国网络视频市场发展出现以下四个特点：(1)无论就政策监管还是行业自身优胜劣汰而言，2008年都是一道分水岭。监管政策的出台与实施从客观上加剧了视频网站的洗牌与淘汰，市场集中度进一步提高，部分未拿到风险投资的网站将可能退出市场，而以土豆网、优酷网为代表的专业视频网站已经分食88%的用户流量，

① 见《中国互联网络发展状况统计报告》(2009年1月)，http://www.cnnic.net.cn/。

以及超过90%的视频收入。（2）用户上传内容比例的逐渐提高，这意味着视频网站完全以视频服务为基础在短期内是可行的，但是从长期来看，则可能被更综合的互联网服务提供商挤压而走向边缘化。更多拥有大量版权资源的电视台和影视公司介入视频市场，视频网站竞争压力加大。(3）网络视频网站内容趋于差异化，专业、垂直视频应用使部分视频服务成功落地，部分视频网站尝试性的进行视频分享与P2P技术的某种结合。例如，优酷网主打资讯和原创视频，我乐网的网友自拍视频以及六间房和土豆网的影视片段，四大视频网站的差异化内容吸引了不同用户群体。（4）2008年是网络视频的营销年，网络视频广告价值逐渐被广告主认可，视频广告样式走向标准化，投放渠道趋于成型，视频软广告将成为重要的广告样式之一。

三、电子杂志：用户数量增大但发展低迷

据艾瑞相关资料显示，2007年全国电子杂志的用户总数已达约6000万，预计到2010年，中国电子杂志用户数量将突破1亿，电子杂志用户在网民中的比例将达到40%。① 电子杂志的竞争也日趋激烈，酷乐互动、Poco、ZCOM、XLus、VIKA等电子杂志都在寻求新的盈利增长点。数字100市场研究公司联合新浪杂志频道、读客网、中国麦客网、博看网、博享网5家电子杂志发行平台做的联合调查显示，只有22.43%的网民看过付费的电子杂志，而高达77%的网民是因为免费而去阅读电子杂志。② 开屏传媒总编李嗣认为，ZCOM、XPLUS等电子杂志均获得数百万美元以上的投资，在业内声名鹊起。不过在多年“烧钱”之后，这些电子杂志

① 曾凡斌：《2007年电子杂志回顾与展望》，载《出版发行研究》2008年第1期。

② 金朝力：《电子杂志告别“不差钱”时代》，来源：凤凰网，上网时间：2009-04-10。2009年6月12日下载于：http：//finance. ifeng. com/roll/20090401/501668. shtml。

如今无一不陷入困境。①

目前，获得高额投资的电子杂志企业纷纷转型，ZCOM 收购了 FlashGet、多来米中文网和 VeryCD，着力打造本土最大的数字发行平台。ZBOX 与传统发行商合作尝试互动杂志收费服务。Xplus 一直在收购、裁员和倒闭的传闻中蹒跚前行。转型还是突围已成为这些企业必须面对的问题。

随着电子杂志队伍的壮大，问题也随之显露：（1）仍未形成成熟的盈利模式，尽管电子杂志有着细分受众的优势，但是广告主对电子杂志的广告效果不甚明了，使得广告主们对在电子杂志投放广告仍持观望的态度。在发行环节，网络使用者已习惯享用免费的信息，要让用户掏钱看电子杂志绝非易事。（2）原创内容的缺失，电子杂志的制作技术门槛不高，投入成本低，并且在《互联网出版管理条例》实施之前，电子杂志的出版是不受刊号限制的。所以，当前的电子杂志内容提供商的制作水平参差不齐，严重影响了电子杂志作为一个独立产业所必须具有的质量水平。由于没有精良的记者队伍和知名的专栏作家，电子杂志在独家新闻、深度报道、评论写作等方面严重匮乏。在夺目的图片、精彩的视频和动人的音乐的形式背后，是内容的苍白和专业水准的缺乏。（3）电子杂志产业结构不合理，一个产业的高度发展，需要通过分工降低成本，再通过资产和管理上的整合以降低因信息不充分而导致的风险，而电子杂志产业首先缺乏明确的分工，更不用说资产上的整合。

目前电子杂志以其多媒体的表现形式，正在从内容上、形式上进一步融合传统媒体和新媒体。在内容上寻求多方向的合作，借鉴传统媒体成熟的媒介经验，同新媒体进行各种形式的合作，以求得媒介共赢。电子杂志还要面对新的风险，或者说下一步的门槛在于适应更新的阅读方式：即将迅速发展的 3G 手机。目前的所谓第三代电子杂志，也会像以前所有的媒体一样，只要市场成熟，一定也

① 乐山：《开屏传媒总编李嗣：电子杂志死于资本之手》，来源：腾讯网，上网时间：2009-04-10。2009 年 6 月 12 日下载于：http：//tech. qq. com/a/20090410/000362. htm。

会受到传统三大门户的冲击。

四、即时通讯：用户市场细分化，合作大于竞争

《Netguide 2008 中国互联网调查报告》相关市场分析显示：2008 年该市场营收规模增长率为 37%，达 65.1 亿元人民币，从 2006 年到 2008 年互联网用户数呈现逐年增长态势。腾讯公司的最新数据也显示，2008 年 9 月初，在办公场所使用 QQ 的在线用户数最高超过 1200 万，较去年同期增长 50% 以上。此前 QQ 用户多为青少年，他们使用 QQ 的主要目的是聊天。但数据表明，目前 QQ 用户传递文档、表格、图片、压缩文档等方面的数据日均流量达到数万兆，类别标明“同事录”的 QQ 群数量超过 380 万个。此外，利用多人群体沟通功能，以“工作职业交流”为主题的群数量较去年增长 70%。MSN 进入中国后市场占有率一直不见有大的提升，而是一直打“白领牌”。2008 年 7 月随着 MSN 新的品牌推广，MSN 的目标用户显然已不局限在白领群体。同时，MSN 也明确提出对清新网络交友环境的重视，以打造一个真实、可信赖的网络社交环境，构建一个真实的人脉价值网络。①

2008 年即时通讯软件使用出现一些新的特点：（1）即时通讯平台提供的服务更加多元化，包括 QQ 在内的即时通讯工具不断增加新的增值应用服务，如新闻资讯、博客、邮箱、音乐、网络游戏、C2C 等，为即时通讯用户提供了众多娱乐和资讯服务选择，在增加盈利的同时，不断强化用户粘性。（2）用户逐渐显示出细分特性，即时通讯定位的差异化发展趋向显著。早期即时通讯的主流用户为娱乐驱动型中低收入细分人群，随着即时通讯的不断发展，用户逐步成熟，显示出明显的细分市场特征，在主流的青少年娱乐类型之外，许多细分市场开始出现，如增长中的商务型、办公型细分用户市场。（3）专业类即时通讯市场发展迅速，综合类即时通

① 石菲：《即时通讯工具之争》，载《中国计算机用户》2008 年 9 月 22 日。

讯与专业类即时通讯并存格局即将形成，以淘宝旺旺、贸易通为代表的专业型即时通讯软件发展迅速，它们的出现有助于各自领域业务的发展，降低交易成本。（4）互联网即时通讯提供商之间合作大于竞争将成趋势。即时通讯的发展将极大促进厂商之间业务的拓展、互通和融合，互联网即时通讯服务提供商将遵循合作大于竞争的原则。已经有雅虎、MSN 等几家即时通讯厂商着手开展互联互通，不同的即时通讯媒介可以进行资源和信息的共享，未来的即时通讯市场潜力巨大。①

五、手机媒体

2008 年对于手机媒体可能是具有开创性的一年，手机媒体已步入佳境，与电视、报刊、广播和互联网等共同活跃于媒介的历史大舞台上，开始实实在在地在政治、经济和文化生活中发挥独有的作用。

（一）手机报纸：紧跟重大事件报道，彰显特色

2008 年关于城市手机媒体用户信息需求的调研显示，在众多手机业务中，30.4% 的用户已订阅手机报，而 CRT 市场研究对国民在奥运赛事期间的全媒体接触行为的持续调查也显示，15% 的受众选择通过手机报了解每日战况。2008 年的手机报呈现出以下发展特点：(1）方便快捷，凸显“速度”优势。手机媒体以便于携带以及快速、灵活的信息传播方式，赢得人们的青睐。在四川汶川大地震发生不到一小时，《湖北手机报》、《楚天都市报手机报》就迅速以快讯形式向全省 40 余万手机报用户及时发布权威地震资讯。②（2）针对重大事件，推出专刊、特刊。为了让各国运动员和游客更多了解中国，2 月 26 日，中国日报社和中国移动共同推出国内第一份中英文双语手机报——“手机报-China Daily”。5 月

---

① 黄涌涛：《即时通讯市场发展趋势》，载《办公自动化》2008 年第 11 期。

② 马斌：《手机媒体力助抗震救灾》，载《人民邮电》2008 年 6 月 16 日。

8日上午9：10，北京2008奥运火炬登上珠峰峰顶。新华社与中国移动立即推出手机报《圣火号外——梦想最高峰》，号外开设《点亮第一峰》、《叱咤“峰”云榜》、《冲“峰”路线图》等栏目，约2000万人通过中国移动手机报在第一时间见证登山运动员扎西次仁从海拔8844.43米的珠穆朗玛峰峰顶发回的圣火登顶彩信。①

（3）凸显特色，呈现精华。奥运期间，中国移动推出独立出刊的《奥运手机报》每期播发一个主题，重点关注奥运中各色人物，预测他们的赛事表现，如《中国跳水队奥运梦八》、《奥运英雄出少年》。新华网和人民网等各家传统媒体也在各自手机报中推出内容丰富的奥运专题栏目。

2008年手机报纸可以说取得长足发展，但由于发行渠道掌握在运营商手里，无论是彩信还是WAP，都是运营商的增值服务项目而已。目前手机报缺乏稳定的、合法的、有吸引力的广告营销的平台，因此，手机报的广告经营活动还很难付诸实践。迄今为止，手机报最大的弱点依然是缺乏原创内容，仅停留在复制传播新闻事实或描述事物的表面现象上，这显然难以赢得受众。

（二）手机电视：技术趋于成熟，发展存在瓶颈

2008年手机电视仍将是移动业务领域关注的焦点，手机电视业务的发展将使得2008年真正成为手机电视年。在2008年关于城市手机媒体用户信息需求的调研显示，4.8%的用户正在使用手机电视。据奥美及中国移动调查数据，手机电视用户数占WAP业务用户的10%～12%，已使用过手机电视的用户数目前达600万人左右，截至8月19日已有超过100万人通过中国移动网络用手机欣赏精彩奥运视频，节目点击次数近700万次，累计播放时长达30余万小时。开幕式当天，有近20万用户进入手机电视奥运专区。在手机腾讯网中，仅奥运频道的流量就超过2亿，日访问用户

---

① 黄松飞：《手机媒体成科技奥运全新亮点》，载《通信世界周刊》2008年8月25日。

接近 1500 万。① 2008 年手机电视业务也出现一些新进展：（1）手机电视实现技术整体上趋于成熟。芯片、终端、设备厂商的支持力度也将加大，终端款数也将增多，对手机电视的全面推广起到推动作用。随着 3G 增强型技术在全球的规模商用，HSDPA 和 cdma2000 1x EV- DO 技术逐渐成为主流技术，手机电视业务也开始向高清节目发展，领先的手机电视提供商推出了基于 HSDPA 的高清手机电视业务。（2）2007 年手机电视提供商与内容提供商的合作效果在 2008 年开始展现，业务提供商继续深化与内容提供商的合作，为手机电视业务增加更为丰富的节目内容。（3）中国广播方式的手机电视业务随着奥运会的开幕而掀起发展序幕，由广电主导的 CMMB（中国移动多媒体广播）技术已经进入了试验阶段，7 月起各直辖市、省会城市、计划单列和奥运城市共 37 个城市已经开始试验播出。试播期间，试验城市的用户只要从市场上购买一个具有 CMMB 接收芯片的终端，就可免费接收到 7 ~ 8 个电视节目和 3 ~4 个广播节目。对于 CMMB 的试验播出阶段，奥运会无疑成为与消费者的交流和沟通平台。②

2008 年能够支持基于广播网手机电视业务的终端仍然非常少，远没有达到进入主流市场的规模。接收终端播放效果不佳、电池续航能力不足、操作系统繁琐，节目内容同质化现象严重。目前，由于网络传输带宽有限，网络传输速度明显不足导致图像音频效果不佳。另外，由于需要电信运营商和广播网络提供商、内容提供商等多个主体的参与，广播方式手机电视的产业链非常复杂，作为一个新兴的业务，其盈利模式还不明晰，收入模式是采用广告方式还是向用户收费的方式还在探索之中。

随着两大产业自身结构调整和相互渗透的不断深入，未来手机电视产业分工将更为细化。手机电视产业链各环节还要进一步加强

---

① 杨成、肖倩：《2008 手机媒体渐入佳境》，载《传媒：MEDIA》2008 年第 12 期。

② 尚清涛：《手机电视业务发展现状与趋势》，载《现代电信科技》2008 年第 6 期。

合作与协调建立健全产业环节间的合作机制，搭建满足消费者需求的新媒体音视频传播平台，通过互补性合作实现手机电视的突破性发展。

六、电视媒体新形态

（一）IPTV：技术标准明确，合作共赢成主流

截至2008年岁末，IPTV用户总数已从120万增长到260万，而中国电信的IPTV用户更是从51万扩张到180万，并形成上海、广东、江苏三箭齐发，福建、安徽、浙江等地星火燎原之势。① 纵观IPTV的发展态势，我们发现2008年是IPTV产业化进程中承上启下的重要一环，是拐点之年。

2007年，体制障碍、不明确的管理主体和滞后的管理方式成为制约网络电视发展的瓶颈，使用过程中的技术、内容瓶颈等问题大大降低了IPTV用户的消费预期和消费热情，为了恢复市场消费信心，2008年1月18日，国家广电总局公布“国务院办公厅转发发展改革委等部门《关于鼓励数字电视产业发展若干政策》的通知”。该文件虽然是从广电角度鼓励数字电视产业发展，并没有针对电信IPTV发展有任何政策倾向，但在媒体的报道为2008年IPTV的发展提供了强大舆论支持，同时也直接推动整个IPTV市场信心的恢复。从2008年4月起，中国电信联合平台和终端厂家，开始IPTV2.0标准的测试和制定工作，并于四季度起，各地纷纷开展对现有平台的2.0系统升级。随着IPTV2.0标准的出台和实施，有效地解决了现有系统平台间的互联互通问题，使产业逐步走向标准化和开放，三季度进行的IPTV终端集采，更通过促进厂家间的竞争，进一步降低了终端成本，利于规模发展。这一系列举动表明了其对IPTV产业投入的积极性，极大提升了产业和厂家对

① 张彦翔：《2008年影响IPTV发展十件事》，载《中国传媒科技》2009年第1期。

2009 年 IPTV 发展的信心，以上两个举措为 2008 年 IPTV 的拐点发展起到开局作用。

上海文广百视通作为中国目前用户最多的 IPTV 牌照持有者，是 IPTV 市场最有力的推动者之一，特别是 2008 年 2 月 27 日新股东的加盟，同方股份出资 1.5 亿元入股上海文广百视通，助力其市场化，推进 IPTV 运营合作之后，上海文广百视通股权结构更加多元化。这极大地促进了 IPTV 市场化的发展进程，同时也成为 IPTV 产业化发展最为直接的推动力。①

2008 年 5 月 23 日，电信业第三次重组开始，赛迪顾问认为，在固网运营商发展举步维艰的环境下，电信重组为中国电信和中国联通带来了全业务运营的新机遇②，同时电信重组会使电信运营商在短期内加大对手机用户的争夺，但固网对于三大运营商而言，都是核心业务。而随着宽带竞争日益加剧，IPTV 作为融合业务的典型代表，将和更多的业务进行捆绑，充分体现多媒体业务承载平台的价值，这为 IPTV 的发展带来客观推动力。

另外 2008 年奥运无疑为 IPTV 产业化及时地吹去东风，北京奥运给 IPTV 提供一个绝佳的体验营销的良机。其实，从 2008 年 1 月起，上海电信就推出“欢乐体验”营销活动，当时申请用户可免去 510 元安装费，如果每个月浏览 IPTV 天数超过 8 天，可免当月 IPTV 使用费，从而引起沪上演新一轮装机热，推动了 IPTV 用户的体验潮；而随着奥运的来临，IPTV 用户数更是出现攀升的发展势头，仅上海 IPTV 的预约用户就已达到日均 3000 户。③ 由此可见，2008 年北京奥运不仅给全世界的人民献上一顿丰盛的体育盛宴，也给我国 IPTV 产业化发展注入强劲的动力养料。

---

① 张彦翔：《2008 年影响 IPTV 发展十件事》，载《中国传媒科技》2009 年第 1 期。

② 络达咨询：《2012 年中国 IPTV 用户数将达 926.5 万》，载《电视技术》2008 年第 12 期。

③ 张彦翔：《2008 年影响 IPTV 发展十件事》，载《中国传媒科技》2009 年第 1 期。

随着技术的进步，大众生活质量的提高和生活节奏的加快，以及他们在当今时代的消费习惯、消费心理为IPTV的发展带来现实的市场需求空间，且随着我国广电网台分离和网络整合、地方电视台和地方有线的关联关系逐步被剥离，电视台作为独立第三方，给我国IPTV未来的发展提供了利好局面。①

（二）数字电视：赢来发展拐点但仍需努力

2008年是中国数字电视产业全面发展的一年，有线数字电视继续向高峰推进，地面数字电视正式实施，奥运会采用地面高清信号免费向全世界转播，卫星直播开始进入产业培育期；数字电视的投融资政策进一步放开、机卡分离体制逐步开始实行，数字电视产业化进程加快。

截至2008年9月底，中国有线数字电视用户达到4470万户。有线数字电视用户渗透率达41.56%。有线电视数字化程度较高的省份为广西壮族自治区、内蒙古自治区、重庆市等地区，有线数字电视用户渗透率超过90%。② 作为我国发展数字电视的切入点，有线电视的数字化工作在2008年取得长足进展。在12月底举行的“中国广电行业发展趋势年会”上，广电总局科技司司长王效杰表示，2008年有线电视数字化开始整体转换的城市已超过100个，其中33个城市已完成全市有线电视用户的数字化整体转换，13个城市的网络已全部实现双向化改造，具备开展双向业务的能力。可以说，有线电视数字化在广电总局的力推下，已经走出早期缓步前进的困境。③

---

① 张彦翔：《2008年影响IPTV发展十件事》，载《中国传媒科技》2009年第1期。

② 中投顾问，《2009—2012年中国数字电视产业投资分析及前景预测报告》，来源：中国投资咨询网。2009年6月12日下载于：http://www.ocn.com.cn/reports/2006124shuzids.htm。

③ 此处和以下关于数字电视数据主要来自杨兆清：《2009年中国数字电视展望》，载《电视技术》2009年第1期。

2008年，地面数字电视在一些城市进行了试验性播出。2008年元旦，随着北京地区开通中央电视台高清频道，地面数字电视正式启动。此后，随着北京奥运会的临近，在6个奥运城市和广州、深圳开通了地面数字电视。8城市地面数字电视的开播标志着我国地面数字电视的启动，广电总局组织制订了13项地面数字电视的配套标准，其中9项已颁布实施，这为全面开始地面数字电视奠定了基础。

2008年5月12日发生的强烈地震，使四川灾区有线电视网络基本瘫痪。在主管部门的批准下，绵阳市成为全国继北京之后第二个开播地面数字电视信号的城市。上海高清、产业链相关发射及接收厂商共同努力，在短短三天内架起地面电视，一周内顺利开播，促进了地面数字电视的加速发展。奥运前夕，相关部门进行了TD与CMMD的融合，将手机赠送给奥运志愿者及工作人员，比赛期间的国际节目信号也全部进行高清信号转播。在2008年北京奥运会骄傲挥舞“科技奥运”之旗时，数字电视发挥的作用不可小觑。当中国数字电视在为世人兑现我国“科技奥运”的承诺时，也抓住了奥运契机，顺畅地写下了它自身在产业化发展征途上的光辉篇章。

数字电视发展过程值得注意的问题是，在数字化转换过程中往往重视技术的转换，而忽视建立业务和服务体系。本来，数字化给用户带来的是多功能、多业务全新的感受，但在实际推广中，有一些网络只是简单的技术转换，而没有在此基础上提供大量业务。用户也没有体会到数字化带来的优越性。地方广电运营商必须找出技术转换给用户所带来种种不便的解决方案。比如，两个遥控器给用户带来操作上的不便；提高收视费后，数字化节目内容没有相应增加等。同时，要重点抓服务，建立服务体系、业务体系，制定科学合理的服务质量评价办法，建立服务监督的管理机制。

（三）移动电视：市场规模增大

Juniper Research市场调研公司在最新的一份调查报告中表示，中国移动电视市场的规模将从2007年的3600万美元增长至2008

年奥运会期间的9800万美元。华视传媒、世通华纳、巴士在线等车载电视运营商表示，2008年由于奥运会带来的商机，车载移动电视的市场销售量将接近60万台，同比增长率将超过80%。① 市民通过车载移动电视观看赛事转播、赛场综述、选手风采等多种形式的节目，车载移动电视成为人们获知奥运会信息的重要渠道。

广源传媒作为唯一拥有广电部门颁发《车载电视播放广播电视节目许可证》和《广播电视节目制作经营许可证》的列车电视投资和运营机构，从2008年1月1日开始，在中国列车电视上全新推出以满足乘客旅途生活需要为主旨的五大类节目，内容涵盖新闻、娱乐、体育、旅游和电影等。中国列车电视经过多年的运营积累，已在中国空调列车电视媒体领域占80%的份额，液晶屏总数超过4万台，线路网罗全国26个省/自治区/直辖市的260多个城市，平均每列列车装有130台液晶电视，平均每10人共享一个液晶电视屏，2008年广源传媒会增加到500辆列车的装车规模，年覆盖可达4.5亿人。② 2008年中国车载移动电视领域进入综合实力的竞争阶段。截至2008年一季度，世通华纳已在全国设立27个子公司、10家办事处，移动电视全国广告联播网已覆盖国内30余个大型城市，5.5万余辆公交车、9.5万块左右的屏幕终端（包括独家代理资源及合作资源），车辆覆盖线路大多为当地优势资源，城市日收视覆盖人群已经突破2亿人次。世通华纳通过打造稳定、严谨、高效的节目和广告播出平台，最大限度避免了传播过程中的信息损耗。③ 移动电视作为一种新锐媒体，有着巨大市场潜力，但如何进行市场化运作，建立产业链，仍有很长的路要走。

---

① 何建平、刘洁：《中国公交移动电视现状研究》，载《当代电影》2008年第2期。

② 王美诗：《追随13亿人的旅行节奏——中国列车电视正在崛起》，载《广告大观》2008年第1期。

③ 陈晓庆：《世通华纳领航移动电视——中国车载移动电视媒体运营商综合实力研究报告在京发布》，载《广告人》2008年第4期。

七、数字报业：推进集团数字化

自从2006年8月新闻出版总署启动传统报业向数字报业转型的“数字报业实验室计划”后，“数字化转型”就成为我国报业的发展方向。2008年初中国家新闻出版总署启动“中小城市综合信息门户发展计划”，主要是立足于中小城市，利用报社在当地的资源优势，推动中小城市的数字报业发展。2008年年底又启动“信息网络传播权保护计划”，这些计划为数字报业的发展提供了坚强后盾。①

2008年北京奥运会是对数字报业发展水平的一次大检验，也为数字报业发展提供了一次绝好的机遇。9月14日至16日，新闻出版总署传媒发展研究所和中国数字报业实验室在北京主办“迎接奥运契机，发展数字报业”专题研讨会，对数字报业的发展进行探讨。奥运期间，众多数字报业转变传统报纸的截稿方式，任何报道都争取在第一时间发稿，纷纷推出奥运专版，与新媒体联合策划，并通过互动获得读者的观点，加深报道内涵，推进集团数字化。

数字媒体的特点是集图片、文字、声音、视频、在线直播于一体，使信息得到全方位的传播。而2008年我国首个多媒体数字报纸测试报告则显示，在335份多媒体数字报纸中，具备视频播报功能的仅有5份，具备语言播报功能的有30份。这些数据反映现阶段我国多媒体数字报纸在这方面的欠缺。②

当前报业数字化转型中出现的问题：（1）同质化新闻泛滥，缺少创新特色。许多新闻网站机械地照搬数字报纸上的新闻内容，成为报纸的翻版附属品和辅助宣传工具，同质化新闻泛滥。（2）过分依赖母报，缺乏独创品牌。一些新闻网站往往将母报作为唯一

---

① 戴建平：《数字报业：中国报业的必由之路》，载《传媒观察》2008年第2期。

② 韩晓东：《我国首个多媒体数字测试报告发布》，载《中华读书报》2008年7月9日第1版。

资源提供者，资金、人员、新闻来源都没有独立的计划与安排，经营意识薄弱。(3) 盈利模式混乱，市场定位模糊。目前报业数字化处于探索期，导致许多网站没有自己的核心业务，没有明确的盈利模式或者盈利模式十分混乱，广告、会员订阅、活动赞助的收入没有具体的规划和预算。(4) 资金融通困难，难以大规模运作。互联网产业建立在初期巨大的投资基础上，仅依靠母体的资金供给远不能满足资金的高需求，由于网站自身盈利模式不能吸引风险投资商，造成其运作困难，发展停滞不前。① (5) 脱离实际的贪大求全。一些报业集团搞新媒体不从实际出发，提出不切实际的目标，搞大而全的网站建设，结果是，投入大量资金而获得的收益很低。网站的核心竞争力在于对信息的整合能力，新闻网站既然在信息“量”上难以撼动门户网站，可选择在专业、深度和特色上下工夫。

① 林娜：《网络时代下的报业数字化转型》，载《江苏商论》2008 年第 7 期。

第十一章　2009年中国传媒市场发展报告

2009年传媒业在经历金融危机的严峻考验后实现了稳定发展；但伴随着传媒体制改革的深入和新媒体的冲击，传统媒体在找寻新的出路，而新媒体的盈利模式仍在探索中。推进文化体制改革，加强从业人员管理，是2009年传媒市场规制的大方向。

报业体制改革持续推进，报纸退出机制迈出实质性步伐，多种经营方式的拓展，增强了报业的抗风险能力。出版业的体制改革全面铺开，数字出版的产值有望超过传统出版。广电行业亮点颇多：三网融合取得实质性进展，跨地区跨行业整合有新举措，电视剧的制作和营销上了新台阶。互联网的网民结构不断优化，广告持续升温，格局正悄然发生变化。

推进文化体制改革，加强从业人员管理是宏观层面传媒规制的大方向。规范化成为行业规制的目标：报业内部管理不断细化；出版业的体制改革有了明确的时间表和路线图；国家积极推动数字电影电视产业的发展，提升产业的技术含量，逐步建立动漫产业的长效监管机制；针对观众对于电视广告的颇多非议，广电总局出台新规，对广告的播出时间、内容重点管理。

在2009年，新媒体发展领域最令人关注的是微博——它以简单快捷的方式为公民参与社会事务提供了新平台。网络视频的版权问题日益凸显，随着3G技术的推广，手机视频受到重视。电子杂志呈多极化发展态势，但仍面临困境。即时通讯呈现社区化、群体化趋势，跨平台即时通讯软件更加受到青睐。IPTV用户规模持续增长，产业格局不断调整。数字电视在政策拉动下快速发展，双向、高清是发展的主要方向。移动电视经过一系列兼并重组后，规模效应显现。

第一节　传媒市场发展现状

盘点2009年中国的传媒市场发展状况，“改革”是一个关键词。虽然媒体改革已持续多年，取得了很大成绩，但始终没有触及深层次方面。媒体发展的最大障碍依然是创新能力疲软和体制约束，2009年体制改革的深入推进，为传媒业的进一步发展提供了动力。

一、报业应对体制改革与新媒体的双重挑战

在政策推动下，2009年报业改革持续深入，报纸退出机制迈出实质性步伐，以产权为核心的合作与重组加速；多家报业集团涉足相关产业，实施多元化发展战略；报业以内容为核心竞争力，积极涉足新媒体；受经济环境的整体影响，报纸广告增长缓慢，并呈现出区域性差异。

体制改革快速推进是2009年报业市场的第一个特征。2009年4月，新闻出版总署下发《关于进一步推进新闻出版体制改革的指导意见》，为新闻出版单位的改制定下“路线图”。到2011年底前所有非时政类报刊出版单位，将基本完成转制任务。在报社层面，开展实质性的新闻编辑和经营业务“两分开”改革，将经营部分转企改制，《科技日报》、《农民日报》等国家级媒体被列入试点。报纸退出机制在2009年迈出实质性步伐。8月，由于“经营不善，严重资不抵债，无法继续正常出版”，《中华新闻报》经新闻出版总署批准后发布停刊清算公告，成为首家倒闭的中央级新闻报纸。

产权重组与合作的步伐进一步加快。2009年3月，《楚天都市报·襄樊版》创刊，这是继2008年5月《铁岭日报》更名为《辽沈晚报·铁岭版》后，全国第2个具有独立刊号的报纸地方版。先行者辽宁日报传媒集团继续发力，至2009年底，辽宁中部城市7家地市级党报中的5家已加入省级党报集团主办行列。2009年5月，西江日报社和南方日报社达成《关于西江日报社与南方日报

社深化合作的框架协议》，开展产权合作。合作双方共同出资组建西江传媒有限公司，其中西江日报社控股 51%，南方报业传媒集团以现金和输出品牌等方式控股 49%。① 建立在产权基础上的合作使合作双方利益有了制度保障，更能形成长效机制。

拓展多种经营方式是报业市场发展的第二个特征。2009 年多家报业集团实施相关多元化战略，积极涉足文化产业。大众日报报业集团投入 5 亿元打造的山东文化产业职业学院开始招生，成为国内首个挺进文化教育领域的报业集团。浙江日报报业集团联合省财务开发公司、中国烟草集团浙江公司等国有企业，共同组建国有文化产业投资基金，将通过资本运作方式，培育发展文化传播产业骨干企业和新兴文化产业。无锡日报报业集团决定，从 2009 年起连续 5 年每年划拨 2000 万元文化产业发展资金，加快进入新兴文化产业项目的步伐。湖北日报传媒集团等多家报业集团开建文化产业园平台，试图在新一轮文化产业潮流中抢占先机。②

2009 年报业市场的第三个特征是全力布局新媒体发展计划。在金融危机和新媒体的双重夹击下，对内容实行多次开发成为报业共识，各地报社通过改造自身新闻网站和与新兴媒体开展战略合作两种方式，全力布局新媒体。1 月，宁波日报报业集团全媒体新闻部成立，首批 15 名记者每人配备高清摄像机、数码相机、录音笔和笔记本电脑，实行全天候的多媒体信息发布。5 月，宁波日报报业集团设立基于手机报纸、手机电视的 3G 事业部，实现多媒体、即时和互动的移动新闻播报。

2009 年 3 月，《三湘都市报》与华声在线及户外媒体公司每天传播网进行整合，形成涵盖报纸、网络、手机报、户外新媒体的全媒体传播链。9 月，由阿里巴巴集团与浙江日报集团合作创办的时尚生活周刊《淘宝天下》在杭州诞生，通过网络和线下共同发行，

---

① 王志勇、刘剑飞：《2009 年中国报业发展亮点》，载《青年记者》2009 年第 36 期。

② 吴锋：《2009 年中国报业发展回顾与展望》，载《新闻战线》2010 年第 1 期。

以网络发行为主，并尝试全新的广告模式。

广告艰难增长是2009年我国报业发展的第四个特征。传媒业广告市场整体达13.7%的增长率，报业增长为9.4%。据央视市场研究机构CTR针对2009年报业市场的各类监测数据显示，西北地区成为年度报业广告黑马，增幅高达28%。东北地区为10.6%，华北、华东、华南增幅为14.2%、7.4%、0.8%。这一现象的产生与区域经济的特点有一定关系：西北地区、东北地区外向型经济不是很多，没有受到国际金融危机的太大影响，当然，也与这两个地区过去的广告投放基数较低有关。2009年报纸广告增长的主要动力来自医疗保健行业、娱乐及休闲等行业，而IT类、金融业、通讯等对报纸广告产生不同程度的负贡献。①

二、出版业在金融危机中逆市增长

据新闻出版总署公布的统计数据显示，2009年中国图书销售增长20%，新媒体出版增长40%，出版业产值增长40%、投资增长36%。我国图书出版品种27.57万种、70亿册，销售额1456亿元，仅次于美国，位居世界第二；印刷复制业总产值达到5746亿元，位居世界第三；数字出版总产值达到750亿元，年增长50%以上。除在市场上取得不错的业绩外，出版业还在体制改革、数字化发展等方面有诸多亮点。

随着《关于进一步推进新闻出版体制改革的指导意见》等政策的出台，新闻出版业加快了改革的步伐。2009年初，中国出版集团公司旗下的中国图书进出口（集团）总公司和中国出版对外贸易总公司正式完成战略重组，对外统一使用“中国图书进出口（集团）总公司”的名称开展业务，这是我国出版业第一家跨国经营的公司，将构建中国最大的出版物进出口平台。4月17日，中华工商联合出版社有限责任公司成立，这是第一家中央级出版社与

① 牛春颖：《2009报业广告状况或成今年预演》，载《中国新闻出版报》2010年2月2日。

地方出版集团跨区域战略重组的出版单位。6月26日，天津出版总社、内蒙古新华发行集团股份有限公司、北方联合出版传媒（集团）股份有限公司在京签署《战略合作框架协议》，以资本运作方式进行资源整合、组建大型出版“航母”。

2009年，148家中央各部门各单位出版社转制全面展开，103家高校出版社和268家地方出版社转制工作基本完成，29家出版企业集团公司已组建完成，453家图书出版社已完成或正在转制。30个省级新华书店系统完成转制，出版、报业、发行等上市公司达到39家。①

2009年，我国数字出版产值达750亿元，业态呈现多样化面貌。根据2009年《第六次全国国民阅读调查》的数据：我国包括在线阅读、手机阅读、手持式阅读器阅读等方式的数字图书阅读开始普及。国民各类数字媒介阅读率达到24.5%，全国约有2.8%的成年人只阅读各类数字媒介而不读纸质书。2009年，新闻出版总署实施了国家数字复合出版系统、数字版权保护技术平台、中华字库、国家知识资源数据库等重点工程，组织实施了中华民族网络游戏出版工程。北京、上海、广东、湖南和湖北等地设立网络文化建设重点工程（基金）支持数字出版。中国出版集团公司、高等教育出版社、上海世纪出版集团、湖北长江出版传媒集团等，都成立了数字出版或数字媒体事业部（公司），并制订相应的数字出版发展规划。

大企业的投资也为数字出版注入新鲜的血液，不仅募集资金，还使企业的管理更加规范。譬如，方正集团与上海张江集团共同投资2.85亿元，组建中国数字出版技术有限公司，成为我国迄今为止投资规模最大、合作层次最高的数字出版项目，涉及包括移动阅读终端研发、图书门户运营、数字复合出版技术研发三个领域。

---

① 璩静：《改革·发展·跨越——我国新闻出版业迈上新台阶》，来源：新华网，上网时间：2010-01-15。2010年2月12日下载于：http://news.xinhuanet.com/politics/2010-01/15/content_12817571_1.htm。

三、广播电视发展取得突破

2009年，在应对全球金融危机，保持经济平稳较快发展的大格局下，作为文化产业主导力量的广电媒体，适时调整发展战略，增强抵御风险能力，在实现技术创新、推进“三网融合”、进行跨区域整合方面有所突破。

“三网融合”在2009年取得实质性进展。2009年5月，国家发改委在《关于2009年深化经济体制改革工作的意见》中指出，要“落实国家相关规定，实现广电和电信企业的双向进入，推动‘三网融合’取得实质性进展”。早在3月，中广传播与中国移动就正式签订合作协议，共同推进具有CMMB功能的TD-SCDMA手机发展。7月31日，科技部、国家广电总局和上海市政府举行中国下一代广播电视网（NGB）启动暨上海示范网部局市合作协议签字仪式，上海计划在2010年完成50万户的示范网络建设。不论是从市场需求的角度，还是从完善产业链的角度来看，跨界融合正成为广电行业发展的趋势。

开启事企分开之门是广电行业的一大特点。2009年10月21日，广播电视制播分离改革推进大会在上海举行，同时上海广播电视台、上海东方传媒（集团）有限公司揭牌。上海广播电视台将继承原上海文广的事业体制，由中共上海市委宣传部领导，原上海文广的播出资源和涉及新闻制作的部门，都将置入电视台。新成立的东方传媒，将由上海广播电视台控股，囊括原上海文广除新闻以外的全部制作资源，进行转企改制，走融资上市的道路，这是首家广电体系传媒集团实现“整体制播分离”，拉开了中国广电传媒体制改革的大幕。电视台将改变原有“自产自销”的模式，这对于IPTV、互动电视甚至互联网视频运营商而言无疑是利好消息，也令社会资本投资广电领域终于有门可入。按照广电总局部署，改革重点是中央电视台、中央人民广播电台和部分省级、副省级电台电视台。

广电开展跨地区、跨行业资源整合值得关注。2009年底，国家广电总局正式批复湖南卫视与青海卫视深度合作协议，双方将成立合资公司，湖南卫视负责节目、团队以及主持人的输出和频道的包装策划，进一步打破现有卫视竞争格局。6月29日，江苏有线与昆广网络合作建设“昆明互动数字电视平台”，江苏有线先期出资1250万元，而随着用户的增加，双方可以选择逐步增资的方式来扩大投资规模，最终投资规模可达5000万元。① 这是对有线电视数字化跨区域整合的有益探索。从2009年6月起，湖南卫视的新媒体阵地——金鹰网相继推出了“芒果手机游戏乐园”平台和“芒果游戏乐园”平台，湖南卫视率先进入网络游戏产业。11月12日，湖南广电集团与盛大网络签署战略合作协议，双方将共同出资6亿元成立盛视影业有限公司，在影视制作、发行及相关衍生业务环节全面合作。12月，湖南卫视和淘宝网联合宣布斥资1亿元建立“湖南快乐淘宝文化传播有限公司”，打造与网购有关的电视节目和影视剧。

发展新媒体业务、打造新经济增长点是2009年广电业发展的一个特点。2009年，传统广电媒体布局网络视频新媒体已形成一定规模，根据央视索福瑞的《中国广播电视网站研究报告》(2009年）显示，全国共有广播电视网站397家，日均访问量已逼近5000万人次。向新媒体领域的积极发展，将形成广电产业新的经济增长点。12月28日，央视网通过“台网捆绑”的方式打造国家网络电视台，充分利用中央电视台现有的节目资源，实行实时的网络直播并提供点播、搜索、下载、互动评论等服务。在此基础上，央视网将深度挖掘40万小时的历史库存节目，建立网上影像博物馆，并计划整合全国电视节目资源，建立“全国网络视频联盟”，将央视网的平台向各个省市电视台以及拥有合法社会资质的制作机构开放。② 同时，各地网络电视台也纷纷上线，浙江广电、湖南广

---

① 郎朗：《江苏有线探路跨区整合　广电运营商欲瘦身九成》，载《二十一世纪经济报道》2009年7月2日。

② 牛千：《央视网将实行“台网捆绑”打造国家网络电视台》，来源：网易科技报道，上网时间：2009-10-12，2010年2月12日下载于：http://tech.163.com/09/1012/00/5LCPP05D000915BF.html。

电、山东广电、上海文广等在网络电视台业务方面都有比较大的动作。这无疑将加剧互联网视频领域的竞争，国内视频网站可能迎来新一轮整合热潮。

电视剧市场进入品质竞争阶段。2009 年国产电视剧的产量出现理性回落，但有影响力的电视剧大幅增加，出现众多引起社会广泛关注和深入讨论的电视剧，《蜗居》、《我的团长我的团》、《潜伏》等所引发的关注远超出剧作本身，电视剧进入品质竞争阶段。在一些热播剧的背后，电视剧的营销方式不断进行创新。譬如，一部电视剧开播前，同名图书就先出版发行，各大电视台、网站纷纷推出该剧专题，电视剧在电视台播出的同时，版权还卖给多家视频网站，《人间正道是沧桑》、《我的兄弟叫顺溜》等，都曾在视频网站上热播。首映礼、零点场、幕后揭秘节目、配套专题片，甚至后产品的开发，开始进入电视剧的营销环节。中国电视剧市场从播出方式的竞争上升到营销方式的竞争，凸显出“大片化”的未来发展趋势。①

四、互联网发展态势喜人

中国互联网络信息中心（CNNIC）的统计数据，截至 2009 年 12 月，我国网民规模达 3.84 亿，互联网普及率为 28.9%。域名总数为 1682 万，其中 80% 为 .CN 域名，网站数量达到 323 万个。②商务交易类应用的用户规模增长最快，年平均增幅达 68%。中国互联网从娱乐型向消费型转化的趋势加快。

在互联网快速发展的背景下，网络广告持续升温，格局发生新变化。受全球经济复苏的影响，中国网络广告市场持续升温。据

---

① 果子、赵培：《2009 娱乐行业报告电视篇》，来源：搜狐娱乐，上网时间：2009-12-22。2010 年 1 月 1 日下载于：http：//yule.sohu.com/20091222/n269126164_3.shtml。

② 中国互联网络信息中心（CNNIC）：《第 25 次中国互联网络发展状况统计报告》，来源：CNNIC，2010 年 2 月 12 日下载于：http：//www.cnnic.net.cn/html/Dir/2010/01/15/5767.htm。

iResearch发布的《2009—2010年中国网络广告行业发展报告》，以运营商营收总和计算中国网络广告市场规模，2009年中国网络广告市场规模达206.1亿元，同比增长21.2%。预计2010年，网络广告市场的规模有望超过300亿元。

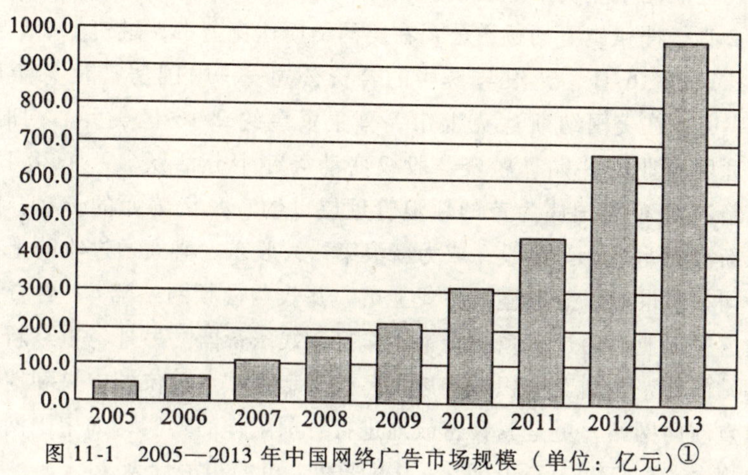

图11-1 2005—2013年中国网络广告市场规模（单位：亿元）①

2009年四大门户网站的广告收入都有所提高，但除腾讯的市场份额保持不变外，其余三大门户网站广告收入的市场份额均有不同程度的下降，网络广告的市场格局正在发生着新变化。四大门户网站在经历2008年奥运会推动的强劲增长之后，增速放缓。而搜索引擎、视频及社交网站等凭借各自的优势迅速抢占广告市场，成为拉动网络广告市场增长的主要力量。数据显示2009年中国搜索引擎广告市场规模69.5亿，同比增长率继续保持38.2%的高速

① iResearch：《2009—2010年中国网络广告行业发展报告》，来源：艾瑞咨询集团，上网时间：2010-4-30。2010年5月12日下载于：http://www.iresearch.com.cn/Report/1376.html。根据艾瑞咨询的操作定义，“网络广告市场规模”，包括品牌圆形广告、搜索引擎广告、固定文字链、分类广告、富媒体广告和电子邮件等网络广告运营商收入，不包括渠道代理商收入。

度，其中，百度和谷歌市场份额增速最快，分别占21.3%和11.1%①。经历几年的激烈竞争和快速发展，视频及社交网站无论在用户体验方面还是在盈利模式探索方面，均有所突破，网络广告所体现出的互动性和参与性逐渐受到受众和广告主的青睐。

互联网企业资本运营活跃。2009年有多家互联网企业上市，4月2日，搜狐旗下的畅游公司在美国纳斯达克上市，融资1.2亿美元；10月16日，新浪与易居的合资公司——中国房产信息集团（CRIC）在美国纳斯达克上市，募集资金约2.16亿美元。同时，互联网企业的并购、融资、股权变动等亦十分活跃。9月28日，以新浪CEO曹国伟为首的新浪管理层以约1.8亿美元的价格，购入新浪约560万普通股，成为新浪第一大股东。盛大通过收购上市公司华友世纪，分拆盛大游戏上市，并收购视频网站酷6，合资成立盛视影业，通过一系列资本运作打造娱乐帝国。另外，重点新闻网站的转企改制工作积极推进，已被确定为试点单位的中央和地方重点新闻网站，更是紧锣密鼓地进行各项工作的落实，如中国网络电视台（CNTV）已同步启动了融资和上市的相关计划。

网民结构不断优化是2009年新媒体市场发展的一个特点。在经历多年迅猛发展后，我国网民规模的增幅有所放缓，但结构却在不断优化。数据显示，我国宽带普及率继续提高，宽带网民规模达到3.46亿人。农村网民的规模持续增长，达到10681万人，占整体网民的27.8%。网民年龄结构更加均衡，30岁以上年龄段人群占网民总数的38.5%，这部分人群更为成熟，消费能力较强，是互联网经济发展的重要用户群。同时，网民学历结构更为均衡，网民层次更为多样化。

由于3G牌照的颁发，手机上网用户在2009年取得飞速发展。CNNIC的报告显示，截至2009年底我国手机网民规模一年内增加1.2亿，已达2.33亿人，占整体网民的60.8%。其中，只使用

① iResearch：《2009—2010年中国网络广告行业发展报告》，来源：艾瑞咨询集团，上网时间：2010-4-21。2010年5月1日下载于：http://report.iresearch.cn/Reports/Charge/1374.html。

手机上网的网民有 3070 万，占整体网民数量的 8%。随着 3G 业务的持续开展，手机上网将成为刺激我国互联网用户增长的新增长点。

五、电影产业日益繁荣

国家广电总局公布的数据显示：2009 年全国城市的电影票房收入达到 62.06 亿元。国产电影的海外销售收入 27.7 亿元，全国各电影频道播放电影的收入 16.89 亿元，全年电影综合效益 106.65 亿元，同比增幅 26.47%。国产电影占据全年票房总额的 56.6%。① 2009 年中国电影业呈现出以下特点：

融资渠道多元化促进了 2009 年中国电影产业的发展，而其中金融资本的介入更是为大片的生产提供资金保障，6 月，工商银行向华谊兄弟和保利博纳提供贷款，成为中国国有大型商业银行与民营文化产业合作的重要事件。博纳影业从工商银行获得首批项目贷款 5500 万元，用于影片《十月围城》、《大兵小将》、《一路有你》的制作发行费用，再加上多家风投公司的加入，募资总额达 1 亿 5500 万元。

随着电影产业的发展壮大，近两年来，银行频频与影视剧制作机构合作，《赤壁》、《夜宴》、《满城尽带黄金甲》、《集结号》等影片的背后都有银行资金的支持。这固然体现出近几年来中国电影产业发展迅速，但同时，也因为在金融危机的影响下，许多行业都缩减融资规模，银行信贷急需找到一个合适的出口。因此，银行资本与电影产业的合作可谓互利共赢。

题材多样、定位更加精准是 2009 年中国电影业的一大特点。《建国大业》全国票房达到 4.2 亿元，创造了国产电影票房最高纪录。两部进口大片《变形金刚 2》和《2012》的中国票房也超过 4

---

① 《2009 中国电影全面丰收　票房总收入 62.06 亿》，来源：优讯-中国网，上网时间：2010-01-11。2010 年 2 月 1 日下载于：http：//www.china.com.cn/info/2010-01/11/content_19212434.htm。

亿。票房超过1亿元的影片有21部，其中有10余部是国产片。①而纵观这些影片的题材，更是涵盖古装历史剧、都市爱情剧、谍战片等众多类型。

电影市场竞争的激烈使得“差异化”战略的重要性逐步显现。2009年很多获得不错票房的影片，在启动之初就确立了不同的类型定位，如主旋律献礼片《建国大业》、悬疑喜剧《三枪拍案惊奇》、魔幻片《狼灾记》、爱情喜剧片《非常完美》，商业片《十月围城》，国产动画片《喜羊羊与灰太狼》等，为不同的观众提供了丰富的观影选择。

2009年正值新中国成立60周年，红色电影唱响了电影市场的主旋律。《南京！南京!》《建国大业》《风声》都取得了宣扬主旋律和商业效益的双赢。《风声》更是开辟了一条主旋律影片商业化的成功之路，其定位为谍战悬疑片，有众多明星加盟，在叙事编排、人物刻画、布景、剪辑等电影元素中，处处流露出专业化气质。

2009年我国内地共有22家制片单位的45部影片（合拍影片34部）成功销往海外68个国家及地区，总成交量达185部次，实现销售收入27.59亿元，同比增长9.22%。国产影片海外销售制片单位新增3家，增幅为15.79%；海外市场扩大至68个国家及地区，新增7个，增幅为11.48%。从国产影片的海外销售区域来看，市场仍集中在北美、欧洲及亚太三个传统地区。其中，有两部合拍影片销往美国，票房发行总收入为6.10亿元，占全年海外收入总额的22.11%。欧洲与亚太地区的销售收入较2008年出现明显增长：全年共有15部国产影片（合拍影片9部）销往欧洲，实现收入4.06亿元，占全年收入总额的14.72%；全年共有8部国产影片（其中合拍影片6部）销往日本，收入7.61亿元，占全年收入总额的27.58%；全年共有11部合拍影片销往韩国，收入总额

① 佚名：《2009年电影产业全方位盘点》，来源：新浪爱问共享资料，上网时间：2010-01-19。2010年2月1日下载于：http：//ishare. iask. sina. com. cn/f/6983640. html? retcode=0。

为3.14亿元，占全年海外市场总收入的11.38%。①

第二节 传媒市场规制

2009年媒体市场的规制变更，集中在通知、规划、管理办法等规定和政策层面，但无论是宏观的对于整个产业发展和从业人员的规制，还是微观层面的对于报业、广播电视、广告等的具体规制，都呈现出进一步规范化的特点。

一、宏观层面的政策规制

其一，2009年媒体市场规制的重要步骤体现在推进文化体制改革。4月27日，商务部、文化部、国家广播电影电视总局、国家新闻出版总署、中国进出口银行联合发布《关于金融支持文化出口的指导意见》。要求按照“各部门组织推荐，进出口银行独立审贷”的原则，发挥中央有关部委与地方主管部门的政策优势和组织优势，以及进出口银行总行与各营业机构的市场优势和资金优势，共同搭建文化、金融合作平台，以支持文化企业和项目“走出去”为重点，全面支持文化贸易发展。这一意见的发布将进一步增加我国文化产业的资本实力，提高竞争力，同时也为中外文化发展提供了更多的交流机会。

9月26日，国务院常务会议审议通过并向社会公布《文化产业振兴规划》。规划要求“落实国家关于非公有资本、外资进入文化产业的有关规定”。根据文化产业不同类别，通过独资、合资、合作等多种途径，积极吸收社会资本和外资进入政策允许的文化产业领域，参与国有文化企业的股份制改造，形成以公有制为主体、多种所有制共同发展的文化产业格局。规划的出台，打破行业发展的制度性障碍，使跨区域、跨行业、跨媒体并购重组成为可能性。

① 佚名：《2009年电影产业全方位盘点》，来源：新浪爱问共享资料，上网时间：2010-01-19。2010年2月1日下载于：http：//ishare.iask.sina.com.cn/f/6983640.html？retcode=0。

根据规划，中央和地方各级人民政府也将会通过贷款贴息、项目补贴、补充资金等方式加大对文化产业发展的支持力度。①

其二，加强媒体从业人员管理。为规范新闻记者证的管理，保障新闻记者的正常采访活动，维护新闻记者和社会公众的合法权益，根据有关法规和国务院决定，国家新闻出版总署、国家广播电视总局先后发出《关于2009年换发新闻记者证的通知》、《关于期刊申领新闻记者证的有关通知》、《关于广播电影电视新闻单位申领新闻记者证的通知》、《关于开展新闻记者证核发情况自查工作并重申有关规定的紧急通知》和《新闻记者证管理办法》。

新修订的《新闻记者证管理办法》进一步加强了新闻记者职业规范要求。办法规定，新闻记者不得从事与记者职务有关的有偿服务、中介活动或者兼职、取酬，不得借新闻采访工作从事广告、发行、赞助等经营活动，不得创办或者参股广告类公司，不得借新闻采访活动牟取不正当利益，不得借舆论监督进行敲诈勒索、打击报复等滥用新闻采访权利的行为。新的管理办法还完善了新闻记者证的年检规范，规定新闻出版行政部门应根据调查掌握的违法事实，建立不良从业人员档案并适时公开；明确非新闻机构组织及人员不得以新闻采访为名开展活动；新闻机构非采编岗位工作人员、非新闻机构以及其他社会组织或个人不得假借新闻机构或者假冒新闻记者开展新闻采访，不得以采访为名开展各类活动或者谋取利益。新版记者证首次增加“各级人民政府应为持证采访的新闻工作者提供便利和必要保障”的内容，以适应《政府信息公开条例》等法规的要求，为新闻机构依法享有的知情权、采访权、发表权、批评权、监督权提供保障。

为规范报刊记者站的管理，保障报刊出版单位依法开展新闻采编活动，新闻出版总署于8月6日，颁布《报刊记者站管理办法》，随后又于10月15日发出《关于规范报刊出版单位分社管理

---

① 蔡尚伟、刘锐：《文化产业振兴规划与传媒业发展》，载《新闻记者》2009年第9期。

的通知》。新出台的管理办法适当提高记者站设站的门槛，增加记者站站长须具有中级以上职称并有 5 年以上新闻采编工作经历的要求，且规定申请设立记者站需要具备“已设立的记者站近两年内未出现违反新闻出版法规、规章的问题”等条件。针对报刊社未经批准擅自设立的记者站或办事处、工作站等派出机构以及部分记者站从事摊派、发行、广告、赞助甚至敲诈等问题，新的管理办法中明确规定“报刊记者站不得自行聘用工作人员从事新闻采访活动”，“报刊记者站及其工作人员不得以新闻机构、报刊记者站或者新闻记者名义谋取不正当利益，不得以新闻报道为名要求采访对象订报刊、做广告、提供赞助或者从事经营活动，不得搞有偿新闻、虚假报道，不得从事违反新闻职业道德的活动”。为防止有些记者站设立后却不从事新闻报道等问题又规定，记者站年度核验时要提供记者站本年度发表新闻报道的目录及其样报样刊，各省级新闻出版行政部门“可根据报刊记者站发表新闻报道的数量、质量等情况，对其新闻采编活动进行评估，并根据评估结果实行退出机制”。

其三，对港澳记者在内地采访的细节进行修改。2009 年，国务院港澳事务办公室发布了《香港澳门记者在内地采访办法》，其中包括：港澳记者来内地采访，需向中央人民政府驻香港特别行政区联络办公室或中央人民政府驻澳门特别行政区联络办公室领取由中华全国新闻工作者协会制发的港澳记者采访证。港澳记者在内地采访，需征得被采访单位和个人的同意，采访时应当携带并出示港澳新闻机构常驻内地记者证或港澳记者采访证……共十条内容。

随后海关总署根据《中华人民共和国海关法》、《中华人民共和国进出口关税条例》等有关规定，发出《关于香港和澳门新闻机构在内地常驻记者站、香港和澳门记者办理采访器材进出境手续的公告》。该公告在一定程度上简化了自行来华采访的外国记者以及来内地采访的香港和澳门记者所携采访器材进出境手续，方便其及时提取采访器材保证金。

其四，规范外国机构在中国境内的信息服务活动。4 月 30 日，国务院新闻办公室、商务部、国家工商总局联合发布《外国机构在中国境内提供金融信息服务管理规定》，规定分总则、审批、投资设立企业、监督管理、法律责任、附则6章共25条，自6月1日起实施。其中，国务院新闻办公室为“外国机构在中国境内提供金融信息的服务审批”实施机关；并规定，在中国境内设立的外商投资金融信息服务企业应当严格按照登记注册的经营范围从事业务活动，不得开展新闻采集业务，不得从事通讯社业务。

二、具体行业方面的政策规制

（一）报业：加强内部管理，增强不规范行为查处力度

2月6日，国家新闻出版总署发出《关于进一步加强和改进报刊出版管理工作的通知》，就进一步加强和改进报刊出版管理工作的重点、措施提出具体要求。通知要求各新闻出版行政管理部门一手抓发展、改革，一手抓服务、管理，按照符合宣传规律、传播规律的方式，形成一整套科学有效的管理方式、管理手段和管理制度，建立一支敢于负责、严格执法的监管队伍，构建有序开放、有效管理的报刊监管机制。

该通知主要包括以下四个方面：（1）加强报刊年检，对于一号多报多刊、转让出版权者要坚决处理；（2）完善审读机制，严肃查处报刊出版违规行为；（3）规范采编活动，违规违法者将被列入不良记录名单；（4）坚持依法行政，继续整治报刊刊载虚假违法广告行为。此外，新闻出版总署还印发《关于采取切实措施制止虚假报道的通知》，提出8项措施制止虚假报道。

（二）出版业：加快体制改革，规范复制经营活动

2009年国家陆续出台一系列政策措施，助推新闻出版业的改制工作。2月3日，教育部办公厅发出《关于高校出版社转制工作有关规程的通知》，随后，财政部下发《关于中央级经营性文化事业单位转制中资产和财务管理问题的通知》，进一步细化转制中清产核资、资产评估、产权登记等工作中的相关规定。4月6日，新闻出版总署出台《关于进一步推进新闻出版体制改革的指导意

见》，明确改革的路线图和时间表；4月9日，中共中央办公厅和国务院办公厅联合发出《关于深化中央各部门各单位出版社体制改革的意见》，就深化中央各部门各单位出版社体制改革提出要求。10月底，国家新闻出版总署发出《关于下发音像（电子）出版业体制改革实施方案的通知》，新闻出版总署制定音像（电子）出版单位转企改制和“三个一批”的具体实施方案；11月，新闻出版总署又下发通知，要求地方出版社和高校出版社在2009年年底前、中央各部门出版社在2010年年底前完成转制。

6月30日，为了加强管理以促进我国复制业健康发展，根据《出版管理条例》和《音像制品管理条例》的有关规定，国家新闻出版总署颁布《复制管理办法》，办法明确“复制经营活动”等若干重要概念；规定复制单位的设立条件，调整审批权限和程序，增加外商投资管理规定和投产验收制度；细化对复制生产设备的管理要求；强化对复制经营活动的监督管理，明确复制委托书制度和年度核验要求；完善有关法律责任。新出台的《复制管理办法》明确规定音像出版制作公司的规模和相关制度，从根本上杜绝音像出版‘小作坊’似的制作形式，并对盗版及非法出版物的生产、销售等环节给予打击。

（三）广电业：推动数字电视电影产业创新升级，整顿动漫市场

2月10日，国家广播电影电视总局发出《关于进一步规范数字电影发行、放映和加强数字电影放映设备质量认定管理工作的通知》，通知有利于进一步落实数字电视产业发展政策，推动数字电视产业发展，提升产业创新能力。5月31日，国家发展和改革委员会办公厅，发出《关于组织实施2009年数字电视研究开发及产业化专项的通知》，从“数字电视地面广播传输标准配套标准制定；地面数字电视单频网应用示范网络建设；关键产品研究开发与产业化”等方面提出具体要求，有利于加强我国数字电影电视产业的核心竞争力，提升产业的技术含量，对加快我国数字电影电视产业的发展起到了促进的作用。

为做好动漫企业认定管理工作，推动动漫业健康快速发展，6

月4日，文化部、财政部、国家税务总局发出关于实施《动漫企业认定管理办法（试行）》有关问题的通知。随后文化部、国家工商行政管理总局又发出《关于开展动漫市场专项整治行动的通知》，决定8月至11月，在全国范围内开展动漫市场专项整治行动。希望通过整治行动，加强对动漫市场的内容及衍生品市场的监督、加强对重点动漫产品的保护、加强对动漫会展交易产品和活动的监管等，使动漫市场违法经营行为得到有效遏制，逐步建立动漫市场监管长效机制。为了配合此次整治行动，中央机构编制委员会办公室印发《中央编办对文化部、广电总局、新闻出版总署〈“三定”规定〉中有关动漫、网络游戏和文化市场综合执法的部分条文的解释》的通知。

（四）广告业：限制电视广告播出与电视购物节目、审查医疗广告

针对电视广告几近泛滥、观众颇多非议的现实状况，9月国家广电总局出台《广播电视广告播出管理办法》（俗称“广告限播令”，简称“61号令”）对电视广告播出的时长和广告播出的类型做出明确规定。规定电视播出机构每套节目每小时商业广告播出时长不超过12分钟，19点到21点广告插播时间总长不超过18分钟，电视剧插播广告每次时长不得超过1分30秒，卫视每天18点到24点的时段内，不得播出电视购物广告。由于广告播出时间减少而带来的电视台经济收入的减少，电视台势必会通过提高广告价格来弥补该项损失，具体的提价百分比视各电视台具体情况而定。有业内人士分析，“‘61号令’的出台打乱了很多电视台2010年广告政策和销售任务部署。2010年将被‘净化’掉的电视广告额约为100亿元”①。

9月10日，国家广播电影电视总局发出《关于加强电视购物短片广告和居家购物节目管理的通知》，以规范电视购物短片广告

① 骆俊澎：《广电总局“广告限播令”或“净化”掉100亿元》，来源：《东方早报》，上网时间：2009-10-15。2010年2月1日下载于：http://news.xinhuanet.com/ent/2009-10/15/content_12234737.htm。

和居家购物节目制作、审查、播出等环节，建立行业准入和退出机制，维护消费者合法权益。通知要求播出机构禁止播出介绍药品、性保健品和丰胸、减肥等产品的电视购物短片广告和居家购物节目。新闻、国际等专业频道和电视购物频道，不得播出电视购物短片广告；教育、少儿等专业频道不得播出不宜未成年人收看的电视购物短片广告；通知还规定上星频道每天18点至24点的时段内，不得播出电视购物短片广告。2009年年底，广电总局又正式发布《广电总局关于电视购物频道建设和管理的意见》，指出从2010年1月10日起，除经批准开办的电视购物频道和经备案的专门购物时段外，其他模拟、数字和付费频道一律不得播出电视购物节目。

2月13日，国家广播电影电视总局、卫生部、国家工商行政管理总局、国家食品药品监督管理局、国家中医药管理局发布《关于进一步加强广播电视医疗和药品广告监管工作的通知》，以进一步加强对广播电视医疗、药品广告的监管工作。4月7日，为加强医疗器械广告管理，保证医疗器械广告的真实性和合法性，卫生部、国家工商行政管理总局、国家食品药品监督管理局颁布《医疗器械广告审查办法（2009）》，修订后的《医疗器械广告审查办法》共28条，对医疗器械广告审查机关、审批程序、时限、申请人的义务、医疗器械广告的监督管理及有关法律责任等内容做出了规定。① 7月1日，为进一步规范互联网医疗保健信息服务和药品信息服务，净化网络文化环境，营造有利于未成年人健康成长的良好社会文化环境，卫生部、国务院新闻办、工业和信息化部、公安部、工商总局、食品药品监管局、中医药局等部门联合发出《关于开展全国互联网医疗保健和药品信息服务专项整治行动的通知》，决定自2009年7月到10月在全国开展为期3个月的互联网医疗保健和药品信息服务专项整治行动。

---

① 佚名：《三部门：医疗器械广告审查办法和标准20日起施行》，来源：中国新闻网，上网时间：2009-05-14。2010年2月1日下载于：http://www.chinanews.com/jk/news/2009/05-14/1691961.shtml。

（五）互联网和电信业：加强内容管理，整治淫秽色情信息

3月30日，以加强网络文化建设和管理，传播社会主义先进文化，抵制互联网视听节目领域的低俗之风，扎实推进互联网视听节目建设为目的，广电总局发出《广电总局关于加强互联网视听节目内容管理的通知》。通知要求，各互联网试听节目服务单位完善节目内容管理制度和应急处理机制，聘请高素质业务人员审核把关，对网络音乐视频MV、综艺、影视短剧、动漫等类别的节目以及“自拍”、“热舞”、“美女”等题材重点把关。同时，通知还规定对于含有“危害国家统一、主权和领土完整的”等十种内容予以禁止，对“恶意曲解中华文明、中国历史和历史史实的；恶意曲解他国历史，不尊重人类文明、他国文明和风俗习惯的”等二十一种内容要予以删减；通知还对节目版权的保护予以强调，号召各相关组织为营造一个和谐、绿色的网络视听节目环境做出努力。

12月15日，工业和信息化部印发《工业和信息化部关于进一步深入整治手机淫秽色情专项行动工作方案》的通知，并组织全国电信行业开展进一步深入整治手机淫秽色情专项行动。行动时间为2009年12月到2010年5月底，届时中央外宣办、全国“扫黄打非”办、工业和信息化部、公安部、新闻出版总署等九部门将依照该专项行动工作方案的主要精神，在全国范围内联合开展行动。活动重点是整治一批淫秽色情和低俗信息集中、严重危害未成年人健康成长的网站，关闭一批严重违法违规网站，侦破一批重大案件，严惩一批违法犯罪分子，查处一批为淫秽色情和低俗网站提供代收费的企业，清理整顿一批违法违规接入服务商，有效切断淫秽色情和低俗网站利益链条，建立健全防范和查处淫秽色情及低俗信息的长效管理机制。

第三节　新媒体市场发展状况

2009年开启中国3G元年。3G为新媒体突破各种瓶颈提供技

术保证；同时，政策的扶持为新媒体发展提供良好环境。微博客在2009年首次出现在中国就吸引众多网民参与，成为公民抒发观点，参与公共事务的新平台。在多种力量推动下，新媒体持续快速发展，融合依然是发展的趋势。

一、博客：活跃博客规模增长

截至2009年12月，博客应用在网民中的用户规模达2.21亿，使用率为57.7%，较2008年年底增长5940万人，使用率提升3.4个百分点。活跃博客的规模进一步扩大，在半年内更新过博客空间的博客用户规模达到1.45亿，增长率为37.9%。① 活跃博客用户的增长，一方面受益于互联网普及率的进一步提高，另一方面是由于微博客的带动作用。

2009年微博客在中国问世，迅速成为具有引领性的全新网络社会互动形式，互联网信息分享速度、参与评述便利性等随之飞速提高。微博客即迷你型博客，是一种可及时发布消息，类似于博客的系统，在中国被亲切地称为"围脖"，更有"这年头没个'围脖'，还真不好意思跟人打招呼"的广告词。由于操作简单方便，不受时间、空间和终端的限制，微博真正实现全天候的、大信息量的直播。微博也改变了人们对网络的使用方式，开始不仅仅局限于接受信息，而是更青睐于信息分享。

较之传统博客，微博草根性更强，为公民提供了一个现场直播的麦克风。由于微博的技术优势和非个体责任性，会对公共事件的话语表达形成更加自主、多元的传播态势，激发网民自主参与事件，彰显社会群体的自治意识和权益意识，形成新的推进公共管理制度创新的社会基础。②

① 中国互联网络信息中心：《第25次中国互联网络发展状况统计报告(2010年1月)》。2010年2月1日下载于：http：//www.cnnic.net.cn/。

② 郑智：《2009年热词背后中国公民意识成长　网民力量彰显》，载《人民日报海外版》2010年1月2日。

二、网络视频：版权问题凸显，积极拓展盈利模式

根据CNNIC发布的《第25次中国互联网络发展状况统计报告》的数据，截至2009年年底，国内网络视频用户规模达到2.4亿，较2008年年底增长3844万，使用率为62.6%，下降了5.1个百分点。面对着技术的创新、竞争的加剧、版权的规范化和新一轮的管制，各视频网站通过转变经营方式探寻生机。

2009年，版权问题成为网络视频领域的热点问题，土豆网、TOM网、PPLive等都因视频版权问题惹上官司。为促使行业向规范化方向发展，各视频网站舍重金购买正版，如土豆网推出高清产品"黑豆"，所有内容均为正版。并在2月中旬正式启动了广告分层系统。上海电影集团东方影视发行有限公司、浙江卫视、江苏卫视、游戏类专业网络电视频道NEOTV，以及播客"一日一"与"麒麟实验室"等6家版权方已加盟。酷6网推出"1+3共赢计划"，围绕正版视频内容展开版权合作、品牌推广、技术合作、广告联合运营。① 网络视频行业更加注重节目来源及质量，市场更加规范化，网络视频媒体与传统影视媒体之间走向合作。

各网站积极拓展盈利模式。为配合推广诺基亚手机，土豆网为其量身定做《互联网百万富翁》活动。土豆、酷6、优酷、56网等先后宣布与淘宝网达成战略合作，将视频技术与淘宝强大的网购平台相结合，推出视频购物模式。在习惯了免费的国内互联网市场，视频分享网站56网首次尝试向个人用户收费，优酷网则选择对当红节目进行付费独家直播。面对高成本、严监管、盈利难的生存压力，民营视频网站通过并购寻求新发展：11月，盛大旗下的华友世纪正式宣布与酷6网合并；12月，新华悦动网收购宽频网站新传在线。

---

① 佚名：《1+3共赢计划　视频版权问题思考新方向》，来源：中国信息产业网，上网时间：2009-03-11。2010年2月1日下载于：http：//www.cnii.com.cn/20080623/ca534432.htm。

三、电子杂志：多极化发展，生存之困待破解

相关数据显示，国内电子杂志已从2006年的近百家缩水到如今的10余家。尽管iResearch市场咨询公司预计，到2010年电子杂志的发行规模将达到20.3亿元，但炫目之光难掩盖生存之困，许多最初知名的电子杂志现今已销声匿迹。① 在激烈竞争中，各杂志表现出明显的多极化发展趋势：Poco的经营重点变为社区，Xplus在投身数字报纸失败后宣告破产。已创立五周年的ZCOM于2009年全新改版，重点增加了学术期刊、在线杂志与杂志订阅三大高含金量的功能版块，至年底其电子杂志的单月盈利已近百万元。

有业内人士分析电子杂志近年来发展持续低迷的原因是：内容缺乏吸引力。阅读平台狭窄及容量问题。样式新颖、提供互动性的杂志更能吸引读者下载，但此设计使得电子杂志往往要超过50MB，几乎无人下载。② 受“资源免费分享”的国内互联网环境影响，版权无法保证，电子杂志发布平台难以通过内容获利。

四、即时通讯：社区化、群体化、跨平台化

2009年，即时通讯用户规模达到2.7亿人，较2008年增长4822万，增长率为21.6%。网民使用率为70.9%，较之2008年的75.3%和2007年的81.4%，继续下降。③ 这是由30岁以上网民增长明显，该用户群对即时通讯使用需求相对偏低，以及社交网站、博客等的替代作用造成的。

---

① 《数字杂志开打“平台”之战》，来源：《北京商报》，上网时间：2010-01-01。2010年2月1日下载于：http://finance.ifeng.com/roll/20100125/1750691.shtml。

② 《数字杂志不是纸媒救命稻草已缩水近2/3》，载《北京商报》2009年6月15日。

③ 中国互联网络信息中心：《中国互联网络发展状况统计报告（2010年1月）》，2010年2月1日下载于：http://www.cnnic.net.cn/。

随着互联网内容的碎片化和网络社区的不断发展，互联网应用日趋小众化、分众化，有着各种特定需求和特性的群体，构成各式各样的网络社区、电子商务及SNS站点的基础，基于此，淘宝网阿里旺旺、校内网校内通、谷歌Gtalk等第二代专业性即时通讯软件呈现出社区化、群体化的特征，为各类网民群体的沟通提供更为细化的平台和空间。

随着中国移动飞信业务的开展，互联网与移动通讯网络间的跨平台即时通讯业务得以流行，中国移动凭借其庞大的手机用户资源将飞信软件成功地植入互联网即时通讯市场，实现互联网与移动网络的对接。腾讯也借助GPRS等手机上网功能，推出适用于手机等移动终端的移动QQ客户端，使用户能够通过手机实现与电脑QQ客户端的互联互通，此外，TOM旗下的SKYPE也拥有与电话网络对接的跨平台通讯功能。就未来而言，跨平台运行将成为市场对即时通讯软件的必然要求。①

五、手机媒体

2009年1月7日，工业和信息化部为中国移动、中国电信和中国联通发放3张第三代移动通信（3G）牌照。随着3G技术的广泛应用，中国手机网民呈现迅速增长态势。业内人士认为随着3G、移动宽带互联网通信时代的到来，手机新媒体将打破传统媒体的传播模式，将大众传播延伸到24小时1米范围内的个人传播。

（一）手机报纸：内容量增加，表现形式多媒体化

3G技术的应用将给手机报纸带来一些变化：（1）容量限制将得到突破。3G移动网络相比以往的2.5G移动网络，数据传输速度和网络带宽的利用率大大提高，为手机报纸突破容量限制和内容量限制提供了可能。（2）表现形式将向多媒体化方向发展。手机

① 单文盛：《浅析即时通讯软件业的现状和发展》，载《中国高新技术企业》2009年第11期。

报纸以往囿于容量的限制，提供的内容以文字为主，而3G技术的运用使手机报纸可以提供更多的图片、音频和视频信息，呈现多媒体化发展。(3) 盈利模式将向广告盈利倾斜。3G技术使得手机报纸原来因为容量有限而无法承载较多广告信息的问题得以解决。一些手机报纸开始探索广告盈利，借鉴传统媒体的“双重售卖”模式。

手机报纸有着自身的特点，因此也有适合自身的内容编排和盈利模式，3G技术的应用以及普及，给手机报指出新的发展方向。手机报纸在未来的发展中，应更注重开发适合自身特点的原创内容。

（二）手机电视：对节目内容进行积极探索，CMMB开始起步

在3G技术的推动下，手机视频受到产业链多方重视：移动运营商、内容提供商、手机制造商争相布局，多家视频网站也先后发布3G战略。手机视频由于媒体价值及向个人用户收费的可行性等特点，成为商家争抢的重要阵地。

央视网、中国国际广播网、乐视网等多家网站获得广电总局批复，开展3G移动视频业务。中央电视台等298家机构获得《信息网络传播视听节目许可证》。央视网手机电视海外传播项目“CCTV手机电视”自2009年10月上线以来，至年底用户已达到50万人，并以日均2000左右的用户量稳定增长。在国庆阅兵、中秋晚会、全运会闭幕式等直播过程中，总浏览量突破400万页次。① 由广电主导的CMMB（中国移动多媒体广播）技术已经从试验阶段进入起步阶段。至年底，全国337个地级以上城市实现CMMB信号基本覆盖。在8月23日开幕的下一代网络融合与发展中国峰会上，中广传播确定TD手机电视商用时间表，并统一CMMB的技术称谓。中广传播和中国移动合作采用双密钥用户管理

① 《央视网手机电视海外传播业务发展迅速》，来源：国家广播电影电视总局官方网站，上网时间：2009-11-10。2010年2月1日下载于：http://www.sarft.gov.cn/articles/2009/11/10/20091110153833740830.html。

系统对用户进行管理。

然而，从用户的角度看，形势还不容乐观，iResearch 发布的《中国网民 3G 手机调研报告（2009 年）》显示，现阶段中国网民对 3G 手机概念的认知度较高，超过六成的被调查者表示了解 3G 手机，可是 3G 终端普及率仍然较低，目前已拥有 3G 手机的网民比例仅为 8.5%，过半网民对换机仍持观望态度。

六、电视媒体新形态

（一）IPTV：用户规模持续增长，竞合是必由之路

经历了连续两年的突破性发展，至 2009 年年底，中国 IPTV 用户总数超过 400 万。上海 IPTV 用户突破 100 万，广东和江苏各突破 70 万，三地成为该行业发展的主力军。① 规模的增加也代表了 IPTV 作为极具商业价值的互动媒体平台的重要性正在日益凸显。在经历萌芽、破冰、曲折、博弈以及拐点之年后，2009 年的 IPTV 产业迎来图变之年。

2009 年，有关部门出台一系列政策以促进 IPTV 产业的发展。IPTV 牌照持有者则积极布局，通过合作增强实力。5 月，上海文广百视通作为拥有 IPTV 用户最多的牌照商，联手 NBA 及华谊兄弟启动三屏融合（PC、IPTV、手机电视）业务，为用户提供全新的视听体验。10 月，百视通与关注网络视频的东方宽屏、主打手机电视的东方龙共同组建百视通新媒体公司，为其未来发展三屏战略提供全方位的资源和支持。其他牌照运营商也在积极行动：国际广播电台加速自身融资过程；央视国际逐步推广 IPTV 云南模式；南方传媒在进行内部调整后，开始重新定位；地方电视台也积极与地方电信及牌照运营商合作，共同开展 IPTV 业务。而伴随着中国电信“天翼”品牌的推出以及 3G 牌照的尘埃落定，IPTV 和手机的

① 佚名：《流媒体网联手上海电信推 IPTV 试用体验》，来源：流媒体网，上网时间：2010-1-11。2010 年 2 月 11 日下载于：http：//iptv.lmtw.com/yj/201001/53961.html。

结合更是成为发展的新渠道。

（二）数字电视：政策拉动，加快发展

2009 年我国数字电视产业向纵深发展，从局部地区试点转向全国范围推进，数字化步伐加快。有线数字电视用户规模进一步扩大，据格兰研究统计：截至 2009 年 10 月底，我国有线数字电视用户达到 6127.6 万户，有线数字化程度达到 37.50%。2 月，由国务院审议并原则通过的《电子信息产业调整和振兴规划》，明确将数字电视推广纳入国家集中力量实施的六大工程中。政府下拨 25 亿元财政资金用于地面数字电视信号覆盖建设，计划用 3 ~ 5 年时间完成全国地面数字电视系统建设与覆盖工作。

数字化整体转换与网络整合稳步推进的同时，高清电视也得到进一步发展。9 月 28 日，北京卫视、深圳卫视、湖南卫视等 9 个频道实现高标清同播，使地面高清电视节目源大幅增加。据广电总局新媒体产业发展研究所提供的资料，截至 2009 年 12 月，中国有线数字高清频道开播地区占总体的 47%。预计 2010 年初，中国将有 54% 的地区开播高清数字电视。2009 年中国有线数字高清频道订户已达 53.7 万户。预计 2013 年，中国有线数字高清电视订户将达 750 万户。

但是，也应该看到，“目前国内数字电视产业大部分领域仍处于市场发展的前期，市场集中度不高，双向、高清是国内数字电视发展的主要方向，而在发展过程中如何培育行业的龙头企业，增强国内数字电视企业的竞争力是产业发展规划不可忽视的问题。”①

（三）移动电视：资源整合，规模效应显现

2009 年，在移动电视领域，华视传媒以 1.6 亿美元收购中国最大的地铁视频媒体运营商数码媒体集团（DMG）。数码媒体集团

---

① 诸达咨询：《数字电视系列之——中国数字电视设备市场发展研究报告 2009》。

此前拥有覆盖7个城市、27条地铁线路的地铁电视广告网。合并后华视传媒的户外数字移动电视广告联播网覆盖包括北京、上海、广州、深圳等在内的30余个城市，拥有电视终端16万个，占中国无线数字信号发射公共交通电视终端总量的76.8%；覆盖已开通地铁电视终端总量接近100%，并延伸至香港；覆盖受众接近4亿，成为中国移动电视行业名副其实的“大哥大”。①据资料显示，作为户外移动电视细分领域唯一一家上市企业，截至2009年上半年华视传媒收入占整体移动电视市场的50.7%，远高于第二名巴士在线18%和第三名世通华纳15%的市场份额，牢牢占据市场领先地位，原本“三足鼎立”的格局已被打破。

在经过近半年的试运营后，上海地铁电视于7月5日正式开通，成为国内首家进行直播的地铁电视。至2009年底，上海地铁5700个车厢LCD屏、1500个PDP站台大屏将为每天超过百万的地铁乘客提供即时播报的地铁运营信息和直播的新闻节目。随着地铁电视在移动电视细分市场中所占份额的持续上升，将有望成为移动电视市场下一个增长点。

① 《2009年移动电视市场两极分化严重：手机叫好不叫座》，载《北京商报》2009年12月23日。

第十二章　2010 年中国传媒市场发展报告

2010 年是我国“十一五”规划的收官之年，国民经济取得突破性发展，国内 GDP 总量跃居世界第二，传媒业发展稳中有进。在国家大力扶持下，传媒业逐渐摆脱金融危机的阴霾，开始全面回暖，稳中有进。随着文化体制改革进一步深化、新媒体发展日益迅猛，传统媒体急需谋求一条变通之路，而新媒体在技术日趋成熟下，盈利模式日渐明朗。推进文化体制改革、推动文化信息产业发展以及加强从业人员管理仍是媒介规制的主题。

媒介经营方面，报业体制改革继续深化，报刊退出机制全面展开，报业在多元化经营中探索变通之路。广播电视创新不断，三网融合促使广电企业谋求资本运作，电视购物、3D 电视开始升温，省级卫视在娱乐节目和自制电视剧方面强势出击。互联网商业价值继续扩大，竞争愈发激烈，移动互联网用户猛增，微博带来新革命。出版业转企改制进入尾声，产业重组进一步升级。国家扶持下的电影票房突破百亿大关，国产影片精品不断，营销手段多元化，产业前景广阔。

政府规制建设方面，推进文化产业体制改革，促进文化产业和信息产业的发展是宏观层面的大方向。在传媒各行业管理上，规范成为不变的主题：除规范媒体从业人员外，报业内部管理不断科学；出版业数字战略得到大力实施；广电行业出台多条规定加强对节目的监管，提高产权意识；互联网则加强安全管理，提升产业素质；广告业对虚假违法广告的整治力度进一步加大。

新媒体的使用日趋普及，微博成为年度主题词，它以简单快捷的方式开启了更加扁平的网络化交流时代。网络团购成为网络购物的新风尚，由此产生的实惠价格备受年轻人欢迎；腾讯与360之争折射出新媒体发展中的问题引人关注；手机媒体的使用量飞速增长，直接推动即时通讯和社交网络的应用；电子出版物借平板电脑之东风抢滩市场，但随即而来的版权争端困扰整个新媒体发展；IPTV用户继续增长，国内数字电视产量大幅提高，移动电视的广阔前景引起外资关注。

第一节　传媒市场发展现状

一、报业积极变通谋求发展

2010年我国报业继续深化体制改革，报刊退出机制全面展开。市场方面，报业加快资本运作，广告收入上升；在与新媒体融合过程中，报业迈出实质性步伐；竞合中的我国报业正在数字化、跨区域化、多元化道路上继续探索。

（一）体制改革继续深化

2010年中国报刊退出机制工作在全国范围内推广。新闻出版总署署长柳斌杰表示，报刊改革要按不同性质分类，时政类报刊要在3年内完成内部机制改革，实行宣传与经营两分开；非时政类报刊出版单位要在两年内全部完成转企改制。“改制是体制机制的第一步。对企业来说下一步最重要的是选择发展方向，进行股份制改造、公司制改革，最终建立现代企业制度，全面提升竞争力。”①

2月，文汇新民联合报业集团旗下的上海东方体育日报社整体转制为上海东体传媒有限公司。10月，辽宁省委宣传部接中宣部批复，同意将辽宁日报传媒集团所属辽沈晚报社列为全国都市报试点，作为非时政类媒体整体转制的试点。

---

① 孙正一、柳婷婷、刘廷飞：《中国新闻业回望（下）》，载《新闻记者》2011年第1期。

（二）多元化经营推进市场化进程

尽管目前我国报业市场化水平较低，2010 年的报业市场化进程仍在努力探索中。资本运营方面，4 月文汇新民联合报业集团旗下的新民传媒广告有限公司相继进行两次资本运作。上海新华传媒股份有限公司撤资退出，文汇新民联合报业集团则对新民传媒广告公司增资 5000 万元。8 月，粤传媒发布公告，向其实际控制人广州日报社的全资子公司广州传媒控股有限公司定向增发 3.74 亿股，用以购买广州日报社旗下约 42 亿元传媒资产，自此，广州日报社将 42 亿元资产成功注入粤传媒。

2010 年多家报业集团在种好自家田地的同时，开展多元经营。河南日报报业集团斥资 1600 余万元打造的动漫产品《少林海宝》，受到央视及多家省级电视台追捧；该集团还成立大河传媒置业有限公司，进军房地产中介领域。8 月，湖北日报传媒集团与汉王科技合作力推数字阅读，该集团还在房地产开发、酒店、文化产业园等多领域涉足。

（三）跨区域化、专业化经营崭露头角

当前媒介融合的大环境下，报业继续做出各种尝试以谋求自身发展。基于新媒体的强势和自身的瓶颈，2010 年报业继续朝着跨地域化、专业化方向发展。

4 月，南方报业集团承办新版《今日广东》并同步上网，《欧洲商报》、《美洲商报》等海外华文媒体要求整版刊用《今日广东》。羊城晚报报业集团旗下《新快报》进入深圳市场，推出深圳新闻版。8 月，《经济日报》与台湾《经济日报》全面合作框架协议在重庆签署。

综合类报纸的市场饱和使得一些报纸另辟新战场，通过专业化以寻求市场空隙。2 月，北京第一家公开发行的社区报——《北京社区报》亮相，年内发行量突破 30 万份。12 月，由深圳报业集团和深圳地铁集团全面合作的免费报纸《地铁早八点》于 2011 年 2 月正式投放市场。

（四）报刊广告收入开始回暖

据 CRT 市场研究公司提供的数据，2010 年全国传媒业广告市场整体达到 13% 的增长率。慧聪邓白氏研究对大陆报纸广告刊登的数据统计显示，2010 年报刊广告市场继金融危机之后迎来增长，这是连续 5 年来少有的一次双位数增长，达到 16.94%。机动车、家电、家居家装这三个行业的增长最为显著，而房地产的绝对值贡献最大，同比增长 12.48%。① 除通讯类 2010 年对比 2009 年同期广告投放额度略有下降外，其他 22 个行业均呈上升趋势。② 另外，《成都商报》成为中国都市报中第一个广告年收入突破 10 亿元的报纸。③

（五）多媒体报纸井喷式发展

随着 2010 年美国苹果公司的数字产品 ipad 上市，国内媒体竞相进入电子移动终端市场。截至 2010 年底，全国已有包括《中国日报》、《南方都市报》、《人民日报》等在内的 40 余家报纸推出 ipad 终端应用程序。

南方报业集团进入广播电视领域，实现“报纸听得见，广播看得见”的目标。《南方都市报》正式入主凯迪网络，成为该网最大股东。④ 5 月，文汇新民联合报业集团联合汉王科技，在汉王电纸书上推出集团旗下的部分报刊，成为国内领先、沪上首家涉水电

---

① 慧聪邓白氏研究是提供一站式的市场研究与媒介监测解决方案的信息集团。在 IT、通讯、汽车、家电、医药、媒体、化工、工业品等多个行业提供市场研究服务，提供 1400 多家平面媒体监测与 7000 多个网址源监测的媒体监测解决方案，是国内一流的市场研究机构。网址：http：//baike. baidu. com/view/5057990. htm。

② 慧聪网：http：//www. media. hc360. com/。

③ 尹婷婷：《广告年收入首破 10 亿　全国登广告感恩成都》，载《成都日报》2010 年 12 月 13 日第 3 版《要闻专题》。

④ 黄常开、王军：《解密〈南方日报〉“珠三角战略”——党报品牌区域市场的链式扩张路径解析》，载《中国记者》2011 年第 2 期。

子阅读器产业的报业集团。

随着电子移动终端设备的兴起与普及，有关网络报纸的资费问题浮出水面。1月，作为党报的《人民日报》正式推出电子版收费阅读服务。3月，《人民日报》数字报推出新的收费标准，前四版内容长期免费，五版及五版以后版面内容，当天免费。网络报纸付费问题引起传媒业界普遍关注，关于该举措是否将引起我国传统媒体的数字化收费潮流的争论，成为业界和学界的热点话题。

二、广播电视产业以创新求发展

2010年是中国广电业3D元年，“创新引领发展”是年度主题词。内容、技术、市场是推动广电业快速、健康、和谐发展的三驾马车。只有内容新、技术强、市场活，中国广电业才能迎来长久繁荣，更好引领整个传媒业发展。

（一）广播电视产业延续良好发展态势

2010年体制机制改革继续深化，三网融合及数字化进程的大力推动，广电业延续着良好发展态势。据国家广电总局初步统计，2010年1~10月全国广播电视广告收入同比增长超过10%。虽然电视广告播出时间缩短，但我国电视业经济效益却保持增长态势。2011年中央电视台黄金资源广告招标额超过127亿元，同比增长超过15%，创17年来新高。

据2010年12月统计快报反映，全国有线广播电视用户18730万户，比2009年增长6.89%，其中数字电视用户数8798万户，比2009年增长39.19%。2010年全国广播电视行业总收入预计2238亿元，首次突破2000亿元，比2009年增长20.78%。其中广播电视广告收入970亿元，比2009年增长24.04%；有线电视网络收入预计506亿元，比2009年增长20.77%。①

① 国家广电总局网站：http：//www.sarft.gov.cn/articles/2011/01/14/20110114163045950874.html。

国家广电总局发展研究中心的数据显示，2010 年我国广播综合覆盖人口率达到 96% 以上。由于私家车数量猛增及城市交通拥堵等因素影响，广告商加大了广播电台广告的投放力度，增速领跑其他传统媒体。不少广播电台获得突破性发展，如 2010 年浙江电台交通之声（FM93）广告额破亿，成为浙江首个广播亿元频道。①

（二）三网融合背景下广电企业谋求上市

2010 年被称为三网融合元年，随着试点的全面展开，不少广电企业面临着融资难的困境，而银行贷款等无法迅速填补三网融合进程中的巨大投资缺口，更多的广电企业试图通过上市来破解三网融合融资瓶颈。10 月 11 日，湖南广播电视台所属的中南出版传媒集团股份有限公司刊登招股意向书和初步询价及推介公告，将成为第一家全产业链整体上市的出版传媒类上市公司。②

另外，省级卫视为顺应三网融合的趋势，也建立深度合作谋求新发展。2010 年年初，湖南卫视通过对青海卫视输出节目、团队、主持人等方式，与其展开深度合作，获得广电总局批复。2 月，上海文广与宁夏卫视签订合作协议，意在加深与宁夏和西部的合作。此类合作开创了体制内电视媒体跨区域深度合作的序幕。

（三）3D 电视引领视界新时代

2010 年也被称为 3D 元年。3D 以技术创新颠覆了平板电视传统收看方式，极具冲击力的画面效果和真实震撼的视觉体验赢得消费者一致认可，并迅速成为市场消费热点，引领视界进入新时代。数据显示，2010 年全球 3D 电视消费增至 120 万台左右，2013 年将增至 1560 万台。预计到 2018 年，全球 3D 电视的出货量有望达到 6400 万台；但目前国内 3D 电视价格高、片源有限，消费者尚处在观望阶段，3D 电视的销售量暂时并不理想，但发展空间很大。

---

① 资料来源于国家网络电视台网站：http：//news. cntv. cn/20101208/103395. shtml。

② 湖南频道，网址：http：//hn. rednet. cn/c/2010/10/10/2084534. htm。

（四）媒体零售业成为电视产业新增点

2010 年 11 月 12 日，由长沙广播电视台、株洲广播电视台、湘潭电视台联合开办的电视购物频道首播，定位为全国首个专注女性消费者媒体购物品牌的嘉丽购，也是国内首个由市级广电联办的电视购物频道。《2010 年中国通讯营销渠道行业发展白皮书》显示，我国电视购物所占的份额低于我国社会消费品零售总额的 1%；① 而在发达国家，这一比例高达 10% 左右，可见我国电视购物存在一定的发展空间。

由于国家广电总局鼓励各级电视台自办电视购物频道，这些购物频道在品牌度、推广渠道以及成本等方面，相比电视购物企业更有优势。但目前国内电视购物频道发展参差不齐，同质化严重，因此，必须走差异化细分市场的道路，才能获得更大的发展空间。

（五）不断尝新，省级卫视重洗娱乐牌

8 月 26 日，2010 年中国国际影视节目展正式开幕，自制剧成为本届影视节目展的最大亮点。安徽卫视以"剧行天下"为宣传语，大举推出《新包青天》等自制剧。省级卫视自制剧的推出，给大量民营影视制作公司带来极大的竞争压力。有专家预测，民营影视公司将面临重新洗牌的局面。

受到政策限制和特殊因素的影响，近年电视娱乐节目渐入沉寂。2010 年婚恋节目热潮重燃娱乐硝烟，江苏卫视《非诚勿扰》、湖南卫视《我们约会吧》的收视率长期高居不下，由此产生的热门话题也成为大众谈论的焦点。东方卫视《中国达人秀》成为选秀节目的最大亮点，该节目总决赛第一次将电视选秀节目的舞台搬进体育场，且成为时隔三年后广电总局首次允许通过短信投票的方式决定冠军归属的选秀节目。② 此外，已连续举办五年的湖南卫视

---

① 数据来源：《2010 年中国通讯营销渠道行业发展白皮书》。

② 陈栋：《2010 年传媒盘点之广电篇：创新引领发展》，载《今传媒》2011 年第 1 期。

《快乐中国跨年演唱会》将大型跨年音乐演唱会成功克隆至全国。同年，江苏卫视、东方卫视等多家省级卫视也纷纷抢滩跨年演唱会市场。

（六）广播电台变招求生存

2010年，广播电台无论是在技术更新，还是在传播形态多元化以及广告收入方面，都取得显著成绩，其中，“广播大联盟”开启重大事件播报新模式。上海世博会期间，东方广播公司下属7套广播联合美国、日本等9个国家的12家电台以及全国城市广播联盟25家电台、长三角交通广播联盟、全国戏曲广播联盟等数十家电台，推出世博特别节目，通过电波的力量辐射全国乃至全球。

2010年8月国家广电总局正式批准中央人民广播电台开办“央广广播电视网络台”（CNBN），中国国际广播电台开办“中国国际广播电视网络台”（CIBN）。地铁电台推动“交通广播”升级。2010年12月8日，第一视频“地铁0号线”全球同步上线。

三、互联网行业竞争愈加激烈

据CNNIC发布的《第27次中国互联网络发展状况统计报告》，截止2010年12月，我国网民规模达4.57亿，较2009年底增加7330万人；互联网普及率攀升至34.3%，较2009年提高5.4个百分点。我国网民规模已占全球网民总数的23.2%。① 搜索引擎首次成为国内互联网第一大应用；移动互联网规模陡增；电子商务类互联网应用继续引领我国互联网经济发展，网络购物用户年增长48.6%，我国消费型互联网趋势明显。

（一）移动互联网发展迅猛

2010年中国3G部署和推广渐入佳境，用户规模及终端出货量

---

① 中国互联网络信息中心：《第27次中国互联网络发展状况统计报告》，2011年1月。

不断提升，移动互联网稳步发展。据艾瑞咨询的研究，由于手机电子商务和手机游戏等细分行业在本年度良好的市场表现，及基于手机应用商店为核心的产业链生态的初步形成，中国移动互联网市场稳步提升，2010 年市场规模达 202.5 亿元，同比增长 31.1%。① 研究还指出，2010 年中国移动互联网用户规模达 3.03 亿，同比增长 30.0%。其中，在细分行业构成中，移动增值服务份额最高，占比 57.3%，手机游戏和手机电子商务居于其次，分别占比 12.7% 和 11.8%。

截至 2010 年底，手机网民在总体网民中的比例上升至 66.2%。智能手机价格和通信成本继续降低，手机应用商店模式受到追捧，App Store 等全球主流手机应用商店也在进入中国市场，互联网企业纷纷加速手机业务的创新。网易推出网易手机邮，用户可通过网页端和手机客户端两种使用形式，实现用手机随时免费收发邮件、网页和手机互通等功能。业内专家普遍认为，移动互联网的发展将会对传统互联网形成巨大的冲击。

（二）微博引爆互联网新革命

2010 年也是微博发展元年，许多知名网站的主要活动阵地向微博转移。据《第 27 次中国互联网络发展状况统计报告》，2010 年国内微博用户规模约 6311 万人，在网民中使用率为 13.8%，其中，手机网民中手机微博的使用率达 15.5%，手机微博的快速发展带来手机端信息生产和消费行为的快速拓展。

国内微博网站从形式上以效仿 Twitter 模式为主，门户网站的微博各有其核心竞争力。如新浪微博力推名人圈，以“名人”为突破点，逐步打造人气；腾讯微博主要抓用户资源和即时通讯端。据 CNNIC 分析，微博将对互联网产业产生深远影响，使新闻媒体的传播形态发生变化；将对其他社交网络应用市场产生较大影响，

① 资料来源于艾瑞网，网址：http://news.iresearch.cn/viewpoints/132139.shtml。

加快社交网络的平台化发展和实时搜索等网络服务的技术开发和应用。①

（三）团购成为网络购物的新风尚

据艾瑞咨询对2010年各网络应用服务用户的分析，团购服务位居2010年最受网民欢迎的应用服务之榜首。据CNNIC的统计数据，2010年网络购物用户增长率高达48.4%，网上支付和网上银行也以45.8%和48.2%的年增长率远远超过其他网络应用。②团购用户规模达1875万，在网民中比例为4.1%。

2010年春天开始在我国逐渐兴起的网络团购以价格低、小额支付等优势吸引众多网民参与，团购网站的数量已超过1800家。而团购导航网站提供的信息多，方便用户比较挑选，同时为用户提供了交流分享的场所，用户访问黏性显著高于团购网站。与此同时，团购陷阱、售后服务无法保障等一系列问题，还需进一步规范管理。

（四）视频网站多元化发展

2010年，我国视频网站围绕上市、版权、合作等关键词展开角逐。多家视频网站纷纷步入资本市场。6月，盛大旗下的酷6借壳上市公司华友世纪成功上市，成为中国第一家独立在美国上市的视频网站。8月，乐视网在深圳创业板上市，成为首家在A股上市的视频公司。12月，优酷正式在美国纽约交易所成功上市。

随着相关政策的出台，视频网站的版权问题再次引起各方关注。6月，全国网络视频版权监测与调查取证服务平台启动，标志着视频内容盗播取证技术出炉。面对盈利更加艰难的局面，国内视频网站纷纷进行版权合作。9月，酷6网宣布与华纳兄弟国际品牌

① 中国互联网络信息中心：《第27次中国互联网络发展状况统计报告》，2011年1月。

② 新华网：http：//news.xinhuanet.com/fortune/2011-01/19/c_121000953_3.htm。

服务公司达成版权方面的合作，未来酷6将获得华纳公司欧美影视作品在中国地区的网络播放权。这也是国内视频门户网站与欧美影视公司进行的首次版权合作。版权费高涨也使得视频网站纷纷开始了各自的自制内容计划。5月，土豆网宣布启动“橙色盒子”的网络自制剧计划，视频网站纷纷进入自制剧开发时期。

（五）婚恋网站的发展

2010年，电视相亲节目带动了婚恋网站的发展，国内各大婚恋网站获得大量注册用户。据报道，2010年有1600万人注册成为世纪佳缘网的新会员。当前相亲网站的付费率为15%左右，如果按照信息服务费平均每人200元来计算，世纪佳缘网线上业务能实现4.8亿元的营收。①

我国婚恋网站的核心赢利模式主要包括：线上增值服务（包括会员收费）和线下互动活动、广告。② 一方面，用户注册为付费会员后，将按照不同服务期限及赠送虚拟货币数量分别收费；另一方面，举办一些收费相亲会等活动。目前，我国婚恋网站发展面临许多问题，必须采取有效手段将用户资源转化为盈利资本，探索出有效的盈利模式。

（六）互联网行业竞争矛盾激化

2010年网络商战碰出火花，其中，腾讯与360的“3Q大战”和盛大文学与百度文库的版权之争最为关注。

从10月27日至11月初，奇虎360公司和腾讯公司在互联网业务中产生纠纷。先是腾讯宣称在360公司停止对QQ进行外挂侵犯和恶意诋毁之前，腾讯将在装有360软件的电脑上停止运行QQ；随后360公司采取相应措施应对。纠纷不断升级，双方不正当的竞

---

① 李凤桃：《1.8亿单身男女的生意》，载《中国经济周刊》2011年5月6日。

② 邹迎九：《我国婚恋网站的问题及发展策略》，载《新闻知识》2010年第4期。

争行为直接影响用户利益，工信部会同相关部门对此进行调查处理，最终平息该纠纷。

与此同时，盛大文学有限公司首席执行官侯小强在微博上怒指百度公司需为盗版问题以及国内文化创意产业负责。侯小强称，盛大文学旗下网站的知名小说中，95% 以上出现在百度文库中。11 月 3 日，盛大文学宣布，有史以来最大规模针对百度的连锁诉讼或将形成。面对指责，百度方面称“毫无压力”。这场版权之争，凸显各大网络公司冲突的一面。

四、出版业驶入市场化、数字化快车道

2010 年是新闻出版总署确定的改革决胜年，新闻出版体制改革进入全面提速、纵向深入、务求实效的新阶段。市场方面，中国出版业累计生产图书 135.8 万种、338 亿册，是“十五”期间的 2 倍；报纸年发行量接近 500 亿份，新闻出版业总资产、总产出、总销售较“十五”时期实现翻番，中国出版业“航空母舰”已初具规模。①

（一）转企改制接近尾声

根据中央关于深化文化体制改革的总体部署，2010 年我国经营性图书、音像出版单位基本完成转企改制，1251 家非时政类报刊出版单位转制或登记为企业法人，3000 多家国有新华书店完成转制，出版社包括地方出版社、高校出版社、中央各单位各部门出版社在内的经营性出版社基本转制成企业。新闻出版业深化改革、成效显著，体制改革产业发展全面进入新阶段，新闻出版业呈现大改革态势。

（二）产业重组进一步升级

截至 2010 年底，共有 100 多家新闻出版企业集团组建，45 家

---

① 资料来源于中国新闻出版网：http：//www.chinaxwcb.com/2011-02/21/content_217469.htm。

新闻出版企业上市，包括出版、印刷、发行、报业、数字出版系统。其中，4 家出版集团资产超百亿元，改变了市场主体缺位的状况。

在重点打造的三大国家级出版集团中，中国教育出版集团刚刚挂牌成立，中国科技出版集团现正加紧筹备，北方联合出版传媒（集团）股份有限公司分别与天津出版传媒集团有限公司、内蒙古新华发行集团股份有限公司股权合作，这标志着三方的战略合作迈出了关键一步，我国出版发行跨地区重组获得重大进展。

（三）数字出版业继续发展

2010 年，中国数字出版业进入黄金时代，全年总产值超过 1000 亿。9 月，新闻出版总署下发《关于加快我国数字出版产业发展的若干意见》；10 月，新闻出版总署又下发《关于发展电子书产业的意见》；11 月，由新华日报报业集团与有关方面研发、具有自主知识产权的新闻产品《新华日报 iPAD 版》面向全球正式发布。

中国电子书市场风起云涌，出版商、运营商竞相逐鹿。3 月，国内最大的网络原创文学平台——盛大文学推出“一人一书”计划，发布电子书战略；5 月，拥有 5.6 亿用户的中国移动正式推出手机阅读业务，强势介入电子阅读市场。据称 2010 年已有接近 400 家公司进入电子阅读器行业。①

五、助兴文化产业，电影产业突飞猛进

“十一五”期间我国文化产业整体规模和实力快速提升，期间全国文化产业年均增长速度在 15% 以上，比同期 GDP 增速约高 6

① 《北京商报》：《盘点 2010 年中国文化产业那些事儿》，上网时间：2011-01-10。2011 年 2 月 2 日下载于：http：//ip. people. com. cn/GB/13689592. html。

个百分点。① 我国已经成为世界第三大电影生产国和世界第一电视剧生产国，2010 年文化产业增值达到一万亿元。

据国家广电总局电影局公布的数字，全国城市电影票房收入 101.72 亿元，比 2009 年同期增长 39.14 亿元，增长率为 63.9%。其中，国产影片票房总额为 57.34 亿元，占全年票房总额的 56.3%，再次以绝对优势超过进口影片。继美、日、英、法和印度之后，中国跃升为世界第 6 大电影市场，市场份额达到 5%，按照目前的增幅来看，3 年内中国电影票房将占全球 10% 的市场份额。②

（一）影视公司加快资本运营步伐

继华谊兄弟、华策影视创业板挂牌上市后，博纳影业集团正式登陆美国纳斯达克，成为国内第一家在美上市的中国影视公司。公司前三季度的营业利润同比增长 670.6%，远高于 2010 年中国电影票房收入 65.2% 的增长率，公司年度总收入将超过 5000 万美元。博纳影业 CEO 于冬表示，博纳以电影制作、发行、影院投资等多元业务为核心，“截至目前，博纳影业已有 9 家影院，共制作了 48 部电影，其中 25 部为近两年新作，超过了过去几年的总和”。

（二）国产电影精品不断，营销手段多样化

2010 年票房过亿的国产影片高达 17 部，占电影业整体收入的一大半。③ 动作片如《狄仁杰通天帝国》、《叶问 2》，喜剧如《大笑江湖》，西部片如《让子弹飞》，言情片如《非诚勿扰 2》等精品影片，分布于全年的各个档期，给观众提供了多样化选择。

这一年中国电影业的进步还体现在营销推广手段上的多样化，

---

① 资料来源于文化部党建在线：http：//dangjian.ccnt.com.cn/ztbd.php？col=678&file=28216。

② 资料来源于国家广播电影电视总局：http：//www.sarft.gov.cn/。

③ 资料来源于重庆晨网新闻中心：http：//www.cqcb.com/cbnews/instant/2011-01-13/852040.html。

如利用城市营销，包括《唐山大地震》将唐山市形象和这部电影宣传联系起来，《非诚勿扰2》深度植入了海南旅游广告取得双赢；《西风烈》通过微博进行造势；年末大热的《让子弹飞》采取好莱坞式的重金营销等，都取得不俗效果。①

（三）3D引导的电影技术潮流与革命

曾有人将2009年称为“3D电影元年”，而2010年初在国内上映的好莱坞大片《阿凡达》将IMAX塑造成电影业的重要现象。3D技术也给国产影片的发行上映带来新变化，如冯小刚作品《唐山大地震》在部分地区上映IMAX版。

专家认为，由于3D电影制作成本较高，二维电影在一定时期内仍将在电影业中占统治地位。但3D类电影制作在中国地区逐渐踏入正轨，中国版的《歌舞青春》及《堂吉诃德》都形成话题。随着数字3D放映机的影院增多，3D引领的电影技术化浪潮已开始卷入中国。

第二节 传媒市场规制

2010年，深化体制改革、完善行业管理、推进三网融合的发展、加大对文化产业的支持力度成为演绎我国媒介规制的四重奏。为确保传媒业健康发展，政府着重通过发布通知、颁布规划、实施管理办法等方式，进一步监督和规范从业单位及从业者行为，构建传媒和谐生态。

一、宏观层面的政策规制

（一）金融扶持，促进文化产业发展

2010年，中国文化产业继续推动结构调整与改革深化，在多

① 资料来源于搜狐娱乐：http：//yule. sohu. com/20101228/n278541863. shtml。

数领域实现快速增长，成为国民经济重要支柱。2010 年，党和政府继续贯彻落实科学发展观和《文化产业振兴规划》，不断加大对文化产业发展的支持力度，为其可持续发展提供物质基础和政策保障，推动文化产业进一步升级。

2 月，国家主席胡锦涛在中央党校举行的省部级主要领导干部“深入贯彻落实科学发展观加快经济发展方式转变”专题研讨班开班仪式时指出，“加快发展文化产业，在重视发展公益性文化事业的同时，坚持经济效益与社会效益相统一，深化文化体制改革，加快公共文化服务体系建设，加快发展经营性文化产业，加快开拓文化市场”。

为切实推进文化产业的发展，2010 年 3 月 19 日，由中宣部、中国人民银行、财政部、文化部等九个部门联合印发《关于金融支持文化产业振兴和发展繁荣的指导意见》(银发〔2010〕94 号)，进一步改进和提升对我国文化产业的金融服务质量，支持文化产业振兴和发展繁荣。《意见》是近年来首个金融行业全面支持文化产业繁荣振兴的文件，是继 2009 年发布的《关于金融支持文化出口的指导意见》后又一个落实《文化产业振兴规划》的实质性文件。它不仅有助于推动文化产业与金融业的有效对接，还有助于满足文化企业发展的资金需求，为其发展提供充实的物质基础，促进文化产业的创新和繁荣。

（二）三网融合，助力国家信息产业发展

2010 年党中央、国务院高度重视国家信息化产业建设工作，将三网融合作为重要任务纳入国家发展战略。政府通过广播电视网络建设、3G 网络建设和光纤宽带网络建设，为三网融合提供基础，推动电子信息产业的进一步调整和振兴。

1 月 21 日，国务院颁布《推进三网融合总体方案》(国发〔2010〕5 号)，标志着三网融合进入实质性推进阶段。三网融合总体方案明确指出：推进三网融合战略部署，不仅是当前和今后一个时期应对国际金融危机的重大举措，也是推动国家信息化、培育战

略性新兴产业的重要任务；积极推进各地分散运营的有线电视网络整合，逐步实现全国有线电视网络统一规划、统一建设、统一运营、统一管理。2010年至2012年为三网融合试点阶段，以推进广电和电信业务双向阶段性进入为重点，制定三网融合试点方案，选择有条件的地区开展试点，不断扩大试点广度和范围。①

3月17日，工业和信息化部等八部门发布《关于推进第三代移动通信网络建设的意见》，要求充分认识3G网络建设的重要性，共同推进网络建设发展；落实3G发展规划，促进网络协调持续发展；制定和出台3G网络建设的支持政策。同一天工业和信息化部还发布了《关于推进光纤宽带网络建设的意见》，要求充分认识光纤宽带网络建设的重要性，共同推进网络建设发展。《关于推进光纤宽带网络建设的意见》的出台将加快电信宽带网络建设，大力推进城镇光纤到户，扩大农村地区宽带网络覆盖范围，全面提高网络技术水平和业务承载能力。

7月1日，国家广电总局科技司发出《关于转发〈中国下一代广播电视网（NGB）自主创新战略研究报告〉的通知》；7月8日，又发出《关于成立中国下一代广播电视网（NGB）工作组的通知》，决定成立中国下一代广播电视网（NGB）工作组，执行NGB相关推进实施工作。NGB工作组的工作范围是具体承担政策研究、技术、设备等方面的实施工作，实现以自主创新支撑行业发展、催生战略新兴产业发展，带动战略新兴产业发展的战略目标。② 下一代广播电视网的成立将加快有线数字电视网络建设和整合，全面推进有线电视网络数字化和双向化升级改造，提高网络承载能力和综合业务支撑能力，建立符合全业务运营要求的技术管理系统和业务支撑系统。

---

① 《工业和信息化部、广电总局就推进三网融合答问》，载《有线电视技术》2010年第3期。

② 引自国家广播电影电视总局《中国下一代广播电视网（NGB）工作组工作章程》第一章第四条。

二、传媒各行业的政策规制

（一）报刊业：加快“转企改制”，全面启动退出机制

为提高传统媒介行业的核心竞争力，政府积极推动其调整产业结构，转变经济增长方式，促进产业优化、升级。2010 年，全国进一步深化党报党刊发行体制改革和非时政类报刊出版单位“转企改制”工作。已有 1200 多家非时政类报刊出版单位完成“转企改制”，49 家报业集团全部完成了采编、经营“两分开”。新闻出版总署署长柳斌杰表示，“报刊体制改革数量大，任务重，未来五年是新闻出版业深化改革、加快发展和产业格局调整与升级的关键时期”。①

在全面“转企改制”的同时，报刊市场退出常态化管理机制也逐渐确立。政府在全国范围内推开报刊评估退出试行工作，推出一批优秀品牌报刊，退出和停办一批不具备出版能力和条件、不具备市场生存能力的报刊。7 月，新闻出版总署印发《报刊出版综合质量评估实施办法》（试行），定于 2011 年 1 月 1 日正式施行。该试行办法明确了报刊出版综合质量标准、评估要求、退出流程以及具体实施措施，适用于总署对全国报纸期刊的出版质量进行分类评估使用，同时，可作为各省级新闻出版行政部门评估当地报纸期刊出版主体时的参考，旨在建立全面反映报刊出版活动全流程的质量与效果评价指标体系，形成报纸期刊出版优胜劣汰机制。②

此外，报业内部加强了记者站的规范管理，以及对合法舆论监督的支持。10 月，新闻出版总署通报中国经济时报社、中国妇女报社等七家报刊出版单位记者站严重违法违规情况。新闻出版总署表示，针对记者站管理中存在的问题，各报刊出版单位应进一步完

① 唐绪军、卓宏勇：《2010 年中国报业关键词》，载《中国报业》2011 年第 1 期。

② 本刊编辑部：《2010 中国报业十件大事》，载《中国报业》2011 年第 1 期。

善自身有关管理制度，加强对记者队伍的管理。同时，关于《经济观察报》记者因报道上市公司关联交易内幕遭到全国通缉一事，新闻出版总署新闻报刊司在第一时间要求浙江省新闻出版局与丽水市公安局沟通调查了解详情，并表示支持媒体记者进行正常正当的舆论监督。

（二）出版业：高举数字战略大旗

2010年1月1日，新闻出版总署下发《关于进一步推进新闻出版产业发展的指导意见》，明确指出：必须坚持转变发展方式，优化产业结构，进一步降低新闻出版企业生产能耗和污染物排放，提高新闻出版发展的质量和效益；必须坚持以体制机制创新和科技进步为动力，继续深化新闻出版体制改革，推动新闻出版内容创新与战略性新兴产业发展。《意见》提出下一阶段出版业的战略目标：深化新闻出版体制改革，推动经营性新闻出版单位转制和改制，建立和完善法人治理结构，实行股份制改造，培育合格的市场主体；加快企业兼并重组和资源整合，鼓励和支持新闻出版骨干企业跨媒体、跨行业、跨地区、跨国界和跨所有制重组，努力打造具有国际竞争力的跨国出版传媒集团。

3月，新闻出版总署下发《关于印发〈2010年新闻出版体制改革工作要点〉的通知》，提出新闻出版体制改革的六大要点。它包括重点完成经营性出版单位“转企改制”，培育合格市场主体；着力培育一批主业突出、辐射力强、综合性、专业性的大型出版传媒集团；加快推进保留事业体制的新闻出版单位的改革；努力提高新闻出版产业服务经济社会发展的能力；进一步落实和完善新闻出版改革的配套政策和切实加强新闻出版体制改革工作的组织领导。

值得注意的是，新闻出版总署在9~10月陆续出台《关于加快我国数字出版产业发展的若干意见》和《新闻出版总署关于发展电子书产业的意见》，11月公布了首批电子书牌照。至此，对应数字出版产业链的各个环节已显现出有序管理的态势。未来我国数字出版的发展蓝图规划如下：要构建要素完整、结构合理、水平先进、效益良好、多方共赢的数字出版产业发展新格局，把数字出版产业打造成新闻出版支柱产业；要以数字化带动新闻出版业现代化，鼓励自主创新，研发数字出版核心技术，推动出版传播技术升级换代，构建传输快捷、覆盖广泛的现代新闻出版传播体系；要将优质内容与数字技术紧密结合，打造具有国际影响力的数字出版产品和品牌；要加快研究制订电子书产业发展规划，将其纳入新闻出版产业发展总体规划之中，以促进新闻出版产业结构调整和发展方式转变。

此外，新闻出版总署进一步完善管理体系建设。1月，由中国出版工作者协会、中国书刊发行业协会和中国新华书店协会联合发布的《图书公平交易规则》出台，明确规定供货商不允许以低于批发价或相当于批发价的价格直接给零售书店发货。这是我国出版发行业第一个以三家协会名义发布的行业规则，是出版发行业诚信体系建设的一个标志性成果。12月，新闻出版总署发布《关于促进出版物网络发行健康发展的通知》，指出新闻出版行政部门鼓励、支持通过网络依法销售各种内容健康的出版物，但均要取得《出版物经营许可证》和《音像制品经营许可证》。在出版物文字使用的规范性方面，12月新闻出版总署发出《关于进一步规范出版物文字使用的通知》，要求在汉语出版物中，禁止出现随意夹杂使用英文单词或字母缩写等外国语言文字。汉语出版物中需要使用外国语言文字的，应当用国家通用语言文字做必要的注释。

（三）广播电视行业：加强监管、保护版权

1. 加强对电视节目、电视剧内容的监管

5月1日起，国家广电总局相继发布《广电总局电视剧司关于进一步规范卫视综合频道电视剧编播管理的通知》、《电视剧内容管理规定》，加强对影视作品内容及编播的监管。前者规定，卫视综合频道每天播出电视剧的时间总量不得超过每天播出电视时间总量的45%；同一部电视剧每天播出总集数不得超过6集；19点至夜里12点之间，同一部电视剧播出不得超过3集。从时段、集数到首播，“限播令”对电视剧的放送条件做出严格规定。后者对电视剧内容的备案和公示、审查和许可、播出管理、法律责任等做出

详细解答。相比2004年发布的《电视剧审查管理规定》，新规定将原规定中的罚则改为法律责任，并对电视剧制作机构、播出机构、审查人员等做出规定。①

为引导广播电视类节目的健康发展，6月国家广电总局下发《广电总局关于进一步规范婚恋交友类电视节目的管理通知》及《广电总局办公厅关于加强情感故事类电视节目管理的通知》，对引起诸多争议的婚恋交友节目、情感节目进行规范管理。《通知》要求这两类节目禁止伪造嘉宾身份，禁止讨论低俗涉性内容，禁止展示和炒作拜金主义等不健康、不正确的婚恋观等。7月，国家广电总局下发《关于切实加强广播电视证券节目管理的通知》，要求各级广播电台、电视台不得出租、转让时段，不得播出咨询机构提供的节目，不得在证券节目中与咨询机构进行商业化合作，不得对具体证券及相关产品的价格涨跌或者市场走势做出确定性的判断。

2. 提高知识产权意识，加强对广播影视版权的保护

11月，国家广电总局下发《广播影视知识产权战略实施意见》，要求进一步规范广播电台电视台合法使用作品，提高广播电台电视台尊重创作、尊重知识产权的意识，严厉打击互联网侵权盗版，重点打击影视剧作品侵权盗版行为，再次强化对盗版美剧、日韩剧的打击力度。

此前，国家广电总局于2月下发《广电总局关于改进和完善电影剧本（梗概）备案、电影片审查工作的通知》，明确“一备双审”制度，为电影制片单位提供了更加便捷高效的服务。② 10月，国家版权局就电影著作权集体管理使用费收取标准等发布公告，明确网吧和各类交通工具的电影使用费收取标准及转付办法。

---

① 许青红：《国家广电总局解释电视剧内容管理规定》，来源：人民网-《京华时报》，上网时间：2010-05-29。2011年2月12日下载于：http：//media. people. com. cn/GB/40606/11728341. html。

② 广电总局下放部分影片备案审查权，网址：http：//politics. people. com. cn/GB/1027/11022760. html。

（四）互联网、手机等新兴媒体：加强安全管理

2010年，政府出台多项政策加强互联网、手机等新兴媒体行业的安全管理，进一步规范市场行为，提升产业素质。

1月，《最高人民法院、最高人民检察院关于办理利用互联网、移动通讯终端、声讯台制作、复制、出版、贩卖、传播淫秽电子信息刑事案件具体应用法律若干问题的解释（二）》出台，为惩治利用新媒体传播淫秽语音信息等犯罪活动提供了法律依据。7月，全国“扫黄打非”工作座谈会召开，会议提出坚决打击互联网和手机网站传播淫秽色情信息的违法行为。此外，国家版权局、公安部等联合开展的2010打击网络侵权盗版专项治理“剑网行动”在京启动，建立侵权盗版网站黑名单制度。12月，文化部对500多家网络音乐网站进行清理审查，237家网络音乐网站涉嫌违规被文化部要求限期整改。

8月1日起《网游管理暂行办法》正式实施，这是我国第一部专门针对网络游戏管理的规范性文件。办法首次系统地就网络游戏的娱乐内容、市场主体、管理监督和法律责任等作了具体规定，并明确网络游戏、网络游戏上网运营、网络游戏虚拟货币等概念。

1月30日，工业和信息化部印发《关于加强互联网域名系统安全保障工作的通知》，要求加强域名系统安全防护和应急工作，建立完善公共域名安全技术平台，强化域名安全保障工作的监督检查。8月29日，《通用网址争议解决办法》与《无线网址争议解决办法》正式实施，新规定加大了对域名网址资源持有者的保护力度，同时，首次明确恶意域名注册的认定标准。

9月，财政部下发《互联网销售彩票管理暂行办法》，要求对各地彩票销售机构利用互联网销售彩票的行为进行全面清查，纠正和制止未经财政部批准利用互联网销售彩票的行为。12月，工信部、国家工商行政管理总局联合印发《关于进一步整治手机“吸费”问题的通知》，打击手机“吸费”等不法行为，并要求加强对相关增值电信业务的监督管理，加大流通领域手机商品质量监督检查力度，严格规范手机内置软件。

（五）广告行业：大力整治虚假违法广告

为营造健康有序的广告市场环境，1 月 27 日，中共中央宣传部、国家广电总局等 12 部门联合发布《2010 年虚假违法广告专项整治工作实施意见》。文件指出，要把直接关系人民群众健康安全的医疗、药品、保健食品广告，危害未成年人身心健康的非法涉性、低俗不良广告，以及扰乱公共秩序、影响社会稳定的严重虚假违法广告作为整治重点，建立部门间监管信息反馈处理机制，进一步增强联合监管的合力与实效。①

在大力打击虚假违法广告的同时，广电总局等部门还进一步加强了对广播电视广告的管理。1 月 4 日，国家广电总局发布《广电总局办公厅关于停止播放“美国美艾可”等电视购物短片广告的通知》，对一些电视台播放“美国美艾可”等非法涉性、低俗、误导消费者的电视广告的行为提出批评。2 月，广电总局发布《广电总局关于进一步加强广播电视广告审查和监管工作的通知》，再次强调禁止涉性广告，要求各级广播电视播出机构加强电视购物短片广告的审查把关。3 月，广电总局发布《关于规范电视购物短片广告投放企业资质等有关情况备案格式的通知》，要求各省级广电管理部门汇总辖区内电视购物短片广告投放企业资质等有关情况，于每月 5 日前向总局备案。

第三节　新媒体市场发展状况

2010 年我国进入微博时代，网络空间的信息流通速度更快，舆论监督渠道拓宽。手机与平板电脑成为即时通讯和社交型网站高速发展的强力推手，商业价值被充分挖掘。网络团购成为电子商务新宠儿，电视新媒体的推广渐入佳境，电子出版日趋普及——这些

① 引自《12 部门联手整治虚假违法广告》，载《中国新闻出版报》2010 年 2 月 22 日。

表明，在政策和技术两大因素推动下，我国新媒体继续巩固着自身优势。但是，伴随出现的版权纠纷和3Q之争问题，迫使融合发展中的新媒体进行深刻反思。

一、微博：开启更加扁平的网络化交流时代

2010年被称为中国的“微博元年”，2009年年底新浪微博率先发轫，随即便凭借其平台开放性、终端扩展性、内容简洁性与门槛低等特性，短时间内渗透到网民当中，成为一种重要的社会化媒体。一个更加扁平的网络化交流时代到来了。

（一）微博现状：呈井喷式发展，用户已具规模

2010年，微博呈井喷式发展态势。据CNNIC《第27次中国互联网络发展状况统计报告》，我国微博客用户规模达6311万，在网民总数中占比13.8%。其中，传统媒体及其从业人员在2010年开始大量入驻微博。①

以一种媒体普及5000万人的速度为标准来分析，可清晰地看到：电视用时13年，互联网用了4年，微博只用了14个月。②CNZZ统计数据显示，2010年微博行业站点数由年初的17家增长至12月的88家，增长率高达417%。艾瑞咨询发布的监测数据显示了比CNNIC更多的微博用户规模，达到12521.7万人，用户渗透率也由3月的14.7%增长至10月的36.9%。

（二）传播特点：信息互动便捷，意见领袖影响力大

由微博传播特点带来的变化有四点：第一，微博成为网民快捷获取、发布新闻信息，参与社会交往方面的新选择；第二，微博成

---

① 数据来源：CNNIC《第27次中国互联网络发展状况统计报告》(2011年1月)，网址：http：//www. cnnic. net. cn/dtygg/dtgg/201101/t20110118_20250. html。

② 姜泓冰：《〈2010中国微博年度报告〉发布 逾1.2亿人用上了微博》，载《人民日报》2010年12月30日。

为社会公共舆论、商业推广、传统媒体信息传播的重要平台；第三，微博与即时通信、社交网站等用户高度重合，加速了社交网络的平台化发展；第四，微博信息的即时性等特征，将加快网络服务的技术开发和应用。

微博对舆情热度的把握比较敏感，2010年舆情热度靠前的50起重大案例中，微博首发的有11起，占总数22%。在河南考生“被”落榜事件、江西宜黄拆迁事件、“河北大学车祸案”中，微博发挥了重要作用。在微博上具有影响力的案例中，个人案例占25%，其中，娱乐明星是最易引起关注的焦点。用户最常使用的微博功能依次是：“评论”（近70%）、“关注”（61%）、“热门话题”（57%）、“转发”（约40%）。①

据统计显示，微博在传播中还表现出基于意见领袖的信息和舆论快速扩散的传播特点。在2010年影响较大的74起与微博相关的舆情案例中，近五成表现出明显的积聚性、集权性、圈群化、跨界化和亲和力等新特点。这种导向作用引起政府部门的高度重视，各地公安部门纷纷开通官方微博，许多领导也先后开设微博与网友们进行互动交流。

（三）发展趋势：从精英到草根，从网络社交到网络问政

《2010中国微博年度报告》指出，未来微博将持续快速增长，产品运作模式逐步成熟，并从精英走向草根，从“围观”名人到网络社交。传统媒体需增强与微博的合作，进一步推进媒介融合；网民要提高个人媒介素养，以适应微博时代“裂变式”的信息传播方式和“碎片化”的生活方式。此外，微博被视为未来盈利的爆发点，堪称电子商务的新战场，趣玩网、凡客诚品等商家已在微博安家落户。

诸多公益性活动也逐渐在微博上兴起。“微公益”是指利用微

① 金振邦：《微博时代来临 抢占新闻报道制高点》，载《人民日报》2011年2月9日。

博平台展开各种公益活动，或捐款捐助，或帮弱势群体完成心愿，是一种零门槛、零负担的公益方式。2010 年的“微公益”，既有影视明星等名人发起的灾区捐款活动，也有普通人发起的群体行动。微博也重塑官员与百姓的互动方式，官民对话移至幕前，微博问政逐渐成为信息时代政府执政新方式。自从 2 月份广州市开通实名制官方微博以来，越来越多的政府部门开通官方微博，及时公布百姓关注的热点话题，切实履行了政府信息公开职责。

（四）存在问题：缺乏管理机制，谣言滋生

伴随着微博的井喷式发展，也显现出诸多问题，最明显的是谣言滋生、蔓延的现象不断加剧，类似“金庸去世”、“山西地震”等微博谣言层出不穷。谣言是眼球经济驱动和管理机制缺失的结果。一方面与互联网本身的特性及发展水平有关，另一方面，微博的传播模式使得话语权下放及把关人缺失。具有强大媒介融合功能的微博，碎片化的文本结构和碎片化的表达方式，都能加剧谣言的扩散。

二、手机媒体：良好发展拉动即时通讯与社交网站应用

即时通讯在中国已走过 11 年的发展历程，成长为用户覆盖最为广泛、使用最为频繁的网络服务之一。据 CNNIC《第 27 次中国互联网络发展状况统计报告》，截至 2010 年我国即时通讯用户的规模已达 3.5 亿人，较 2009 年增长 8025 万人，增长率为 29.5%。该报告还表明，2010 年手机即时通讯依然是渗透率最高的应用，高达 67.7%。

同时，数据显示手机社交网站的渗透率在 2010 年增长较快，达 36.6%。互联网的社交化趋势已变得不可阻挡。手机互联网一直是在模仿、借鉴传统互联网，因此，整体发展慢于传统互联网。① 不

① 中华新闻网：《中国手机社交网站渗透率增长最快 即时通讯居首》，上网时间：2011-01-19。2011 年 2 月 12 日下载于：http：//news.xinhuanet.com/2011-01/19/c_12998989.htm。

过，手机网民的规模继续扩大，截至2010年12月已高达3.03亿，较去年同期增加6930万。随着3G技术的成熟以及诸多手机预装即时通讯工具，这使得手机网民成为即时通讯与社交网站发展的重要推手。

此外，手机报纸、手机电视、手机搜索等手机媒体随着3G技术的推广，发展稳中有进。2010南非世界杯期间，中国移动推出“手机电视看直播，足球盛宴不错过”活动，开设专门的世界杯频道，全程直播世界杯精彩比赛，手机电视因其优势备受青睐。科技进步使得手机报纸在时效性、内容量等方面的实践越发成熟，内容仍以报纸、网络信息为主。但据CNNIC发布的《第27次中国互联网络发展状况统计报告》，新增手机网民的两大主要来源“存量手机用户”和“新增手机用户”，在经历了2009年的爆发式增长后出现滑坡，加之其使用的性价比不高，手机媒体的兴盛繁荣仍需要一定的时间。

三、网络购物：团购引领新风尚，监管机制有待完善

团购是与微博并行的互联网2010年发展的新亮点，成为电子商务的新方式。2010年国内团购网站总销售额突破10亿元，被认为是“团购元年”。电子商务融合与创新主要体现在：广电增值业务新方向；电子商务与网络营销相结合成为团购的新形式；电子商务将成为SNS社区价值变现的重要出口。这些变化表明，我国电子商务已完成由量变到质变的转变。

截至2010年12月，团购用户规模达1875万，在网民中占4.1%，用户年增长48.6%，网购成为用户增长最快的应用类型。尽管目前团购还未成为主流的网络购物消费模式，但它所蕴含的爆炸力已逐渐显露。随着网络进一步普及和电子商务的发展，网络团购将更加普及，市场将继续扩大。据统计，截至2010年11月底，国内具有一定规模的团购网站总数已达1664家，拍拍、淘宝等网站先后推出团购频道。作为互联网业界盈利与增强用户黏性的有效工具，团购网站模式正在迅速普及。

尽管团购网构建出的双赢模式备受青睐，同时也显现一些不

足，团购网站在售后服务方面做的确实并不尽如人意。我国的团购网站借用美国的盈利模式，却忽略了对消费者基本权益的保障。此外，团购支付方式存在漏洞，大多数消费者在收到商品前就被要求通过支付宝、网上银行等平台预先付款。当商品或服务出现质量瑕疵，消费者要求团购网站退款时，一些不规范的网站便以种种借口不予退款，严重侵害消费者的合法权益。对此，业界呼吁建立并健全团购相关监管机制，由一个公正的第三方出台相关规则，以监督团购网站的销售数据。

四、电视媒体新形态

2010年电视媒体新形态继续丰富并稳步发展。IPTV乘“三网融合”的东风拓出一片新天地。数字电视的智能化发展成为大势所趋，3D电视的热度迅速升温。移动电视让城市市民随时随地感受到它的便利，不断扩大的用户规模引外商青睐。电视媒体形态的发展，更多呈现出技术因素与人文关怀的交融，未来发展空间广阔。

（一）IPTV：既乘“三网融合”东风，又临“小浪”困扰

2010年1月13日，国务院常务会议决定加快推进我国电信网、广播电视网和互联网的三网融合。允许广电经营增值电信业务和部分基础电信业务、互联网业务；电信从事部分广播电视节目生产制作和传输；鼓励广电企业和电信企业加强合作、优势互补、共同发展。这使产业形势变得更加错综复杂的同时，“也为IPTV带来发展的竞合机遇”。①

以TCL为首的中国彩电企业力推互联网电视产业，康佳、创维、海信、长虹紧随其后。在彩电业发布的中高端新产品中，网络功能已成为标准配置。统计数据显示2010年上半年互联网电视占

① 张彦翔：《2010：IPTV竞合之年》，载《中国传媒科技》2010年第1期。

所有新品的比例由15%跃升至41%，互联网电视零售181万台，国内品牌在互联网电视市场中的份额高达95%。

互联网电视的发展过程中也暴露出较明显的侵权问题。2010年北京优朋普乐科技有限公司作为国内影视数字发行商，认为互联网电视的推出使其独享的《王贵与安娜》、《少林寺传奇Ⅱ》、《薰衣草》等影视作品信息网络传播权受到侵害。最终，北京市第二中级法院判定被告TCL集团股份有限公司、深圳市迅雷网络技术有限公司等单位败诉，赔偿北京优朋普乐科技有限公司8万余元。① 这是由互联网电视引发的全国首例著作权案。

（二）数字电视：技术智能化带来优质享受

2010年，数字电视技术在政府的大力扶持下，着力朝智能化的方向发展。6月3日，首款基于Android操作系统的智能电视由TCL集团研制成功，并通过广东省科技厅的科技成果鉴定，达到国际先进水平。业内专家指出，该智能电视赋予用户内容与功能的主动选择权，它的问世标志着消费者今后将逐步实现由“看电视”时代向“玩电视”时代的跨越。中国电子视像协会副秘书长郝亚斌也认为，智能电视实现了平台开放与技术共享的理念，对提升产业核心竞争力、促进三网融合的进一步发展均具有十分重要的意义。

2010年，市面上几乎所有的彩电主流厂商已切入3D彩电领域，3D电视热潮正扑面而来。据市场研究公司Display Search的数据分析，2010年3D电视的出货量已达到120万台。

（三）移动电视：稳步增长，外商跃跃欲试

2010年移动电视业稳步发展。作为移动电视业内的“大哥大”，华视拥有“29个公交数字移动电视联播网城市，8个地铁电

① 赵立辉：《全国互联网电视第一案一审宣判TCL败诉》，载《人民法院报》2010年10月9日。

视联播网城市，83000 辆公交车，35 条地铁线路，141000 个公交数字移动电视终端，51000 个地铁电视终端，覆盖中国内地无线发射技术播放终端数的 81.6%，占已开通地铁电视终端数的 100%，并延伸至香港特别行政区，影响中国主流消费城市超过 4 亿人次。"① 移动电视接收芯片厂商法国迪康公司中国区总经理许夏叶表示，"2011 年将更加关注中国国内市场，并致力于积极开拓国内平板电视及车载移动电视市场"。②

五、电子出版物抢滩新媒体市场，版权问题凸显

（一）数字阅读方式逐步普及

2010 年中国电子书市场发展迅猛，进入市场的品牌与产品大幅增加，销量明显上升。2010 年初，进入中国电子书市场的品牌仅有 10 家左右，产品数量不超过 40 款。至当年 11 月，品牌数量接近 30 家，产品数量超过 120 款。不过，从市场发展的角度看，在产品定位、价格等因素影响下，行业礼品采购仍占据较大市场份额，电子书市场还处于向个人消费市场转变的过程中。③

年中上海世纪出版社、中国出版集团公司、《读者》杂志社等内容提供商纷纷推出自己的阅读器终端。盛大推出定价 999 元的电子阅读器 Bambook，点燃了整个电子阅读器市场的价格战。2010 年，国内市场存在几十个具有自主知识产权的电子阅读器品牌，生产电子书的"山寨厂"高达数百家，如此惨烈的竞争促使电子书价格出现明显下降。

---

① 资料来源于华视传媒，网址：http：//www. visionchina. tv/index _ 01. html。

② 中小企业网经新闻：《2011 年法国迪康积极开拓国内平板电视及车载移动电视市场》，上网时间：2010-12-15。2011 年 2 月 12 日下载于：http：//news. youboy. com/2010/12/15/newsc16845. html。

③ 周蒙：《2010—2011 年中国电子书市场研究年度报告》，来源：中关村在线，上网时间：2010-12-30。2011 年 3 月 2 日下载于：http：//zdc. zol. com. cn/211/2112502. html。

以苹果iPad为首的平板电脑的冲击，也是电子书价格下降的原因之一。继iPhone推出后，美国苹果公司1月发布iPad，抢购风潮再次引领移动阅读时尚，带动移动阅读产业。业界惊呼，iPad将改变传统报刊业的生存格局。与此同时，手机阅读已遥遥领先。据调查，中国手机网民上网以阅读小说为主要目的的，占51.7%。

（二）搭建云平台，数字出版进入3.0新阶段

业界人士认为，数字出版短期看终端，中期看平台，长期看内容。2010年是云平台得到认可的一年，也是实实在在的云平台服务之年。云平台即聚合了海量作品资源的内容资源平台。2010年，国内酝酿成立了多个类似的云平台（产业联盟），比如，中国移动、中国电信、中国联通三大通讯运营商推出各自的手机阅读平台，盛大文学通过OPOB（一人一本）战略搭建云图书馆，汉王力推汉王书城。

2010年元旦起，人民军医出版社的每一本新书，都同步出版网络版跨媒体智能数字图书，该数字图书具有数据库深度查询功能。另外，去年年底前购买该社出版纸书的读者，可凭随书附赠的一张阅读卡登录其网站阅读原版原式电子书、听语音书、观看视频。此举首次实现电子书、数据库无缝化链接，标志着数字出版进入3.0阶段。①

（三）数字版权纠纷呼唤集体管理

继Google图书馆计划引起轩然大波后，2010年百度文库再次“戳痛”数字出版的神经，版权纠纷在数字出版中进一步激化，数字出版中作者、出版社、终端厂商之间围绕版权而产生的利益纠纷较传统出版更为激烈。在这种情况下，集体管理极可能是解决网络环境下版权问题的关键：集体管理组织有可能改变单一著作权人面对使用者的不平等和弱势地位，有效推动作品的传播，还能帮助广大著作权人维护自身合法权益，利于使用者处理海量作品的授权为产业界服务。集体

---

① 李新祥、崔波：《2010中国数字出版关键词：版权问题未妥善解决》，载《中国新闻出版报》2010年12月16日。

管理还能降低交易成本，提高作品传播效率、速度和广度。

主要参考文献

（一）著作

1. 赵曙光、史宇鹏：《传媒经济学：一个急速变革行业的原理与实践》，湖南人民出版社 2003 年版。

2. 喻国明：《解析传媒变局——来自中国传媒业第一现场的报告》，南方日报出版社 2002 年版。

3. 唐绪军：《报业经济与报业经营》，新华出版社 1999 年版。

4. 童兵：《理论新闻传播学导论》，中国人民大学出版社 2001 年版。

5.《马克思恩格斯选集》第 1～4 卷，人民出版社 1995 年版。

6.《马克思恩格斯全集》第 25 卷，人民出版社 1974 年版。

7. 周鸿铎：《传媒经济》，北京广播学院出版社 1997 年版。

8. 黄升民、丁俊杰：《媒介经营与产业化研究》，北京广播学院出版社 1997 年版。

9. 屠忠俊：《当代报业经营管理》，华中理工大学出版社 1999 年版。

10. 甘惜分主编：《新闻学大辞典》，河南人民出版社 1993 年版。

11. 单波：《20 世纪中国新闻学与传播学——应用新闻卷》，复旦大学出版社 2001 年版。

12. 长白山人：《北京报纸小史》，刊于管翼贤《新闻学集成》第 6 册，中华新闻学院 1943 年版。

13. 甘碧群等：《市场学通论》（修订本），武汉大学出版社 1996 年版。

14. 邵培仁、陈兵：《媒介战略管理》，复旦大学出版社 2003 年版。

15. 赵曙光：《媒介经济学案例分析》，华夏出版社 2004 年版。

16. ［美］保罗·A. 萨缪尔森等著，高鸿业译：《经济学》(第 12 版)，中国发展出版社 1991 年版。

17. 宋小卫：《媒介消费的法律保障》，中国广播电视出版社 2004 年版。

18. 石磊、寇宗来：《产业经济学》，上海三联书店 2003 年版。

19. 戴伯、沈宏达主编：《现代产业经济学》，经济管理出版社 2004 年版。

20. 周伟主编：《媒体前沿报告》，光明日报出版社 2002 年版。

21. 马洪主编：《什么是社会主义市场经济》，中国发展出版社 1993 年版。

22. ［美］科内尔（J. Kornai）：《短缺经济学》，经济科学出版社 1986 年版。

23. 张雷：《注意力经济学》，浙江大学出版社 2002 年版。

24. 李文成：《精神的让渡》，河南大学出版社 2000 年版。

25. 朱国宏：《经济社会学》，复旦大学出版社 2003 年第 2 版。

26. 马费成：《信息经济学》，武汉大学出版社 1997 年版。

27. 娄策群、桂学文：《信息经济学通论》，中国档案出版社 1998 年版。

28. 张海潮：《电视中国—电视媒体竞争优势》，北京广播学院出版社 2001 年版。

29. 胡正荣：《媒介市场与资本营运》，北京广播学院出版社 2003 年版。

30. ［美］曼昆：《经济学原理》上册，北京大学出版社 1999 年版。

31. 吴德庆、马月才编著：《管理经济学》，中国人民大学出版社 1996 年版。

32. 刘恒：《外资并购行为与政府规制》，法律出版社 2000 年版。

33. 陈富良：《放松管制与强化管制》，上海三联出版社 2001 年版。

34. 全国干部培训教材编审指导委员会：《社会主义市场经济概论》，人民出版社 2002 年版。

35. 周鸿铎等著：《传媒产业市场策划》，经济管理出版社 2003 年版。

36. 贾国飚：《媒介营销》，湖南人民出版社 2003 年版。

37. 纪宁：《媒介新动向》，沈阳出版社 2001 年版。

38. 欧洲通讯委员会编，苏晓鹰译：《经济学——数字化市场的战略问题》，辽宁人民出版社 2002 年版。

39. 刘宏：《中国传媒的市场对策》，北京广播学院出版社 2001 年版。

40. 支庭荣：《媒介管理》，暨南大学出版社 2000 年版。

41. 曹鹏：《中国媒介前沿》，新华出版社 2003 年版。

42. 中宣部新闻调研小组：《中国报业总量结构效益调查》，新华出版社 1996 年版。

43. 吴飞：《大众传媒经济学》，浙江大学出版社 2002 年版。

44. 孙毅、张如名：《补偿经济学》，中国财政经济出版社 1991 年版。

45. 高培勇主编：《公共部门经济学》，经济科学出版社 2003 年版。

46. 刘心一：《税式支出分析》，中国财政经济出版社 1996 年版。

47. 崔恩卿、何梓华：《产业化：青年报刊业的前景与挑战》，中国人民大学出版社 1997 年版。

48. 纪宝成主编：《转型经济条件下的市场秩序研究》，中国人民大学出版社 2003 年版。

49. [美] S. 卡利斯·莫瑞斯等著，陈章武等译《管理经济学》，机械工业出版社 2001 年版。

50. [美] 沃纳·塞佛林等：《传播理论——起源、方法与应用》，华夏出版社 2000 年版。

51. 沈国芳：《中国传媒大趋势》，四川人民出版社 2003 年版。

52. 曹鹏、王小伟主编：《透视传媒资本市场》，光明日报出版社 2001 年版。

53. 陈东琪等：《社会主义市场经济学》，湖南人民出版社 2001 年版。

54. 孙燕君：《报业中国》，中国三峡出版社 2002 年版。

55. 郑保卫：《当代新闻理论》，新华出版社 2003 年版。

56. 张昕竹主编：《中国规制与竞争：政策和理论》，社会科学文献出版社 2000 年版。

57. ［美］施拉姆、波特著，陈亮等译：《传播学概论》，新华出版社 1984 年版。

58. 金培：《报业经济学》，经济管理出版社 2002 年版。

59. 魏永征等：《西方传媒的法制、管理和自律》，中国人民大学出版社 2003 年版。

60. 黄升民、周艳：《中国传媒市场大变局》，中信出版社 2003 年版。

61. 史坦国际传媒研究中心等编：《中国传媒资本市场运营》，南方日报出版社 2003 年版。

62. 满运来：《传媒思考新世纪》，同心出版社 2000 年版。

63. 于清文等：《中国信息市场》，湖北人民出版社 1999 年版。

64. ［法］波德里亚著，刘成富等译：《消费社会》，南京大学出版社 2000 年版。

65. 杨岳全：《中国市场学》，北京大学出版社 1992 年版。

66. 胡太春：《中国报业经营管理史》，山西教育出版社 1999 年版。

67. 周鸿铎主编：《传媒产业经营实务》，新华出版社 2000 年版。

68. 香港管理专业发展中心编：《市场学概论》，中国纺织出版社 2001 年版。

69. 喻国明等：《传媒影响力》，南方日报出版社 2003 年版。

70. 张国良：《新闻媒介与社会》，上海人民出版社 2001 年版。

71. 张金海:《20 世纪广告传播理论研究》,武汉大学出版社 2002 年版。

72. 于宁、李德民:《怎样写新闻评论》,中国新闻出版社 1987 年版。

73. [美] 托马斯·鲍德温等著:《大汇流:整合媒介信息与传播》,华夏出版社 2000 年版。

74. [美] 里斯·特劳特著,王恩冕、于少蔚译:《定位》,中国财政经济出版社 2002 年版。

75. [加] 文森特·莫斯可著,胡正荣译:《传播政治经济学》,华夏出版社 2000 年版。

76. [美] 埃德温·曼斯菲尔德:《管理经济学》,经济科学出版社 1999 年版。

77. [美] 马里·克拉先著,王询译:《政治经济学——比较学的视点》,经济科学出版社 2001 年版。

78. [美] 保罗·萨缪尔森、威廉·诺德豪斯著,萧琛等译:《经济学(第十六版)》,华夏出版社,麦格劳·希尔出版公司 1999 年版。

79. [美] 肯尼斯·W. 克拉森著:《产业组织:理论、证据与公共政策》,上海三联书店 1989 年版。

80. [美] 本·巴格迪坎著:《传播媒介的垄断》,新华出版社 1986 年版。

81. [美] 约翰·昆奇等著,吕一林译:《市场营销管理》,北京大学出版社 2000 年版。

82. [日] 植草益著,朱绍文、胡欣欣等译校:《微观规制经济学》,中国发展出版社 1992 年版。

83. Robert G. picard 著,冯建三译:《媒介经济学》,台湾远流出版事业股份有限公司 1994 年版。

84. Albarran, A. B., & Chan-Olmsted, S. M. (Eds.). (1998). *Global media economics: commercialization, concentration and integration of world media markets*. Ames: Iowa State University Press.

85. Albarran, A. B. (1996). *Media Economics: Understanding*

Markets, Industries and Concepts. Ames: Iowa State University Press.

86. Alexander, A., & Carveth, R. (2004). *Media Economics: Theory and Practice.* Mahwah: Lawrence Erlbaum Associates.

87. Aris, A. (2005). *Value – creating Management of Media Companies.* New York: John Wiley & Sons.

88. Bagdikian, B. H. (1997). *The Media Monopoly (Fifth Edition).* Boston: Beacon Press.

89. Chaffee, S. H., & Berger, C. R. (1987). What communication scientists do? In C. R. Berger & S. H. Chaffee (Eds.), *Handbook of communication science* (pp. 99–122). Newbury, CA: Sage Publications.

90. Compaine, B. M. (1979). *Who Owns the Media: Concentration of Ownership in the Mass Communications.* Knowledge Industry Publications.

91. Compaine, B. M., & Gomery, D. (2000). *Who Owns the Media? Competition and Concentration in the Mass Media Industry.* Mahwah: Lawrence Erlbaum Associates.

92. Croteau, D., & Hoynes, W. (2005). *The Business of Media: Corporate Media and the Public Interest.* Thousand Oaks: Pine Forge Press.

93. Conrad, F. C. (1988). *Strategic Newspaper Management.* New York: Random House.

94. Dimmick, J. W. (2003). *Media Competition and Coexistence: The Theory of the Niche.* Lawrence Erlbaum Associates, Inc., Publishers: Mahwah, NJ.

95. Liska, J. R., & Cronkhite, G. (1995). *An ecological perspective on human communication theory.* Fort Worth: Harcourt Brace College Publishers.

96. Owen, B. M., & Wildman, S. S. (1992). *Video economics.* Cambridge, MA: Harvard University Press.

97. Picard, R. G. (1985). *The Press and the Decline of*

Democracy. Westport: Greenwond Press.

98. Picard, R. G., & Winter, J. P. (1988). *Press Concentration and Monopoly: New Perspectives on Newspaper Ownership and Operation.* Stanford: Ablex Publishing Corp.

99. Picard, R. G. (1989). *Media economics: Concepts and Issues.* Thousand Oaks: Sage Publications.

100. Picard, R. G., & Brody, J. H. (1996). *The Newspaper Publishing Industry.* Boston: Allyn & Bacon.

101. Picard, R. G. (2002). *The Economics and Financing of Media Companies.* NY: Fordham University Press.

102. Picard, R. G. (2002). *Media Firms: Structures, Operations and Performance.* Mahweh: Lawrence Erlbaum.

103. Picard, R. G. (2005). *Media Product Portfolios: Issues in Management of Multiple Products and Services.* Lawrence Erlbaum Associates.

104. Rucker, F. W., & Williams, H. L. (1974). *Newspaper Organization and Management.* Ames, Iowa: Iowa State University Press.

105. Worster, D. (1994). *Nature's economy: A history of ecological ideas* (*2nd ed.*). New York: Cambridge University Press.

（二）论文

1. 陈中原:《站在世界传媒经济学大殿前》，载《国际新闻界》2004 年第 4 期。

2. 强月新、宋兵:《我国新闻学定量研究的回顾与前瞻》，载《现代传播》2003 年第 4 期。

3. 罗以澄:《解读经济全球化背景下的中国媒介市场》，载《中国媒体发展年度报告》2002 年卷。

4. 石义彬等:《传媒经济学研究的回顾与展望》，载《新闻与传播评论》2003 年卷。

5. 唐绪军:《略论我国目前的报业市场与报业经营》，载《新闻与传播研究》1997 年第 4 期。

6. 刘建明：《传媒市场从单边开放到双赢开放》，载《声屏世界》2003 年第 12 期。

7. 陈怀林：《论中国报业市场化的非均衡发展》，载《新闻与传播研究》1996 年第 2 期。

8. 方汉奇：《十四大以来的中国新闻事业》，载《郑州大学学报》(哲社版) 1994 年第 2 期。

9. 肖辉：《报业管理的新课题》，载《经济日报》1995 年 2 月 18 日。

10. 陈中原：《报业市场大半壁江山有待开发》，载《新闻记者》2004 年第 7 期。

11. 张海潮：《03 年中国电视广告市场分析报告》，载《新闻与传播》2004 年第 7 期。

12. 郭镇之：《传播政治经济学理论泰斗达拉斯·斯麦兹》，载《国际新闻界》2001 年第 3 期。

13. 吴晓辉、屠忠俊：《媒介产业化与新闻源市场建设》，载《新闻与传媒》2003 年第 5 期。

14. 禹建强：《对媒介产品的经济学分析》，载《国际新闻界》2003 年第 4 期。

15. 张允若：《关于新闻产品的几个经济学问题》，载《中国广播电视学刊》1995 年第 2 期。

16. 金晓瑜：《新闻产业的经济学分析》，载人大报刊复印资料《新闻与传播》2002 年第 2 期。

17. 刘卫东：《新闻媒介市场化及对策》，载《新闻知识》1993 年第 11 期。

18. 余群：《对中国报业变革的思考》，载《新闻出版导刊》2000 年第 11 期。

19. 杜旻：《从体育记者大“转会”看新闻人才竞争》，载《新闻记者》2001 年第 4 期。

20. 黄必烈：《世纪初中国传媒业与资本市场：政策与机会》，载《现代传播》2003 年第 3 期。

21. 陈力丹：《谈谈当前的新闻消费倾斜》，载《新闻界》1993 年第 3 期。

22. 唐绪军：《对京、汉两地报业同行争端的思考》，载《中国记者》1999 年第 8 期。

23. 刘洁、金秋：《论新闻报业市场化进程中政府行为的双重属性》，载《新闻与传播研究》2001 年第 2 期。

24. 张昆：《媒介集团化的中西比较》，载《新闻与传播评论》2002 年卷。

25. 张志：《论中国广电业的政府规制》，载《当代传播》2004 年第 1 期。

26. 李良荣：《论中国新闻媒体的双轨制》，载《现代传播》2003 年第 4 期。

27. 喻国明：《是谁妨碍了中国传媒业的发展》，载《中国媒体发展研究报告》2000 年卷。

28. 梁瑜虹：《报纸市场营销策略与问题分析》，载《新闻大学》2001 年春季号。

29. 陈君聪：《建立效益型报纸发行模式》，载《当代传播》2002 年第 1 期。

30. 吴飞：《我国报业经济发展现状的分析》，载《中国报刊月报》1999 年第 8 期。

31. 王朝晖：《编辑意识的经济学思考》，载《编辑之友》2002 年第 6 期。

32. 张志：《电视媒介市场供求经济学分析》，载《现代传播》2001 年第 2 期。

33. 张海潮：《频道分众化与媒体市场》，载《电视研究》2001 年第 4 期。

34. 童兵：《入世一年的中国传媒市场格局》，载人大复印资料《新闻与传播》2003 年第 3 期。

35. 孟建：《中国广电业改革的奋进与迷思》，载人大复印资料《新闻与传播》2003 年第 4 期。

36. 满运来：《新世纪中国媒介发展态势与对策》，载《中国记者》2001 年第 2 期。

37. 陆地：《中国电视产业资源补偿方式的变化与危机》，载《声屏世界》2001 年第 12 期。

38. 黄升民：《重提媒介产业化》，载《现代传播》2000 年第 5 期。

39. 丁柏铨：《论传媒市场》，载《新闻记者》2002 年第 4 期

40. 叶乐阳：《试论大众传媒产业特征》，载《新闻与传播》2003 年第 7 期。

41. 王文龙：《西北五省区省级都市报成立“互动联盟”》，载《军事记者》2001 年第 10 期。

42. 肖景辉：《报业，你的真正“敌手”是谁》，载《传媒》2005 年第 11 期。

43. 肖景辉：《2005 中国报业：寒风中的徘徊与期待》，载《传媒》2005 年第 12 期。

44. 查国伟：《2005：中国互联网枝头春意闹》，载《传媒》2005 年第 12 期。

45. 王声聘：《互动新闻：广播新闻改革的新突破》，载《中国广播电视学刊》2005 年第 7 期。

46. 曹璐、王晓辉：《广播优势的深层开发与内容拓展创新》，载《中国广播电视学刊》2006 年第 1 期。

47. 臧具林：《“走出去工程”的新步伐》，载《中国广播电视学刊》2006 年第 1 期。

48. 开雅：《2005，书业调整期》，载《出版参考》2006 年第 1 期下旬刊。

49. 谢耘耕：《传媒无形资本运营探析》，载《新闻界》2005 年第 2 期。

50. 庞春燕：《2005 中国广电业：在传统和颠覆中行走》，载《传媒》2005 年第 12 期。

51. 陈力丹、孟祥晨：《传媒应有更多的自律——对〈关于新闻采编人员从业管理的规定（试行）〉的解读》，载《现代传播》2005 年第 5 期。

52. 孙正一、柳婷婷：《2005：中国新闻业回望》，载《新闻记者》2005年第12期。

53. 肖景辉：《2005中国报业：寒风中的徘徊与期待》，载《传媒》2005年第12期。

54. 吴长伟：《推动转型政策支撑：解读规范报刊发行秩序文件》，载《中国记者》2005年第11期。

55. 刘景来：《从规范报刊发行秩序看媒体和谐发展走向》，载《传媒》2005年第10期。

56. 杨驰原：《深化管理变革 着力制度创新——石峰副署长谈报刊业改革与发展走势》，载《传媒》2005年第3期。

57. 罗以澄、吕尚彬、胡新桥：《盘整资源与激情释放——2003—2004年中国媒介市场白描》，载《中国媒介发展报告》2003—2004年卷。

58. 张毓强：《新媒体：威胁还是机遇》，载《中国记者》2005年第8期。

59. 匡文波：《2005：新媒体的跨越之年》，载《中国记者》2006年第1期。

60. 喻国明：《当前中国传媒业发展客观趋势解读》，载《中国传媒报告》2005年第3期。

61. 项宁一：《应对挑战的数字化探索》，载《新闻战线》2007年第1期。

62. 吴海明：《2006：顿悟与追寻》，载《新闻战线》2007年第1期。

63. 肖景辉：《2006中国报业：奏响奋进的乐章》，载《传媒》2007年第1期。

64. 段鹏：《电视媒介品牌的形象塑造策略》，载《中国记者》2007年第5期。

65. 高子华：《数字化变革中的广电渠道整合》，载《中国记者》2007年第1期。

66. 孟建、陶建杰：《中国新闻管理制度的历史性进步——我国实施“北京奥运会外国记者采访规定”的理论阐释》，载《新闻记者》2007年第5期。

67. 喻国明：《2007年：中国传媒业的三种转型》，载《传媒》2007年第3期。

68. 胡智锋：《2006：对中国电视的宏观描述》，载《传媒》2007年第3期。

69. 孙正一、柳婷婷：《2006：中国新闻业回望》，载《中国传媒》2006年第12期、2007年第1期。

70. 匡文波：《2006新媒体发展回顾》，载《中国记者》2007年第1期。

71. 姬南：《电子杂志：2006年的"网络奇葩"》，载《北方传媒研究》2006年第4期。

72. 薛强、黎明洁：《浅析Web2.0带来的传播变革》，载《广西大学学报》2007年第1期。

73. 叶盈：《新闻集团：磨炼20年》，载《今传媒》2006年第6期。

74. 陈刚、宋杰：《艰难的攀岩：2007年的报业广告经营》，载《中国报业》2008年第2期。

75. 姚林：《2007，转型中的中国报业》，载《中国报业》2008年第1期。

76. 吴锋：《2007中国传媒十大创新报告之报刊篇：平稳经营融合创新》，载《今传媒》2008年第1期。

77. 闵大洪：《数字报业：2007年的大亮点》，载《新闻传播》2008年第2期。

78. 新闻出版总署传媒发展研究所：《2007中国报业竞争力检测报告》，载《中国报业》2008年第1期。

79. 姚林：《2007，转型中的中国报纸产业》，载《中国报业》2008年第1期。

80. 胡旭：《传媒业上市热潮中的冷思考》，载《新闻战线》2008年第2期。

81. 马莹、方菲 、郭虹等：《07年中国书业大势大事》，载《中国图书商报》2007年12月18日。

82. 孙正一、柳婷婷:《2007 中国新闻业回望》,载《新闻记者》2007 年第 12 期。

83. 范以锦:《2007 年国内十大传媒事件》,载《新闻与写作》2007 年第 12 期。

84. 陈力丹、戴莉莉:《党报传统:按新闻价值而不依领导人职务编排版面》,载《新闻记者》2007 年第 5 期。

85. 曹鹏:《新闻业需要调整重塑行业规则与职业规范》,载《新闻记者》2007 年第 2 期。

86. 钱毅、何美:《2007 中国新媒体:浓墨重彩的一年》,载《传媒》2008 年第 1 期。

87. 高钢,彭兰:《三极力量作用下的网络新闻传播——中国网络媒体结构特征研究》,载《国际新闻界》2007 年第 6 期。

88. 张瑞:《校园 SNS"火爆"的学理思考》,载《传媒观察》2007 年第 2 期。

89. 熊向群:《SN S:网络人际传播的现实化回归》,载《新闻传播》2006 年第 9 期。

90. 张瑞:《校园 SNS"火爆"的学理思考》,载《传媒观察》2007 年第 2 期。

91. 李蓉 、沈治宏:《Wiki 信息交流模式及其对信息交流的影响与展望》,载《现代情报》2007 年第 4 期。

(三)报纸、期刊与网站

1.《人民日报》
2.《经济日报》
3.《光明日报》
4.《第一财经日报》
5.《中国经济时报》
6.《证券时报》
7.《经济观察报》
8.《通信产业报》
9.《21 世纪经济报道》

10. 《中国经营报》
11. 《中国摄影报》
12. 《中国计算机报》
13. 《中国青年报》
14. 《中国电子报》
15. 《南方周末》
16. 《解放日报》
17. 《出版参考》
18. 《中国图书商报》
19. 《中国新闻出版报》
20. 《三联生活周刊》
21. 《互联网周刊》
22. 《中国新闻周刊》
23. 中国新闻网
24. 中国经济网
25. 传媒学术网
26. 传媒资讯网
27. 中华传媒网
28. 中国互联网络信息中心网站
29. 艾瑞咨询集团网站
30. 央视—索福瑞媒介研究（CSM）网站
31. 华视传媒网站
32. 慧聪邓白氏研究网站
33. 新华网
34. 人民网
35. 东方网
36. 腾讯网
37. 凤凰网
38. 国家新闻出版总署网站
39. 国家广播电视电影总局网站
40. 国家文化部网站
41. 国家工业和信息化部网站

后　记

改革开放以来，我国传媒现实环境和功能角色都发生了深刻变革。从“事业单位”到“事业单位、企业化管理”，再到“传媒产业化”，是这种变革体制层面的缩影；而传媒的商品属性凸显、传媒市场的兴起、传媒竞争的加剧，则是这种变革的外在表征。我国传媒市场机制的引入，既是我国传媒传播环境和功能角色变革的结果，也是我国传媒活力迸发的驱动力和可持续发展的路径指示。要解读我国传媒已经或将要发生的变化，就要关注传媒的市场化。正是有鉴于此，2000 年以来，我开始关注传媒经济与传媒市场，并做了一些研究。奉献给读者诸君的这本书，就是这些研究的主要成果。

这本书分为两部分。第一部分主要是我国传媒市场及其运行机制的研究，想回答的问题是“传媒市场应该如何运行”，内容主要是我 2004 年答辩的博士论文；第二部分是 2005 年至 2010 年我国传媒市场年度发展报告，想回答的问题是“传媒市场实际是如何运行的”。第二部分的我国传媒市场年度发展报告，是我 2005 年以来带着我的博士和硕士研究生一起做的。这些报告都已经发表过，本书就不一一署名了。考虑到年度报告有一定的资料性，且大体描述了我国传媒市场发展轨迹，所以经过整理后作为本书的第二部分。

感谢武汉大学人文社会科学研究院的领导，本书的出版受到 2010 年度武汉大学人文社会科学研究重点项目“中国传媒市场的运行机制研究：理论建构与经验分析”的经费支持。感谢武汉大学出版社的责任编辑为本书的出版付出的努力。最后，我还要特别感谢武汉大学新闻与传播学院张明新老师，以及 2003 级以来我指导的研究生（主要有谭泽锋、吴志龙、黄晓军、孙丽丽和熊燃等人），他们都为本书的出版贡献了智慧。

强月新

2011 年 10 月于武昌珞珈山